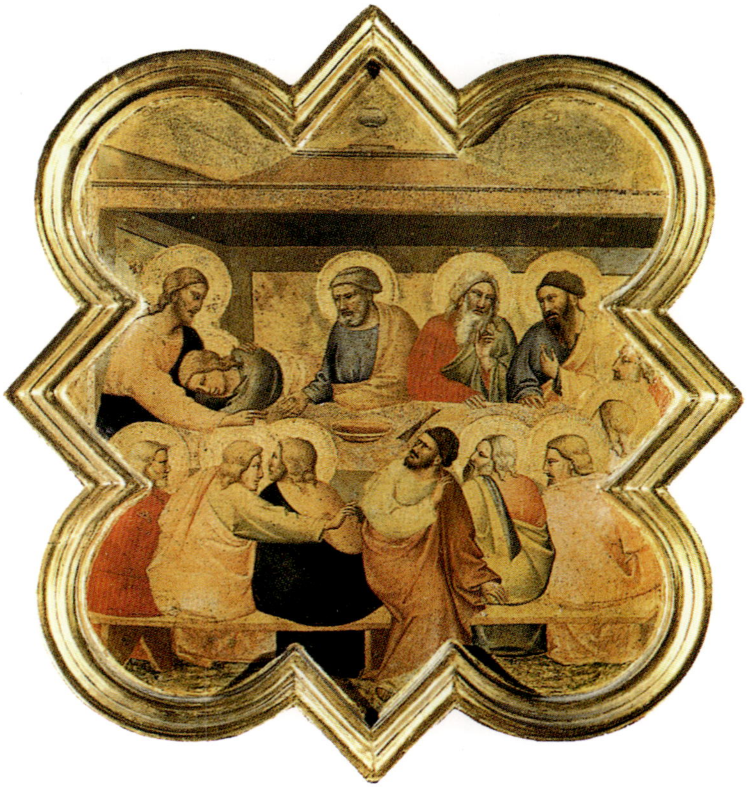

世界著名博物馆

乌菲齐美术馆

［意］米娜·格雷戈里 / 主编

肖伊蝶 任珺 / 译

北京出版集团
北京美术摄影出版社

Images and Texts © Magnus Edizioni-Scripta Maneant. Publishing Group, Italy
The right is in arrangement through Niu Niu Culture.

图书在版编目（CIP）数据

乌菲齐美术馆 /（意）米娜·格雷戈里主编；肖伊蝶，任珺译. — 北京：北京美术摄影出版社，2023.11
（世界著名博物馆）
ISBN 978-7-5592-0461-5

Ⅰ. ①乌… Ⅱ. ①米… ②肖… ③任… Ⅲ. ①博物馆—介绍—佛罗伦萨 Ⅳ. ①G269.546

中国版本图书馆CIP数据核字（2022）第001576号

北京市版权局著作权合同登记号：01-2021-5871
本书独家版权属北京传世文化发展中心所有

责任编辑：田　喃
版权引进：李胜兵
责任印制：彭军芳

世界著名博物馆
乌菲齐美术馆
WUFEIQI MEISHUGUAN

[意] 米娜·格雷戈里 / 主编

肖伊蝶　任珺 / 译

出　版	北京出版集团
	北京美术摄影出版社
地　址	北京北三环中路6号
邮　编	100120
网　址	www.bph.com.cn
总发行	北京出版集团
发　行	京版北美（北京）文化艺术传媒有限公司
经　销	新华书店
印　刷	北京雅昌艺术印刷有限公司
版印次	2023年11月第1版第1次印刷
开　本	787毫米×1092毫米　1/8
印　张	78.5
字　数	720千字
书　号	ISBN 978-7-5592-0461-5
定　价	698.00元

如有印装质量问题，由本社负责调换
质量监督电话　010-58572393

目 录

6	致谢	284	伦巴第、皮埃蒙特和利古里亚绘画
7	前言	298	16世纪的佛兰德斯、荷兰、德国、法国和西班牙绘画
8	佛罗伦萨艺术博物馆的体系		
10	从宫殿到博物馆——佛罗伦萨艺术博物馆的历史沿革	320	费德里科·巴罗奇
19	**13世纪的托斯卡纳绘画**	324	卡拉瓦乔和卡拉瓦乔派
28	**14世纪的意大利绘画**	343	**17世纪和18世纪的意大利绘画**
28	14世纪上半叶的佛罗伦萨绘画	343	艾米利亚–罗马涅绘画
35	14世纪下半叶的佛罗伦萨绘画	367	佛罗伦萨绘画
45	比萨绘画和锡耶纳绘画	432	伦巴第和利古里亚绘画
51	意大利北部绘画	444	威尼斯绘画
54	**晚期哥特式或国际哥特式绘画**	466	罗马绘画
63	**15世纪的意大利绘画**	485	那不勒斯绘画
63	15世纪上半叶的佛罗伦萨绘画	504	**17世纪和18世纪的欧洲其他绘画**
78	15世纪下半叶的佛罗伦萨绘画	504	佛兰德斯绘画
115	锡耶纳绘画	540	荷兰绘画
120	意大利中部绘画	560	德国绘画
135	威尼斯、艾米利亚和伦巴第绘画	563	西班牙绘画
150	**15世纪的佛兰德斯和德国绘画**	573	法国绘画
161	**16世纪的意大利绘画**	596	**画家自画像**
161	米开朗基罗、拉斐尔和他们的学生	626	**微型画和小型肖像画**
177	1494—1530年间的托斯卡纳绘画		
213	1530—1600年间的佛罗伦萨绘画		
231	艾米利亚绘画		
244	威尼斯绘画		

致 谢

安东尼奥·斯特拉（Antonio Stella）

  在本书完成之际，我想在此郑重感谢佛罗伦萨艺术文化遗产中心的主管安东尼奥·帕鲁奇（Antonio Paolucci）先生、乌菲齐美术馆总监安娜·玛利亚·彼得廖利·托法尼（Anna Maria Petrioli Tofani）女士、皮蒂宫帕拉蒂娜画廊总监马科·基亚里尼（Marco Chiarini）先生以及卡特里娜·卡内瓦（Caterina Caneva）和塞雷娜·帕多瓦尼（Serena Padovani），是他们的鼎力支持和帮助，本书的编写工作才能得以顺利进行。同时，也要感谢玛利亚·斯弗拉梅利（Maria Sframeli）、西尔维亚·梅洛尼（Silvia Meloni）、乔凡娜·吉斯塔（Giovanna Giusta）和玛塔莲娜·德·卢卡（Maddalena De Luca）对我们编写工作的积极响应；感谢管理办公室的玛利亚·罗萨·佩利科尼（Maria Rosa Pelliconi）女士和罗伯托·扎尼里（Roberto Zanieri）先生对本书的重视，以及帮助我们协调各方。

  除此之外，我还要特别感谢保罗·托西（Paolo Tosi）先生的通力合作和多位摄影师对我们编辑工作的参与及配合，他们的辛勤付出功不可没。

  在此，我谨代表出版社向所有默默参与编写工作的诸位表示感谢，以及我个人对总编辑圭多·切里奥帝（Guido Ceriotti）为本书所付出的心血和热情表示赞赏和感激。

前 言

米娜·格雷戈里（Mina Gregori）

佛罗伦萨的国立艺术博物馆绘画藏品非常丰富，涵盖了意大利绘画艺术的各个流派。这些藏品无论是在价值、历史重要性，还是在数量上，都是普通机构不可比拟的，本书是第一次将它们集中进行系统性、研究性的编写和出版。

近期，由孔蒂尼·博纳科西（Contini Bonacossi）捐献的藏品和由鲁道夫·西维埃罗（Rodolfo Siviero）修复的绘画作品被相继纳入乌菲齐美术馆、帕拉蒂娜画廊、佛罗伦萨学院美术馆，以及各个国立美术馆。数量如此庞大的高质量艺术品，形成了世界上庞大的艺术博物馆收藏集合。它的命运与历史紧紧联系在一起。在艺术博物馆形成早期，美第奇家族扮演了十分重要的角色。诸多家族成员都参与了艺术赞助和收藏。随着美第奇家族政治地位的衰退，家族后人成为这些藏品的保存者和传承者。在第一代托斯卡纳大公科西莫一世·德·美第奇（Cosimo I）的大力资助和文森佐·博基尼（Vincenzo Borgini）与乔尔乔·瓦萨里（Giorgio Vasari）的辅佐下，佛罗伦萨博物馆初见雏形。

1631年，乌尔比诺被教皇国占领，乌尔比诺的所有艺术收藏品和财产交由第五代托斯卡纳大公斐迪南二世·德·美第奇（Ferdinando II）的夫人维多利亚·德拉·罗维雷（Vittoria della Rovere）打理。在她的管理下，美第奇画廊的藏品得以丰富，其中包括提香（Tiziano）和拉斐尔（Raphael）的大量杰作。这种行为再次巩固了美第奇家族在艺术收藏史上的重要地位。美第奇家族凭借他们丰富的藏品，在很长一段时期内引导着佛罗伦萨绘画艺术的发展。1737年，美第奇家族的最后一位成员，科西莫三世的女儿安娜·玛利亚·路易莎·德·美第奇（Anna Maria Luisa de' Medici）遵从家族使命，将这一批艺术藏品妥善安置，使它们成为佛罗伦萨乃至意大利不可分割的文化珍宝。

17世纪的乌菲齐美术馆因存有众多珍稀藏品被称为"多宝阁"，馆内具有代表性的雕塑陈列均采用旧式罗马画廊的模式。红衣主教莱奥波尔多·德·美第奇（Leopoldo de' Medici，1617—1675）凭借自己独到的眼光开始进行空前的扩充收藏，将威尼斯画派以及托斯卡纳绘画作品也收入囊中。

当时威尼斯是欧洲重要的艺术中心，主教莱奥波尔多和威尼斯保持着友好的关系。此外，他还和意大利其他城市保持着友好的关系。因此从这些城市中，他收到大量的油画、素描（他对这两类绘画的收藏是无人能及的）。17世纪后期，荷兰画家伦勃朗（Rembrandt）和海格力·斯格斯（Hercules Seghers）的作品风靡一时，此时的第六代托斯卡纳大公科西莫三世·德·美第奇也将目光转向了欧洲的其他地区。其后的斐迪南三世·德·美第奇也积极扩充作品，收藏了一批博洛尼亚画派的传世之作。至此，乌菲齐藏品的丰富性达到了新的高度。这一系列的举动促进了学院派的形成，作品进入乌菲齐美术馆已成为画家们梦寐以求的目标，也促进了佛罗伦萨画廊和收藏品市场格局的变革。

17世纪六，以乌菲齐美术馆为代表的佛罗伦萨艺术博物馆和画廊，凭借丰富的艺术典藏巩固了其在欧洲艺术收藏史上不可撼动的地位。乌菲齐美术馆源起于旧式的家族收藏，但也在不断革新自己的面貌，走向现代。当然，美术馆也不忘古典作品，将早期佛罗伦萨修道院内的传统壁画和绘画作品逐渐纳入，确保了藏品在时期和风格流派上的进一步完整。

本书按照意大利佛罗伦萨绘画发展的时间顺序进行编写，通过专家们对各个时期乌菲齐美术馆典藏的整理编排，读者既可以了解不同时代众多辉煌艺术家的传世之作，也能够欣赏一些鲜为人知、风格迥异的稀见作品。希望本书的编写，能全方位地向读者呈现乌菲齐美术馆以及佛罗伦萨绘画艺术的历史成就和灿烂文化。

佛罗伦萨艺术博物馆的体系

安东尼奥·保卢奇（Antonio Paolucci）

从旧宫一路观赏到美景堡，沿途经过乌菲齐美术馆、瓦萨里走廊、皮蒂宫和波波里花园，可以饱览无数文艺复兴时期欧洲艺术的珍品，佛罗伦萨无愧于欧洲的艺术奇葩。在佛罗伦萨，除了以旧宫和美景堡这些标志性建筑为主线集中分布着的艺术博物馆，在佛罗伦萨学院、圣马可广场、巴尔杰洛博物馆以及佛罗伦萨城郊的数座美第奇家族别墅也散布着许多画廊和收藏机构。

如何将庞大且底蕴深厚、错综复杂的艺术文化体系条理清晰地展现在世人面前，是所有意大利博物馆艺术策展人的共同难题。它要求策展人对大型公共艺术展览具有很高标准的熟悉度和完成度，因为这样才能将数量众多的藏品如数家珍地带给公众。

那么，究竟该用何种方式诠释佛罗伦萨的悠久历史，又如何将这些巧夺天工的公共建筑与稀世珍宝之间发生的微妙故事一一道来？佛罗伦萨是如何成为一座璀璨荣耀的世界级博物馆？又是哪些原因使得佛罗伦萨有此殊荣？这些是需要用历史解答的关键问题。首要原因是佛罗伦萨得天独厚的地理环境和人文环境，使得这股艺术之风盛起于13世纪末，直至贯穿整个16世纪。文艺复兴时期意大利艺术评论家乔尔乔·瓦萨里（Giorgio Vasari）曾赞美这座城市，是它的自由空气滋养了一代代艺能出众和天生荣光的佛罗伦萨人，解放了他们的天分，培养了他们力争上游、刚强果断的独特个性。瓦萨里的自然主义思想对现今受历史相对论和文化相对论影响的我们来说，依然难以完整领会，然而他为我们一探佛罗伦萨艺术宫殿的历史图景提供了一个恰如其分的突破口。确实，如果没有瓦萨里基于当时佛罗伦萨超前的写实技艺和绘画观念，理清了这条时间轴和重要人物及作品，就没有其后百年的艺术收藏史。在瓦萨里的《艺苑名人传》（Vasari's Lives of the Artists）中，记述了文艺复兴时期杰出艺术家的事迹和他们的重要作品，也因这部传记的问世，所提及作品被珍藏起来，之后成为佛罗伦萨博物馆的镇馆文物。瓦萨里还创办了佛罗伦萨美术学院，并成立了一个专业度极高的艺术文物修复保护中心。瓦萨里在他的著作中传达的观念以及他的种种举措，使得托斯卡纳人开始关注艺术文物的保护性收藏，也为其后佛罗伦萨博物馆体制的形成提供了必要条件。《艺苑名人传》的出版和乌菲齐美术馆的落成开放自是精确地相交于同一历史节点。乌菲齐作为欧洲第一座艺术博物馆见证了文艺复兴和现代艺术的起源与发展，一代代乌菲齐人更是始终坚持文物保护的优良传统，用先进的工艺保存馆藏作品，承担起一座新式博物馆该有的历史责任。佛罗伦萨也因有如此完备的馆藏体系而成为世界上第一个运用科学手段和艺术史学方式对博物馆进行管理的城市。

佛罗伦萨如此庞大的艺术博物馆体系的建成，离不开美第奇家族和洛林家族在其统治时期对艺术的支持和扶植，他们将艺术文化的继承和保护作为家族世代的理想与责任。在意大利风风雨雨、政权更迭的历史中，也有一些统治时期，这些珍贵藏品被大量损耗。在埃斯特家族对莫德纳的统治时期（1288—1796年），他们将大量的家族宝藏卖给波兰国王兼立陶宛大公的奥古斯都三世（August III）（现收藏于德国德累斯顿的历代大师画廊）；在曼托瓦（意大利北部城市）的冈萨加家族则将传世之作割让给大不列颠王室，其中不乏安德里亚·曼特尼亚（Andrea Mantegna）、乔瓦尼·贝利尼、柯雷乔、鲁本斯、提香和卡拉瓦乔的绘画作品。相形之下，美第奇家族是佛罗伦萨艺术令人尊敬的守护者，大仲马也曾感叹，这个家族为世界艺术文化和社会文明所做的贡献，是意大利任何一位统治者都无可比拟的。美第奇家族的统治直至1737年，科西莫三世的女儿安娜·玛利亚·路易莎·德·美第奇作为这个传奇家族的最后一位继承人，在她生命最后的时光里妥善保存了家族的宝藏，并将全部艺术遗产转交给国家，使这些艺术作品成为向公众开放的永久收藏，也因此成就了佛罗伦萨国立博物馆今天在世界艺术史上的重要地位。感谢这位品行兼修的女性，让我们还能一睹这些传世作品的真容，其中包括：波提切利的《维纳斯的诞生》、拉斐尔的《金翅雀圣母》、米开朗基罗的《圣家族》、洛伦佐地区具有代表性的装饰花瓶和阿雷佐出土的青铜雕塑《怪兽喀迈拉》，以及提香·韦切利奥和皮耶罗·德拉·弗朗西斯卡的绘画作品。

1737年，托斯卡纳大公吉安·加斯托内·德·美第奇没有留下继承人就去世了，他的亲姐姐安娜·玛利亚·路易莎·德·美第奇公主深知家族后继无人，在1737年10月31日，安娜与哈布斯堡—洛林王朝的统治者弗兰茨一世（1737—1765年继任托斯卡纳大公，称为弗朗切斯科二世）制定并签署了一个名为《家族公约》的协议，在这个协议的第三章安娜写道："从弟弟那里继承过来的全部家具、财产和稀世珍宝，包括所有的画廊、油画、雕刻、图书馆、珠宝和其他贵重物品，都将交由新的托斯卡纳大公，并依照条例进行妥善保存。条例即：所有用于装饰城市、具有公共用途、由公众使用以及能够引起外国人前来观赏的物品都不得远离托斯卡纳大公国（今托斯卡纳地区）和首都（今佛罗伦萨）。"

虽然只有几行字，但这个公约为当时佛罗伦萨的历史文化、艺术和经济发展起到了关键性作用。在政治决定中很少有如此有远见的官方政策方案来为这批遗产提供更加长远的保障。而另一位意大利君主，莫德纳大公弗朗切斯科三世（1698—1780）决定将其家族最珍贵的收藏转移至国外，当时的佛罗伦萨政府被正式任命担保这批藏品，随后佛罗伦萨又成为欧洲文化艺术产物的聚集地和第一收藏市场，也为佛罗伦萨人的后代积攒了厚重的历史财富。

佛罗伦萨作为"百花之城"、世界艺术博物馆之都的形成要归功于1737年签订的《家族公约》和历史文化的沁润。美第奇家族和洛林家族积累下的艺术宝库，在此政策下被妥善保存，随后在政府赞助和扶植下藏品又得以丰富，宫殿得以维护。于是才有了今天我们所能见到的佛罗伦萨艺术博物馆如此精彩多样的藏品体系和展览空间。

为了妥善保存乌菲齐美术馆之外的欧洲传统以及文艺复兴时期遗留的雕塑，并便于更多艺术作品的收藏，佛罗伦萨国家考古博物馆和巴尔杰洛博物馆得以建成。历位公爵积累下的科学仪器和研究性物品被统一安置于现今的佛罗伦萨科学历史博物馆。隶属于佛罗伦萨学院的佛罗伦萨学院美术馆在托斯卡纳大公皮埃特罗·莱奥波尔多（Pietro Leopoldo）的创立和带领下，收藏了许多早期学院派美术的范本之作。1873年，米开朗基罗的雕塑名作《大卫》（David）和《圣殇》（Prigioni）从市政厅广场转移到这座继乌菲齐美术馆后第二受欢迎的美术馆。19世纪，因爱国运动和反教皇运动频发，许多修道院的餐厅也逐渐被改造成博物馆。

佛罗伦萨之所以能够成为一座世界级的艺术之都，归功于许多有名的收藏家、商人和艺术史学家所积攒和贡献的珍贵而丰富的藏品，形成了这里令人瞩目的公共艺术文化。因此，在这里有机会看到许多难能可贵的展览，比如位于圣马可广场的博物馆设有弗拉·安吉利科的专题展。值得一提的是，斯特法诺·巴尔蒂尼博物馆、霍恩博物馆、斯蒂伯特博物馆以及达万扎蒂宫的艺术典藏也均由塞尔瓦托·罗马诺等多位投资人和基金会私人捐献建立。

皮蒂宫作为佛罗伦萨收藏世家美第奇家族的住所和收藏室，尽管之后被其他家族继承，但在1737年《家族公约》的效力下，不仅其中的历史文物没有损坏、丢失，而且这座天人合一、美轮美奂的宫殿从未失去它的光芒。意大利再无任何一个权力中心能够像皮蒂宫一样，历经风风雨雨近四个世纪依然完好无损地保存着其中的物件，原样家具，各种用具、银器，墙上的绘画，甚至包括餐具、编织物、马车和马厩依旧陈列井然有序。皮蒂宫是一座宏伟的建筑，其中共划分为六个博物馆：帕拉蒂娜画廊，在这里你可以看到令司汤达和萨德侯爵所向往的拉斐尔的画作依旧安静地悬挂在贴着丝质墙纸的墙壁上；银器博物馆，其中的珍宝能够代表欧洲最出色的制作工艺；以及服饰博物馆、马车博物馆和现代艺术馆，最后要提到的同样重要的还有宫殿后面的波波里花园。由喷泉、白色雕塑和绿色草坪组成的迷宫构成了这座典型的意式风情花园，它的经典如同不可多得的乌菲齐美术馆和位于圣洛伦佐的米开朗基罗图书馆。

佛罗伦萨的博物馆建筑群是世界文化的奇观，无论是其物质遗产还是蕴含的历史文化都是无价财富。我相信，佛罗伦萨的博物馆体系的建立和形成，对学术研究的贡献有再一次定义这片建筑群的价值。离开乌菲齐美术馆和巴尔杰洛博物馆，站在圣弥额尔教堂的壁龛前或佣兵凉廊下，抑或走进圣母百花大教堂、圣洛伦佐的庭院、圣神教堂或是圣乔瓦尼洗礼堂，可以感受到的都是相同的佛罗伦萨的艺术特质。走进佛罗伦萨学院美术馆或是皮蒂宫，我们的眼睛总是能被色彩和图案吸引，这都是这座城市的魔力。佛罗伦萨的博物馆体系打破了单个博物馆的界限，陈列空间渗透进了城市街道和广场，打破和重构了整座城市的格局，自然、人和文化在这里撞击融合；一幅上帝视角的街角风景画，高大宏伟的建筑，精心雕刻的大理石柱，宫殿前安德里亚·德拉·罗比亚的镶板门，这座城市的每一个角落都在散发它的艺术魅力。

因此，佛罗伦萨能在世界艺术史上占据举足轻重的地位，绝不仅仅因为其数量多、价值高的藏品。

从宫殿到博物馆——佛罗伦萨艺术博物馆的历史沿革

马科·基亚里尼（Marco Chiarini）

美第奇家族历代都有着独到的收藏天赋和眼光，从传统作品到文艺复兴时期的作品，他们对艺术文化的责任和传承精神贯穿整个家族的历史。在15世纪至17世纪辉煌的300年间，美第奇家族对艺术的收藏和赞助从未缺席。正因如此，美第奇家族和乌菲齐美术馆为世人展现的佛罗伦萨优秀的艺术作品，至今都令全世界的游客和学者向往。佛罗伦萨画廊和博物馆的藏品并不都来源于美第奇家族。13世纪罗马共和国的建立，使佛罗伦萨在这个时间节点成为欧洲著名的经济中心和人文艺术中心，在这里出现了大批优秀的商人和收藏家。契马布埃、杜乔、乔托等大师级画家所作的祭坛画在当时被安置在佛罗伦萨主要的教堂中。作为早期文艺复兴的重要人物，他们的作品现今收藏于乌菲齐美术馆和佛罗伦萨学院美术馆。美第奇家族在欧洲文艺复兴中起到了非常关键的作用，原因是科西莫一世·德·美第奇开创了资助艺术巨擘和收集优秀作品的传统。在他的委托下艺术家创作了大量文艺复兴的雕塑和画像。

皮耶罗一世作为文艺复兴时期的统治者和资助人，将自己的府邸和藏宝阁设立在连接圣马可广场和百花圣母大教堂的基亚拉米加大街上，这是一座由文艺复兴时期意大利著名建筑师米开罗佐（Michelozzo）（1396—1472年）设计建造的宫殿（今美第奇-里卡迪宫）。他的收藏包罗万象，主要是代表文艺复兴的创作作品，包括古董宝石、陶瓷制品、装饰手稿、铜器、古典铜板油画以及仿照古希腊、古罗马的绘画。在当时的美第奇-里卡迪宫中，可以看到保罗·乌切洛（Paolo Uccello）的绘画作品（今部分作品收藏于意大利乌菲齐美术馆、法国卢浮宫博物馆、英国国家美术馆），意大利杰出的画家、雕刻家安东尼奥·德尔·波拉约洛（1429—1498年）、贝托尔多、安德里亚·德尔·韦罗基奥（Andrea del Verrocchio，约1435—1488年的青铜作品）（今收藏于巴尔杰洛博物馆），大量装饰画、肖像画手稿（今收藏于圣洛伦佐图书馆），波提切利在个人绘画工作室时期（位于佛罗伦萨卡斯特罗别墅园）的创作，以及一些北欧画家如荷兰人罗吉尔·凡·德·韦登（约1399—1464年），出口到意大利的作品（今收藏于乌菲齐美术馆）等。作品和艺术家如此之广，皮耶罗一世的庞大收藏可见一斑。

洛伦佐·德·美第奇（Lorenzo de'Medici，1449—1492年）的逝世标志着佛罗伦萨收藏的黄金时代的结束，科西莫一世和旁支家族乔瓦尼·迪·比奇接手并重振家族事业。美第奇家族政权得以巩固，新上任的统治者将重心放在了经营佛罗伦萨的家族生意上，同时继续赞助城市艺术文化的交流发展，并与神圣罗马帝国交好。尽管科西莫一世不是一个眼光独到的收藏家，但还是有许多杰出的作品经他之手进入美第奇家族的收藏中，例如青铜雕塑《阿雷佐的喀迈拉》和提香的名作《彼得·阿勒蒂诺的肖像》。更重要的是，科西莫一世促成了乔尔乔·瓦萨里完成他的纪传体美术史巨著《艺苑名人传》，其中搜集了14世纪至16世纪文艺复兴时期画家和收藏家们的重要作品和传记，叙述了佛罗伦萨画派自契马布埃至米开朗基罗的辉煌历史。

是瓦萨里向他的资助者提出了乌菲齐的建造，乌菲齐美术馆（原佛罗伦萨政务厅）中保存着历代公爵所积攒的珍贵藏品和物件，曾被放置在宫内的衣帽间中，随后经过几次改建，被扩展到宫殿顶楼"画廊"。容纳美第奇家族藏品的各个房间由弗朗西斯一世任命的意大利著名建筑师波恩塔冷蒂（Buontalenti）设计建造完成，专门辟作美术馆用的建筑物"讲坛"是一个八角形的房间，并连接诸展室。乌菲齐美术馆作为佛罗伦萨艺术收藏的中心，是艺术博物馆的最初典范，且独具美第奇家族的收藏风格，宫内设有珍宝室、人文工作室和现代美术馆等专类展室。1594年，斐迪南一世将米开朗基罗的传世名作《圣家族》（Doni Tondo）收藏入库，将各地搜集的艺术作品集中到乌菲齐美术馆，从而慢慢形成了乌菲齐公共博物馆。

乌菲齐美术馆屹立百年，有"雕塑博物馆"之称，美第奇家族将藏品进行系统的整理和分类，把最为贵重的宝物放置于乌菲齐美术馆中心的——"八角讲坛"内。

美第奇家族的收藏得以丰富，还有一个重要原因是在其与欧洲各个贵族的联姻下，宗室实力得以加强。斐迪南一世·德·美第奇在位时与洛林公爵之女克里斯蒂娜结婚，她的舅妈是法国国王亨利二世的妻子凯特琳娜·德·美第奇，在这样的家庭关系下，乌菲齐美术馆能有幸收藏一批法国的艺术作品。类似情况还有，1600年，弗朗西斯一世的女儿玛利亚嫁给彼时刚刚成为法国国王的纳瓦尔·亨利四世。有这样的家族纽带，使一批杰出的绘画作品破例翻山越岭被运到了佛罗伦萨，其中不乏一些名品，例如法国画家弗朗索瓦·克鲁埃（Francois Clouet，约1516—1572年）和小弗兰斯·普布斯（Frans Pourbus）创作的肖像画。

科西莫二世·德·美第奇不但扩大了父亲斐迪南一世·德·美第奇的财富和政治影响，在文化艺术领域也有很高的声望。在科西莫二世短暂的统治时期（1608—1621年），

13世纪，乌菲齐美术馆内的前美第奇剧场被改造成为第二工作室——乔托工作室，室内的木制天花板和陈设部分被保留下来。1956年，该展区由三位意大利建筑大师乔瓦尼·米凯卢奇（Giovanni Michelucci）、卡洛·斯卡帕（Carlo Scarpa）和伊格纳西奥·加尔德亚（Ignazio Gardella）共同设计翻新

他积极扩充了家族的收藏，将收藏范围扩展到了整个欧洲，并开创了多个艺术收藏门类。科西莫二世与奥地利公主玛利亚·玛达莱娜的婚姻使欧洲北部各国大公的收藏加入乌菲齐美术馆和皮蒂宫。玛利亚的嫁妆中甚至还有德国画家阿尔弗雷德·丢勒和比利时画家老勃鲁盖尔（Jan Bruegel）的作品。科西莫二世本人受伽利略学说的影响，更偏爱收藏写实性强的自然主义的绘画作品，卡拉瓦乔及他的门生正是这种风格的代表。典型的收藏品则是曾经被送到佛罗伦萨献给斐迪南一世的名作——卡拉瓦乔的《美杜莎》。科西莫二世也喜爱描绘都市生活场景的画作，随后他雇用了带有这种写实主义风格的法国画家雅克·卡洛（Jacques Callot，1592—1635年），以及一位深受伽利略的科学理论学说影响的意大利画家菲利波·纳波利达诺（Filippo Napoletano）。科西莫二世大公任命那不勒斯为自己的纯种马创作画像，以及为自己的卧室创作一系列的装饰。艺术家本人也为装饰宫殿凉廊（现在的雕塑长廊）创作了木板油画。

科西莫大公对于具有民主色彩和现实主义题材的绘画的偏爱，使他致力收藏德国画家小汉斯·荷尔拜因的名人肖像画（今收藏于乌菲齐美术馆），以及各类卡拉瓦乔画派的作品，如女画家阿特米西亚·真蒂利斯基（Artemisia Gentileschi，1614—1621年活跃于佛罗伦萨）的作品和画家巴蒂斯特罗·卡拉乔洛（Battistello Caracciolo，有记载显示，他从1617年开始成为宫廷画家）为大公夫人所作的肖像（已丢失）；巴托洛米奥·曼弗雷迪（Bartolomeo Manfredi）和赫里特·凡·洪特霍斯特（Gerrit van Honthorst，又被世人称为"夜晚的格利特"）的作品；德国画家亚当·埃尔斯海默（Adam Elsheimer）的祭坛组画《荣耀的十字架》。亚当的这幅名画在一段时间内还被悬挂在了大公的卧室内，后因变故拆解下来（今整体收藏于德国法兰克福历史博物馆）。

在菲利波·纳波利达诺的引荐下，同时期的佛兰德斯（比利时西部安特卫普）画家贾斯特斯·沙特曼斯自1619年开始专为贵族作画，终生服务于宫廷，直到1690年去世。沙特曼斯是普布斯家族的学生，其后的作品受到名家鲁本斯、凡·戴克、迭戈·委拉斯凯兹的影响。在科西莫二世为他和他的妻子玛利亚·玛达莱娜建造的帝王丘别墅中，装饰有大量文艺复兴时期的绘画作品。其中以风景画居多，不乏奇戈利、科内利斯·凡·普伦堡、菲利波·那不勒斯等人的作品。在科西莫二世的收藏中，还有许多被埋没多年的画家的作品，包括拉斐尔晚期创作的作品《披纱巾的少女》（又名《冬娜薇拉塔》，今收藏于皮蒂宫），还有奇戈利为里窝那教堂所作的《圣彼得的呼唤》（由玛利亚·玛达莱娜纳入，今收藏于皮蒂宫）。

科西莫大公对收藏的品位和偏爱也着实影响了他的兄弟红衣主教卡洛·德·美第奇。通过卡洛在圣马可教堂的宝库中收纳的绘画作品，我们也能对科西莫大公和整个美第奇家族收藏的规模和野心领略一二。在卡洛的收藏室（这种为收藏专设展室的趋势源自弗朗西斯一世位于旧宫的工作室）中，有许多大型画作，包括意大利文艺复兴画家弗拉·巴托洛米奥（Fra Bartolomeo）关于宗教题材的作品（今收藏于皮蒂宫和佛罗伦萨学院美术馆），这也使卡洛最终成为当时家族中热衷收藏的成员之一。除此之外，他也收藏了一些16世纪佛罗伦萨画派，包括佛罗伦萨改革派大师的绘画作品，从桑蒂·迪·提托（Santi di Tito）到阿罗里（Cristofano Allori），从雅各布·达·恩波利（Jacopo da Empoli）到切萨雷·丹蒂尼，以及弗朗切斯科·古拉迪（Francesco Curradi）、锡耶纳画派的马内蒂、鲁斯蒂奇，这些艺术家均擅长有关宗教题材的创作，如今这些作品大部分收藏于皮蒂宫和美第奇别墅中。

受正统罗马艺术的影响，卡洛主教还收藏了许多文艺复兴时期盛行的绘画风格作品，其中包括17世纪古典主义风景画的奠基人克劳德·罗兰（其作品今收藏于乌菲齐美术馆）以及其后的保罗·布里尔（Paul Brill）和菲利波·纳波利达诺的风景油画。这些能够代表17世纪上半叶佛罗伦萨画派艺术结晶的藏品后来由洛伦佐·德·美第奇整理，集中在家族的佩特亚别墅中，成为家族收藏的重要部分。

科西莫二世的四个儿子之一，红衣主教莱奥波尔多·德·美第奇是最为睿智、学科涉猎最广的一位文化爱好者。从医学、音乐到艺术绘画，如今我们在皮蒂宫所见的大部分藏品都是经他之手。尽管他的兄弟斐迪南二世大公继承了父亲的遗产，但是斐迪南并不热衷于文化收藏。莱奥波尔多则恰恰相反，他痴迷于文化事业，认为罗马巴洛克风格的艺术创作能够最为贴切地展现宫廷生活。

1638年，罗马巴洛克风格盛期的奠基人之一，意大利著名画家、建筑家皮埃特罗·达·科尔托纳被任命为皮蒂宫装修设计。他将屋顶的壁画装饰分割成五个部分，称为"行星"（其中两部分由他的学生西罗·费里完成），绘制了大量有关伽利略学说的内容，开辟了佛罗伦萨文化新的绘画形式和风格，这也是洛伦佐时期皮蒂宫内留存下来的唯一的矫饰主义绘画，位于宫殿的一层（多数壁画由圣·乔瓦尼、弗朗切斯科·富里尼、切克布尔沃完成）。其后，斐迪南二世也将效力于吉安卡洛主教的巴洛克创新派画家萨拉瓦多·罗萨的作品带进了皮蒂宫。

斐迪南二世的妻子是他的堂妹维多利亚·德拉·罗维雷，维多利亚是乌尔比诺公爵的最后一位血脉。罗维雷家族作为文艺复兴时期重要的艺术赞助方之一，积攒了丰富的文物。年轻的维多利亚出嫁时，家族的收藏也随她一起来到了佛罗伦萨，包括皮耶罗·德拉·弗朗西斯卡（Piero della Francesca）的乌尔比诺公爵及公爵夫人肖像（今收藏于乌菲齐美术馆），提香的主要创作（《乌尔比诺的维纳斯》和《罗维雷肖像画》今收藏于乌菲齐美术馆，《灰色眼睛的男人肖像》《托马斯·莫斯提小巷》《抹大拉的玛利亚》《年轻女人肖像（La Bella）》今收藏于皮蒂宫），以及费德里科·巴罗奇，阿尼奥洛·布伦奇诺等绘画大师的作品，这些传世之作使得佛罗伦萨的艺术之火生生不息。斐迪南的两位兄弟吉安卡洛主教和马蒂亚斯对倡导和发扬古罗马文化也做出了不懈努力，他们的赞助和支持也为佛罗伦萨的艺术收藏开启了新的一页。美第奇家族此后开始转而收藏佛罗伦萨之外的艺术家的创作，比如荷兰静物画家威廉·凡·艾斯特（Willem van Aelst）和奥托·马苏斯·凡·瑞克（Otto Marseus van Schrieck），他们所描绘的植物和昆虫很受开始崇尚自然主义的美第奇家族喜爱，此外还有1639年来到佛罗伦萨的那不勒斯画家萨拉瓦多·罗萨（Salvator Rosa）的作品。在罗萨长住在佛罗伦萨的十年间，作品大多为风景，富于浪漫气息，他擅长利用技巧表现刮风和情绪的变化，并将这种绘画的新类型带入托斯卡纳地区。

吉安卡洛（Giancarlo）主教不仅收藏了可观的同时期作品，作为美第奇家族的一员，还出资留存下许多传世的经典之作，例如拉斐尔的《金翅雀圣母》，帕米贾尼诺的《土耳其女仆肖像》（今收藏于帕尔马国家美术馆）。1640年，他还收藏了弗朗切斯科·阿尔的装饰壁画以及尼古拉斯·普桑的《牧羊人朝圣》（今收藏于英国国家美术馆）等一批模仿罗马风格的画作。马蒂亚斯则收藏有里贝拉的《圣方济各》（今收藏于皮蒂宫），并赞助支持了擅长描绘战争场景的雅克·库尔图瓦（即博尔格尼奥内）和荷兰科尔托纳（今意大利科尔托纳）气质敏锐的画家利维奥·梅休斯（斐迪南是他的第二位赞助人）。

被公认为17世纪最重要的收藏家是托斯卡纳大公莱奥波尔多，他对扩充家族收藏不遗余力。他继承了父亲的财产并显示出对科学研究强烈的兴趣，他曾经是佛罗伦萨实验科学学院的创建者和管理人。他将积累下的藏品集中到了皮蒂宫的三层，按照绘画、制图、印刷品和书籍进行分类，这也是如今皮蒂宫的核心展品。

莱奥波尔多最重要的贡献是他对16世纪威尼斯画派以及16世纪和17世纪博洛尼亚画派创作的重视。威尼斯画派以乔尔乔内和提香为代表，还有保罗·委罗内塞、丁托列托、帕尔马·维奇奥、巴丽斯·博尔多内、雅各布·巴萨诺、斯齐亚沃尼等人。博洛尼亚画派绘画大师从多索·多斯到弗朗切斯科·阿尔，安尼巴莱·卡拉奇到圭多·雷尼（其作品《基督慈悲》和《克里奥派特拉》均收藏于皮蒂宫），这些绘画大师作为学院派和文艺复兴的中坚力量，如今大部分作品收藏于佛罗伦萨的各大美术馆中。

同自家兄弟斐迪南和卡洛一样，莱奥波尔多也注重对荷兰画派作品的收藏，包括已经提到过的静物画家艾斯特和马苏斯的作品（莱奥波尔多收藏的大部分是他们晚期关于科学

乌菲齐美术馆的八角形讲坛厅，是弗朗切斯科一世·德·美第奇大公在位时期由建筑师博纳多·布翁塔伦设计改造，用于摆放美术馆的珍稀藏品。如今是佛罗伦萨矫饰主义艺术的专题展厅，展示包括阿尼奥洛·布龙齐诺（Bronzino）、蓬托尔莫（Pontormo）、瓦萨里（Vasari）等宫廷绘画大师的杰作

主题的作品）。同时，他的涉猎也延伸到了荷兰风景画，例如科内利斯·凡·普伦堡（科西莫二世和他的妻子已经藏有大量他的作品）。莱奥波尔多还赞助了一大批田园风俗画家，他们擅长描绘罗马民间的生活，以彼得·凡·拉尔为首，但因他身材矮小，有个绰号叫"班波丘"（"侏儒"之意）。有了这些名家的支持，佛罗伦萨拥有的都是顶级的画作。莱奥波尔多对于罗马风情的写实画作颇为钟情，所以他能够收获如卡拉瓦乔晚期的《沉睡的丘比特》（今收藏于皮蒂宫）这样经典的作品。也正因有了这些名家的倾慕和支持，佛罗伦萨得以保留住许多他们顶峰时期的作品。

在皮蒂宫的三楼，有一整间屋子放置的都是肖像画作品，数量达一千多件，包括服务于莱奥波尔多主教的名画家伦勃朗和鲁本斯的肖像画，具有极高的收藏价值。莱奥波尔多具有独特的审美眼光和超前意识，在当时就已经将素描和手稿合并到绘画收藏中，由艺术史学家、绘画爱好者菲利波·巴勒迪努西（Filippo Baldinucci）负责管理，随后他的侄子科西莫和斐迪南继承并丰富了这部分的收藏。莱奥波尔多也曾向自己的侄子科西莫三世表示，有意涉猎欧洲西北沿海地区（对荷兰、比利时以及卢森堡王朝三国的统称，历史上曾多次统一为一个国家）的绘画创作，科西莫三世秉承叔叔的意向收藏了著名的荷兰画家威廉·范德维德一世的作品，此处可能还有伦勃朗的自画像。1670年，斐迪南二世去世，他的儿子科西莫三世成为托斯卡纳大公，科西莫三世继承了父亲和莱奥波尔多主教、卡洛主教和马蒂亚斯各位前辈的所有财产。吉安卡洛主教的少许重要物件被保留下来，大部分藏品被售卖，用于还债。

科西莫三世以收藏北欧绘画闻名于世，在他继位之前就已经扩充了家族对北欧和佛兰德斯绘画的收藏，大部分是同时代画家的作品，以及他在欧洲东北各地巡游时的所得，还有一些德国艺术家例如约翰·卡尔·罗斯（Johann Carl Loth）和丹尼尔·赛亚特（Daniel Seiter）在佛罗伦萨居住期间的作品。

在乌菲齐美术馆和皮蒂宫收藏的作品中，荷兰及佛兰德斯绘画涉及的年代跨度大，种类繁多，在美第奇家族的收藏中也多是来自莱顿、海牙、安特卫普的优秀画家的小幅画。科西莫三世大公最欣赏荷兰画家弗兰斯·凡·米里斯，在北巡之后依旧到处寻找购买弗兰斯的作品，并委任弗兰斯为自己绘制三幅肖像（其中两幅为微型人像画）。凭借美第奇家族强大的收藏实力，一批荷兰小画派绘画大师的作品被带到了佛罗伦萨，从伦勃朗到弗兰斯·哈尔斯，从扬·斯特恩到让·凡·霍延和雅各布·凡·雷斯达尔（雷斯达尔的两幅作品稍晚才被收藏）。他们的作品均能够代表17世纪荷兰绘画的黄金时代，其内容涵盖了城市街景、自然风景、亲密场景、寓言和《圣经》中的故事情节、人物和生活风俗（风俗画最受科西莫三世的喜爱）以及静物写生。约翰·威廉在与安娜·玛利亚·路易莎·德·美第奇结婚后，将一批荷兰画派和佛兰德斯的优秀绘画赠予科西莫二世和他的儿子斐迪南二世。至此，鲁本斯、凡·戴克和雅各布·乔达恩斯的名作得以出现在佛罗伦萨的收藏中。17世纪中叶，他们的画作常被作为送给大公的礼物，莱奥波尔多主教还曾讨要鲁本斯的油画作品《四学者》和《美惠三女神》，凡·戴克的传世名作《红衣主教吉多·本蒂沃利奥》（今均收藏于皮蒂宫）。科西莫三世连鲁本斯未完成的两幅油画作品也不愿错过（今收藏于乌菲齐美术馆），它们原本是玛利亚委托鲁本斯为巴黎卢森堡宫所画，呈现的是亨利六世的宫廷生活。

科西莫三世还鼓励和赞助小型青铜雕塑的创作，他在宫廷中开设课程，主要由一些外国匠人教授装饰艺术，传授独特的制作技法。考虑到当时佛罗伦萨文艺复兴的学术风气，科西莫三世创办了学院，依照皮埃特罗·达·科尔托纳的学生西罗·费里的教育方针教授一些有天赋的佛罗伦萨年轻艺术家学习罗马文化，教导出的优秀学生包括画家安东·多梅尼·加比阿尼、雕刻家乔瓦尼·巴蒂斯塔·福格尼，以及一些服务于美第奇家族的艺术家。

因为对历史人物和欧洲王朝历史的迷恋，美第奇家族历代偏好收藏王公贵族、名人贵妇的肖像。这些肖像画被集中收藏到一间屋子里，尽管如今不少作品鲜为人知，但也是佛罗伦萨文化遗产的重要组成部分。一些名人肖像画，例如斯图尔特家族、欧洲贵妇、英格兰查理二世及其部下（由英国画家彼得·莱利爵士绘制），乃至一些海军将领和部队首领的肖像画也被从欧洲各地带到了佛罗伦萨，如今依旧装点着各个美术馆。早自莱奥波尔多开始，就将自画像纳入绘画收藏的一个独立分支中，科西莫三世继承了叔叔的事业，扩充了许多当时欧洲名家和佛罗伦萨有潜力的年轻画家的自画像作品，同时也搜集了少数过去的肖像作品。

欧洲西北部名家的自画像作品几乎都能在美第奇家族的收藏中找到。科西莫三世大公将价值高昂的绘画存放在乌菲齐美术馆的讲坛厅，还有一些极负盛名的作品被保留存放在乌菲齐美术馆，其余很大一部分收藏被分散到皮蒂宫等各个宫殿以及家族别墅中。他对自己手中的藏品进行理性的分析，评估其收藏价值。莱奥波尔多去世后，科西莫将叔叔收藏的自画像、素描和版画陈列在乌菲齐美术馆，更多地向公众开放。威尼斯画派作品以及博洛尼亚、佛兰德斯、荷兰画派的一些作品，被暂时放置在皮蒂宫的各层展厅，随后移至斐迪南三世位于威尼斯的诺比莱钢琴府邸。

在莱奥波尔多府邸的画廊中，三层暂时存放的是宫廷画家佛兰德斯人贾斯特斯·沙特曼斯的作品。在美第奇的家族别墅中，悬挂着一些关于保佑托斯卡纳地区蔬果丰收、动物繁衍生息的《圣经》题材的绘画作品，这样的陈设摆放也是当地的习俗，带有一定的警示意味。由于家族事务烦琐，科西莫三世对收藏重整布置的耗时远远超出了他的预期。儿子斐迪南三世死在父亲之前，父亲继续接手儿子位于皮蒂宫和普拉托利尼、波焦阿卡伊阿诺别墅中的大量藏品。

斐迪南三世·德·美第奇是托斯卡纳大公科西莫三世与法国国王路易十四的侄女、奥尔良贵族公主玛格丽特·露易丝·奥尔良的儿子。斐迪南三世的早逝，使他没有登上托斯卡纳大公之位，他的主要声誉来源于继承了先辈的艺术资产，担任艺术赞助人，经常为艺术家们举办聚会活动。斐迪南也是一个杰出的音乐家，他热爱音乐，资助了许多著名作曲家，包括乔治·弗里德里希·亨德尔（George Friedrich Handel）、多梅尼科·斯卡拉蒂（Domenico Scarlatti）和阿尔比诺尼（Albinoni）；更是在自己的府邸中保留了一间屋子，专门放置制作精美的古典乐器。同自己的父辈、祖辈一样，斐迪南一直源源不断地赞助和收集艺术作品，喜好威尼斯画派、热那亚绘画和17、18世纪艺术家的素描草图，以及外国学院派（包括荷兰和佛兰德斯）的作品，以至于去世前，他积累有上千件艺术品。斐迪南也有自己独特的品位，他敬仰前几个世纪一些创作大幅壁画和祭坛画的艺术大师，并且继续追逐和收购他们的作品。斐迪南认为，正是他们支撑和定性了家族收藏的整体品位。然而他的这股热情并不为父亲所认可，他去世后，科西莫三世将一些作品返还给了原教堂。在斐迪南的珍藏中，安德里亚·德尔·萨托的《圣母升天》《甘巴西》《圣母与鸟身女妖》如今依旧陈列在皮蒂宫；弗拉·巴托洛米奥、帕米贾尼诺、罗索·菲伦蒂诺、奇奥利、弗朗切斯科·巴萨诺、鲁蒂利奥·马内蒂、奥拉齐奥·雷米纳尔迪（Orazio Riminaldi）等16、17世纪著名画家主要的祭坛画创作，今天也依旧放置在皮蒂宫内斐迪南的寝宫中。斐迪南对于绝世名画的狂热追求使他着眼于意大利的各个画派，如博洛尼亚画派（例如格尔奇诺和乔瓦尼）和巴洛克风格（例如卡洛·马拉塔），甚至不惜重金连他的祖辈都没能拿下的名作（例如帕米贾尼诺的《长脖子的圣母玛利亚》，今收藏于乌菲齐美术馆）。这位斐迪南王子还有一项重要成就，是他下令修复年久破损的画作，并且将这项工作落到了实处。

皮蒂宫的火星厅。这个展厅是帕拉蒂娜画廊七间展厅的其中之一，富丽堂皇的装饰和摆设由美第奇家族和洛林家族共同精心打造，该展厅用于陈列、展示艺术品

斐迪南三世的收藏模式和对藏品的布置安排同他的父亲有很多相似之处。在他位于皮蒂宫的寝宫最大的房间中悬挂着一些16、17世纪意大利和欧洲其他地区最重要的绘画大师的祭坛画和油画作品[其中就有伦勃朗的三幅名作《复活的基督》《战争的结果》《老人像（拉比）》]。皮蒂宫一、二层之间的中间层主要展示的是一些艺术家的素描和草图。波焦阿别墅和卡伊阿诺别墅里主要集中的是小画幅作品（1778年被转移到乌菲齐美术馆），其中荷兰画派和佛兰德斯画派的绘画均由选帝侯赠予美第奇家族，包括来自安特卫普佛兰德斯画派大师鲁本斯的作品《帕里斯的裁判》（这幅画是以鲁本斯第一位妻子海伦·富曼作为美神维纳斯的原型，用近乎写实的方法来描绘古代神话），以及各种类型的绘画，例如

克里斯托夫洛·穆纳里、玛格丽塔·卡菲的静物画。普拉托利尼别墅选藏的是一些装饰性的油画作品，譬如加比阿尼为斐迪南的乐师所画的肖像，科瑞森·欧诺弗里为斐迪南的郊外猎场所作的古典风景画。18世纪的欧洲更讲究有通感的作品，用美术史的术语说，就是让绘画有触感和感知力，这也正是这位王子最为赏识的。早在莱奥波尔多时期，斐迪南就热衷于威尼斯画派的作品，他发展了叔叔的事业，极力收集这类作品，尽管所能收集到的作品也不都是高质量的精品之作。他收藏有提香（《阿尔维斯·科尔纳罗肖像》在当时被认为是提香的杰作，后来被修正作者是丁托列托）、保罗·委罗内塞、乔尔乔内等人的作品。还有一幅《歌唱课》，早前进入皮蒂宫时被误认为是某个技术高超的不知名画家所作，近年来才被证实真正作者是乔尔乔内。

这位王子的艺术功绩不仅仅在于他是重要的藏家和艺术赞助人之一，而且他能够准确判断和把握意大利绘画新的艺术趋势，尤其他对威尼斯画派、热那亚画派以及博洛尼亚画派的关注。他慷慨慈善家的名声使他结识了许多艺术家，但他选择艺术家与作品全凭他自己的感觉。在18世纪最初的几年，佛罗伦萨画派持续发展，但没有出现活跃、具有代表性的艺术大师，斐迪南网罗了朱塞佩·玛利亚·克雷斯皮（Giuseppe Maria Crespi）、塞巴斯蒂亚诺·里奇（Sebastiano Ricci，1659—1734）、马克·里奇（Marco Ricci，1676—1730）、亚历山德罗·马格纳斯科（Alessandro Magnasco，1667—1749）等人，认为他们能够引领新世纪的艺术风格。斐迪南凭借自己的直觉，成就了这些艺术家的艺术生涯，他们是佛罗伦萨不可或缺的艺术人才，对于18世纪意大利和欧洲绘画艺术的发展起到了至关重要的作用。同样地，斐迪南也相应地赞助了热那亚画派（包括乔瓦尼·贝内代托、瓦莱里奥·卡斯特罗和乔瓦尼·巴蒂斯塔·郎戈提）和威尼斯画派（代表人物有费德里科·塞维利和约翰·卡尔·洛思），开创了佛罗伦萨艺术文化的新局面。斐迪南在他最后的岁月里也一直对克雷斯皮和两位里奇（尤其痴迷马克·里奇带有创新技术的威尼斯风景艺术画），以及马尼亚斯、佩鲁齐尼等人寄予厚望，他们为佛罗伦萨的艺术文化留下了宝贵的财富，也见证了斐迪南三世出色的艺术鉴赏力和收藏天赋。

由于儿子的早逝，1713年，科西莫三世接管了他的遗产。在这次大重整中，莱奥波尔多的藏品被扩充入库，19世纪成为皮蒂宫帕拉蒂娜画廊的核心藏品和主要框架。其余重新整顿过的收藏首先考虑送至乌菲齐美术馆和美第奇家族多座别墅中。美第奇家族的丰厚艺术藏品涵盖科学、历史、人文，这些家族遗产最终能够毫发未损地成为佛罗伦萨的资产，并以其艺术价值扬名于世，要感谢美第奇家族最后一位直系后裔安娜·玛利亚·路易莎·德·美第奇。安娜本应继承托斯卡纳大公的爵位，但丈夫杜塞尔多夫–帕拉廷选帝侯约翰·威廉早逝，两人没有子嗣，美第奇家族至此没落。统治了佛罗伦萨三个世纪的托斯卡纳政府接手了安娜捐赠的所有遗产。经过了长达20年的摄政统治，1765年，托斯卡纳迎来了奥地利来的哈布斯堡—洛林一位新大公莱奥波尔多二世，即波希米亚和匈牙利女王玛利亚·特蕾西亚与皇帝弗朗茨一世的第三子（被称为"洛林的莱奥波尔多二世"）。莱奥波尔多二世是一位有能力的改革者，在意大利艺术史学家路易吉·兰齐（Luigi Lanzi）的帮助下，他重新设计了佛罗伦萨的城市建设，并且合理规划了美第奇家族收藏在佛罗伦萨的分布。

在新的体系下，乌菲齐美术馆逐渐减弱了雕塑作品的收藏（前期强调其建筑本身的雕塑性）的地位，转而更多的是以历史结构呈现各个流派和风格的绘画作品，迎合了19世纪美术馆展览布置的标准和走向。皮蒂宫和别墅群作为佛罗伦萨艺术文化强大的后方支持，而乌菲齐美术馆无疑作为这座城市中一颗闪亮的艺术明珠，向公众展示着几百年最为经典的贵族收藏。

佛罗伦萨学院在意大利绘画史上同样占据着重要地位，其初衷是完善美术教育体系。学院早先致力保存一些曾遭受拿破仑劫掠的修道院和寺庙所收藏的旧派的画作。兰齐在他关于博物馆的理论中曾提到，他认为这是有史以来相关绘画作品第一次被大规模集中保存。

在莱奥波尔多二世接管佛罗伦萨收藏的很长一段时间内，它都是欧洲其他收藏体系的典范。正因如此，佐法尼在1778年写道：他是这样向英国卡洛琳王后介绍乌菲齐美术馆的八角讲坛的——最高规格的皇家收藏。皮埃特罗·莱奥波尔多耗费了大量的精力重整已有的收藏，他最终没有来得及将自己所有的藏品收编到美第奇的图画库中；他的继承者斐迪南三世替他完成了这一重大任务。凭借当时维也纳同托斯卡纳执政法庭的关系，维也纳美景宫美术馆同乌菲齐美术馆交换了许多珍贵的收藏，维也纳美景宫美术馆随后也成为意大利巴洛克风格的标志建筑。17世纪罗马、佛罗伦萨、博洛尼亚的部分绘画，包括皮埃特罗·达·科尔托纳、萨拉瓦多·罗萨、朱塞佩·玛利亚·克雷斯皮、弗朗切斯科·富里尼的作品都被送到了维也纳，乌菲齐美术馆也收到了一些异常出色的德国学派（丢勒和克拉纳赫）、威尼斯学派（贝利尼、提香、委罗内塞）以及17世纪佛兰德斯学派（德·克莱尔、西格斯、鲁本斯等）的作品。

洛林王朝的最后两位大公随后又添加了许多杰出的新作品在大公私人画廊中，并于1834年向公众开放。自18世纪末到意大利的复辟时期（1815年），他们增添了包括拉斐尔（《大公圣母》以及达尼奥洛和马达莱纳·多尼的肖像）、萨拉瓦多·罗萨（多为风景画）、加斯帕德·杜盖、雅各布·凡·雷斯达尔（现有的两件作品分别收藏于皮蒂宫和乌菲齐美术馆）、雷切尔·勒伊斯（现有两件作品收藏于皮蒂宫）、卢多尔夫·巴克赫伊森（主要是航海题材的作品）、亨德里克·杜波尔等人的作品，以及一些小众的佛兰德斯和荷兰的画家。荷兰画派的收藏品中较为值得一提的是海格力·斯格斯的风景画，于 1834 年作为遗赠收入乌菲齐美术馆。

有趣的是，斐迪南三世显然已经认识到，在他的收藏系列中法国部分的藏品非常薄弱，几乎只有美第奇王族继承人的肖像画。因此，他试图整合这些由尼古拉斯·普桑、查尔斯·勒布伦、菲利波·德·尚佩涅、路易·勒南、洛朗·德·拉·海尔、西蒙·福耶特、弗朗索瓦·米格纳德、弗朗索瓦·布歇、安托尼·华托和其他一些大师级的画家创作的肖像画。然而结果不太令人满意，因为许多作品的作者有误。然后，斐迪南和洛林一起颁布了一套政策，从修道院和教堂收取非常珍贵的木板油画来补充佛罗伦萨美术学院画廊的收藏，尤其注重收藏 16 世纪佛罗伦萨画家的作品。今天，这些作品在乌菲齐美术馆、皮蒂宫和佛罗伦萨学院仍然备受敬仰。

随着意大利的统一，收藏品的扩充逐渐变得缺乏系统性，更多的是依赖慷慨捐赠（如乌菲齐美术馆中卡拉瓦乔的《以撒的牺牲》，以及卡兰德捐赠给巴尔杰洛博物馆的一组珍贵的法国—佛兰德斯绘画作品和锡耶纳作品）；或是依赖在贮藏室和别墅重新发现的作品（如乌菲齐美术馆中卡拉瓦乔的《酒神巴克斯》和克雷斯皮的作品）；抑或是通过行使优先购买权购得的作品（如夏尔丹和凡·维特尔的作品），部分荷兰和西班牙的绘画作品（乌菲齐美术馆中一幅埃尔·格利柯的作品和两幅戈雅的作品）都是通过这种方式购得的。还有两幅十分具有代表意义的作品——帕米贾尼诺的《希腊奴隶》和拉斐尔的《静音》，是分别从帕尔马画廊和乌尔比诺画廊征收来的。

当法国王室的包括路易十五一系列肖像画从帕尔马被送到皮蒂宫（它们是在最初的绿厅位置被发现的），佛罗伦萨的艺术遗产得以增加。尽管这对帕尔马来说并不是一件愉快的事，但这并不影响这件事重大的历史意义。意大利统一后，萨伏依将这些作品陈列在佛罗伦萨王宫中。

第一次世界大战结束后，佛罗伦萨画廊再次重组，乌菲齐美术馆被赋予最大的份额，因为它已经成为国家美术馆（罗马当时还没有一家国家美术馆）。收藏在皮蒂宫（画廊和王家宫殿）、佛罗伦萨美术学院，甚至是锡耶纳（阿尔特多费）的作品开始流入乌菲齐美术馆，在皮蒂宫成立了现代艺术画廊，作为兼顾社会公众和国家计划的中坚力量，主要保存亚历山德拉的作品和那些由萨伏依收购的作品。皮蒂宫展出了 17 世纪佛罗伦萨绘画作品，这些作品最初由美第奇家族保存在他们的别墅中，现在则公开展览在维托里奥伊曼纽尔三世退还给国家的地域内。

这种新的秩序是为了回应历史批判性推理，1922 年在皮蒂宫王家宫殿举办的"17 世纪和 18 世纪意大利绘画作品展"

皮蒂宫的维纳斯厅也许是皮埃特罗·达·科尔托纳所装饰房间中最奢华的，屋顶的圆形浮雕也是出自他之手

所反映的也是这一历史批判性推理。这一活动确定了这两个世纪以来研究和艺术鉴赏方向的转变，但同时也瓦解了佛罗伦萨画廊的传统的历史呈现方法。这种哲学的立场也促成一种新的博物馆学——根据乌菲齐美术馆的艺术历史的时间线，而不是依据收藏品本身的历史，对所有作品进行重排。这种趋势，必定会促使产生一个当下世纪中伟大的国家画廊，但这只是彼得罗·莱奥波尔多和路易吉·兰齐（Luigi Lanzi）的观点。第二次世界大战以后对收藏品范围的完善具有决定性意义的事情是收购洛托和福帕的作品，由于鲁道夫·西维埃罗的工作，战争期间被掠夺的作品（马萨乔、马索利诺、维罗纳、丁托列和、乔瓦尼·巴蒂斯塔·蒂埃波罗的作品）陆续来到乌菲齐美术馆。1969 年，孔蒂尼·博纳科西的捐赠品（暂时安置在比较小的梅利迪安娜宫中）贡献了大量绘画艺术精品，如契马布埃、萨塞塔、安德里亚·卡斯塔尼奥、博塔费奥、博纳多·齐纳尔、萨沃尔多、西玛·达·科内利亚诺、雅各布·巴萨诺、委拉斯凯兹、丁托列托、祖伯兰和戈雅的作品。除此之外，这些作品还填补了佛罗伦萨画廊某类收藏的空缺，使佛罗伦萨画廊因此在大型博物馆机构中占据一席之位。

技术性论文及绘画作品评论编写人员：
安吉拉·奥科登（Angela Acordon）
罗伯塔·鲍尔托利（Roberta Bartoli）
桑德罗·贝里斯（Sandro Bellesi）
丹尼勒·贝纳蒂（Daniele Benati）
安娜玛利亚·博纳西奥尼（Annamaria Bernacchioni）
埃琳娜·卡普雷蒂（Elena Capretti）
西西莉亚·菲利波尼（Cecilia Filippini）
弗朗切斯科·弗朗奇（Francesco Frangi）
伊莲娜·弗马伽丽（Elena Fumagalli）
伊莱恩·格拉齐亚尼（Irene Graziani）
莫罗·罗科（Mauro Lucco）
玛丽莱娜·莫斯科（Marilena Mosco）
吉安尼·帕皮（Gianni Papi）
尼克莱塔·庞斯（Nicoletta Pons）
玛塔·皮里维特拉（Marta Privitera）
里卡洛·斯皮内利（Riccardo Spinelli）
安吉洛·塔尔杜费里（Angelo Tartuferi）
丽萨·文图里尼（Lisa Venturini）
珍妮·凡·瓦德诺伊恩（Jeanne van Waadenoijen）
提奇亚娜·泽纳罗（Tiziana Zennaro）

13 世纪的托斯卡纳绘画

安吉洛·塔尔杜费里（Angelo Tartuferi）

13 世纪是意大利绘画史上最为神秘莫测的时期，因为只有少数学者对这一世纪的绘画进行过研究。对于大多数艺术史学家来说，这一时期最棘手的问题是现今留存下来的作品数量并不多，已确定年代的很多作品后世都被进行过重绘或是技术不成熟的修复。目前被普遍认可的解释是，这一阶段的艺术作品受到拜占庭风格的强烈影响，过去的一些学者也得出过这样先验的结论。事实证明，这些绘画风格能够于 13 世纪在异常繁荣的意大利半岛发展壮大，必定有一种强有力的艺术文化支撑其发展，并预见了下一个时代的艺术繁荣。

有权威文献指出，托斯卡纳地区绘画风格的形成来源于卢卡绘画文化，主要代表画家是伯林吉耶里（Berlinghiero）和他的三个儿子波纳文图拉（Bonaventura）、马克（Marco）和巴罗内（Barone）。近期，学者开始强调比萨地区的绘画对于 13 世纪绘画发展的重要作用，尤其是在革新性和创造性方面。这股艺术势头同样也受到拜占庭风格的影响，外加中东地区的艺术基础。比萨地区的艺术文化因子在当时被广泛传播到各个地区，演变为当地的艺术语言。

乌菲齐美术馆馆藏的一件《耶稣受难像》，是典型的 12 世纪后期比萨风格的绘画作品。比萨风格的形成主要来自尤恩塔·卡皮提尼（Giunta Capitini），又名比萨诺（Pisano），他同时还影响了 13 世纪初期佛罗伦萨绘画的两位主要领军人物风格的形成：乌菲齐美术馆《耶稣受难像》的创作者和绘画大师圣弗朗西斯·巴尔迪。这种艺术文化的形成在传统的卢卡绘画中典型的例子是乌菲齐美术馆内的《圣方济各的圣痕》，与佛罗伦萨圣十字圣殿巴尔迪礼拜堂内的祭坛画出自同一大师之手。相较之下，《耶稣受难像》在人物形象的塑造上则缺少了一些优雅和深刻。收藏于比萨博物馆的《圣凯瑟琳生平的八个故事》（创作于 1235—1245 年间）也可以证实这一分析。

13 世纪比萨艺术文化的特点也体现在画作《基督祈福与圣母、圣彼得、传福音的圣约翰和圣保罗四人》（佛罗伦萨的梅里奥，1271 年）中，梅里奥曾因参与过 1260 年蒙塔贝尔缇与锡耶纳的战争而被提及。这幅画在类型学上可以说是已知最早使用长方形画框和突出中心点的作品之一。

在佛罗伦萨博物馆里，最伟大的画家圭多·达·锡耶纳和杜乔·迪·博尼塞尼亚的两幅画代表了 13 世纪繁荣的锡耶纳文化。其中第一幅画，虽然是体现本地艺术风格最为典型的例子，但也受到了吉特斯克大师（通过解读所谓的"圣母玛利亚、圣科斯马斯和圣达米安"）和佛罗伦萨的科波·迪·马科瓦尔多的新希腊文化的影响。第二幅画的创作者杜乔，被认为是意大利哥特式风格的创始人之一。对杜乔作品《圣母像》近期的修复（1988—1990 年）再现了其辉煌的画像，使我们能够充分地欣赏这幅画非凡的美丽和品质，而在艺术史上，它清楚地表明，它是迄今为止对拜占庭风格语言最博大精深的解释。这幅画作是乌菲齐美术馆大约在 1280 年收藏的，典型的拜占庭风格作品，是杜乔为佛罗伦萨天主圣三大殿的瓦伦布罗萨尼修道士所绘制的最伟大的画像。这幅作品的修复，无疑将有助于进一步阐明其创作者在 13 世纪意大利绘画发展中所起的主要作用。

于佛罗伦萨绘画中引入拜占庭风格文化，在 13 世纪最后的 25 年里都有体现。拜占庭风格的影响力，被一位可爱的、身份不明的画家的作品得以准确地反映，他被称为"抹大拉"大师，他的一幅画被收藏在佛罗伦萨学院中。圣加吉奥大师还创作了最初由佛罗伦萨圣加吉奥修道院拥有的一幅画，目前也收藏在佛罗伦萨学院中。他很可能是佛罗伦萨画家格雷弗·迪·坦克雷迪。在他职业生涯的中期，这位艺术家深受契马布埃的影响，而他艺术活动的最后阶段可以说是对年轻的乔托的作品最早和最细心的诠释。

1
佚名托斯卡纳画家
被钉死在十字架上的耶稣及耶稣受难的六个场景
木板蛋彩画
277cm × 231cm
出处未知，1886年进入乌菲齐美术馆。暂推测作者为托斯卡纳画家，受12世纪末期
比萨（意大利托斯卡纳大区城市）绘画风格的影响

2
乌菲齐美术馆《耶稣受难像》的创作者
被钉死在十字架上的耶稣及耶稣受难的八个场景
木板蛋彩画
250cm×200cm
出处未知，1888年进入乌菲齐美术馆。暂推测作者为佛罗伦萨画家，活跃于1230—1250年，受卢卡（意大利托斯卡纳大区城市）画家伯林吉耶里影响

3
玛德莱纳绘画大师

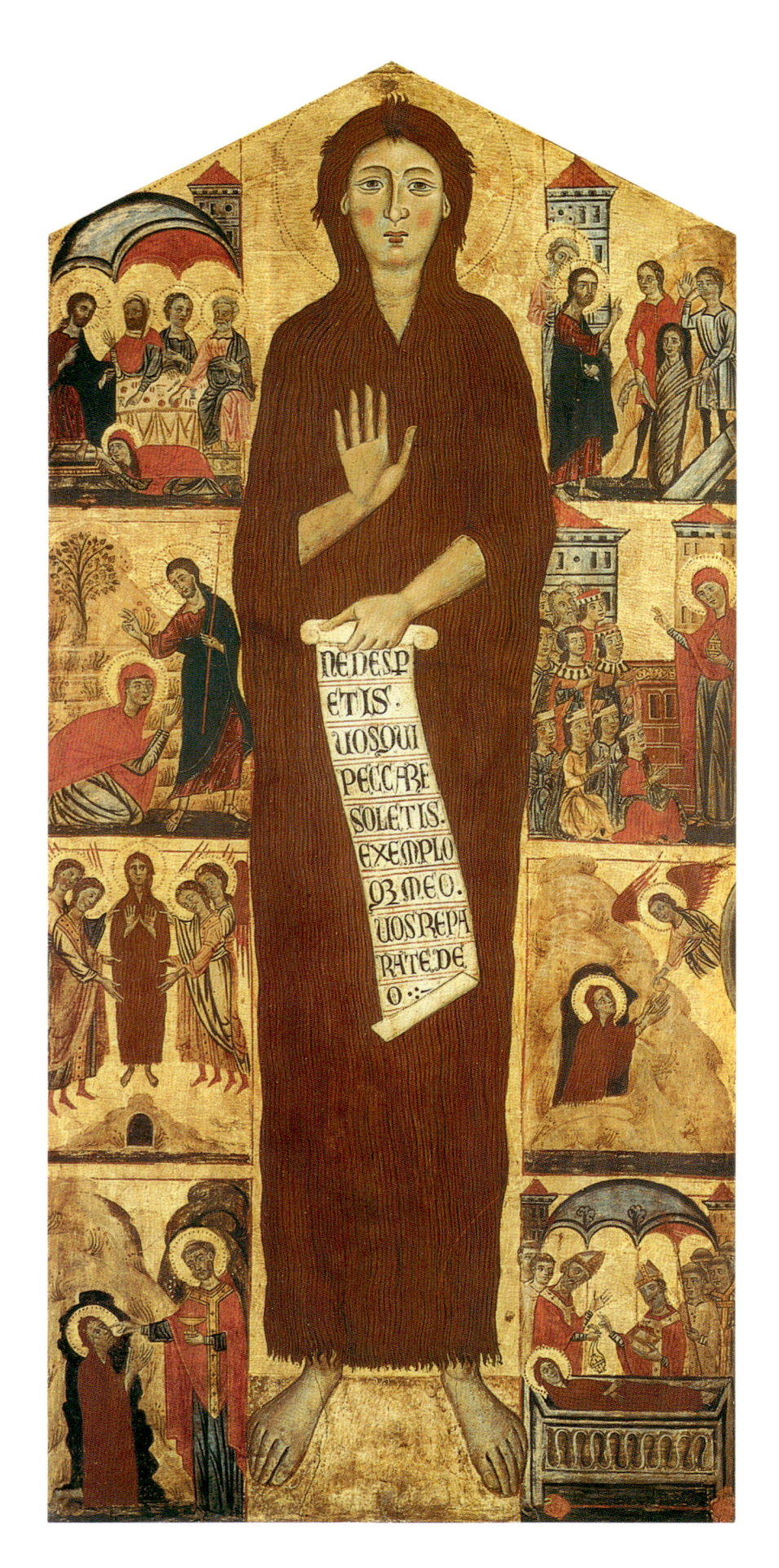

抹大拉的玛利亚及其八个生平故事
木板蛋彩画
164cm × 76cm
这幅作品于1819年由圣母领报修道院移至佛罗伦萨学院美术馆。画中的主要人物圣女玛利亚·玛达莱娜（又称抹大拉的玛利亚）以一个被耶稣拯救的重要形象经常出现在13世纪佛罗伦萨绘画题材中，尤其频繁出现在1260—1290年间。这是作者成熟阶段的一件作品，创作时间约在1280—1290年间

4
圣弗朗西斯·巴尔迪绘画大师
圣方济各的圣痕
木板蛋彩画
81cm×51cm
1863年由商人乌戈·巴尔迪献给佛罗伦萨学院美术馆，1948年移至乌菲齐美术馆。这幅作品推测作于13世纪末，创作技法与圣十字教堂（佛罗伦萨）内一件由20幅场景画组成的祭坛画类似，确定为同一人所作

5
米利奥雷
基督救世主和四圣人
木板蛋彩画
85cm×210cm
1792年这组祭坛画由塔克利·康特纳西（Tacoli Canacci）侯爵从佛罗伦萨带到了帕尔马，1928年又辗转从帕尔马的美术馆回到了佛罗伦萨学院美术馆，于1948年进入乌菲齐美术馆馆藏。拱形画框拱肩处的六个小天使是15世纪被添加上去的。这是米利奥雷存世作品中十分重要的一件，是具有13世纪下半叶佛罗伦萨艺术风格的典型作品

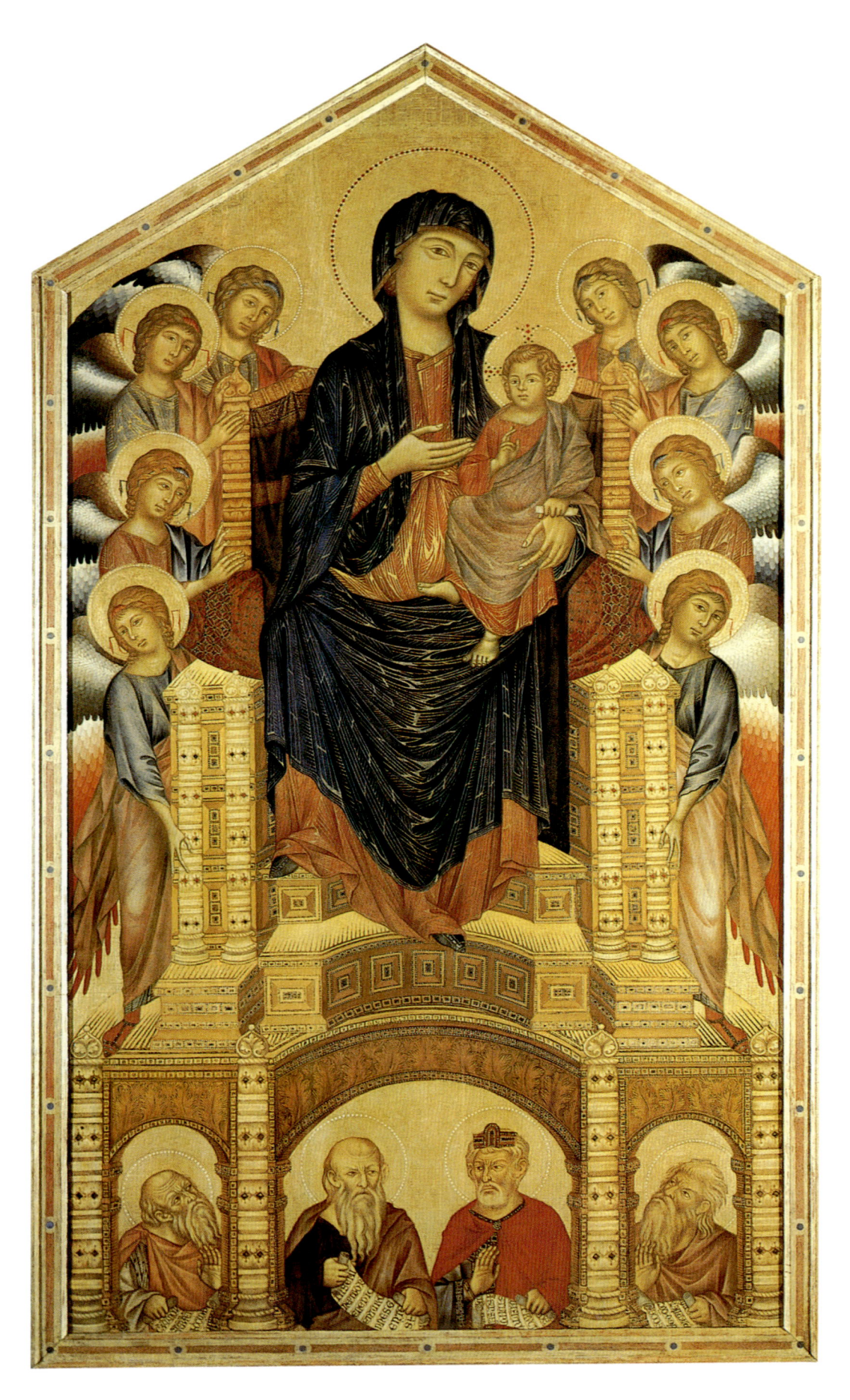

6
契马布埃
宝座上的圣母子、八天使和四位先知
木板蛋彩画
385cm×223cm
这幅作品是瓦隆布罗萨尼修道士委托契马布埃为佛罗伦萨天主圣三一教堂所作。作品风格鲜明,与阿西西(意大利翁布里亚大区城市)圣方济各教堂主殿内的壁画技法相似,推测创作时间约在1280年

7
契马布埃
宝座上的圣母子、两天使和两圣人
木板蛋彩画
133cm×82cm
这幅作品曾属于英国霍顿家族,辗转被孔蒂尼·博纳科西收藏。普遍认为此作是契马布埃晚期的作品,一些技法可能受到了乔托早期创作的影响

8
圣加吉奥绘画大师
宝座上的圣母子和四圣人
木板蛋彩画
200cm×112cm
1867年这幅作品由圣加吉奥的修道院移至佛罗伦萨学院美术馆,创作时间大约在13世纪末。暂推测作者为佛罗伦萨13世纪晚期画家格雷弗·迪·坦克雷迪(Grifo di Tancredi)

9
圭多·达·锡耶纳
宝座上的圣母子
木板蛋彩画
125cm×73cm
这幅作品于1889年进入默里家族收藏，1919年辗转由乌菲齐美术馆进入佛罗伦萨学院美术馆。作品呈现出超高的创作技法，是锡耶纳画派大师圭多13世纪下半叶创作的，早于杜乔的时代

10
杜乔·迪·博尼塞尼亚
宝座上的圣母子和六天使
木板蛋彩画
450cm×290cm
这幅作品由佛罗伦萨新圣母玛利亚教堂赞美团于1285年4月15日委托杜乔所作，属于中世纪哥特式绘画

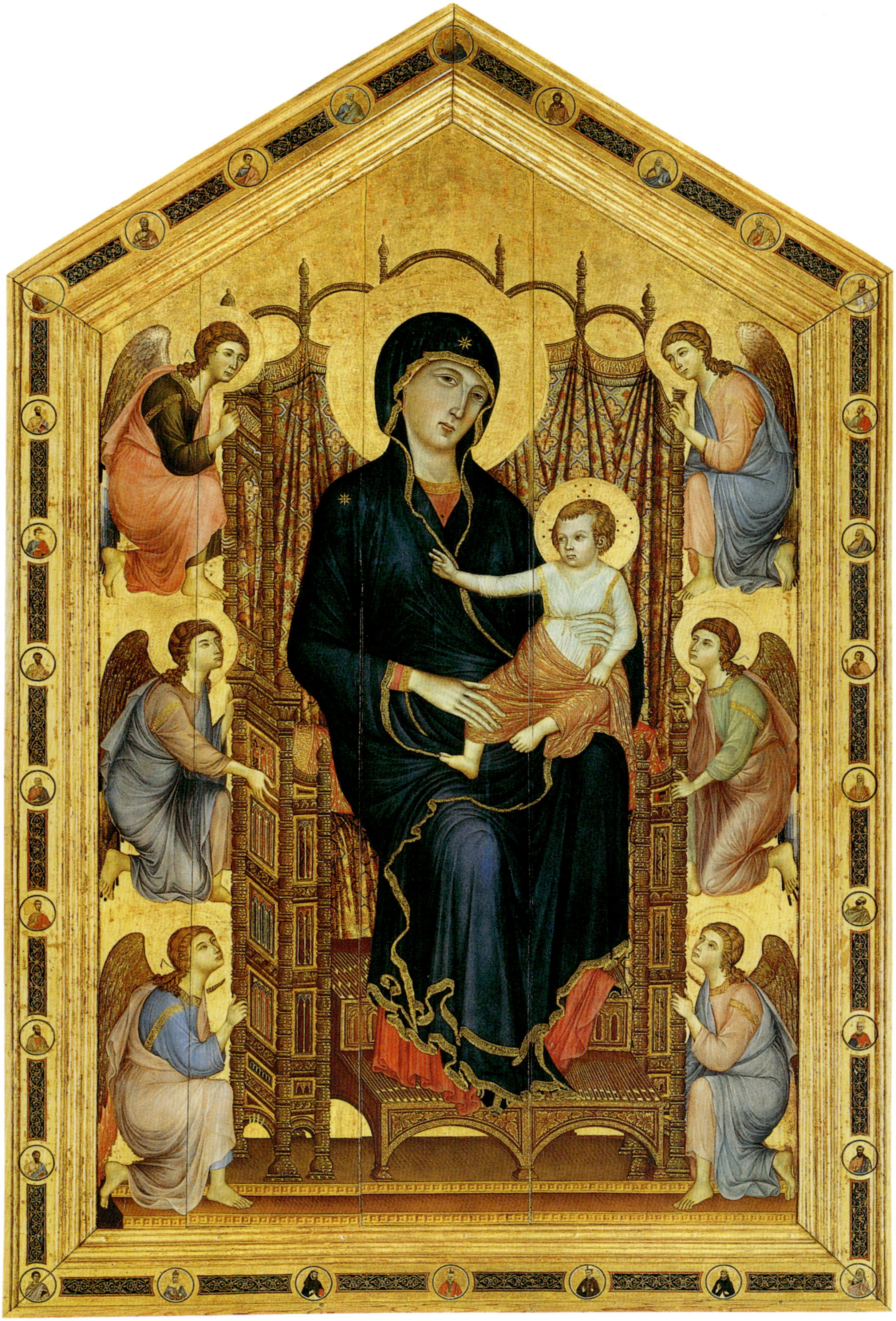

14 世纪的意大利绘画

安吉洛·塔尔杜费里

14 世纪上半叶的佛罗伦萨绘画

14 世纪上半叶佛罗伦萨绘画所呈现出的非凡表达和持续创新的特征可以根据某些基本前提来解释，即受 13 世纪末期乔托式文化的决定性、催化性的影响。值得注意的是，那一代画家的才能是在典型的 13 世纪文化中发展起来的，尽管他们一直活跃到 14 世纪。在此仅列举其中几个最重要的人物，即圣加吉奥（San Gaggio）大师、圣塞西莉亚大师、利波·迪·贝尼维尼（Lippo di Benivieni）和帕西诺·迪·波纳古达（Pacino di Bonaguida）。近年来，乔托所创作的宝座上的圣像的一些精美片段被重新发现，现在被安放在圣洛伦佐的圣欧莫伯努斯教堂演讲厅中。这些壁画被放置于阿西西的圣方济各教堂的最高处，必须在以撒故事的背景中去理解。这进一步证实了乔托对西方传统比喻表征进行了根本性的改革。

最近的研究表明，托斯卡纳文化在 14 世纪初期发展的速度最快。历代学者所进行的研究是以奥斯瓦尔德·西伦（Osvald Siren）、博纳多·贝伦森（Bernard Berenson）和罗伯托·隆吉（Roberto Longhi）的开创性著作，以及理查德·奥夫纳（Richard Offner）的《佛罗伦萨绘画宝库》为例来进行说明的，他们因其科学和系统的严谨性而出类拔萃。此外，还必须提到卢西亚诺·贝洛西（Luciano Bellosi）和米克洛斯·博斯科维茨（Miklós Boskovits）最新的研究，他们也帮助证实了佛罗伦萨的 14 世纪是意大利绘画史上最著名的时期之一。所有这些学者都代表了佛罗伦萨在 14 世纪上半叶的艺术文化，它既清晰又充满了活力，这种评价是在每个艺术家的职业生涯中可以被验证的。这一评价是当时每一个伟大的学术论点所相应提出的批判性特征的一部分。例如，理查德·奥夫纳指出一种"微型主义倾向"，而罗伯托·隆吉则提出"反乔托式"，这个词是为了描述一些艺术家不那么尊重新乔托式语言环境而创造的术语。

出于种种原因，收藏在乌菲齐的《宝座上的圣塞西莉亚和有关她的八个生活场景》一画的作者被认为可能是在探索乔托风格的替代品，而他为佛罗伦萨蒙蒂西的圣玛格丽特教堂所创作的《宝座上的圣母子》就是一个严格的乔托风格复制品的范例，几乎到了盲目模仿的程度。对于乔托风格更具创造性的理解，我们可以参考塔德奥·加迪（Taddeo Gaddi）的作品，他在捕捉大师风格的艺术权威方面可以被视为乔托的官方继承人。加迪在学院的一块小嵌板上所创作的基督和圣弗朗西斯生平故事的作品很好地诠释了这一点。这幅嵌板画曾经被安放在佛罗伦萨圣克罗切教堂的圣物室里。

另外，在圣安德里亚教堂右侧的祭坛上现存最古老的联画（在伦敦的一次拍卖会上拍卖）中，人们又发现了一个所谓的"反乔托式"的例子。最重要的是，通过乌格利诺·迪·奈里（Ugolino di Neri）重要而激烈的活动，这幅作品表现出当时在佛罗伦萨广为人知的锡耶纳画派的特点。

回到 14 世纪意大利绘画之父乔托这里，我们可以注意到，巴迪亚（Badia）忧郁的联画（现收藏在乌菲齐）风格可以追溯到 1300 年前后。与乔托同一时期的有里米尼马拉泰斯塔诺教堂里十分精美的耶稣受难画。在佛罗伦萨诸圣教堂所绘的著名的宝座上的圣像，很可能比他在 1303—1305 年在帕多瓦的斯克罗维尼小教堂创作的壁画要晚。

博纳多·达迪（Bernardo Daddi）是佛罗伦萨最好的乔托式文化的解释者和推广者（从真正意义上来讲）之一。达迪将自己忠实地定位于乔托式传统中，并在具象绘画的叙事和色彩方面设定了最高标准。在佛罗伦萨的画家中，达迪对与他同时代的画家以及许多艺术风格与他迥然不同的画家产生了显著的影响，包括雅各布·德尔·卡萨提诺（Jacopo del Casentino）和多米尼加绘画大师。普西奥·迪·西蒙尼（Puccio di Simone）同样是在佛罗伦萨达迪的工作室里培养出来的。在传统乔托式风景画的构图中，达迪能够融入奥卡涅格学派的倾向，产生了最有效、有趣、令人愉悦的具象合成，将可塑性与活泼色彩相结合。

11
乔托
宝座上的圣母子、天使和圣人
木板蛋彩画
325cm × 204cm
创作技巧和风格与乔托为佛罗伦萨诸圣教堂的乌米利阿蒂兄弟所作的绘画，以及帕多瓦斯科罗文尼教堂的壁画有诸多相似之处，推测创作时间在1300—1310年间

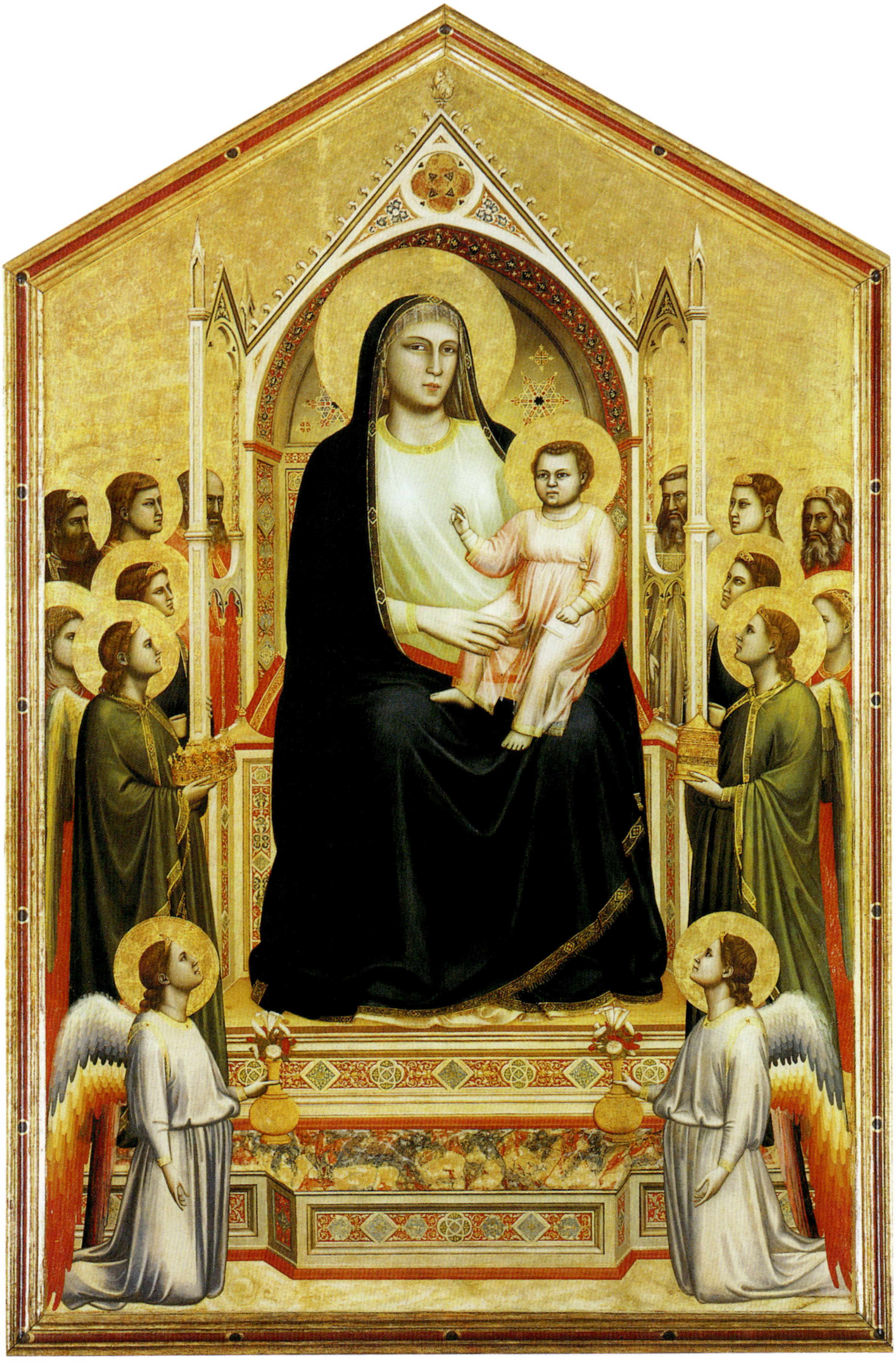

12
乔托
圣母子和四圣人
木板蛋彩画
91cm×340cm
这幅作品是乔托为佛罗伦萨巴迪亚教堂所作，是乔托的代表作之一。据画作的成色推测其完成于1300年前后，风格和技法与里米尼马拉泰斯塔诺教堂内的耶稣受难画相近

13
圣塞西莉亚大师
宝座上的圣塞西莉亚和有关她的八个生活场景
木板蛋彩画
85cm×181cm
这幅作品是1304年为圣塞西莉亚大教堂的落成所创作的

14
帕西诺·迪·波纳古达
生命之树
木板蛋彩画
248cm×151cm
这幅画是为罗马港外的佛罗伦萨修道院克拉丽丝·迪·蒙蒂切利而画的。这幅作品是画家向微型画转变的一个典型例子，创作时间可追溯到1300—1310年间

15—16
圣乔治抄经大师
不要碰我
木板蛋彩画
42cm×29cm
巴尔杰洛博物馆
圣母加冕典礼
木板蛋彩画
42cm×29cm
这两幅画曾经一度是古董藏家路易吉·卡兰德（Luigi Carrand）的私人收藏，后捐献给了佛罗伦萨公社，藏入巴尔杰洛博物馆。推测创作时间在1330年前后，这个系列的另外两幅作品今收藏于美国纽约大都会艺术博物馆的修道院艺术博物馆

17
博纳多·达迪
宝座上的圣母子、圣马修斯和圣尼古拉斯
木板蛋彩画
144cm×194cm
这幅作品原放置于佛罗伦萨诸圣教堂的修道院内。这是有关达迪的记录中最早的作品，也是达迪绘画技法成熟后第一阶段的作品，与佛罗伦萨圣十字教堂的普尔齐-贝拉尔迪教堂内的壁画风格一致

18—19
塔德奥·加迪
牧羊人朝圣
木板蛋彩画
48cm×43cm
神庙里的献礼
木板蛋彩画
48cm×43.5cm
这两幅画从属于组画，整体由两个半月形拱顶和12幅画组成，内容主要为基督的日常生活场景，其中10幅也有圣方济各的生活场景。整组画原先是为佛罗伦萨圣十字教堂放置圣物箱的壁橱装饰所作，可被断定为加迪技法成熟后的早期作品，比佛罗伦萨圣十字大教堂巴伦切利礼拜堂内的壁画（约1327—1330）创作时间稍晚

20
博纳多·达迪
宝座上的圣母子：天使和六圣人以及圣母玛利亚的七个生活场景（祭坛组画）
木板蛋彩画
165cm×85cm（主体画）
127cm×42cm（侧翼画）
50cm×30cm（祭坛组画单块）
这组完整的多联画屏是达迪和他的工作室所完成的最为精美复杂的作品。整组画是为圣潘克拉齐奥教堂所作，据推测，完成时间约为13世纪40年代

21
雅各布·德尔·卡萨提诺
宝座上的圣母子、圣伯纳德、施洗者圣约翰和四天使
受圣痕的圣方济各和两圣人
耶稣受难
木板蛋彩画
39.2cm×42.2cm
这幅木板蛋彩画原先是米兰卡尼奥拉家族的收藏（Cagnola Couection），于1947年交由乌菲齐美术馆。这是雅各布唯一留存于世的署名作品，据判断完成时间约为13世纪20年代

22
多米尼加绘画大师
宝座上的圣母子和四圣人
木板蛋彩画
64cm×193cm
作品出处无法追溯，这幅双开祭坛组画（左页为《圣母加冕典礼》）于1881年第一次出现在藏品清单上，自1909年起展览于佛罗伦萨学院美术馆。据推算应该创作于14世纪30年代后半期，令人称赞的是其光彩艳丽、经久不褪的颜色和精细严谨的创作技法

14 世纪下半叶的佛罗伦萨绘画

14 世纪下半叶的佛罗伦萨绘画，无论从文化上还是从质量上，都是从最有秩序和最具个性的角度来考虑的。现在有必要对 14 世纪上半叶后艺术生产的下降这一公认的评论观点进行充分的再评价。事实上，任何不愿做进一步调查的人都十分清楚这一假定的内在无效性；在年轻画家纳尔多·迪·乔内（Nardo di Cione）的作品中，这一点尤为明显。乌菲齐美术馆收藏了其极其精美的作品《耶稣受难与众哀悼者》，可是让人意想不到的是，在 1350 年之后的几年里，佛罗伦萨绘画的质量有所下降。

同样，对于像安德里亚·奥尔卡尼亚（Andrea Orcagna）这样一位有能力的画家，现在实在很难理解其早年所遭受的批评。在他为圣母领报教堂（现在位于学院美术馆）创作的联画中，奥尔卡尼亚称自己在佛罗伦萨大师的传承体系中有重要的地位，属于一种典型的乔托式风格。如果说奥尔卡尼亚笔下人物的庄严肃穆支持了这种自相矛盾的重新评价，那么马索·迪·班科（Maso di Banco）无可争议的高超而深刻的技艺，则值得对其作品进行重新评价。同样，与其同时代的塔德奥·加迪工作室的画作相比，浮雕的可塑性和色彩也证明了他作为艺术家的价值。

在乌菲齐美术馆有《哀悼基督》这样的作品之前，过去这些作品的文化价值与对其批判性评价之间的矛盾不那么明显。《哀悼基督》这幅画曾挂于佛罗伦萨的圣雷米希奥教堂（San Remigio）。卡洛·沃尔佩认为这幅画连同这位艺术家的顶级壁画《圣母与圣徒》都是无与伦比的。《圣母与圣徒》这幅画可追溯到 1356 年，最初置于佛罗伦萨圣灵广场（Canto della Cuculia）的神龛中，其提供了乔蒂诺，也称乔蒂诺·迪·马埃斯特罗·斯特法诺（Giotto di Maestro Stefano）活动的确凿证据。据文献记载，他与乔万尼·达·米兰诺（Giovanni da Milano）和阿格诺罗·加迪（Agnolo Gaddi）于 1369 年在罗马教皇公寓进行工作。多亏卡洛·沃尔佩（Carlo Volpe）在学术上的付出，我们还可以将两幅壁画的片段计入这位画家非常简短的作品目录中，其中还有 18 世纪从佛罗伦萨圣庞加爵圣殿教堂分离出来的《圣徒的头》（Heads of Saints），现存于孤儿院的博物馆里。人们常常只能根据乔万尼·达·米兰诺的伦巴第风格来解读乔蒂诺非凡的艺术鉴赏力；然而，像阿西西《基督幼年故事》所表现的那样，乔蒂诺似乎直接继承了乔托风格。这幅作品挂于圣方济各教堂中的右方耳堂。乔蒂诺也受到玛索·迪·巴柯（Maso di Banco）和纳尔多·迪·乔内（Nardo di Cione）柔和笔触的影响。

这一时期活跃在佛罗伦萨的二流艺术家的能力，体现在雅各布·迪·乔内（Jacopo di Cione）、尼克洛·迪·托马索（Niccolò di Tommaso）、安德里亚·博纳尤蒂（Andrea Bonaiuti）、利玛窦·帕奇诺（Matteo di Pacino）、乔瓦尼·德尔·比翁多（Giovanni del Biondo）等画家高超的技术水平上。直到 14 世纪最后 25 年，这最后一批艺术家还在致力提高佛罗伦萨绘画的品质，可以在意大利绘画史上看到，主要在一流艺术家中风靡的新乔托风格也得到了他们的肯定。他们当中有斯皮内罗·阿雷提诺（Spinello Aretino），他身边总是簇拥着一群志同道合的同辈人，包括尼克洛·吉里妮（Niccolò Gerini）和森尼·迪·弗朗切斯科（Cenni di Francesco）。与新乔托风格趋势相似的是，在年轻的阿格诺罗·加迪（Agnolo Gaddi）倡议下的后哥特式风格的发展。阿格诺罗·加迪是古代辉煌画家王朝的最后一位传人，也是第一批引入佛罗伦萨绘画文化新语言的画家。

23
纳尔多·迪·乔内
耶稣受难与众哀悼者
（祭坛画）
木板蛋彩画
145cm×71cm

26
安德里亚·奥尔卡尼亚
以及阿什莫林祭坛画大师
木板蛋彩画
291cm×265cm
这幅作品由佛罗伦萨金融行会委托奥尔卡尼亚所作,用于佛罗伦萨圣弥额尔教堂的窗前壁装饰。诸多学者推测还有一位画师参与创作,生平不详,以阿什莫林祭坛画大师相称

24
纳尔多·迪·乔内
圣三一、圣伯纳德和传福音的圣约翰
圣伯纳德的三个生活场景
木板蛋彩画
300cm×212cm
这幅作品在乔瓦尼·吉尔伯蒂的赞助下完成,献给圣约翰大教堂的福音传教士,用于佛罗伦萨天使的圣玛利亚教堂,推测创作时间约为1365年

25
安德里亚·奥尔卡尼亚
宝座上的圣母子、四圣人和两位天使
木板蛋彩画
127cm×56.5cm(主体画)
104cm×37cm(侧翼画)
据多种推测,这幅画是为佛罗伦萨圣母领报广场的帕拉乔教堂祭坛所作

SANCTVS MATHEVS APOSTOLVS ET EVANGELYSTA

27
安德里亚·博纳尤蒂
圣女阿格尼丝和多米蒂拉
木板蛋彩画（双联画）
66cm×28cm（单块木板）
这幅双联木板蛋彩画于1900年7月19日进入佛罗伦萨学院美术馆，原放置于佛罗伦萨新圣玛利亚医院。作品受到意大利画家乔万尼·达·米兰诺绘画风格的影响，创作时间在1360—1365年。在很长一段时间里，它是新圣母大殿一幅出色壁画的一部分

28
雅各布·迪·乔内
圣徒与先知见证下的圣母加冕典礼
木板蛋彩画
350cm×190cm
这幅作品原放置于佛罗伦萨铸币厂，纹章镶嵌在画的下沿

29
乔蒂诺
哀悼基督
木板蛋彩画
195cm×134cm
据乔尔乔·瓦萨里记载，这幅画曾放置于佛罗伦萨圣雷米希奥教堂，是14世纪下半叶最典型的佛罗伦萨画派作品。据推测作品创作于1360年前后，受纳尔多·迪·乔内和乔万尼·达·米兰诺绘画风格的影响

39

30
马蒂奥·迪·帕西诺
圣母玛利亚在圣伯纳德面前显灵和四圣人
被祝福的救赎者和天使传报(边角画)
众圣人三联画(祭坛画)
木板蛋彩画
175cm×200cm
这幅作品由佛罗萨巴迪亚教堂移至佛罗伦萨学院美术馆,原放置在意大利坎波拉的本笃会修道院。整幅画呈现一种和谐神圣的气氛,色彩鲜亮

31
乔瓦尼·德尔·比翁多
施洗约翰和十幅生活场景画
耶稣在地狱(主画下方)
木板蛋彩画
275cm×180cm
这幅作品原放置于佛罗伦萨圣洛伦佐大教堂的基诺里礼拜堂,据推测应该是乔瓦尼年轻时的作品,创作时间为1360—1365年

41

32
阿格诺罗·加迪
圣母子、天使与四圣人
木板蛋彩画
222cm × 290cm
两侧翼画约完成于1375年，曾放置于佛罗伦萨圣米尼亚托大教堂。阿尼奥洛·加迪所作的圣母画时间稍晚，现今将两部分进行重组

33
阿格诺罗·加迪
基督受难
木板蛋彩画
59cm × 77cm
这幅作品于1860年进入乌菲齐美术馆，主体部分的三联祭坛画与1393—1396年加迪为圣米尼亚托大殿所作的祭坛组画有异曲同工之妙

34
画怜悯圣母像的大师
怜悯圣母
祝福的圣子耶稣（上方）
木板蛋彩画
63cm×34cm
这幅作品原放置于佛罗伦萨圣玛利亚教堂的奥古斯丁修女院，1850年后被移至佛罗伦萨学院美术馆。据记载，1375年前后，这幅画与佛罗伦萨美术界一位有趣的人物（未知）结缘，因此得名

35
阿格诺罗·加迪
谦卑圣母与六天使
木板蛋彩画
118cm×58cm
这幅作品原放置于佛罗伦萨圣维莉安娜女修道院，创作于加迪风格技法的成熟时期

36
斯皮内罗·阿雷提诺
宝座上的圣母子和四圣人
先知耶利米和摩西（框边上方的圆形装饰）
木板蛋彩画
160cm × 250cm
这组三联画原放置于意大利卢卡的圣安德里亚教堂，1391年完成创作，是斯皮内罗成熟时期的代表作

比萨绘画和锡耶纳绘画

比萨拥有非常丰富且重要的 13 世纪文化，这使得 14 世纪的比萨绘画特别利用了从佛罗伦萨和锡耶纳流入的艺术家的风格，这些艺术家包括西蒙尼·马蒂尼、博纳米克·布法罗马卡（Bonamico Buffalmacco）和塔德奥·加迪和斯特法诺。当然，这座城市也成功地凭借其一流的本土艺术家表达了自己独立自主的绘画风格，如艺术家弗朗切斯科·特拉伊尼（Francesco Traini）。活跃在 13 世纪末，人们称之为"圣托尔佩画师"的艺术活动，既体现了品位的交融，又展现了与锡耶纳文化的间接接触。这位画师的作品所展现出的一些特点颇有梅莫·迪·菲利波奇奥（Memmo di Filippuccio）的风格。

在 14 世纪 20 年代末，西蒙尼·马蒂尼和 14 世纪意大利最伟大的画家乔托出现在比萨，这对当地艺术文化的发展起了决定性作用。西蒙尼也为其他顶尖艺术家扮演了领路人的角色。这些艺术家出于装饰比萨的坎波桑托纪念碑的目的，从佛罗伦萨出发，齐聚于此。

一般来说，批评家非常简单地将锡耶纳画派（13 世纪晚期和 14 世纪）归于哥特式文化。但是，如所有其他复杂的历史发展一样，意大利人认为两者并不完全等同。例如，在锡耶纳的艺术环境中，不同的形式流派之间形成了一种极其和谐的、既共存又相互影响的关系。杜乔·迪·博尼塞尼亚（Duccio di Buoninsegna）的贵族派的艺术，很大程度上仍受希腊风格的影响，即使在这位大师最直系的接班人的作品中，也大量地体现了这种风格的魅力和启发性。在后辈艺术家中，乌格利诺·迪·奈里（Ugolino di Neri）地位显赫，这在孔蒂尼·博纳科西（Contini Bonacossi）收藏的非常美丽的三联画中有所记载。

西蒙尼·马蒂尼是锡耶纳哥特式文化伟大的代表人物，也是当地艺术传统的奠基人，对于 14 世纪意大利绘画而言，他是一位可与乔托艺术地位比肩的艺术家。在西蒙尼的所有作品中，乌菲齐美术馆馆藏的《圣母领报》外框用了金箔镶嵌，这幅《圣母领报》是当时为锡耶纳大教堂中的圣安萨努斯小礼拜堂所创作的。这也许是他表现其艺术风格的一幅典型作品；即使和 15 世纪当地艺术家的作品相比，也有着独特的风格印记。

皮埃特罗·洛伦泽蒂（Pietro Lorenzetti）和安布罗乔·洛伦泽蒂（Ambrogio Lorenzetti）两兄弟以他们复杂的辩证法和与乔托风格的佛罗伦萨文化特殊的融洽关系，确立了其重要的历史地位。皮埃特罗在其作品《宝座上的圣母子》中表达了这种思想，还有乌菲齐美术馆收藏的《谦逊圣母》也同样表达了这一思想。这些作品展示了一种可塑性，并和乔托风格完美结合，兼具传统的锡耶纳风格的线条和色彩感。相反，安布罗乔的作品则在以一种非常特殊的方式尝试空间感，他的这种尝试在乌菲齐美术馆收藏的《在圣殿上引见耶稣》（1342 年为锡耶纳大教堂的圣克雷申蒂圣坛所作）中达到极致。

在尼克洛·迪·赛尔·索佐的绘画和微型画作品中，也能看出洛伦泽蒂兄弟的影响力，而尼克洛·迪·博纳科尔索在其作品《引见圣母》中，继承了西蒙尼·马蒂尼的诗意风格，极大地促进了后哥特式风格的发展。

37
锡耶纳画派画师
圣母子
木板蛋彩画
83cm×54cm
这幅作品曾先后属于锡耶纳博宁塞尼收藏、比萨的塔迪尼—博宁塞尼收藏。据多方判断，作者是绘画大师杜乔的学生或追随者，与意大利画家尼可洛·迪·塞格纳同期

38
乌格利诺·迪·奈里
圣母子、圣伯多禄和圣保罗
基督祈福与二圣人（圣史蒂芬与圣约翰）（边角）
木板蛋彩画
148cm×152cm
皮蒂宫，梅利迪安娜宫（暂时）
这幅作品由潘尼利尼家族委托创作，原放置于圣焦万尼达索（意大利锡耶纳省的一个市镇）的圣皮埃特罗大教堂

39—40
博纳多·法尔科内（未经证实）
圣本笃将教规交由圣罗慕铎和他的圣徒
木板蛋彩画
44cm×77cm
圣罗慕铎的梦境
木板蛋彩画
44cm×77cm
佛罗伦萨学院美术馆，画廊
这两幅画原从属于同一组祭坛画，放置于意大利比萨的博尔戈圣弥额尔堂；1857年以后，进入托斯卡内里收藏。1905年，乌菲齐美术馆请求展出这幅作品，并于1954年移至佛罗伦萨学院美术馆

41
西蒙尼·马蒂尼
利波·梅米
圣母领报与四先知
木板蛋彩画
184cm×114cm（主画）
105cm×48cm（侧翼）
这幅作品是为意大利锡耶纳主教堂的圣安萨诺祭坛而绘制，主画创作于16世纪末，后被移至维罗纳老城堡的圣安萨诺教堂。1799年，托斯卡纳大公莱奥波尔多二世用卢卡·焦尔达诺（意大利那不勒斯人，约1634—1705）的两幅画交换了《圣母领报》，随即在乌菲齐美术馆展出。根据近期的发现和猜测，认为利波·梅米曾参与主画右方圣女玛加利大形象的一部分绘制

42
尼克洛·迪·赛尔·索佐
圣母子
木板蛋彩画
85cm×55cm
这幅作品原放置于圣安东尼大教堂，1919年遭遇盗窃。随后在法国巴黎修复后被返送至乌菲齐美术馆

43
皮埃特罗·洛伦泽蒂
谦逊圣母和十一个生活场景
木板蛋彩画
128cm×57.2cm（主画）
45cm×32cm（两侧小幅画）
在两侧的11件小幅故事画中有两幅描绘圣人日常生活的作品在德国柏林被找回。这组三联画屏是由意大利帕尔马圣约翰福音教堂有意为法恩莎小镇的妇女所作，随后于1534年移至佛罗伦萨圣萨尔维女修道院。1919年辗转进入乌菲齐美术馆。整组作品被认定创作于皮埃特罗的成熟阶段

44
皮埃特罗·洛伦泽蒂
宝座上的圣母子和八天使
木板蛋彩画
145cm×122cm
这幅作品原属于圣巴塞洛缪集会，后加入意大利比斯托亚的圣方济各教堂。据传，对于创作时间为1340年的真实性存在诸多质疑，然而皮埃特罗的同期绘画已经呈现出类似的技法风格

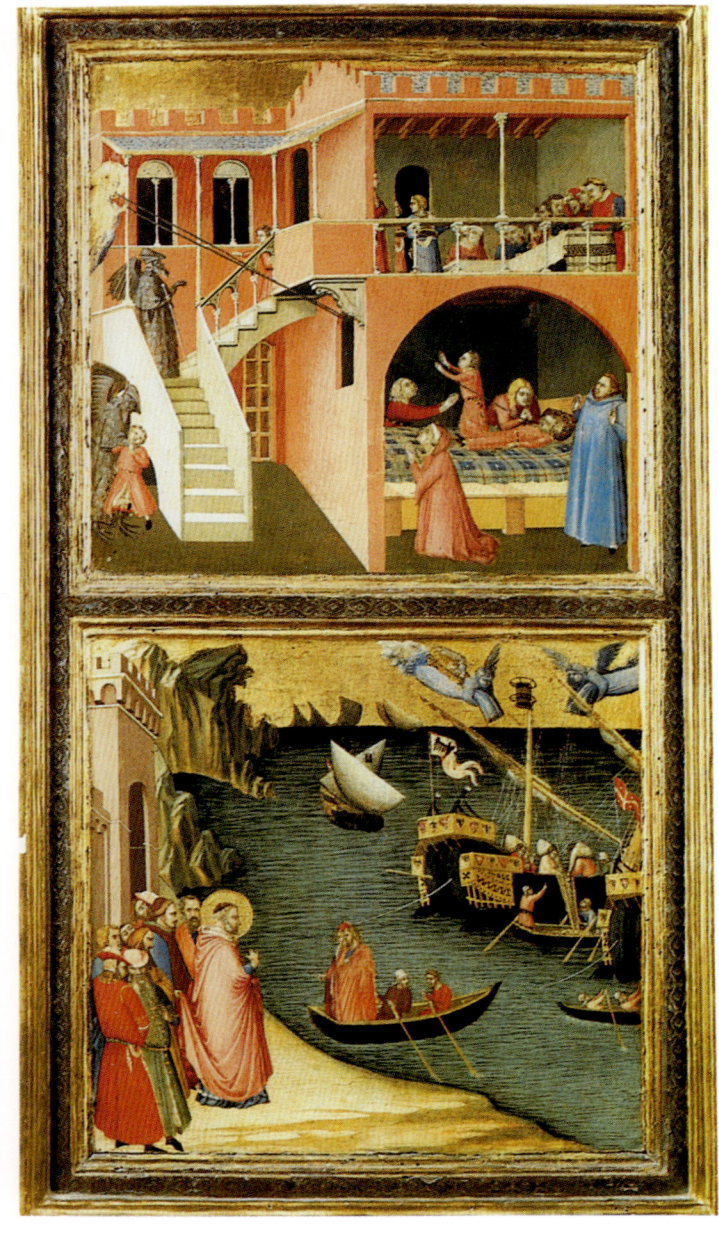

45—46
安布罗乔·洛伦泽蒂
圣尼古拉斯为三个女孩提供嫁妆、圣尼古拉斯被选为米拉城主教
木板蛋彩画
96cm×53cm
圣尼古拉斯复活一个男孩、圣尼古拉斯拯救米拉城的饥荒
木板蛋彩画
96cm×53cm
这两幅画原收藏于佛罗伦萨圣普罗克罗教堂，很有可能从属于有关圣尼古拉斯的故事系列作品。1810年，它们被收录入佛罗伦萨学院美术馆；1819年，移至乌菲齐美术馆。学者推断是安布罗乔生活在佛罗伦萨期间的作品（1327—1332年）；较为可信的创作时间大约与西蒙尼·马蒂尼的《有福的圣阿戈斯蒂诺》组画同期

50

意大利北部绘画

虽然在佛罗伦萨画廊中收藏的 14 世纪意大利北部的画作不多，但无论是从质量还是历史意义上来说，这些作品都是当时的巅峰之作。两幅表现来自《圣尼古拉的一生》的作品，归属于佛罗伦萨的孔蒂尼·博纳科西（Contini Bonacossi）收藏系列。它们可能曾经是保罗·韦内奇亚诺（Paolo Veneziano）于 1346 年为威尼斯公爵宫圣尼古拉教堂创作的联画的一部分；它们展示了 14 世纪威尼斯伟大的画家所具有的独创性，以及独一无二的文化扩张特征。在这组画中我们可以发现，画中结合了绘画的自由、拜占庭式的韵味和亮雅，此外受到乔托风格启发，色彩运用十分精准。

近年来，通过对 14 世纪伦巴第画派的研究，一种异常丰富的艺术文化浮出水面，其在主题表现力方面尤为显著。例如，人们可以回想起那些眼花缭乱、变幻莫测的画卷，它们装饰了安杰拉城堡的司法厅（如今认为始于 13 世纪末）、科摩市的圣安邦迪奥教堂以及"乔托风格"的维堡顿修道院和齐亚拉瓦莱修道院。

伦巴第的乔瓦尼·达·米兰诺是 14 世纪意大利最伟大的画家之一，其艺术风格受到佛罗伦萨文化传统的影响。他很快就把伦巴第和托斯卡纳的主要风格嬗变结合起来，乔托晚期的活动对这两种风格的发展产生了直接的影响。学者们普遍认为，这位伦巴第画家影响了 14 世纪下半叶的佛罗伦萨文化，但反过来，他又受到佛罗伦萨的影响，甚至在自然主义方面，他表述意见的方式也很特别。学院美术馆馆藏的《死去的基督和他的哀悼者》证明了乔瓦尼对斯特法诺（被其同辈称为"自然之猿"）和乔蒂诺的反思。乔蒂诺是乌菲齐美术馆珍藏的名作《哀悼基督》的作者，曾经住在佛罗伦萨的圣雷米希奥。

47
安布罗乔·洛伦泽蒂
在圣殿上引见耶稣
木板蛋彩画
257cm × 168cm
这幅作品是为锡耶纳大教堂的克雷申蒂圣坛所作，原本两侧还有侧翼画，现已丢失，描绘的是圣克雷曰蒂和圣米迦勒。1822年，它被托斯卡纳大公斐迪南三世带到佛罗伦萨。安布罗乔的这幅作品展现了他超高的技法，以及对虚构场景实验性的刻画和渲染

48—49
保罗·韦内奇亚诺
圣尼古拉斯的诞生
木板蛋彩画
74.5cm × 54.5cm
圣尼古拉斯的恩惠
木板蛋彩画
73cm × 53cm
这两幅作品很可能从属于乌切诺的一个作品系列，整组作品是为意大利威尼斯公爵宫的圣尼古拉教堂所作

50

乔瓦尼·达·米兰诺

诸圣多联画屏

木板蛋彩画

132cm×39cm（单块）

歌颂圣母玛利亚

歌颂殉教者

歌颂忠诚的使徒

歌颂主教

歌颂先知

木板蛋彩画

49.1cm×39cm（单块）

这五幅画和祭坛画从属一组多联画屏，是为意大利佛罗萨诸圣教堂的主圣坛所作。因种种原因，这组画被移至教堂内的女修道院，部分画作已经丢失

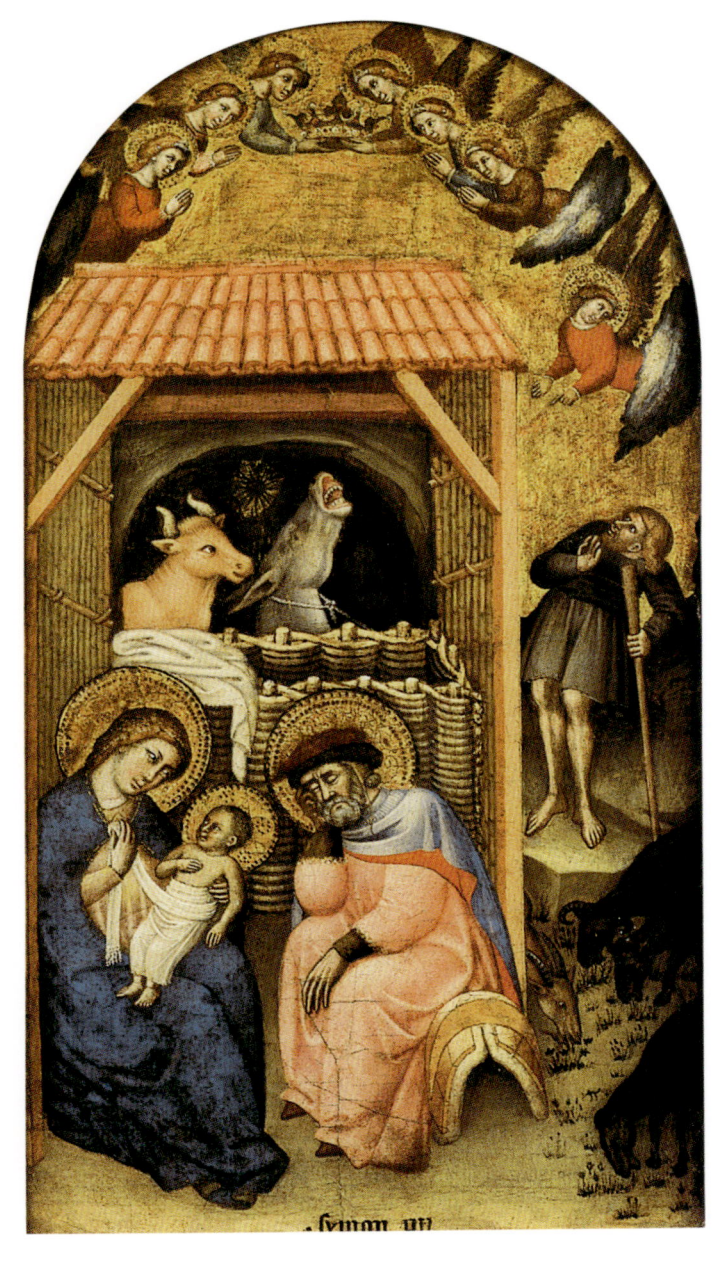

51
乔瓦尼·达·米兰诺
死去的基督和他的哀悼者
木板蛋彩画
122cm×58cm
这幅作品于拿破仑统治年间（1808—1810）由佛罗伦萨圣玛尔谷大殿内的女修道院移至佛罗伦萨学院美术馆。这也可能是属于意大利北部伦巴第画家的一幅经典作品，也是14世纪意大利美术的代表作之一

52
西蒙尼·迪·菲利波
基督的诞生
木板蛋彩画
47cm×25cm
这幅作品由商人乌戈·巴尔迪于1863年赠予佛罗伦萨学院美术馆，1905年移至乌菲齐美术馆。据判断，它创作于画家西蒙尼技法成熟的阶段，在1370—1380年间

晚期哥特式或国际哥特式绘画

安吉洛·塔尔杜费里

在佛罗伦萨的文化语境中，格拉尔多·思台尔尼那（Gherardo Starnina）在14世纪晚期脱离艺术语言的运动中起了主导作用，该运动虽然仍然受到新乔托式形式倾向的强烈影响，但还是开始走向国际哥特式美学。在15世纪初，从西班牙回归的艺术家介绍了一种绘画方式，其特点是轮廓清晰，颜色和光对比鲜明。这些属性可以在过去被学者们认为是班比诺·维斯波大师的一小组画中看到。除了思台尔尼那，在佛罗伦萨，国际哥特式文化的主要推动者是洛伦佐·莫纳科（Lorenzo Monaco），他似乎在早期就融合了当地的艺术传统，甚至在雕塑方面也紧跟最新发展，尤其是以洛伦佐·吉贝尔蒂（Lorenzo Ghiberti）的作品为例。乌菲齐美术馆收藏的1422年为佛罗伦萨圣埃吉迪奥教堂所绘的《三博士朝圣》，可以看作洛伦佐正式研究的高潮，其特点是通过操纵空间平面和以夸张的方式拉长人物轮廓，从而产生梦幻的氛围。

在15世纪的前20年，继佛罗伦萨艺术这两位主要人物之后，又有一批优秀的艺术家探索了一种由晚期哥特式绘画的无限可能性表达交织在一起的色彩鲜艳的风景画。施特劳斯·马多娜（Straus Madonna）这位优雅的大师，其早期风格受到14世纪末新乔托形式倾向的影响，后来成为这种新语言——从阿格诺罗·加迪的工作室中形成并发展的一种表达风格——的主要支持者之一。罗塞洛·迪·雅各布·弗兰奇（Rossello di Jacopo Franchi）表现出忠实于洛伦佐·莫纳科的远见卓识，同时也显著地体现出思台尔尼那的作品风格。

随着真蒂利·达·法布里亚诺（Gentile da Fabriano）的到来，佛罗伦萨成为国际哥特式艺术真正的活动场所，真蒂利的风格在他对《三博士朝圣》（于1423年为佛罗伦萨天主圣三一大殿的圣器收藏室里的帕拉·迪·奥诺弗里奥·斯特罗奇礼拜堂而作）的崇拜中得到了极好的体现。在乔瓦尼·托斯卡尼（又称格里格斯受难大师）的画作中，受真蒂利复杂的视觉规律的影响是显而易见的，画作突出了吉贝尔蒂显著的风格特征。

在15世纪30年代，佛罗伦萨的艺术风格由于其独特的文化和艺术传统而变得支离破碎。马萨乔（Masaccio）的新画风的革命性影响最终标志着国际哥特式的衰落。尽管如此，许多艺术家还是受到了它革命性的影响。例如，我们可以看到，乔瓦尼·德尔·庞特（Giovanni dal Ponte）很难将两种艺术语言结合在一起，甚至安德里亚·迪·吉斯托（Andrea di Giusto）直到15世纪40年代一直顽强地坚持晚期哥特文化。在某种程度上，这些不同的艺术语言最终还是在弗拉·安吉利科作品的文艺复兴元素中得以调和。

53
格拉尔多·思台尔尼那
圣母子和施洗者圣约翰、圣尼古拉斯和四天使
木板蛋彩画
96cm×51cm
作品原出处无法追溯，呈现的是思台尔尼那成熟时期的国际哥特式风格，据推测创作时间在1400—1410年间

54
洛伦佐·莫纳科
圣母加冕典礼
祷告的救赎者（边角）
木板蛋彩画
450cm×350cm
这幅作品原收藏于佛罗伦萨安杰利奥教堂的女修道院

55
洛伦佐·莫纳科
哀悼基督及受难
木板蛋彩画
267cm×170cm
这是洛伦佐一件经典细致的作品，与洛伦佐于意大利托斯卡纳地区恩波利教堂内的三联画创作时间相近。两件作品的构图和布置均能体现艺术家深受国际哥特式风格的影响

56
洛伦佐·莫纳科
圣母领报
基督祝福（中央）
木板蛋彩画
210cm×229cm
这幅作品最终是由意大利佛罗伦萨巴迪亚教堂藏入佛罗伦萨学院美术馆，原本是洛伦佐于1415年前后为本笃堂圣普罗科罗所作。其中圆盘装饰上绘有两位先知的侧翼画曾流传入法国巴黎阿尔托·德·蒙特的收藏中

57

洛伦佐·莫纳科

三博士朝圣

木板蛋彩画

115cm × 170cm

这幅祭坛组画据记载创作于1421—1422年，是洛伦佐为意大利佛罗伦萨圣艾智德教堂所作。15世纪下半叶，意大利文艺复兴时期的画家科西莫·罗塞利对这组祭坛画进行重绘，在原有的三块边角上添加了传报天使和两位先知的形象，装饰祝福基督图和另外两位先知

58

洛伦佐·莫纳科

圣欧诺菲拉斯生活场景

木板蛋彩画

26cm × 60cm

这幅作品包括圣坛画原本从属于一组祭坛画（共三块），整组作品是佛罗伦萨著名的银行家帕拉·斯特罗兹委托并赞助洛伦佐为佛罗伦萨天主圣三大殿的圣器收藏所而作。全画在洛伦佐去世前尚未完成

59—60
施特劳斯·马多娜大师
亚历山大的圣凯瑟琳
木板蛋彩画
56cm × 23cm
圣方济各
木板蛋彩画
56cm × 23cm
这两件精致讲究的画作原放置于佛罗伦萨圣雅各布·德·巴贝蒂修道院，创作时间大约在1410年。它们原本属于一幅小型三联画屏

61
乔瓦尼·德尔·庞特
圣母加冕典礼：四天使
天使传报（边角）
基督在地狱（边角）
圣母领报（边角）
木板蛋彩画
194cm × 208cm
这幅作品来源于佛罗伦萨虔敬之丘慈善基金会，是画家成熟阶段的作品，呈现出强烈的晚期哥特式风格以及早期文艺复兴的特点

62
乔瓦尼·托斯卡尼
圣托马斯的疑惑
木板蛋彩画
215cm×109cm（不含边框）
这幅作品原收藏于佛罗伦萨的商人法庭，18世纪放置于佛罗伦萨商会登记处，目前据推测是由擅长绘画十字架题材的托斯卡尼大师创作完成

63
马索利诺·达·帕尼卡莱
谦卑的圣母
木板蛋彩画
110.5cm×62cm
1930年前后这幅作品由英国伦敦的私人收藏让渡给佛罗伦萨的孔蒂尼·博纳科西收藏。第二次世界大战期间，这件作品曾被纳粹空军元帅戈林占有，1954年进行过一次国家级的修复。这是马索利诺一件被较早熟知的作品，创作时间在1415—1420年间，与盖拉尔多·斯塔米纳的绘画风格有些许相似

64
真蒂利·达·法布里亚诺
三博士朝圣
耶稣审判,传报,先知和小天使(尖顶)
耶稣诞生,逃往埃及,神庙里的献礼(祭坛)
木板蛋彩画
173cm×220cm
这幅著名的作品是为佛罗萨圣特里尼塔教堂的斯特罗齐小教堂绘制的,于1810年被送到佛罗伦萨学院,并于1919年转移到乌菲齐美术馆。它是在意大利蓬勃发展的国际哥特式文化最具代表性的例子之一。《神庙里的献礼》这幅祭坛画是19世纪制作的复制品,原作目前收藏在法国巴黎卢浮宫博物馆内

65
真蒂利·达·法布里亚诺
抹大拉的圣玛利亚、圣尼古拉斯、施洗圣约翰和圣乔治
木板蛋彩画
194cm × 57cm
这幅作品是为佛罗伦萨圣尼科罗奥尔特拉诺的夸拉提西教堂的祭坛而作的一系列油画的一部分。这幅多联画的中心部分描绘的是圣母子，现存在汉普顿法院；这组作品中的祭坛画部分《圣尼古拉斯的生活故事》分别被收藏在梵蒂冈皮纳科蒂卡博物馆和美国华盛顿国家博物馆。铭文显示为1425年

66
雅各布·贝利尼
圣母子
木板蛋彩画
69cm×49cm
这幅画曾在卢卡的圣米切莱托修道院展出。1906年，乌菲齐美术馆从该市的一位考古学家那里购入这幅画。这幅画体现了画家后期成熟的风格，创作时间可以追溯到1450年前后

67
安德里亚·迪·吉斯托
束腰带的圣母玛利亚
木板蛋彩画
185cm×220cm
这幅画来自科尔托纳的圣玛格丽塔教堂

15 世纪的意大利绘画

15 世纪上半叶的佛罗伦萨绘画

安娜·帕多亚·里佐（Anna Padoa Rizzo）

在15世纪早期佛罗伦萨"文艺复兴"绘画历史全景中，保罗·乌切洛（1397—1478）扮演了一个重要的角色。乌切洛是一位非常有文化修养的艺术家，1414年他在圣卢克会工作，第二年10月15日，他转到美第奇和斯佩齐亚利艺术会工作。他的艺术品位是在佛罗伦萨哥特式时代后期培养的（他是吉贝尔蒂完成的圣若望洗礼堂北门创作的合作者之一），这激发了他对透视理论和应用的兴趣与热情。在为著名订货人和机构工作时（包括佛罗伦萨的大教堂、美第奇家族和乌尔比诺公爵法庭），乌切洛对佛罗伦萨艺术的发展发挥了重要作用。根据瓦萨里讲述的各种逸事，他的一些画作是同时代的人所无法理解的。这在很大程度上是他的智慧所导致的，所以在传记作者阿雷佐的笔下，他是一个"复杂而微妙的天才"。

然而考虑到历史现实，正如瓦萨里所说，在佛罗伦萨第一个把菲利波·布鲁内列斯基和多纳泰罗在15世纪前20年的建筑和雕塑中所表达的新思想转化为纯粹的图像的，是年龄稍小一点的马萨乔（生于1401年）。更重要的是，尽管艺术形式不一样，但是他通过"时时刻刻追随菲利波和多纳泰罗留下的痕迹"实现了这种转化。因此，瓦萨里表达了他对马萨乔的本真性格和对色彩效果的理解。"他所画的作品具有内聚力和敏锐的线条性"，这是经修复的布兰卡奇教堂所体现出其作品特点。

我们不应该忘记，布鲁内列斯基是第一个在这个方向上进行实验的人，资料中提到了两个"透视板"，这两个透视板可以追溯到1420年前后。这些画板旨在说明绘画如何按比例显示空间的可测量深度。

在1417—1421年间，马萨乔在佛罗伦萨接受了全面的训练，那里有洛伦佐·美第奇时代重要的工作室。这一背景说明了他很强的技术技能，强化了他在1422年4月23日的画作《圣母子》中的创新倾向。这幅作品是佛罗伦萨卡斯特拉尼家族为卡西亚圣吉奥韦纳莱教堂委托作画的，但也许注定要或至少要在佛罗伦萨的圣洛伦佐（San Lorenzo）保留一段时间。这幅作品是这位年轻艺术家作为艺术大师的第一个重要画作任务（根据1422年1月7日的合同）。他和他的兄长马索利诺的合作直到马萨乔早逝才结束。大概是1424年马索利诺从恩波利回到佛罗伦萨之前，他们的合作还未开始，因此那一时期的作品没有马萨乔风格的痕迹。来自佛罗伦萨圣安布罗吉奥教堂的《圣安妮·梅特萨》（今收藏于乌菲齐美术馆中），佛罗伦萨圣玛利亚·德尔·卡明教堂的布兰卡奇教堂壁画，罗马圣玛利亚·马吉奥尔被拆除的多路教堂的联画，还有可能包括圣克莱门特的布兰达卡斯蒂廖尼教堂的壁画——所有这些都代表了马萨乔和马索利诺的共同努力。最后两个作品在罗马教皇城完成，马萨乔于1428年6月在罗马去世。

马萨乔短暂的艺术活动引起了许多艺术家的共鸣，以至于佛罗伦萨后几代绘画都受到了他的影响。马萨乔得到了他那个时代最重要的艺术人物的认可，成为一种绘画风格的鼻祖和创立者，就像乔托在他那个时代一样。在马萨乔生活的时期，瓦萨里引用了一长串艺术家的例子，这些人都研究了马萨乔在胭脂山的壁画，从弗拉·安吉利科开始，他比马萨乔本人大几岁（到15世纪20年代末已经是公认的大师），一直持续到16世纪的佩里诺·德尔·瓦加和托托·德尔努齐亚塔。

但事实上，1430年后，马萨乔绘画风格的影响减弱了。这种变化主要是由于弗拉·菲利波·利比造成的。他是佛罗伦萨修道院的一位修道士，当时马萨乔正在创作壁画。在15世纪中叶的前几年，利比本人注意到多纳泰罗和弗拉·安吉利科的"扁平"风格的透视板厚度在不断增加。

人们认为弗拉·安吉利科是贯穿整个佛罗伦萨15世纪艺术人文历史中虔诚风格的创始人。他的作品表达了当时最深刻的宗教信仰，很大程度上受到了佛罗伦萨的同盟会和大型募缘修道团组织的"第三纪"运动的影响。弗拉·安吉利科通过他过硬的技术知识和丰富的表现力取得了成功，他将深刻的神学教义和丰富的基督教精神作为重点强调。同时，弗拉·安吉利科的作品在宗教教义的深刻阐释和人文因素间寻找平衡。根据作品的创作目的或现实要求，它唤起了一种高尚的仪式感，例如1433年的利那奥利议会，或在那之前的圣母加冕典礼，他与崇拜的观众建立起一种良性的信任关系。

弗拉·安吉利科的艺术力量给他同时代的艺术家和赞助人留下了深刻的印象。他是科西莫·德·美第奇的首选画家，他的风格被许多学生合作者模仿，包括赞诺比·斯特罗兹（Zanobi Strozzi）、多梅尼科·迪·米切利诺（Domenico Di Michelino），尤其是贝诺佐·戈佐利（Benozzo Gozzoli）。其他受过不同训练的大师认为，他的这种特殊绘画方式对当时的艺术创作是一种调和，他的作品是装饰性的、虔诚的，但在艺术表现上却是现代的。受惠于他的是马里奥托·迪·克里斯托法诺（Mariotto di Cristofano）和安德里亚·迪·吉斯托这样的小众艺术家，同时也有当时和后世伟大的艺术家，例如多梅尼科·韦内奇亚诺，以及前面提到的弗拉·菲利波和佩塞里诺、皮耶罗·德拉·弗朗切斯科、阿莱索巴尔多维内蒂和卢卡·德拉·罗比亚。

特别是多梅尼科·韦内奇亚诺，他从弗拉·安吉利科的透视光度的经验中发展了自己优雅华丽的风格。韦内奇亚诺豪华和复杂的风格，是由一个完全现代的设计理念定义的，提供了易懂的形式和所有元素的空间系统。这很可能反映了那个时代优雅、有教养的品位，它仍然与美第奇家族法庭的宗教含义有关，美第奇家族法庭是由"爱国者"科西莫领导，但却是由皮耶罗·伊尔·戈托索和他的妻子卢克雷齐娅·托纳布诺尼所主导的。在1438年他写于佩鲁贾的一封信中可以看到，韦内奇亚诺实际上转向了皮耶罗·德·美第奇（Piero de' Medici）。在这封信中，这位艺术家寻求保护和工作，并用才能来创作巨作。他也通过《三博士朝圣》（现收藏于柏林博物馆）实现了这一点，他还在作品中画了赞助人的肖像，赞助人在年轻的马格斯身边清晰可见。

韦内奇亚诺唯一幸存的祭坛画作品是置于乌菲齐美术馆中的《圣母子》。在作品中，他将严谨的建筑透视、明亮的色彩和非凡的设计进行结合，并延伸到解剖学以及自然和人工装饰元素的表现上。这些细节体现了佛罗伦萨15世纪上半叶的艺术品位，当时它过早地抹灭了马萨乔、布鲁内列斯基（Brunelleschi）以及后来的多纳泰罗的存在。这种精致的文化在其复杂的优雅中产生了经典的成果，如装饰美丽的空间、长椅，画中的神话和寓言主题，它们的来源和记录经常会被提到并大量出现。

在这份艺术家名单中，还应该加上安德里亚·德尔·卡斯坦诺（Andrea Del Castagno）的名字，在很短的一段时间内，人们将他视为马萨乔庄重风格可塑性的继承人。他在1477年卡斯坦诺（Castagno）的壁画中为圣阿波罗尼亚（Sant'Ablonia）修女的餐厅作画。1449—1450年，卡斯坦诺在莱尼亚卡杜西别墅的装饰和他一系列的画作（现在乌菲齐和圣皮耶罗的舍拉吉奥），展示了一个精心设计的幻想建筑。这幅作品的题材和目的都非常清晰，其目的当然是为了表达贵族装饰的价值，这一特性也同样体现在卡斯坦诺当年关于神圣主题的绘画中，具体表现为圣米纳弗拉勒托里的《假设》（柏林博物馆）和圣洛伦齐诺的《十字架》（佛罗伦萨的桑蒂西马安农齐塔）。我们可能会把更折中的乔瓦尼·迪·弗朗切斯科（Giovanni Di Francesco）以及马萨乔的弟弟乔瓦尼·迪·塞尔·乔瓦尼（Giovanni di Ser Giovanni）放在叫作罗·施格贾（Lo Scheggia）的同一族谱中，他是佛罗伦萨上层社会家庭的橱柜和家居装饰师。

此后不久，大约在1453年，多纳泰罗从帕多瓦返回佛罗伦萨，并立即重新进入美第奇世界，接受科西莫所表达的一贯的信任。用瓦萨里的话说，他"不断地给他工作"，并开始取得人们对多梅尼科·韦内奇亚诺和安德里亚·德尔·卡斯坦诺优雅作品的和谐美感的完全信任。韦内奇亚诺在圣克罗斯创作了壁画《圣方济各和施洗者圣约翰》，安德里亚在佛罗伦萨圣母领报大殿创作了《三位一体，圣杰罗姆、圣宝拉和圣尤斯托希姆》。这两位画家分别在1461年和1457年去世，去世之前的艺术活动展示了多纳泰罗后期对于绘画载体的雕塑性质的转变。这些想法在收藏于锡耶纳多摩的多纳泰罗的《朱迪丝和他的抹大拉》和《施洗者圣约翰》中体现出来，所有这些作品都表现了悲伤和英勇的人物形象。

68
马萨乔
圣母子
木板蛋彩画
24.5cm×18cm
作品背面刻有红衣主教帽子上的纹章，该徽章属于安东尼奥·卡西尼，可能是画作赞助人或委托人。他在1426年5月26日被提升为红衣主教。这幅作品可能于1426年之后完成

69
马索利诺与马萨乔
圣安妮梅特莎
木板蛋彩画
175cm×103cm
创作时间约为1424年,也就是在马索利诺启程前往匈牙利前不久,这一作品被瓦萨里存放在圣安布罗吉奥教堂。据罗伯托·隆吉说,马萨乔画了圣女和圣婴,还在右上角画了天使,马索利诺完成了其余部分

70
马里奥托·迪·克里斯托法诺
基督和圣女的生活故事
木板蛋彩画
225cm×175cm
这幅祭坛画是1856年从佛罗伦萨附近多西亚的圣安德里亚教堂来到佛罗伦萨学院的。创作时间约在1440年，人们认为它是对弗拉·安吉利科和比奇·迪·洛伦佐"敏感题材作品"的重新解读，后者可能是马里奥托的老师

71
弗拉·安吉利科
末日审判
木板蛋彩画
105cm×210cm
这幅画来自圣玛利亚·德格利·安吉里的卡马尔多伦西亚教堂，它曾装饰在这所教堂圣歌弥撒圣座的上部。创作时间大约在1431年之后，当时达成了完成这幅作品并置于演讲厅的协议

72
弗拉·安吉利科
基督下葬
木板蛋彩画
176cm×185cm
这幅画最初是由帕拉·斯特罗齐委托给摩纳哥洛伦佐为圣特里塔的圣礼而创作的。1425年洛伦佐去世时，这幅画还未完成，只有台座和尖头完成了。然后，这项工作移交给弗拉·安吉利科，他在1432年前后完成了这项工作

73
弗拉·安吉利科
利奈奥利幕
木板蛋彩画
209cm×247cm（中心部分）
46cm×177cm（台座）
这幅作品是1433年由佛罗伦萨利奈奥利艺术学院，也有可能是亚麻布织工协会委托弗拉·安吉利科制作的。木框由雅各布·迪佩罗（Jacopo di Pero）制作，人们叫他佩罗，大理石装饰由洛伦佐·格贝比蒂的学生根据老师的设计制作而成

74
弗拉·安吉利科
星光圣母
木板蛋彩画
84cm×51cm
这幅圣物箱壁龛画和另外三幅壁龛画都是由弗拉·吉奥瓦尼·马西委托弗拉·安吉利科为圣玛利亚·诺维拉教堂绘制的。这幅作品最可能的创作时间是1434年，也就是马西去世的那一年

75
弗拉·安吉利科
施洗者命名
木板蛋彩画
26cm×24cm
尽管人们认为,这幅祭坛画的创作时间应该在1435年之前,是为圣玛利亚·诺维拉教堂绘制的《圣母加冕典礼》的一部分,但实际上,它与另一幅时代相同的作品片段《圣詹姆斯大解放埃尔莫金》(现收藏于美国得克萨斯州沃斯堡的金贝尔博物馆)有着更多的共同点

76
罗·施格贾
阿迪马里吊饰
木板蛋彩画
88.5cm×303cm
对这幅作品有一种观点认为,它是庆祝莉萨·里卡索利和鲍卡西奥·阿迪马里的婚礼时挂在教堂前的。这场婚礼在1420年6月22日举行,但事实上这幅作品的创作年代可以追溯到1440—1445年

77
罗·施格贾
格维蒂诺的游戏
木板蛋彩画
直径59cm
这幅作品可能最初是用来装饰保险柜或长椅的,有可能在18世纪末被变成另一种装饰品。从人们所穿的服装来看,创作时间大约在15世纪中叶

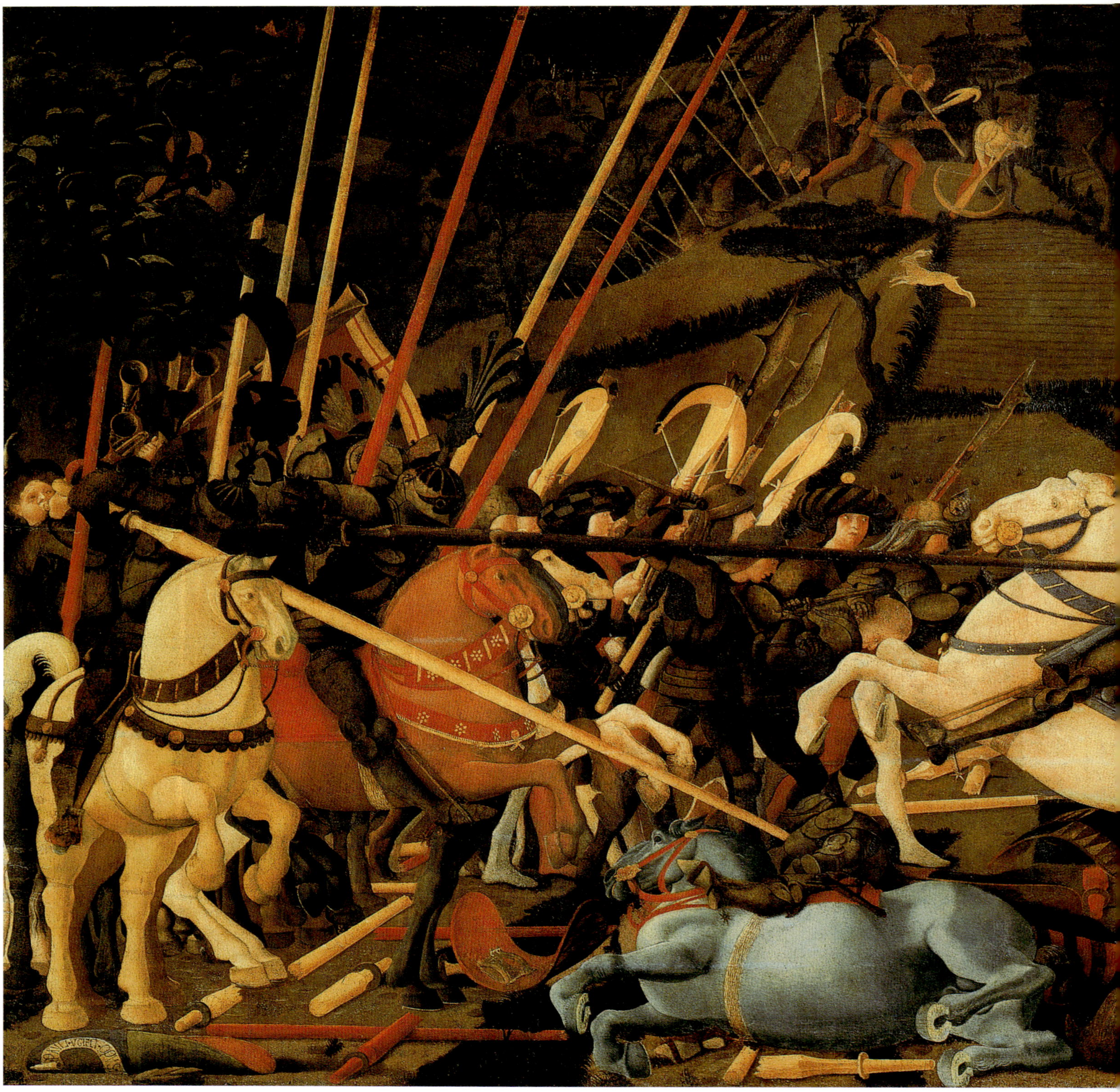

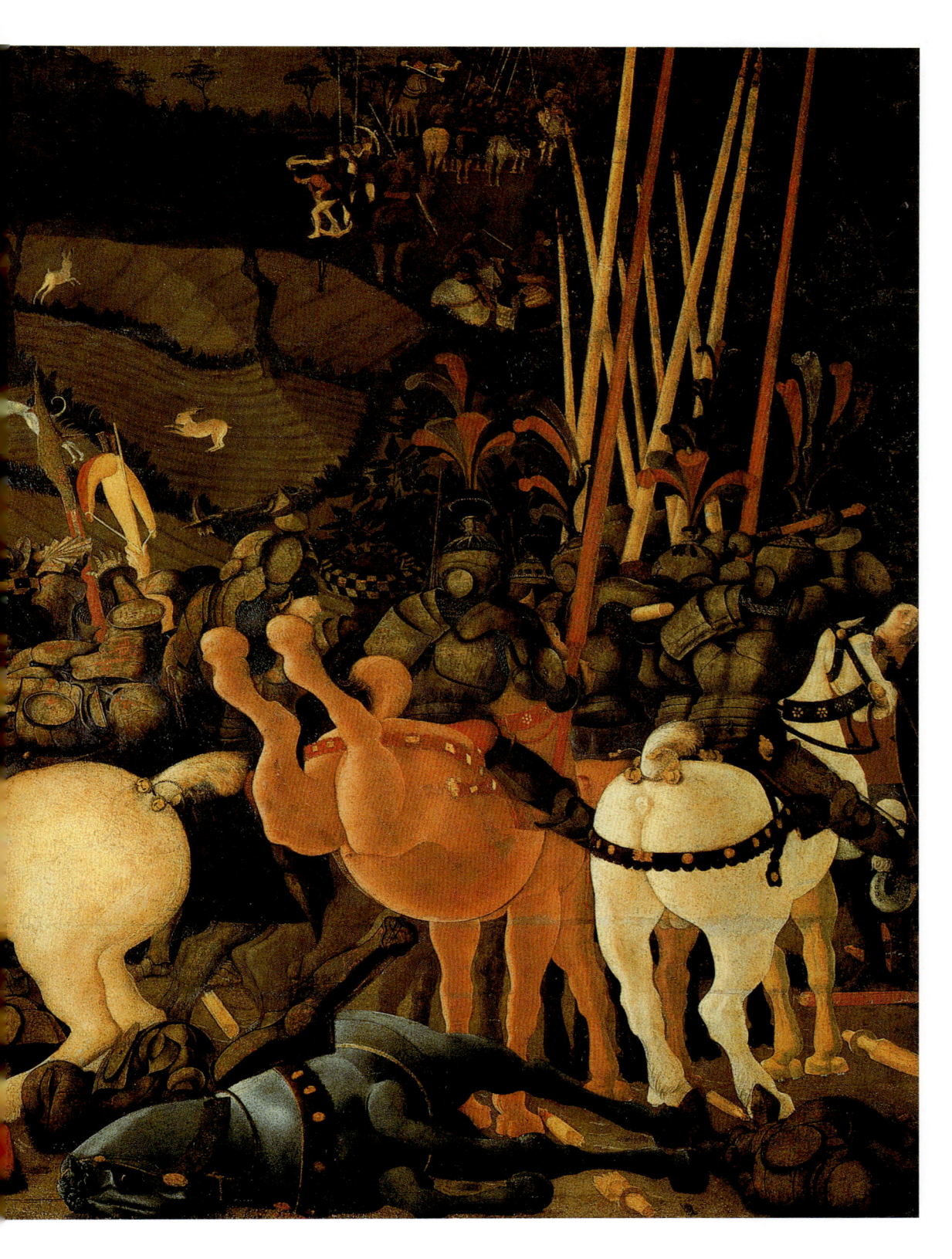

78
保罗·乌切洛
圣罗马诺战役
木板蛋彩画
182cm×323cm
这一著名的作品共由三幅画组成,均由保罗·乌切洛创作。此组画中的另一幅收藏在英国伦敦国家美术馆,还有一幅收藏在法国巴黎的卢浮宫博物馆。画作可能是在1432年(发生圣罗马诺战役)之后,为科西莫·德·美第奇在佛罗伦萨的老宅制作的,不久后就被转移到维亚纳河上的新家族宫殿

79

多梅尼科·韦内奇亚诺

圣母子、圣方济各、施洗者圣约翰、齐诺比厄斯和露西

木板蛋彩画

209cm×216cm

这幅画创作于1445—1450年间,是为佛罗伦萨圣露西亚·马格诺利教堂绘制。作品中光的透视科学严谨,甜美的色彩表现出明亮阳光的照耀

80
菲利波·利比
圣母加冕典礼
木板蛋彩画
200cm×287cm
这幅画是为佛罗伦萨圣安布罗吉奥教堂的高祭坛绘制的,赞助人是红衣主教弗朗切斯科·马林吉。创作开始于1441年中期,于1447年完成,由红衣主教的侄子多梅尼科·马林吉支付费用,他的肖像出现在施洗者圣约翰的右边

81
菲利波·利比
圣母子,圣安妮的生活故事
木板蛋彩画
135cm
这幅浮雕画由佛罗伦萨的列奥纳多·巴托里尼委托制作。1452年,利比开始为普拉托大教堂的唱诗班创作壁画的时候,这幅作品还没有完成。在作品的背景里描绘了圣母的诞生以及约阿希姆与安妮的相遇

82
菲利波·利比
圣母加冕典礼和四位圣人
木板蛋彩画
196cm × 196cm
由美第奇家族在1442—1450年间委托制作，用于装饰圣克罗斯的诺维齐亚里托教堂的祭坛。这幅作品与佩塞里诺的祭坛画成对，整幅画分成几部分，分别收藏在乌菲齐美术馆和法国巴黎卢浮宫博物馆

83
菲利波·利比
圣约瑟夫、圣吉罗拉莫、抹大拉的玛利亚和圣伊拉利翁对圣子的崇拜
木板蛋彩画
137cm × 134cm
据说这幅作品是在1453年前后为佛罗伦萨安娜莱纳修道院绘制的。圣伊拉利翁的形象应该是隐士鲁贝托·马拉蒂斯塔的肖像，他是修道院创始人安娜莱纳的兄弟。作品包含了一些哥特式元素，在超现实的奇幻背景中，圣家族坐在鲜花盛开的岸边

84
菲利波·利比
圣母子与天使
木板蛋彩画
95cm×62cm
根据作品的风格技法可知，这是利比晚年的作品，创作于1457—1465年间。这幅画曾被认为是利比赠予乔瓦尼·德·美第奇的，圣母子形象是依照利比的情人——修女鲁克丽希娅·布提和其子菲利波诺所画

85
佩塞里诺
圣人的故事
木板蛋彩画
32cm×144cm
这幅作品的来源可以追溯到1445年前后，是佩塞里诺为利比的祭坛画所创作的，放置于圣克罗斯的诺维西亚托教堂。左边两幅场景画现收藏于法国巴黎的卢浮宫

86
基督诞生大师
朝拜圣婴
木板蛋彩画
212cm×94cm
这幅作品（如今损坏难以辨认）侧面的盾形装饰曾一度装饰在美第奇家族和托尔纳博尼家族上装的肩袖上。已知此作的赞助者是皮耶罗·伊尔·戈托索和他的妻子卢克雷齐娅，创作时间约在1460年，后收藏于美第奇家族的卡斯特罗庄园

87
安德里亚·德尔·卡斯坦诺
圣母子、天使、众圣人与帕奇家族两少年
分离壁画
290cm×212cm
这幅作品原本是毗邻佛罗伦萨的特比欧城堡内礼拜堂的壁画。根据帕奇家族双胞胎兄弟尼可罗·帕奇和奥利塔·帕奇生于1437年的历史事实与画面上描绘的两位少年的年龄判断，大约创作在1443年

88—90
安德里亚·德尔·卡斯坦诺
库迈女先知
湿壁画，转印至布面
250cm×154cm
法利纳塔·德里·乌伯尔蒂
湿壁画，转印至布面
250cm×154cm
皮波·斯帕诺
湿壁画，转印至布面
250cm×154cm
这些壁画作品绘于雷尼亚卡杜奇庄园凉廊的墙壁上，创作完成于1450年，属于该系列九幅壁画的其中一部分，整个系列分别描绘了三位军队首领、三位女性和三位学者

15 世纪下半叶的佛罗伦萨绘画

安娜·帕多亚·里佐

15 世纪下半叶的佛罗伦萨绘画和其他艺术一样，随着一种有教养的、高雅的宫廷品位的扩散，这种绘画风格也变得极其多样化。最辉煌的时期出现在 15 世纪 60 年代末至 70 年代初，主角是菲利波·利比（Filippo Lippi）、贝诺佐·戈佐利（Benozzo Gozzoli）和阿莱索·巴尔多维内蒂（Alesso Baldovinetti），美第奇家族很看重这三位艺术家，慷慨地委托他们创作作品，并给予他们保护。15 世纪中叶后，前两位艺术家就负责美第奇家族在拉尔加新宫殿里的私人教堂的绘画装饰工作。利比为圣坛部分创作了一幅作品《耶稣诞生》（目前收藏在德国柏林），画中充满了对圣婴崇拜的象征意味。大约在 15 世纪 20 年代，随着瑞典的布里吉特神秘图式的传播，它几乎成为佛罗伦萨独有的图式。它描绘的东方三博士及其追随者豪华的游行队伍的场景，仿佛是一支真正的护卫队。它的灵感显然来自为主显节而组织的游行，游行是由居住在圣马可并受美第奇家族保护的宗教人士所组织的。作品里锦缎或刺绣的材料、家具和其他装饰的美，都是戈佐利亲力亲为地用绘画技巧表现出来的，戈佐利对精湛的工艺深为欣赏，对其所要表达的高雅品位也有着深刻的理解。戈佐利对艺术制作的精细过程一直很感兴趣；他充分地利用了材料的质感和他作为一个画家的技术能力，正因如此，他成了著名的"墙壁"大师。他创造了一种装饰艺术风格，不仅是梦幻般的、宁静的，而且很好地平衡并完美地融入了米开罗佐（Michelozzo）辉煌的建筑氛围。

而对于巴尔多维内蒂，美第奇家族委托他为在卡法吉罗别墅的私人教堂祭坛创作作品（现收藏于乌菲齐美术馆）。这幅祭坛画是一幅优美的杰作，展现了光影与色彩的平衡，非常人性化地将对称的比例和抽象的表现形式结合起来，超然的物体"存在"于画像中，晶莹剔透。

然而遗憾的是，利比在家乡得不到尊重，这迫使他从 1452 年到 1465 年第一次长时间地待在普拉托，从事大教堂里附属教堂的壁画装饰工作（在这里，他与至交弗拉·迪亚曼特以及其他一些工作室助手一起努力）。在 1467—1469 年，他们又去了斯波莱托，进行大教堂后殿的壁画绘制工作。利比去世后，弗拉·迪亚曼特又与年轻的菲利皮诺（Filippino）和皮埃尔·马泰奥·德阿美利亚（Pier Matteo d'Amelia）合作完成了这幅壁画作品。

贝诺佐·戈佐利在完成了麦琪礼拜堂和其他一些重要的作品后，得到了美第奇家族的支持和保护，他首先去了圣吉米尼亚诺（1464—1467 年），然后去了比萨（1468—1494 年），在冈波桑托的北墙壁上作画，并完成了其他的一些绘画作品委托。在这种精心设计的美第奇式"政治化文化"的氛围下，贝诺佐·戈佐利对于确立佛罗伦萨在艺术领域的霸主地位，不仅在艺术领域做出了极大的贡献，而且在政治领域里也发挥了主导作用，在其他领土（尤其是那些最具自治倾向的领土），甚至在与佛罗伦萨保持着一种从或多或少的友好关系到彻头彻尾的敌对关系的其他省市，例如教皇所在的那些省市，也发挥着作用。

利比在普拉托所作的壁画和戈佐利在麦琪礼拜堂和圣吉米尼亚诺的圣奥古斯蒂诺唱诗班所作的作品（1464—1465 年），以及巴尔多维内蒂和波拉约洛兄弟在圣米尼亚托艾尔蒙特的葡萄牙红衣主教礼拜堂所创作的绘画装饰作品（1464—1466 年），都证明了绘画作品在那个年代的纪念性和装饰性方面所能达到的高度。这个发展方向符合皮耶罗·伊尔·戈托索的品位，也符合乔瓦尼·德·美第奇（Giovanni de'Medici）和其他与美第奇家族有关的佛罗伦萨派系的品位。

1470 年是被洛伦佐（Lorenzo）统治的年代，他在 1469 年其父皮耶罗去世后成为这座城市真正的守护神。在他复杂的个性中，同时存在着由家庭背景（他深入参与了许多重要的世俗兄弟会，也参与了一些"鞭策者"组织，比如圣多梅尼科的"德尔·贝切拉"，他于 1467 年末开始参与这些组织——当然，这不过是为了更好地控制他们的活动）和他深入了解的人文主义文化所决定的多种因素。他保护了韦罗基奥（Verrocchio）和他那繁荣的工作室，也保护了波拉约洛兄弟互相竞争中的一个，甚至由于父系遗传，他也对被认为是"次要"的艺术感兴趣。他对金匠工作室以及雕塑和绘画的偏爱是可以理解的，因为这些工作室所产出的作品质量很高。

韦罗基奥的工作室大约在 1470 年建立，也许是整个城市中最活跃、最令人兴奋、最现代的艺术活动中心。与这位大师一起工作的是洛伦佐·迪·克雷蒂（Lorenzo di Credi）——韦罗基奥的主要弟子和合作者，他在他的导师去世后继承了工作室（1488 年）。在韦罗基奥的工作室里工作的还有列奥纳多·达·芬奇（Leonardo da Vinci），他成功地发展出一种有修养的自然主义风格，这种风格与乐于试验技术、探索圣人和历史人物心理的愿望结合在了一起。但达·芬奇更为创新的是对于空间移动的惊人研究，以及他认为绘画应该是一门科学，自然环境是这一概念的"媒介"，通过自然环境，形式具备更大的可塑性，可以无限演变。

达·芬奇在佛罗伦萨时期的杰作，与那些小尺寸的作品一起，都在寻找一种新的、具有不可估量的价值的绘画语言。这些作品包括《吉内薇拉·班琪》（收藏于美国华盛顿国家美术馆）、《持康乃馨的圣母》（收藏于慕尼黑老绘画陈列馆）、《柏诺瓦的圣母》（收藏于冬宫博物馆），为圣巴托洛米奥所创作的在蒙特利佛托所的《天使传报》，还有没完成的为圣多纳托修道院所创作的《三博士朝圣》（收藏于乌菲齐美术馆）。最后两件作品是在达·芬奇艺术生涯的重要时期完成的，一件是在佛罗伦萨的创作初期；另一件是在形成期的末期。它们完美地表明了达·芬奇的天赋对城市艺术文化的贡献。

在韦罗基奥的工作室，也有很多不同时期的合作者或"朋友"，比如年轻的佩鲁吉诺（Perugino）。当代的资料和文件显示，他曾在佛罗伦萨接受过培训。而根据桑德罗·波提切利（Sandro Botticelli）的艺术风格判断，在1475年师从菲利波·利比后，他在职业生涯的早期就来到了韦罗基奥的工作室。波提切利凭借从弗拉·菲利波（Fra Filippo）那里学到的东西，以及他与韦罗基奥工作室的关系，在1470年前后创作出了乌菲齐最美丽的画作之一——《宝座上的圣母子》。也许可以从这幅波提切利的祭坛画作品中看到，在圣徒科斯马斯和达米安面前暗示出他与美第奇家族的关系。这对于我们理解非常年轻的菲利波·利比的艺术发展起到很重要的作用。记录显示，1472年他在十五岁的时候曾与波提切利一起工作，在此之前，当父亲的合作者弗拉·迪亚曼特（Fra Diamante）去世后，利比可能已经在波提切利身边工作一两年了。

弗朗切斯科·波提切尼（Francesco Botticini）是一位谦虚的画家，他才华横溢，广受赞誉。波提切尼以合作者的身份进入韦罗基奥的工作室。他创作于1470年前后的作品是他所有创作中品质最高的；它们表现出波提切尼对充分发展的、具有可塑性的韦罗基奥风格的兴趣。波提切尼精确地定义，并且尽可能地以虚幻的手法再现了轮廓、织物和装饰，就像一个金匠或金属箔匠所做的那样。可见波提切尼在乌菲齐美术馆的作品《托拜厄斯和三位大天使》，或者被认为是在1475年创作的，现在被毁的，曾经收藏在柏林的作品《耶稣被钉在十字架上》，更或被认为是在恩波利科雷嘉达博物馆中，大约在同一时期的那件豪华而不朽的作品《圣塞巴斯蒂亚诺的神龛》。

洛伦佐·德·美第奇（Lorenzo de'Medici）很欣赏安东尼奥·波拉约洛无拘无束、优雅精致的气质，这种气质是由永不枯竭的创造力、和谐的设计感和高超的技艺所支撑的，这种技艺在金饰作品、雕塑作品和绘画作品中都能看到。为了美第奇家族，安东尼奥完成了三大件《赫拉克勒斯的劳工》作品，现在已经遗失了，其中的两件以仅存的复制品形式被保存在乌菲齐美术馆里。波拉约洛还有其他一些非常重要的市政工作，比如他所作的圣约翰刺绣挂毯（现收藏于佛罗伦萨的大教堂歌剧院博物馆），如果没有美第奇家族的明确旨意，这样的作品是不可能诞生的。安东尼奥·波拉约洛所实践的动态线性主义，是多纳泰罗的影响与马索·菲尼格拉（Maso Finiguerra）的"易理解的"设计相结合的产物，在他作品的可塑性光影中表现得淋漓尽致。这种特点源于他所处环境的清静自由，这一点在他的叙事场景绘画中可以看到。但很明显，在他的绘画和签名肖像作品中，创作地点从来没有被明确说明过。

如果洛伦佐在安东尼奥的作品中所欣赏的是自然主义以及它对古董的强调，那么他一定是被皮耶罗·波拉约洛更为刻板和严厉的品位所影响，表现在如柏林博物馆的《圣母领报》和于1483年所作的在圣吉米尼亚诺圣阿古斯蒂诺教堂的《加冕礼》等个人杰作里。

从另一个角度看，应该在洛伦佐个人政治品位的影响范围内去理解基兰达约（Ghirlandaio）的工坊。多梅尼科·基兰达约（Domenico Ghirlandaio）的工坊由他的兄弟大卫（David）和贝内代托（Benedetto）及他的姐夫巴斯蒂亚诺·马纳迪（Bastiano Mainardi）协助；此外，工坊里还有来自不同阶级层次的合作者和助手，其中包括年轻的格拉纳奇（Granacci）和米开朗基罗·博纳罗蒂（Michelangelo Buonarroti）。

对北部艺术的兴趣自弗拉·安吉利科（Beato Angelico）和菲利波·利比时期起，就已经出现在佛罗伦萨绘画中，并向雨果·凡·德·古斯（Hugo van der Goes）的里程碑性和可塑性转变。以他的作品《牧羊人朝圣》为例，这幅作品是受波提纳里家族（the Portinari family）的委托，于1483年5月28日完成，并放置在圣埃基迪奥教堂的高祭坛上。与此同时，汉斯·梅姆林（Hans Memling）虔诚的亲切感和多愁善感一定程度上影响了菲利波·利比，当然也影响了他的学生拉法利诺·德尔·加博（Raffaellino del Garbo）。

在15世纪70年代末和80年代，佛罗伦萨的绘画风格主要由桑德罗·波提切利了不起的个性所主导。1490年前后，米兰公爵的一名使节称他为"画板和墙壁上最优秀的画家"，在其所列的佛罗伦萨最优秀的艺术家名单上波提切利排名第一，尤其是在壁画方面。事实上，波提切利和基兰达约（后来又加上了科西莫·罗塞利）都属于当时装饰罗马西斯廷教堂墙壁的翁布里亚大师，因为佛罗伦萨艺术再次被用作建立政治关系的手段。

波提切利的这些作品虽然具有当时人文主义文化氛围的特点，但注定要献给美第奇家族和其他与他们关系密切的佛罗伦萨著名的赞助人，这证明了洛伦佐时期艺术与政治之间的界限是狭隘的。这一观念在乌菲齐美术馆中三幅著名的神话寓言作品中清晰可见：《帕拉斯和肯陶洛斯》《维纳斯的诞生》《春》，这三幅作品是为洛伦佐·迪·皮耶尔弗朗切斯科·德·美第奇（Lorenzo di Pierfrancesco de'Medici）所作，他是洛伦佐的表弟。

这同样适用于《三博士朝圣》，这幅作品也存放于乌菲齐美术馆，它是在1478年前为圣玛利亚诺维拉的加斯帕拉迪扎诺比德尔拉玛教堂所画的。

菲利波·利比是弗拉·菲利波的儿子，也是波提切利的学生，他复杂而迷人的艺术对当时大多数的艺术赞助人有着很大的吸引力。洛伦佐信任年轻的利比，甚至可能对他有特别的偏爱，因为利比被选中装饰沃尔泰拉（Volterra）附近的斯派达莱托别墅，还有卡伊亚诺的波吉奥别墅，那里是利比最喜欢的隐居处。

在这些杰出人物的旁边，还有一群才华稍为逊色的艺术家，他们能干而且工作迅速，他们的工坊迎合了私人和公共客户的品位和需求，根据文化和收入的不同而层次不同。这样的艺术家有内里·迪·贝奇（Neri di Bicci）、雅各布·德尔·谢莱奥（Jacopo del Sellaio）、多梅尼科·迪·米切里诺（Domenico di Michelino）、多梅尼科·迪·扎诺比（Domenico di Zanobi）、贝纳多·迪·斯特法诺·罗塞丽（Bernardo di Stefano Rosselli）和巴托洛米奥·迪·乔瓦尼（Bartolomeo di Giovanni），与其他许多身份和职业仍在建立的人一样，他们致力于"最高程度的"装饰，这些装饰会应用在许多地方，比如棺材、金库、出生和婚礼使用的物品以及祭坛后座镶板中。这些艺术家在他们的职业生涯里留下了丰富的印记，即使他们的大部分艺术作品已经丢失，但仍有足够的遗物可以证明，当时佛罗伦萨文艺复兴社会对艺术，尤其是绘画的高度重视。

15世纪的最后几十年，在这个社会中普遍存在着危机，不仅是一场政治危机，而且首先是一场精神危机，它对艺术产生了重要的影响。在这种情况下，萨沃纳罗拉（Savonarola）激烈的声音是一种催化剂，其重要性也许还没有得到充分的解释。波提切利在15世纪70年代至80年代的作品与他后期的作品，比如《诽谤》《基督背负十字架》等，在风格和情感上存在着深刻的差异。在寓言题材中，就像在宗教题材中一样，缺少一种和谐的人文主义感觉，一种撕裂、虚无和痛苦的氛围产生了。在"宗教"作品中，绘画题材更精练、严肃，与有说服力的手势一起，在悲剧的面具下表达的似乎是人类的情感，暗示着一种明显的吸引力，仿佛在有意模仿那个时代"神圣的代表"。事实上，萨沃纳罗拉的布道鼓励了一种虔诚的戏剧形式，这种戏剧很大程度上依赖于手势、有说服力的语调和粗略的祈祷，这些在当时的神圣形象中都表现得很明显。

当时，"戏剧"与艺术之间也存在着一种更深层的关系，这种重叠包括复杂的透视演变，是以艺术家为节日、游行和重要人物的来访所设计的形式构成的。菲利波·利比为菲利波斯特罗奇教堂创作了许多壁画作品，并完成于1502年。这些作品可以被解读为16世纪第三个十年里第一批佛罗伦萨风格主义艺术家所描绘的奇妙幻想的前奏。

萨沃纳罗拉的预言给艺术家们留下了深刻的印象，其中有贝诺佐·戈佐利（Benozzo Gozzoli），他受自己的导师弗拉·安吉利科影响，还致力改革多米尼加的秩序，特别是圣马可修道院的秩序。在他一些极端的作品里，特别是那些为潘多尔菲尼主教在皮斯托亚所创作的作品（《基督被解下十字架》，收藏于佛罗伦萨的霍恩博物馆，还有1497年所作的《拉撒路的复活》，收藏于美国华盛顿国家美术馆），这位年迈的大师对萨沃纳罗拉激情洋溢的布道所弥漫的庄严的精神和情感表现出了深刻的坚持，这些布道被集体地、没有遗留地塑造成一种社会"基督教人文主义"。瓦萨里重申了他的意图，坚持认为，戈佐利不仅是最博学的职业画家之一，而且是最有道德的画家之一。在文艺复兴时期的佛罗伦萨，这种正义的声音、人文主义的基调、宗教的虔诚在15世纪上半叶通过佛罗伦萨艺术"基督教之路"（Christian way）的创始人弗拉·安吉利科（Fra Angelico）虔诚而沉思的意象，与多米尼加的"传教士兄弟"们聚集在一起，在布道坛上引起了共鸣。以安吉利科为例，艺术人文主义与各种理论运动相结合，这些理论被称为"基督教人文主义"，首先是多米尼奇（Dominici），然后是主教圣安东尼努斯，接着是内斯（Nesi）和贝尼维尼（Benivieni），一直到萨沃纳罗拉。这种严格宗教信仰的起源可以追溯到13世纪居住在佛罗伦萨的多明我会的修士彼得，他也被称为"殉道者圣彼得"。在许多情况下，代表这种风格的艺术可能与宗教协会的购买有关，它是一种传统的奉献行为。受委托创作这类作品的艺术家有科西莫·罗塞利，他是佛罗伦萨艺术家群体中最著名的成员，活跃于建筑、绘画、微缩画制作和雕刻等领域。

罗塞利是许多壁画和版画的作者，其中大部分画作都有很大的尺寸，这证明了他的不朽作品受到了赞助人的高度重视。他主要为宗教协会工作，可能因为在1470年为圣马可的大兄弟会创作了《三博士朝圣》，他也受美第奇家族的保护。

罗塞利在15世纪90年代的另一项艺术活动，是为佛罗伦萨的重要家族而进行的，比如萨尔维亚蒂家族。科西莫用深奥的神学学说和绘画严谨性为这些家族解释了神圣的主题。他复杂的工坊为很多重要艺术家提供了学习场所，比如皮耶罗因为他长期的学徒生涯和导师对他的喜爱（瓦萨里记录了这一点）也被称为迪·科西莫；安德里亚·迪·科西莫·费尔特里尼（Andreadi CosimoFeltrini）——一位装饰艺术和"怪诞"艺术方面的专家；弗拉·巴托洛米奥（Fra Bartolomeo）——罗塞利道德严明的继承者；可能还有多梅尼科兄弟，他们都是具有高尚传统品位的艺术家，他们所创作的作品曾被送给圣斯皮利多大师，据瓦萨里说，他是罗塞利的好朋友。他们都是高水平的艺术家，每个人都以自己独特的方式成为佛罗伦萨绘画史上从一个世纪到另一个世纪的重要角色。

91
多梅尼科·迪·米切里诺
托拜厄斯与三位大天使
木板蛋彩画
170cm×170cm
这幅作品由佛罗伦萨商人米歇尔·迪·科索赞助多梅尼科，创作于1468—1475年间，放置于佛罗伦萨费利奇塔教堂的圣坛前。画中描绘的是托比亚斯和三位大天使的形象

92
阿莱索·巴尔多维内蒂
圣母子与圣人
木板蛋彩画
176cm×166cm
这幅作品曾一度装饰在位于佛罗伦萨卡法吉奥罗庄园的礼拜堂内，创作时间定在1454年前后，是为庆祝洛伦佐·美第奇的弟弟朱利亚诺·美第奇的生日所作。画中描绘的是圣科斯马斯和圣达米安保佑美第奇家族昌盛富足

93
阿莱索·巴尔多维内蒂
圣母领报
木板蛋彩画
167cm×137cm
这幅作品创作于1457年前后，是为意大利佛罗伦萨圣乔治教堂的塞维斯里尼教父所作。这幅画用色通透，透视准确，可见阿莱索吸收并结合了多梅尼科·韦内奇亚诺和弗拉·安吉利科绘画技法的精髓

94—95
安东尼奥·波拉约洛
赫拉克勒斯和安泰俄斯
木板画
16cm×9cm
赫拉克勒斯和海德拉
木板画
17cm×12cm
这两件小幅木板画中的两位人物形象是对三幅丢失作品中人物的重塑，包括已经找寻不到的安东尼奥与皮耶罗合作的《赫拉克勒斯的磨难》（这幅画是为美第奇·里卡迪宫于1460年创作的）。根据乌菲齐美术馆的相关研究，这两件作品均为安东尼奥所作，创作时间在1470年前后

96
安东尼奥·波拉约洛和皮耶罗·波拉约洛
圣文森特、圣贾科莫和圣尤斯塔斯
木板蛋彩画
172cm×179cm
这幅作品一度作为意大利佛罗伦萨圣米尼亚托教堂葡萄牙红衣教主修道院圣坛的装饰画。已知这幅画被赞助于1466年，由波拉约洛兄弟合作完成，安东尼奥设计题材和构图，皮耶罗主笔

97
皮耶罗·波拉约洛
加莱亚佐·马利亚·斯福尔扎肖像
木板蛋彩画
65cm×42cm
据1492年美第奇·里卡迪宫（位于意大利佛罗萨拉尔加路）的财产清单记录，这幅作品曾经悬挂于洛伦佐的卧室中。这幅作品可能是为加莱亚佐·马利亚·斯福尔扎来佛罗伦萨参观访问时所作

98
皮耶罗·波拉约洛
女人肖像
木板蛋彩画
55cm×34cm
这幅画可以断定出自皮耶罗之手，创作于1480年前后。根据他现存的作品和现有的史料可见，皮耶罗在肖像画创作上可谓成绩斐然

99
安德里亚·德尔·韦罗基奥及其工作室
耶稣基督的洗礼
木板蛋彩画
177cm×151cm
这幅作品是圣萨尔维修道院委托韦罗基奥所作。施洗者和画面右方的风景是韦罗基奥所作，还可以确定的是左方的天使形象和背景，以及再绘的基督形象是列奥纳多·达·芬奇所作。画面上方以及上帝和神父尚未确定其作者，推测可能出自波提切利之手。整件作品于1478—1480年完成

100
列奥纳多·达·芬奇
圣母领报
木板蛋彩画
98cm×217cm
这幅作品来源于意大利蒙特奥里维托教堂的圣巴托洛米奥修道院，创作于达·芬奇的年轻时期（约1470年）。画中圣母的读经台原型取自圣洛伦佐教堂圣器所内的美第奇墓碑，该墓碑由韦罗基奥所作

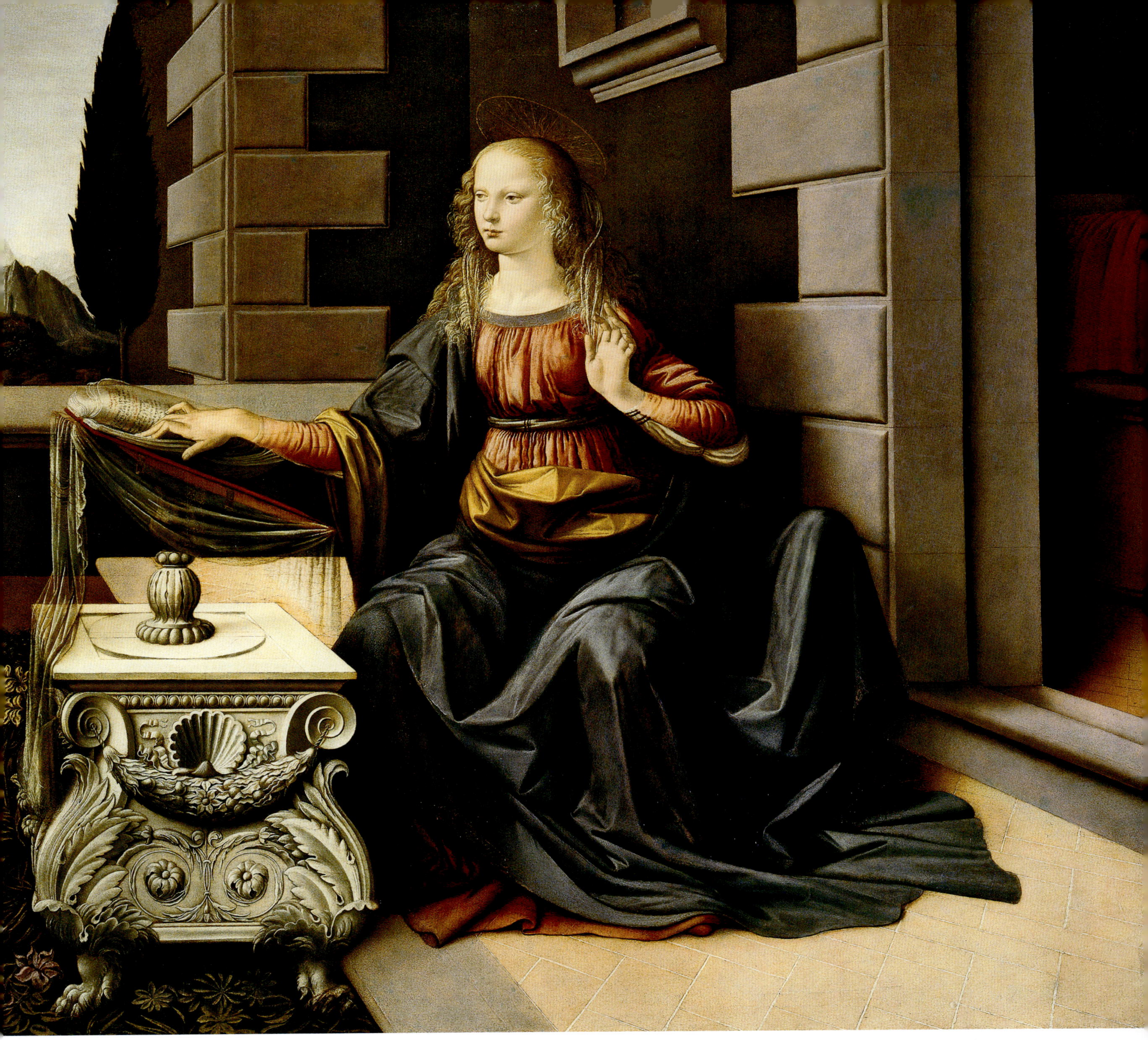

101
列奥纳多·达·芬奇
三博士朝圣
木板蛋彩画（蛋彩、清漆混合）
243cm×246cm
1480年3月，意大利佛罗伦萨的圣斯科培脱教堂委托达·芬奇创作这幅作品，这幅画只完成了一部分，随后达·芬奇于1481—1482年间离开佛罗伦萨前往米兰。这幅作品在处理光线和色调上大胆创新，可见达·芬奇在绘画技法上的探索

102

桑德罗·波提切利

宝座上的圣母子

木板蛋彩画

170cm×194cm

这幅作品创作于1470年前后，属于波提切利最早创作的一组祭坛画中的一幅。19世纪被放置于意大利米兰圣安布罗焦教堂，但可以肯定这不是这幅画的原出处。画中的两位圣人圣葛斯默和圣达弥盎是医生的保护神，悬壶济世，是被列入行祭常典的人物。根据推测，这幅画与美第奇家族的赞助有关

103
桑德罗·波提切利
刚毅
木板蛋彩画
167cm×87cm
这幅作品是装饰画"颂扬美德"系列之一,整个项目于1469年由艺术协会的皮耶罗·波拉约洛委托波提切利所作。1470年,波提切利接下创作《刚毅》的这单生意,委托缘由不明,但这是他职业生涯中第一幅为人所知,且有着明确的创作时间和记录的作品

104
桑德罗·波提切利
圣母子和二天使
木板蛋彩画
85cm×62cm
尽管这幅作品的保存状态不是很好,一些部分进行过重新上色,但它无疑是波提切利的一件存世真作。根据绘画风格推测,这幅属于他职业生涯早期的作品,吸收融会了他的老师弗拉·菲利波·利比的大部分技法和安德里亚·德尔·韦罗基奥式的描绘,创作时间大约在1470年

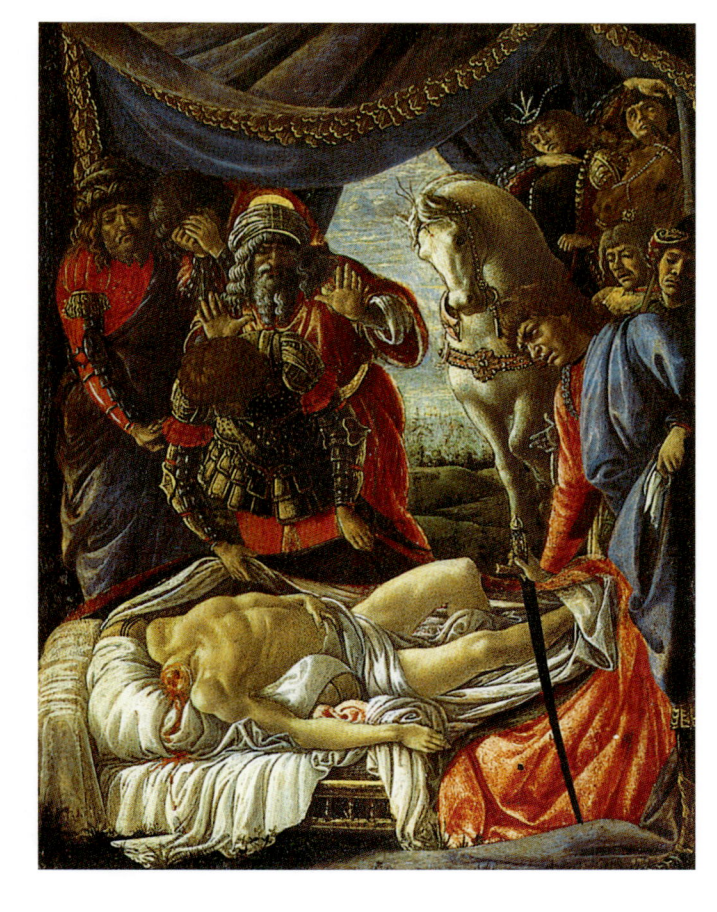

105—106
桑德罗·波提切利
朱迪斯回归伯图里亚
木板蛋彩画
31cm×24cm
发现荷罗孚尼德遗体
木板蛋彩画
31cm×25cm
根据记载，这两件精巧的木板画在16世纪的一段时期内属于弗朗西斯一世的夫人比安卡·卡佩洛的收藏。从绘画风格上可以判断，这是波提切利职业生涯早期的作品，创作时间约为1472年

107
桑德罗·波提切利
佩戴勋章的年轻男子
木板蛋彩画
57.5cm×44cm
画面中这位持勋章的男子形象，根据专家辨认有可能是老科西莫。依据是勋章上刻有"国父"字样，而历史上老科西莫于1465年被授予此项荣誉，但是推测尚未完全证实。创作时间约为1475年

91

108
桑德罗·波提切利
春
木板蛋彩画
203cm×314cm
根据多位专家学者的研究，这幅名画"是运用蛋彩作于木板上，描绘了共九位人物形象"。记载显示，1498年这幅作品出现在洛伦佐·皮耶尔·弗朗切斯科·美第奇的宫殿中。创作时间约为1480年

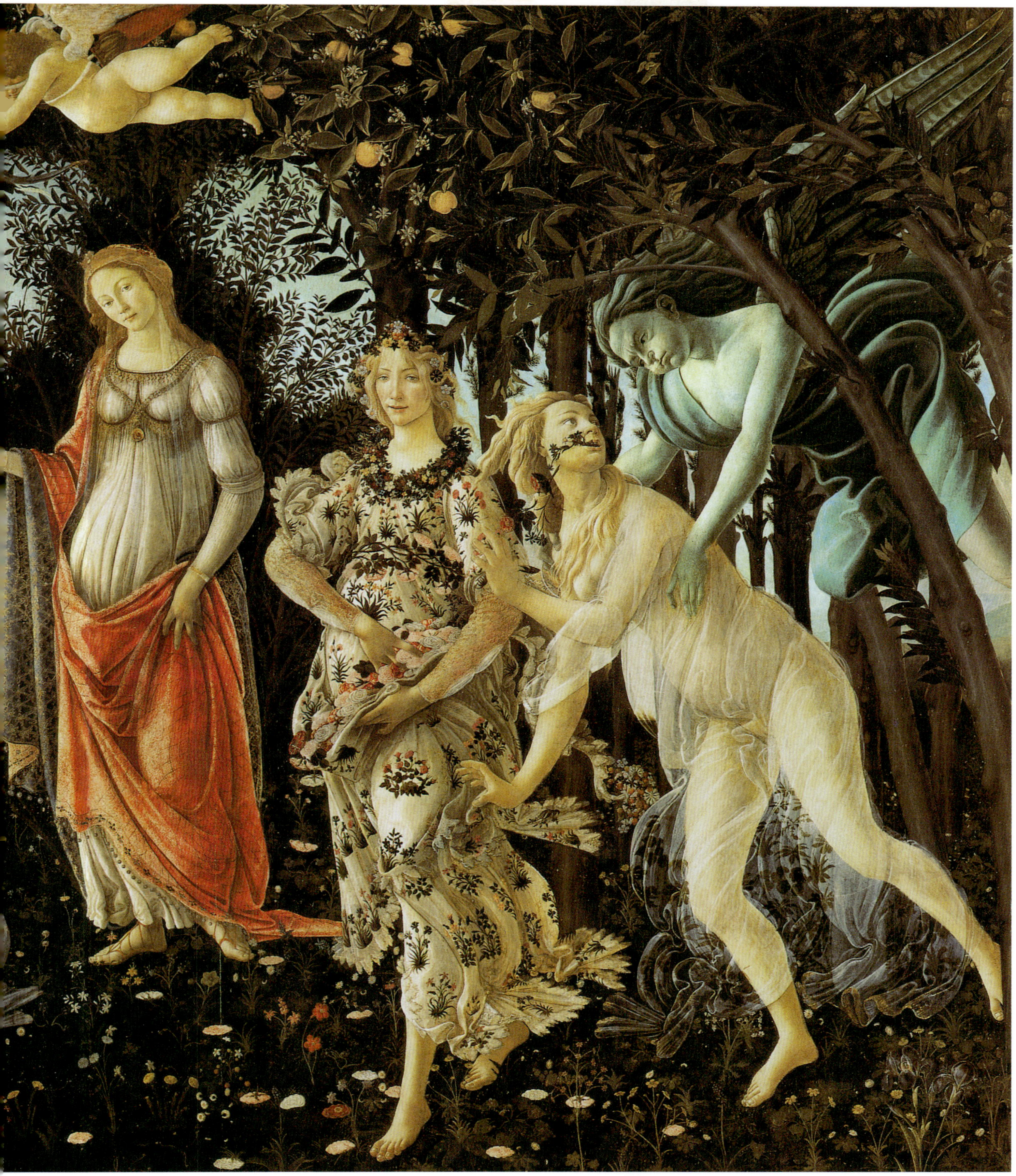

109
桑德罗·波提切利
维纳斯的诞生
木板蛋彩画
172.5cm×278.5cm
根据瓦萨里的记载，这幅波提切利的名作曾被收藏于美第奇家族的卡斯特罗庄园，一度成为洛伦佐·皮耶尔·弗朗切斯科·美第奇的私人收藏，原出处暂时无法考证。创作于1484年前后，绘画题材取自意大利诗人波利齐亚诺的诗歌《吉奥斯特纳》

110
桑德罗·波提切利
圣母子和天使（圣母颂）
木板蛋彩画
直径118cm
这幅圆框作品是以铭文上的刻字命名的。对于创作时间有多种说法，推测于1481年或1485年。画面内容包含着多层含义，营造出的画面氛围表现了波提切利特有的风格

111
桑德罗·波提切利
圣母子和天使（持石榴的圣母）
木板蛋彩画
直径143.5cm
这幅圆框作品约创作于1487年，放置于佛罗伦萨旧宫的听证大厅。现有的画框是原件，装饰的镶金百合（佛罗伦萨的象征）刻画在蓝色的背景上，彰显着这幅作品的公众意义。以"持石榴的圣母"为名，象征着耶稣的重生、生命的繁荣

96

113
桑德罗·波提切利
诽谤
木板蛋彩画
62cm×91cm
这幅作品创作于1495年前后，画中的寓言故事取材于古希腊画家阿佩莱斯的一幅画中的文字记载，波提切利将之重新构思与创作。波提切利为这幅画的命名无疑体现了他想成为文艺复兴时期的又一个"阿佩莱斯"

112
桑德罗·波提切利
帕拉斯和肯陶洛斯（雅典娜与半人马座）
布面蛋彩画
207cm×148cm
波提切利受美第奇家族成员洛伦佐·皮耶尔·弗朗切斯科·美第奇之托创作的这幅作品，于1498年出现在洛伦佐乡村的别墅中。创作始于1482年前后，有着很强的精神寓意，波提切利借用画中的形象以歌颂美第奇家族的统治是至高无上的

114
桑德罗·波提切利
圣母领报
木板蛋彩画
150cm×156cm
这件祭坛组画曾被放置于圣弗雷迪亚诺教堂的领报堂，现如今博尔戈派提的巴齐玛利亚玛达莱娜堂。弗朗切斯科·瓜尔迪于1489年3月赞助波提切利创作这幅画

115
桑德罗·波提切利
圣母加冕典礼：圣埃利吉乌斯、福音传道士圣约翰、圣奥古斯丁和圣杰罗姆
木板蛋彩画
378cm×258cm
这幅木板画创作于1490年前后，是意大利佛罗伦萨丝绸行会赞助波提切利所作，为供奉圣马可大教堂的圣徒埃利焦。祭坛台座（未展示）中间描绘的是天使传报，两边描绘的是圣人们的生平故事

99

116
桑德罗·波提切利
书房中的圣奥古斯丁
木板蛋彩画
41cm×27cm
根据瓦萨里的记载，这幅小巧的画作原属于艺术赞助人博纳多·维切提。波提切利擅长创作圣人题材的作品，这幅作品有可能是他为一位奥古斯丁教团隐士所作。创作时间约为1494年

117
科西莫·罗塞利
与施洗约翰和圣马修一起的圣女巴巴拉
木板蛋彩画
215cm×219cm
这幅作品是罗塞利与他的助手于1468年创作完成的，在中间人物"圣女巴巴拉"的形象刻画上有突破性的创新。此木板画是为从属于德国教会的圣女巴巴拉修会的礼拜堂所作。在1740年圣母领报大教堂重建之前，一直保存于此

118
弗朗切斯科·波提切尼
托拜厄斯和三位大天使
木板蛋彩画
135cm×154cm
这幅作品创作于1470年前后，原本是为大天使拉斐尔修会的祭坛装饰所用，放置于意大利佛罗伦萨圣神教堂。据记载，弗朗切斯科·波提切尼也在奥古斯丁教堂入会，成为该会成员

119
弗朗切斯科·波提切尼
圣婴的礼拜
木板蛋彩画
直径123cm
这幅圆框画作是波提切尼对于绘画技法探索研究的成功之作,受到佛兰德斯画派的影响,创作于1485年。这幅作品促成了波提切尼晚期风格的形成,成为他后来许多主题绘画的原型

120—121
弗朗切斯科·波提切尼
圣奥古斯丁
木板蛋彩画
171cm×51cm
圣女莫尼加
木板蛋彩画
171cm×51cm
两件木板画的来源暂时无法追溯，只能根据内容推断，是为奥古斯丁修会所作。创作时间为1470—1475年

122
雅各布·德尔·谢莱奥
亚哈随鲁的宴会
木板蛋彩画
45cm×63cm
这幅小型的木板画以及其他四件同系列作品的最早发现可追溯到1490年，最初都被收藏在一个保险柜中。其他四件作品如今分别收藏在乌菲齐美术馆（《驱逐瓦实提女王》和《莫迪凯的胜利》）、匈牙利布达佩斯美术馆和法国巴黎的卢浮宫美术馆

123
多梅尼科·基兰达约
三博士朝圣
布面画
直径172cm
这幅圆形画作描绘了贤士朝圣的故事，技艺精湛。根据瓦萨里的记载，这幅作品曾经放置于乔瓦尼·托尔纳布尼的府邸。同时期在托尔纳布尼的赞助下，多梅尼科还绘制了新圣母玛利亚教堂内的壁画

124
多梅尼科·基兰达约
圣母子、四天使与四圣人
木板蛋彩画
191cm×200cm
这组祭坛画来源于圣贾斯特斯教堂的基督礼拜堂，被认为是多梅尼科最成功的作品之一，创作时间在1480—1485年间。如今整组祭坛画被分成五个部分，分别藏于美国纽约大都会博物馆、美国底特律艺术博物馆和位于伦敦的英国国家美术馆

125—126
巴托洛米奥·迪·乔瓦尼
圣布拉族多的解救
木板蛋彩画
32cm×30cm
一杯毒酒的奇迹
木板蛋彩画
32cm×31.5cm
这两件作品与另外两件《圣布拉族多驱魔》和《圣瓶奇迹》（尚下落不明）属于同一组祭坛台座画，创作时间约为1490年

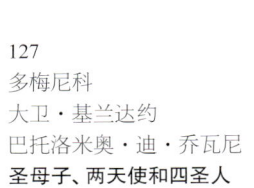

127
多梅尼科
大卫·基兰达约
巴托洛米奥·迪·乔瓦尼
圣母子、两天使和四圣人
木板画
168cm×197cm
这幅木板画创作时间约为1485年，19世纪初被放置于意大利佛罗伦萨圣安布罗焦教堂。祭坛台座由巴托洛米奥·迪·乔瓦尼完成，他是基兰达约的协作者

128—129
菲利波·利比
施洗者圣约翰
木板蛋彩画
132cm×55cm
玛利亚·玛达莱娜（抹大拉的玛利亚）
木板蛋彩画
132cm×55cm
这两幅木板画是菲利波为佛罗伦萨圣普罗克罗教堂的瓦洛里礼拜堂所作，原本是一件基督受难组画（主画还绘有圣母和圣方济各，曾收藏于柏林，于1945年被毁）的侧翼画。据判断创作于1500年前后

130
菲利波·利比
圣婴的礼拜
木板蛋彩画
96cm×71cm
这幅作品创作时间约为1480年。菲利波结合了当时先进的解剖学知识和波提切利刻画人像的方法，并在画面中运用了达·芬奇的明暗对比技法

106

131
菲利波·利比
三博士朝圣
木板蛋彩画
258cm×243cm
这幅作品创作时间是1496年3月29日,是意大利威尼斯圣多纳托的修道士斯科皮特委托菲利波所作,是为了替代达·芬奇一幅未完成的同主题画而作。17世纪,作品属于美第奇家族卡洛红衣主教的私人收藏

132
菲利波·利比
宝座上的圣母子和四圣人（圣女祭坛组画）
木板蛋彩画
355cm×255cm
根据多方证明，这幅作品原先放置于领主宫的大厅内。铭文上的日期按照传统佛罗伦萨纪年，整件作品最终完成于1486年3月25日

133
菲利波·利比和彼得·佩鲁吉诺
基督被解下十字架
木板蛋彩画
333cm×218cm
这幅作品是1503年弗拉·扎卡赖亚委托菲利波为圣母领报教堂所作。菲利波在1504年去世之前仅画完画面上方的人物，随后由佩鲁吉诺接手完成了整幅作品

134
洛伦佐·迪·克雷蒂
天使传报
木板画
88cm×71cm
这幅画是洛伦佐·迪·克雷蒂存世较好的作品之一，创作时间在1480—1485年间。其出彩之处在于画面清透，空间处理恰当，人物形象刻画饱满，深受达·芬奇绘画风格的影响

135
洛伦佐·迪·克雷蒂
牧羊人朝圣
木板画
224cm×196cm
这幅作品是为佛罗伦萨的圣基娅拉教堂所作,创作时间约为1500年。它的艺术赞助人被证实是吉罗拉莫·萨伏那罗拉(15世纪意大利宗教改革家,1452—1498年)的追随者——商人雅各布·邦希安尼

136
洛伦佐·迪·克雷蒂
维纳斯
木板画
151cm × 69cm
这幅作品创作时间约为1490年，1869年它在美第奇家族的卡法吉奥罗庄园中被找到，1893年进入乌菲齐美术馆收藏

137
拉法利诺·德尔·加博
耶稣复活
木板画
174.5cm×186.5cm
1510年，拉法利诺应卡普尼家族委托创作了这幅画。此作原被放置于蒙特奥利维托圣巴尔多禄茂圣殿教堂内的天国礼拜堂圣坛。瓦萨里评价这是拉法利诺一件出色的作品，其时代性的创作理念、严谨的构图、高超的技法，以及对人物头像的精致刻画使此作堪称经典

138
皮耶罗·迪·科西莫
伯尔修斯释放安德洛墨达
木板画
70cm×123cm
这幅作品是皮耶罗为银行家菲利波·斯特罗齐所作，瓦萨里评价画中藏有"奇特的海兽"。约1515年，这幅画出现在公共视野中。有可靠根据证明，这幅作品于1512年前后进入美第奇家族收藏，并被送回佛罗伦萨。自1589年开始，它被收藏于乌菲齐美术馆的八角形房间内长达两个世纪之久

139
皮耶罗·迪·科西莫
圣母怀胎与六圣人
木板画
206cm × 172cm
画面中圣光笼罩，圣母形象神圣纯洁，令人印象深刻。这幅作品创作于16世纪初，为圣母领报教堂的泰达尔迪礼拜堂所作。1670年，红衣主教莱奥波尔多把这幅画揽入自己的私人收藏。1804年辗转进入乌菲齐美术馆

锡耶纳绘画

安娜·帕多亚·里佐

在15世纪，锡耶纳的绘画仍然与当地的哥特式传统风格密不可分：从某种意义上来说，锡耶纳的艺术是这座伟大城市历史的产物，这是许多学者们公认的一点。然而，在14世纪30年代之后，它与佛罗伦萨人文艺术以及某些非佛罗伦萨艺术家有过许多碰撞，这些艺术家既有审美创新的设想，也有推动美学创新的动力（如真蒂利·达·法布里亚诺和多梅尼科·韦内奇亚诺），他们帮助锡耶纳确立了一种新的文化身份，即使不像佛罗伦萨那样坚定自信，但也绝不肤浅。

锡耶纳和佛罗伦萨之间展开的这种文化交流开始于14世纪初，并且在14世纪上半叶的大部分时间一直持续进行。到了1401年，佛罗伦萨洗礼堂北门的设计竞赛为这种文化传统带来了一个新的契机，佛罗伦萨人和锡耶纳人都被邀请参加这场竞赛。15世纪20年代，锡耶纳多摩教堂中由佛罗伦萨艺术家吉贝尔蒂（Ghiberti）和多纳泰罗合作完成的洗礼池成为新文艺复兴文化的一个典范。在锡耶纳画家中，萨塞塔在那个十年中对马索利诺、吉贝尔蒂、马萨乔和安吉利科的作品非常感兴趣。萨塞塔的祭坛画《雪中的圣母》（1430—1432年）是为锡耶纳大教堂所作，这幅作品以其非凡的绘画技巧充分展示了画家在一个封闭的画框内将节奏、色彩和空间完美平衡，实现了将新旧思想充分融合的能力。其他与萨塞塔志同道合的艺术家还包括奥斯曼萨大师和能力超群的皮埃特罗·迪·乔瓦尼·安布罗西（Pietro di Giovanni Ambrosi）、乔瓦尼·迪·保罗（Giovanni di Paolo）（他的观点也许有点超然）、多梅尼科·迪·巴托洛（Domenico di Bartolo），以及更为出色的萨诺·迪·皮埃特罗（Sano di Pietro），所有这些艺术家形成了第一代锡耶纳画派。

之后，从佛罗伦萨－锡耶纳合作的锡耶纳洗礼池中得到的收获，结合对菲利波·利比和多梅尼科·韦内奇亚诺艺术的认识，都体现在多纳泰罗自帕多亚返回锡耶纳后所展开的各种活动（和露面）中，同时在韦科奇亚的作品中也有所体现。这在1457年他为贾科莫·德安德鲁奇奥（Giacomo d'Andreuccio）创作的重要画作（现藏乌菲齐美术馆）和1461—1462年为皮恩扎大教堂创作的画作中也得到了充分体现，后一幅作品还体现了利昂·巴蒂斯塔·阿尔贝蒂（Leon Battista Alberti）的理论对古典主义、透视和光的表现的影响，以及皮恩扎大教堂的建造者罗塞利诺（Rossellino）在其美丽的现代木制作品中所体现的思想（或许，对于15世纪的艺术家和赞助人来说，这完全是出于一种反抗的精神）。

在这些主要人物名单中，我们可能还会增加另一些姓名，如利玛窦·迪·吉奥瓦尼（Matteo di Giovanni）、内鲁西奥·迪·兰迪（Neroccio di Landi）和弗朗切斯科·迪·乔治·马提尼（Francesco di Giorgio Martini）。多纳泰罗和贝诺佐·戈佐利（Benozzo Gozzoli）（1463—1467年活跃于瓦尔德·埃尔萨周边区域）的风格，以及奈里·迪·比奇（Neri di Bicci）传统和华丽的绘画风格，都深深地影响了锡耶纳人的艺术风格，奈里·迪·比奇还将他的绘画作品"出口"到了锡耶纳各处。同时，波拉约洛、菲利波·利比，以及参与了大教堂合唱团装饰工作的佛罗伦萨艺术家对波河平原的微型画像也提出了一些想法。然而，从这些艺术家的不同看法可以看出，他们对哥特式风格的怀旧与诗意化并非完全没有想法。例如，弗朗切斯科·迪·乔治在他的创作中采用了一种易碎的、晶莹材质（如1470—1475年创作的《圣母领报》），这是一种典型的佛罗伦萨绘画的设计方法，在15世纪中叶稍晚期，巴尔多维内蒂的作品即采用了这种设计方式。根据最近的研究，工作室间持续的合作可以很大程度上自主地将大师的构思和项目转化为绘画作品。

因此，15世纪的锡耶纳绘画形成了一种独特的风格，一种有意识地回顾过去，同时又不抗拒创新的风格。锡耶纳绘画通常会在包括大型祭坛在内的作品上使用金色背景来突出清晰优雅的轮廓，用珍品雕刻来展示文艺复兴时期复杂的透视画法和成熟的架构，这是一个融合了精致的铭文风格和优美的书写方式的画派。

140
萨塞塔
宝座上的圣母子、四天使和四圣人（台座细部）

141
萨塞塔
宝座上的圣母子、四天使和四圣人
木板蛋彩画
240cm×256cm
这幅作品创作于1430—1432年间，是为锡耶纳大教堂的圣博尼法齐奥祭坛所作。祭坛台座于19世纪进行过大型重绘，内容基于公元356年8月圣母玛利亚在罗马经历暴风雪后的故事

142
韦科奇亚
宝座上的圣母子与众人
木板蛋彩画
156cm×230cm
这幅画是韦科奇亚为丝绸商人贾科莫·安德鲁西奥所作,于1798年进入托斯卡纳大公的收藏

143
利玛窦·迪·吉奥瓦尼
圣母子、天使与圣人
木板蛋彩画
64cm×48cm
这幅作品于1915年由意大利锡耶纳的塞尔维教堂移至乌菲齐美术馆。它是15世纪中期锡耶纳画派绘画风格的典型作品，淋漓尽致地展现了晚期哥特式绘画风格的优雅。画面的特点是色彩艳丽，但缺少层次

144
内鲁西奥·迪·巴托洛米奥·兰迪和弗朗切斯科·迪·乔治·马提尼
圣本笃的三个生活场景
木板蛋彩画
28cm×193cm
这三幅场景画共同组成了弗朗切斯科的祭坛组画《圣母加冕典礼》的圣坛台座，该组画原放置于意大利锡耶纳蒙特利维托修道院。创作时间在1473—1475年，内鲁西奥也参与了创作

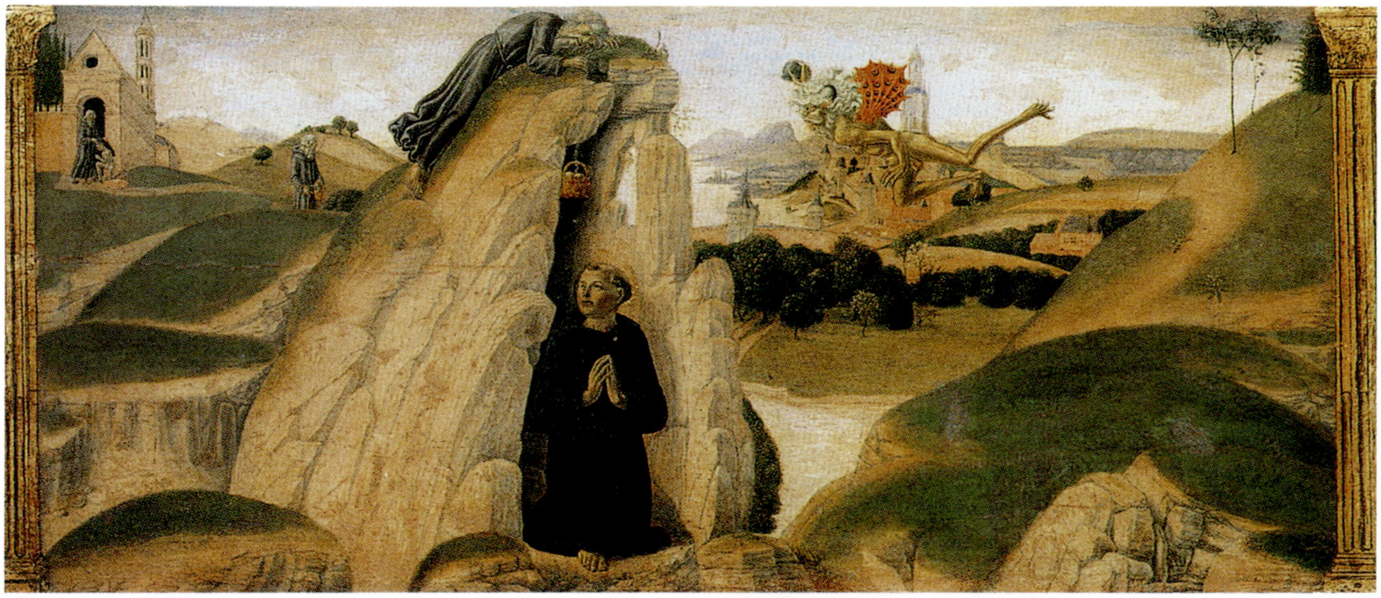

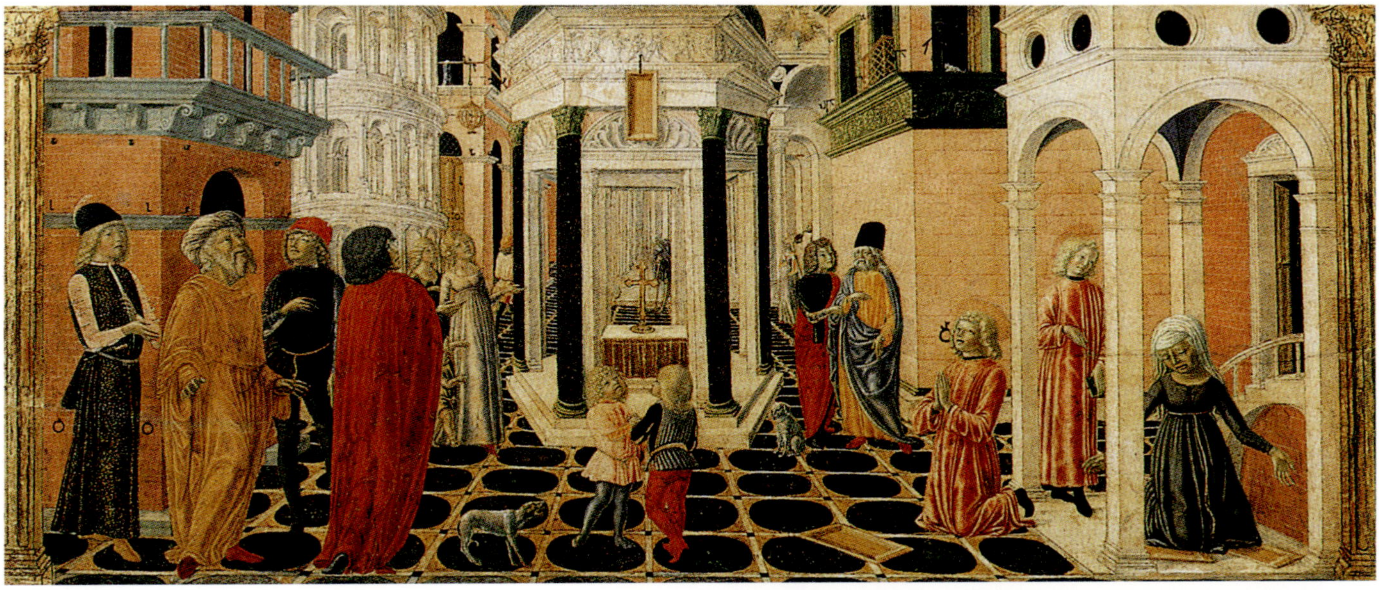

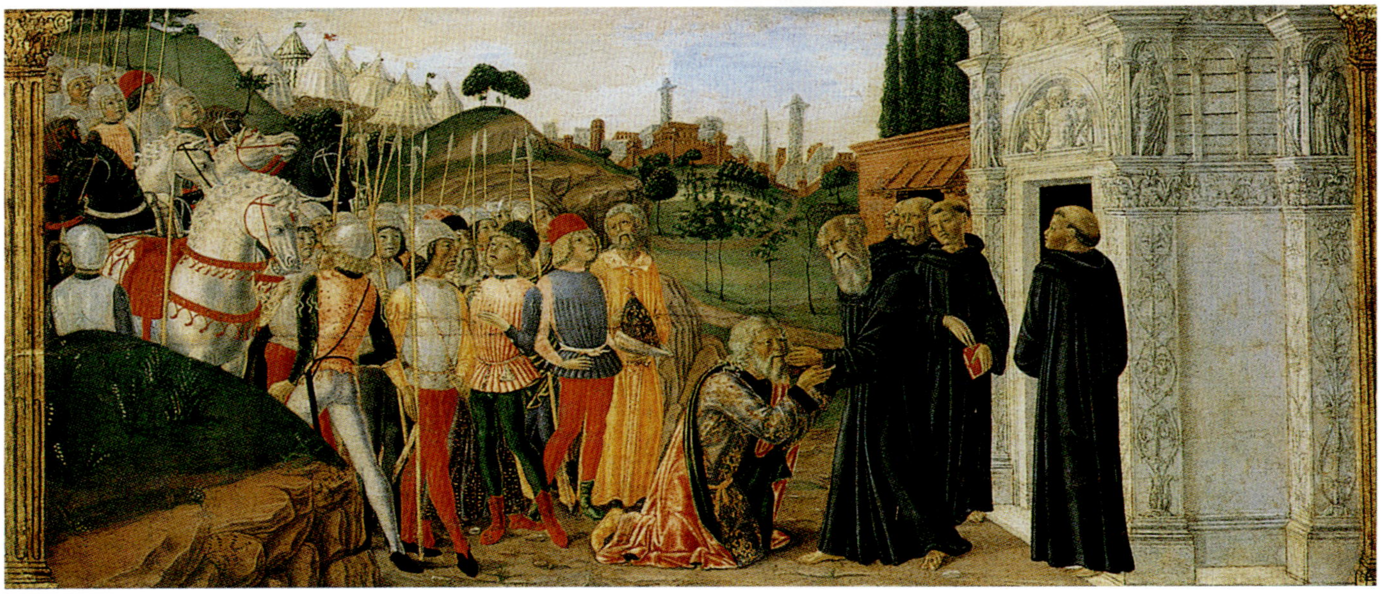

意大利中部绘画

安娜·帕多亚·里佐

15世纪40年代末，在佛罗伦萨的艺术文化中，皮耶罗·德拉·弗朗西斯卡绘画的技法和个人风格的发展趋于成熟。1439—1440年皮耶罗在佛罗伦萨逗留期间，与多梅尼科·韦内奇亚诺合作完成了圣埃吉迪奥唱诗班的装饰壁画（现已丢失），这段经历对于这位画家极其重要，这一点在他于波尔戈·圣·塞泊勒克洛的作品中也得以证实。在整个漫长的艺术生涯中，皮耶罗不断地对这幅壁画进行修饰，而且接纳了许多建议，包括透视的明亮表达、自然主义，以及特别宝贵的关于注意下落光线方向的提议，这些都是他从佛罗伦萨绘画中学到的，尤其是从多梅尼科·韦内奇亚诺的作品中。现在看来，毫无疑问在皮耶罗著名的阿雷佐圣弗朗切斯科唱诗班壁画（1452年后绘制）中，沙巴女王宫廷中的马，无论是颜色还是姿势都借鉴了韦内奇亚诺在柏林绘制的《三博士朝圣》。

皮耶罗随后在乌尔比诺的费德里科·达·蒙特费尔特罗宫廷的活动，以及他在意大利中部辗转于波尔戈·圣·塞泊勒克洛、马尔凯和罗马的漫长经历，在很大程度上决定了亚平宁半岛地区的艺术氛围。他的作品影响了许多著名艺术家的风格，其影响延续到16世纪，其中包括西诺雷利、佩鲁吉诺和吉罗拉莫·根加。当然，前一代人中还有一些艺术家也许不那么有名，但同样有趣，比如梅洛佐·达·福尔利，安东尼佐·罗马诺，甚至还有来自卡梅里诺的乔瓦尼·博卡蒂和吉罗拉莫·迪·乔瓦尼，以及翁布里亚画派的巴尔洛梅奥·卡波拉里。卡波拉里和他的同辈安东尼佐·罗马诺一样，传承弗拉·安吉利科或是贝诺佐·戈佐利的翁布里亚和罗马风格作品中略显古老的、宁静虔诚的绘画风格。戈佐利在罗马（尤其是圣玛利亚·索普拉·密涅瓦的《童贞祝福》以及圣多梅尼科和圣西斯托的壁画片段）和翁布里亚（如阿西西大教堂宝库中的《基督首领》和1456年的佩鲁贾圣女诺娃祭坛画）风格中的典型标志是庄严，但也有礼拜仪式的崇高意义，并且用辉煌的金色背景进行渲染。这些作品显然激发了活跃于15世纪中期的翁布里亚画家的灵感，他们对于这种画风的模仿是显而易见的，例如，安东尼佐·罗马诺绘制的《列蒂博物馆的护理女子》（有署名和日期，1464年）。

在意大利的艺术全景中，其他非常重要的角色包括科尔托纳的路加·西诺雷利和被称为"佩鲁吉诺的皮耶韦城"的皮埃特罗·万努奇。这两位艺术家的风格为青年拉斐尔的"现代文化"奠定了基础。拉斐尔在故乡乌尔比诺接受教育，乌尔比诺当时受到以下艺术家的文化影响和主导：皮耶罗·德拉·弗朗西斯卡，以及从卢卡·德拉·罗比亚到保罗·乌切洛和朱利亚诺·达·迈亚诺等佛罗伦萨画家，还有擅长佛罗伦萨设计风格的木制装饰品的公爵宫雕刻大师。

佩鲁吉诺本人于1470年前后在韦罗基奥的工作室中受过佛罗伦萨式的教育，还和列奥纳多、洛伦佐·迪·克雷蒂、波蒂西尼，甚至可能还有波提切利和基兰达约一起工作过。瓦萨里坚持认为，他是现代评论家称之为"古典主义前文学画风"的发明者，这种画风的特点是"统一色彩的美妙"，魅力无穷，以至于"那些看到他作品的人惊叹，这种新颖而生动的美绝对无人可以超越"。佩鲁吉诺可以说激发了15世纪最后十年中佛罗伦萨乃至托斯卡纳艺术文化的发展。除了在佩鲁贾的主要活动外，他还在佛罗伦萨开了一个工作室，高强度地工作。他的佛罗伦萨作品原本是为了这座城市里最重要、最受欢迎的教堂和修道院，以及美第奇家族而创作的，他提出了一种理想的建筑空间和开放空间之间和谐的节奏平衡，以成比例的人物表现二者间的共鸣与和谐。在观赏整个画作时，使人沉浸在平静的沉思以及纯粹的基督徒的虔诚氛围中。根据最新的解释，佩鲁吉诺画中被唤醒的甜蜜氛围和劳伦斯时代新柏拉图学派深奥的人文文化是一致的。

西诺雷利也非常赞同这些理念，赞许当时佛罗伦萨乃至托斯卡纳的文化氛围。然而，在创造力更为受制的时刻，他的作品人物维持了稳健和强健的身体素质的特点。他在这个时期意大利中部的艺术发展历史过程中，扮演了相当重要的角色，影响了拉斐尔和米开朗基罗。西诺雷利的艺术风格是将自信用在吉兰代奥的古典纪念碑上；他画中的人物瘦削的肢体几乎就像雕塑一般，让人想起穿着衣服的彩绘木像，仿佛是摆姿势的人体模型或工作室的"模特"。这些人物通常是具有象征意义的英雄形象和具有重大道德意义的人物角色。

145
巴尔洛梅奥·卡波拉里
圣母子和天使
木板蛋彩画
79cm×55cm
这幅作品是于1904年在古董市场被找回的。据传是因翁布里亚地区的一位收藏者的遗嘱得以存留下来。这应该是巴尔洛梅奥呼应弗拉·安吉利科的一幅绘画，一块醒目的金色背景衬托着圣母的形象。脸部的刻画使人联想到意大利佛罗伦萨画家贝诺佐·戈佐利的风格

146a.b—147a.b
皮耶罗·德拉·弗朗西斯卡
巴蒂斯塔·斯福尔扎肖像
巴蒂斯塔·斯福尔扎的功绩（背面）
木板蛋彩画
47cm×33cm
费德里科·达·蒙特费尔特罗肖像
费德里科·达·蒙特费尔特罗的功绩（背面）
木板蛋彩画
47cm×33cm
这几幅配套组画的创作时间在1465年前后，1631年作为德拉·罗维雷家族的遗产成为佛罗伦萨的收藏之一。皮耶罗的细致观察和刻画提升了人物形象的尊贵庄严。两幅均为人物侧面像，画中人物显得高贵谦和而有威严，与背景中柔和细致的风景形成对比

146a

147a

QVE MODVM REBVS TENVIT SECVNDIS ·
CONIVGIS MAGNI DECORATA RERVM ·
· LAVDE GESTARVM VOLITAT PER ORA ·
CVNCTA VIRORVM ·

CLARVS INSIGNI VEHITVR TRIVMPHO ·
QVEM PAREM SVMMIS DVCIBVS PERHENNIS ·
FAMA VIRTVTVM CELEBRAT DECENTER ·
SCEPTRA TENENTEM ·

148
路加·西诺雷利
圣家族
木板油画
直径124cm
整个画面刻画出米开朗基罗式的、纪念雕塑式的人物形象，人物位置呈圆形构图，烘托出一种和谐融洽的氛围。圆盘装饰部分应该完成于1490年前后。根据瓦萨里的判断，这幅画是为附庸教皇的圭尔夫派领导人所在的宫殿而作，放置于宫殿内的议事厅

149
路加·西诺雷利
子孙的寓言
木板油画
58cm×105.5cm
西诺雷利的这幅名作几乎没有瑕疵，于1894年进入乌菲齐美术馆的收藏。创作时间在1500年前后，作品风格类似于意大利奥尔维耶托的单色壁画

150
路加·西诺雷利
基督受难与抹大拉的玛利亚
木板油画
247cm×165cm
此作品最初来源于佛罗伦萨安娜丽娜女修道院，创作时间约在15世纪末、16世纪初。画作背面是西诺雷利为圣杰罗姆的形象所设计的

151
路加·西诺雷利
圣母子和先知
木板油画
170cm×117.5cm
根据瓦萨里的记载，这幅作品曾属于洛伦佐·美第奇的私人收藏，与《潘的教育》（曾收藏于柏林，现已被毁）是同期作品。这幅创作于1779年7月16日前被放置于美第奇家族的卡斯特罗庄园内，后移至乌菲齐美术馆

152—153
梅洛佐·达·福尔利
天使传报
木板蛋彩画
116cm×60cm
圣母领报
木板蛋彩画，画廊
116cm×60cm
这两幅画的上方均被裁下，据推断应是某样物件的装饰。作品构思精巧，以单色呈现，创作于15世纪晚期。每件木板背后有一位圣人形象，肩部上方有裁切痕迹

154
马可·帕尔梅扎诺
基督受难
木板蛋彩画
112cm×90cm
17世纪，这幅作品曾点在意大利佛罗伦萨蒙特奥利维托教堂的圣器所。创作于1510年前后，画面结合了乔瓦尼·贝利尼和简化的弗朗切斯科·弗朗西亚的风格

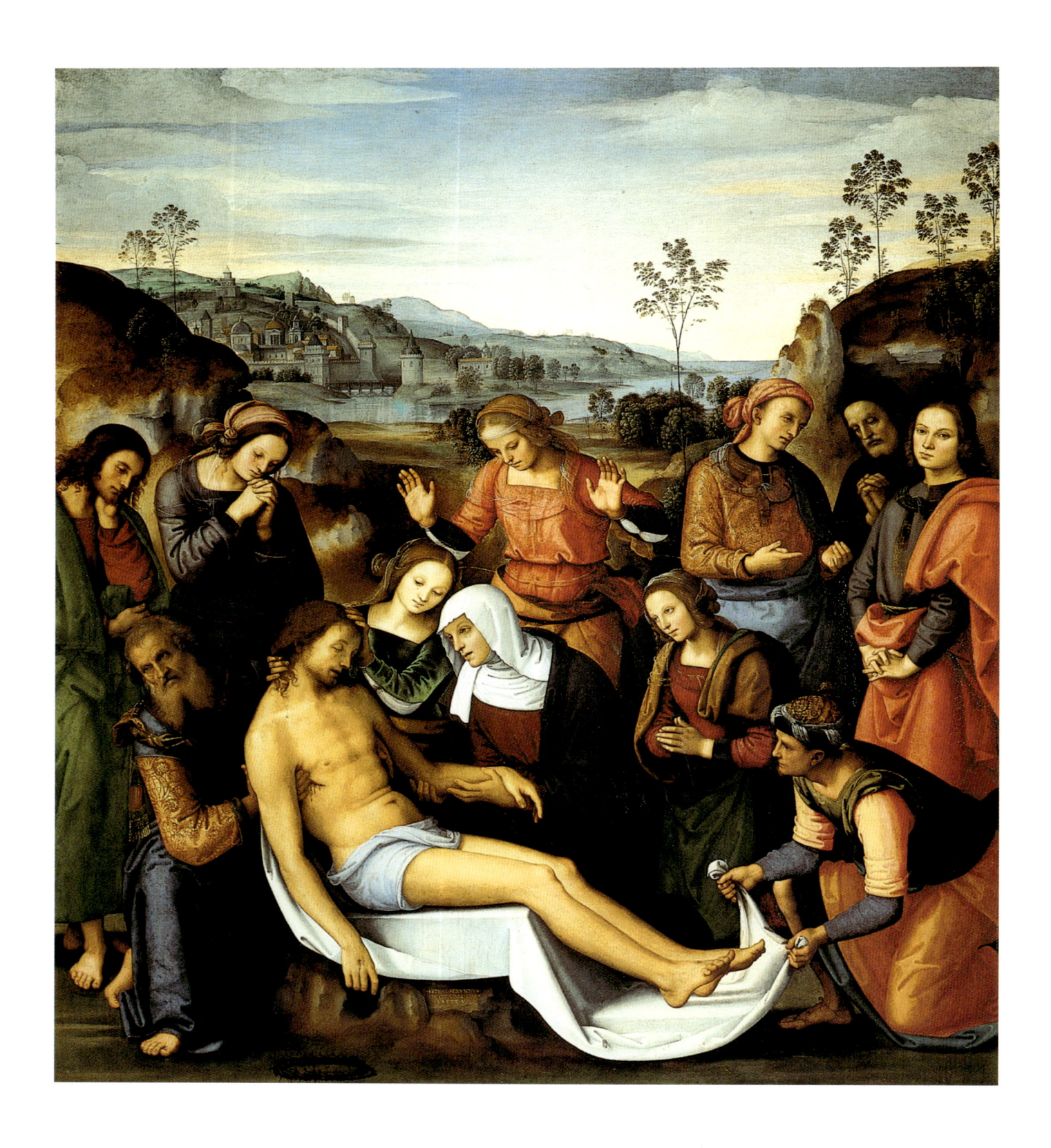

159
佩鲁吉诺
哀悼死去的基督
木板油画
214cm × 195cm
佩鲁吉诺的这幅名作被放置于佛罗伦萨圣基亚拉教堂右方圣坛后，创作于1495年。瓦萨里对其高度赞赏，称这幅画"将哀悼者的神态描绘到了极致""景色渲染自然壮美"

160
佩鲁吉诺
圣母升天
木板油画
415cm×246cm
这幅大型祭坛组画是佩鲁吉诺为瓦隆布罗萨修道院内的一所教堂所作，接受委托于1498年，1500年7月18日开始被放置于该教堂的圣坛。圣母脚边的四位圣人（约翰·古尔伯特、博纳多·德格里·乌伯蒂、本尼迪克特和米歇尔）是瓦隆布罗萨修道院的僧侣

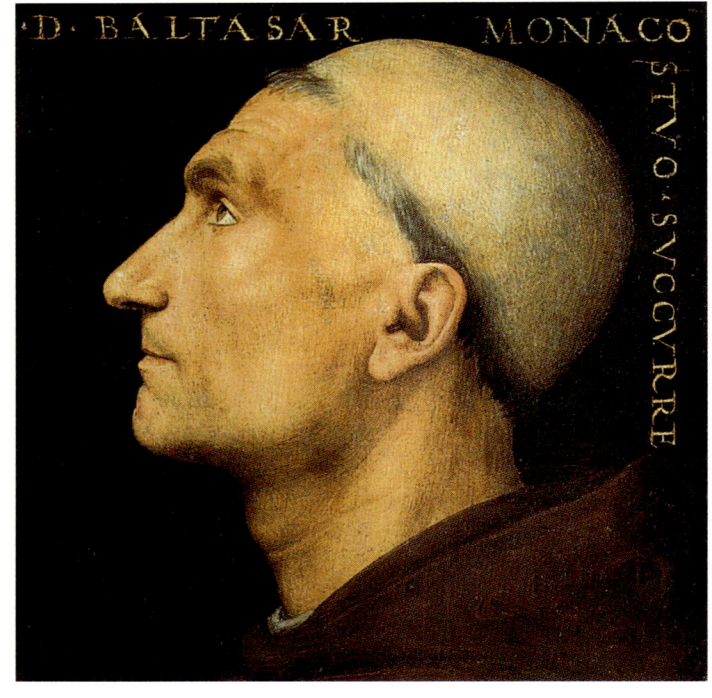

161—162
佩鲁吉诺
唐·比亚焦·米拉内西肖像
木板油画
28.5cm×26.5cm
巴达萨·瓦伦布若斯肖像
木板油画
26cm×27cm
这两件小幅油画是祭坛组画《圣母升天》（目前收藏于佛罗伦萨学院美术馆）台座的一部分，整组作品是为瓦隆布罗萨修道院所作，完成于1500年

163
吉罗拉莫·根加
圣塞巴斯蒂亚诺的殉难
木板蛋彩画
100cm×83cm
这幅画完成于16世纪初，1798年进入乌菲齐美术馆收藏。根加在构思创作这幅作品时，并没有师承路加·西诺雷利，而是领悟并运用了佩鲁吉诺的风格

威尼斯、艾米利亚和伦巴第绘画

莫罗·罗科（Mauro Lucco）

与"文艺复兴"一词相关的，代表视觉系统表现形式的非凡变化首先发生在帕多瓦，之后在威尼托大区的其他地方比比皆是。这主要归因于帕多瓦这座城市的文化传统，以及历史悠久且久负盛名的帕多瓦大学所开展的光学和透视学研究。尤其是这些思想持续不断地被重申，且与古罗马世界的思想有关，当时那个时代是最具有影响力的，"古文物研究者"持这一观点。因此，我们在14世纪末的帕多瓦发现了土生土长的乔瓦尼·东迪·戴尔·奥罗洛乔（Giovanni Dondi dell'Ancona），他对罗马古建筑进行了书面的描述和记载。1443年，奇利亚科·德安科纳（Giriaco d'Ancona）经过这里，1452年，乔瓦尼·马卡尔诺娃（Giovanni Marcanova）在这里教书。

显而易见，这些人并不是绘画领域的专业人士，但之所以提到他们的重要原因是，可以通过这些从事不同职业的人换一个角度来看待绘画专业。在画室等待委托任务的中世纪画匠的形象，不再是帮助我们理解这一历史时期的基础。到了15世纪中叶，帕多瓦的艺术家们虽然还不能放弃他们的工作实践，却已经将知识分子归为他们的同伴；从知识分子那里，艺术家们获得了一种全新的、革命性的表现工具，一种基于比例的数学原理的透视科学，不再仅仅凭借经验积累。艺术家与知识分子们展开了对话和讨论，并从字母开始向知识分子学习，艺术家们开始使用学到的拉丁语进行阅读、写作和学习；艺术家们通过这种对周围环境的新兴趣开始了解旅行的重要性，并打开了视野，开始具有更为开阔的思想观点。

正是这种全新的知识维度的形成，以及全新的教学主义的可能性，使得帕多瓦的弗朗切斯科·斯夸卡米内、安德里亚·曼特尼亚的老师的出现如此重要。如果说上述这些相当于坩埚中融合的元素，那么催化剂则来自托斯卡纳，以多纳泰罗为代表。多纳泰罗于1443年底抵达帕多瓦，并在此停留了十年。他所创作的加塔梅拉塔骑马雕像非常敏锐地展现了佛罗伦萨雕塑家的非凡形象，这是意大利多年以来第一个这种类型的青铜纪念雕像。因此，多纳泰罗被视为一个能够唤醒古文物的人，一个可以为已经休眠了一千多年的概念赋予新生的人。因此，他受委托为圣托教堂建造高坛（在1450年匆匆完成了《圣安东尼的盛宴》），他在新石头凉亭写下了一组数字，用于测量和制定建筑比例。

事实上，多纳泰罗在15世纪中叶待在帕多瓦的这段时间似乎成为分水岭，一个将旧世界变成新的"古文化世界"的分水岭。佛罗伦萨雕塑的风格也随之盛行，同时一种新兴的帕多瓦绘画风格也从此诞生（即以一种新的、理性方式构建的理性世界，这个世界内在的各个部分之间是连贯的，部分和整体之间是融洽的），这一时期最伟大的人物是安德里亚·曼特尼亚。这位后起之秀的艺术家要在帕多瓦城市之外展示一种非凡的影响力，特别是在费拉拉（1449年，在他非常年轻的时候，在利奥内洛·德斯特的邀请下曾去费拉拉旅行过），然后是维罗纳（其中在1459年出现了令人拍手称赞的圣芝诺三联画，一幅宏伟巨大的、为圣拖教堂雕塑祭坛改造的装饰画），最后是曼托瓦（安德里亚·曼特尼亚于1460年在此地定居至老去）。

即使威尼斯没有像帕多瓦那样被这些发展所触及，但它仍然不抗拒创新。1450年，巴尔托洛奥梅的兄弟穆拉诺人安东尼奥·维瓦利尼在他的同事去世后，放弃了继续在帕多瓦的哥特式的艾雷米特尼教堂为奥维塔里家族创作壁画。这座小教堂中还有曼特尼亚的一些非常优秀的壁画，不过在第二次世界大战期间几乎全被毁坏。他的同事乔瓦尼·达·阿列玛格纳（Giovanni d'Alemagna）是一位年长且多才多艺的壁画艺术家。另外一位才华横溢的艺术家是威尼斯人雅各布·贝利尼（Jacopo Bellini），他的代表作有在乌菲齐美术馆画廊中展出的一幅格外美丽的《圣母子》。雅各布·贝利尼追逐着通过审慎的政治和艺术联盟创建强大的工作表来进行创作的梦想。1453年，雅各布的大女儿尼克洛西亚（Nicolosia）嫁给了安德里亚·曼特尼亚，一个天才的新帕多瓦画家。但是，这位岳父想要曼特尼亚这位擅长"合唱的歌手"成为一位伟大的"独唱家"，他注定是要失败的。不久之后，曼特尼亚便接受了曼托瓦宫殿画家的职位，没有利用自身条件成为作品的唯一所有者。但是，将他与年轻的小舅子乔瓦尼·贝利尼绑在一起的家庭关系，注定要在1475年诞生出最伟大的诗歌作品。

乌菲齐美术馆收藏着一组曼特尼亚创作的三联画（包括《三博士朝圣》《割礼》《基督升天》），每幅画作都有着不同的尺寸，并且都保留了昔日的模样。这组三联画创作于15世纪60年代早期的曼托瓦，是曼特尼亚艺术风格的代表作，表现出他非凡的绘画能力以及柔和的情感。此外，他还注重最微小和远距离的细节，运用了一种不同寻常和冒险的严谨透视画作（例如，在《三博士朝圣》背景中以雕刻方式绘制的岩石）。这组三联画以超乎寻常的精确方式布置，并且非常理性地遵守基本视觉感。曼特尼亚的朋友莱昂·巴蒂斯塔·阿尔伯蒂推荐的"多样性"于曼特尼亚对稀有的异国情调的迷恋是显而易见的，在这组作品中体现了黑人国王和随行人员，还有服装和不寻常的头饰，甚至还有骆驼的存在。曼特尼亚的绘画方式即在物体上拉伸一束抽象的光线，从而摆脱哥特式风格的碎片化，最终产生一个让人动容的黎明般的感觉，光线从相切的地平线辐射出来，并使整幅作品的下半部分用流经的光来吸收。《割礼》部分本身呈现给观众的是精心计算和令人惊讶的场景选择，这五个场景没有形成一个连贯的架构单元，而是通过一个单一的结构元素——大理石柱以及人物之间的刻意对比融合成一个整体。圣子脸上的恐惧表情与另一个被遗忘的、穿红色衣服、嘬着手指的幼儿之间形成了一种永恒。最后，《基督升天》成为提升曼特尼亚才能的绝佳证明：画面右侧是使徒的形象，以行走姿势出现——即一只脚略微抬离地面，这个细节是为了向画家卡帕奇欧（Carpaccio）和提香致敬。

曼特尼亚非常关注石头的真实感和这种素材的美丽，以及建筑的各个方面，这些都体现在他之后创作的《洞穴圣母》小型图中，它描述了一处异常美丽的耕地附近的玄岩风景。艺术家还在他的肖像画中引入了新颖的风格样式，如《卡洛·德·美第奇的肖像》以四分之三佛兰德斯模式绘制。但在这幅画中，曼特尼亚放弃了此类作品典型的胸墙画法，消除了观察者和肖像之间的距离感，赋予了这幅画一种在很长一段时间内都没有被超越的现代性。"社会等级"肖像画因此放弃了纹章刻画以及半身肖像所特有的构成特征。

有人说曼特尼亚和乔瓦尼·贝利尼之间的这种家庭关系注定要结出硕果，实际上，这两个人显然有着共同和持续的理想，这可以在乔瓦尼签名的《男人肖像》作品中看到，这幅作品复制着曼特尼亚的卡洛·德·美第奇的形象。但是，这两位艺术家之间的差异超过了相似之处。贝利尼的绘画似乎是有意识地基于佛兰德斯绘画（其中许多甚至是威尼斯人的收藏品），并对安东尼洛·达·梅西纳（1474年末到1476年停留在威尼斯）的调解影响力表示赞同。贝利尼负责在画中人物前重新恢复胸墙的地位，但更重要的是，通过略微抬高人物的视线，能够确保一种空气流通的感觉，从而通过布满云彩的天空营造出一种自然的氛围。这一概念与曼特尼亚在《卡洛·德·美第奇的肖像》等作品中使用的阴影和人造光效果形成鲜明对比。对于那些寻求人与美好自然和谐相处的人们，可以在乔瓦尼·贝利尼的工作中找到他们一贯的坚持。在曼特尼亚的艺术世界中，构图深度和美妙的场景都是通过精心设计的透视方法来构建的。成熟的贝利尼的风景画已经摆脱了他的姐夫的指导痕迹，有着他自己的绘画品质：全新的直觉（或许是受佛兰德斯绘画知识的触动，而不是因与皮耶罗·德拉·弗朗西斯卡的频繁接触而受影响）以及图像平面在深度上的后退和可能不符合标准的发光色强度的调制之间的等效性。后一种品质也更具实验性的透视功能，极大地推动了自然主义和情感表现力——比思想更加实际的快速发展。曼特尼亚的作品在考古学和地质学的激情中构筑，描述了一些艰难、分裂，同时又显得漠不关心的东西；而贝利尼的绘画则是源于对人类生活素材的富有热爱的观察，描述着令人信服的熟悉的场景，深情地记录着藤蔓、榆树和白杨（威尼托的典型树木），以及表达着对居住在这个世界的动物们的理解。这些土地不再是灾难的、裸露着和未驯服的产物，而是被浅绿色的草皮覆盖，通过工作的神圣不可侵犯性来调整和重塑着。空间本身遥远，现在接受了人类的存在，作为其本质存在的一个组成部分。人与自然之间的每一个意识形态都倾向于一种平等的尊严。因为几乎所有贝利尼作品的主题都是其他世界的人物（如上帝、圣母和各种圣人），因此这些人物周围的环境也被赋予了一种神圣的价值。

这种贝利尼后期绘画的风格在《神圣的寓言》中尤其明显，空间的每个组成部分——湖上神圣的四柱露台，以及几乎原始的人类世界，隐士与半人马相遇，牧羊人在休息，骡夫去工作——以非凡的视觉统一相互渗透，融合在平静庄严的寂静中。在宇宙之门处，在群山的怀抱中。类似的构图思想可以在稍早一点的《沙漠中的圣杰罗姆》中看到。这些文化倾向是不同的，经过曼特尼亚的改革，柔化线和体，旨在以佛兰德斯画家的方式，用清晰而敏锐的眼光审视自然物种的多种组成顺序，从蜥蜴到化石贝壳，从石头到细草，从无花果树到常青藤，从松鼠到野鸡。

这种独树一帜的风景诗学在西玛·达·科内利亚诺的作品中再次出现，即使他不是贝利尼的直系学生，贝利尼仍然强烈地影响着他，他画了一幅主题相同的作品。在这幅作品中，光的魔力、颜色无声的美丽、远处水面的波光，以及叶子枝条投射下的阴影都被保留了下来。这幅作品可能创作于1510年之后，因此还包含乔尔乔内的风格元素，让人想起威尼斯美术学院收藏的《暴风雨》。

乔瓦尼·贝利尼也是一位天才的叙事绘画艺术家，但他的叙事类作品如今必须靠想象重建，因为这些作品已经完全看不到了。贝利尼从15世纪90年代开始主要从事叙事绘画，在此期间，他被委托为威尼斯总督府绘制了一系列威尼斯历史上的场景画，不幸的是这些作品在1577年那场著名的大火中被烧为灰烬。在这些被烧毁的作品中，我们只能从佛罗伦萨的画廊中看到一个苍白的影像，有可能是维托雷·卡帕乔欧的《基督受难》的一些碎片。但是，我们也可以观察到，在贝利尼的《哀悼基督的死亡》的"灰烬"中，艺术家在选择与"基督被解下十字架"有关的一系列行为和姿势中最具情感意义的时刻所具有的深度敏锐性。

贝利尼对于色彩和光线的运动构造，不借助隐喻的模式，极大地影响了维罗纳的某些画家，包括弗朗切斯科·莫罗内。尽管有各种各样的当地艺术写实传统，莫罗内与某种伦巴第自然主义也有联系，但毫无疑问，他极富抒情色彩的作品都是在威尼斯创作的。

在曼特尼亚的原始课程被编纂和改造的所有不同方式中，在费拉拉它通过一种愤怒和非理性的抽象色彩主义，用几乎扭曲的线条，在卓越成熟的智慧之中诞生新的艺术成果。这一点在科西莫·图拉的《圣多梅尼科》中尤其明显，憔悴、扭曲、凹陷的面容，双手似乎机械一般僵硬，像是木头般的材质，以及用金属般的锐利感遮盖在圣徒身上的衣服。这些模型被其他两位伟大的费拉拉艺术家——弗朗切斯科·德尔·科萨和埃尔科尔·德·罗贝蒂（两位艺术家最出名的继承者便是非常与众不同的洛伦佐·科斯塔）重铸并移植到博洛尼亚。作为本蒂沃利奥家族的宫廷艺术家，洛伦佐·科斯塔于1506年前后创作的作品，以理想的、人为的优雅为特色。另一位追随者是弗朗切斯科·弗朗西亚，他表现出对托斯卡纳古典雕塑思想的认可，接受基兰达约的形式方式和贝利尼对于光的研究。科斯塔和弗朗西亚这两位宫廷艺术家的演变激发了阿米科·阿斯佩尔蒂尼这位天才更为复杂的幻想。在卢卡完成一系列壁画并返回博洛尼亚后，他开始将他的一些作品与他的古代主题绘画融合在一起，如在《牧羊人朝圣》等作品中用绚烂夺目的装饰来引证重点，创造出绘画界前所未有的新姿势和态度。这种效果是通过一种通常被认为是极其怪诞的方式实现的，不是完全的偏离，而是一种有意识的防御——情感暗示着情绪——对已经过时的"原型古典主义"尖锐而刺激的品位的防御。

与之形成对比的是伦巴第大区的另一种写实艺术文明，如在帕尔马画家亚历山大德罗·阿拉尔迪的《芭芭拉·帕拉维奇诺肖像》中所体现的。亚力山大德罗显然将那些伟大的纹章人物作为他的模特，还有斯福尔扎祭坛画师在他的作品《开旷林地中德圣安布罗斯》（现收藏于布雷拉美术学院）中也用了同样的方式。

乌菲齐美术馆没有收藏很多伦巴第的绘画作品，美第奇家族未曾收购一幅伦巴第作品——这或许证明它们没什么魅力。但是在来自这个地区的少量绘画作品中有一幅文森佐·福帕的小型画。这幅作品从佛兰德斯绘画的形成中汲取了灵感，在灰暗的氛围中传递出极其明亮的诗意力量。还有博纳多·泽纳莱一组三联画作品中的两幅画，现在已经没有它们原来的框架，因此丢失了部分透视效果，只能让我们猜测它们原有的绘画环境。如果将这幅画与主画《圣母子》（现收藏于美国堪萨斯州劳伦斯博物馆）放在一起的话可以组成一个系列，似乎可以不考虑在博纳多·泽纳莱和博纳多·布提纳之间是否有合作的问题。收藏于特累维谬的作品创作于1485年前后，是泽纳莱与他的合作伙伴一起于15世纪90年代早期完成。

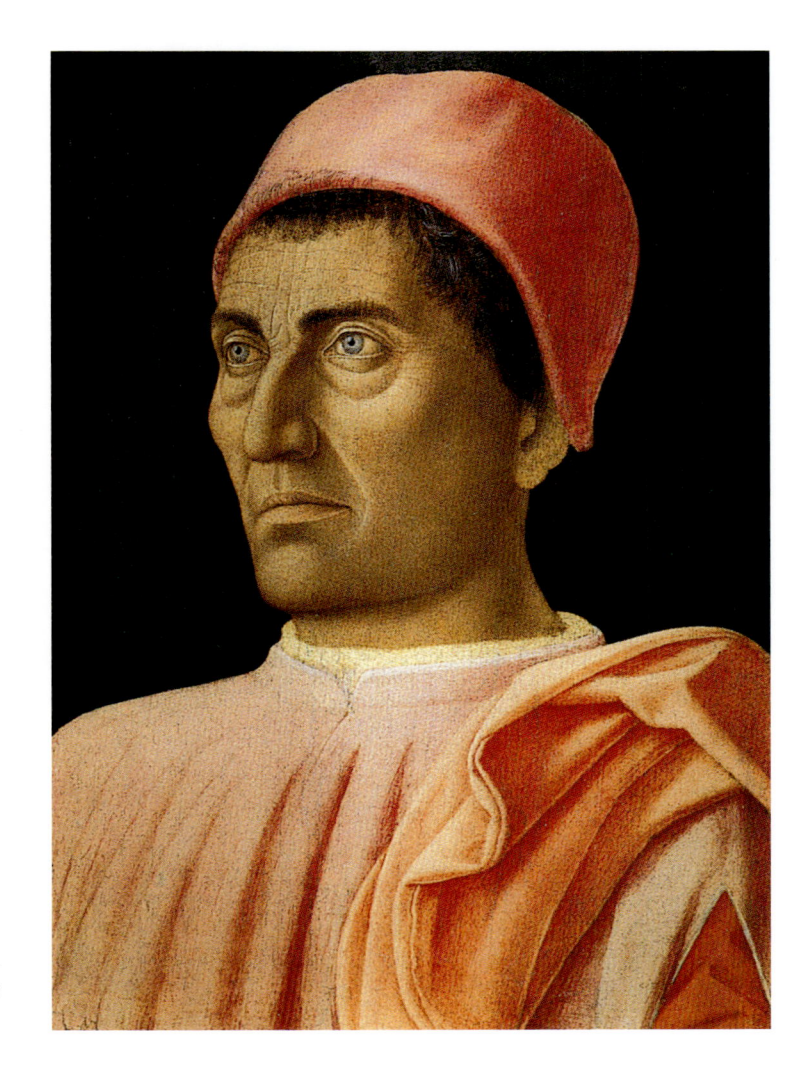

164
安德里亚·曼特尼亚
卡洛·德·美第奇的肖像
木板蛋彩画
40.6cm×29.5cm
画面中人物佩戴的纹章与普拉托大教堂所立的卡洛雕像佩戴的饰物相似，可以确认此肖像画上的人物正是卡洛·德·美第奇。作品创作于1467年曼特尼亚访问佛罗伦萨期间

138

165
安德里亚·曼特尼亚
三联画
木板蛋彩画
86cm×161.5cm
基督升天
86cm×42.5cm
三博士朝圣
77cm×76.5cm
割礼
86cm×42.5cm
这组三联画创作于1587年，是唐·安东尼奥·德·美第奇的私人收藏，陈列于圣马克别墅的画廊；1632年移至佛罗伦萨。这幅画很有可能是曼特尼亚为戈伊托堡礼拜堂创作的作品之一，创作始于1463年10月，在一封信中曾提及其完成于1464年4月26日。整组画描绘的是基督的生平

166
安德里亚·曼特尼亚
圣母子（洞穴圣母）
木板蛋彩画
29cm×21.5cm
根据瓦萨里的记载，这幅作品在1568年前后是弗朗切斯科一世·德·美第奇的财产；1704年它第一次出现在画廊的收藏清单中。瓦萨里推测这幅画创作于曼特尼亚造访罗马的1489—1490年间

167
文森佐·福帕
圣母子与天使
木板蛋彩画
41cm×32.5cm
1930年前后它被纳入米兰的吉奥卢希亚·弗里佐尼的收藏，随后又成为孔蒂尼·博纳科西的收藏，并于1975年进入乌菲齐美术馆。它完成于1480年前后，是伦巴第绘画中最伟大的幸存范例之一，它从佛兰德斯绘画中得到灵感，同时渲染了黑暗的气氛

168—169
博纳多·泽纳莱
大天使米迦勒
木板油画
115cm×51cm
圣伯纳德和西笃会僧侣
木板油画
115cm×51cm
这两件作品曾属于意大利贝加莫弗里佐尼·萨利斯的收藏，是三联画《圣母子》的侧翼，现今主画藏于美国堪萨斯州劳伦斯博物馆

170
巴托洛米奥·维瓦里尼
图鲁斯的路易斯
木板蛋彩画
68cm×36cm
创作于1465年，于1906年被收入乌菲齐美术馆，可以证实它是一件背景不详的多联画屏中的一幅侧翼木板油画，从保存状态看可能已经切断了画面的上下部分。整体风格和装饰与意大利卡普亚博物馆的《死去的基督》相似，据推测这两幅画可能出自同一个系列

171—172
贝内代托·鲁斯科尼
女先知西比尔
布面油画
186cm×87cm
先知
布面油画
186cm×87cm
这两件作品1871年存放于罗维戈的巴鲁菲（Baruffi）府，随后由孔蒂尼·博纳科西收藏；1953年西耶维罗在德国对画作进行修复，但依旧不尽完好。历年来，这两幅作品的作者一直有争议，目前有一种观点认为作者是"一位16世纪初期意大利北部的画家"。但实际上色彩与贝内代托年轻时期的作品风格有许多相像之处，创作时间在1400—1480年间

143

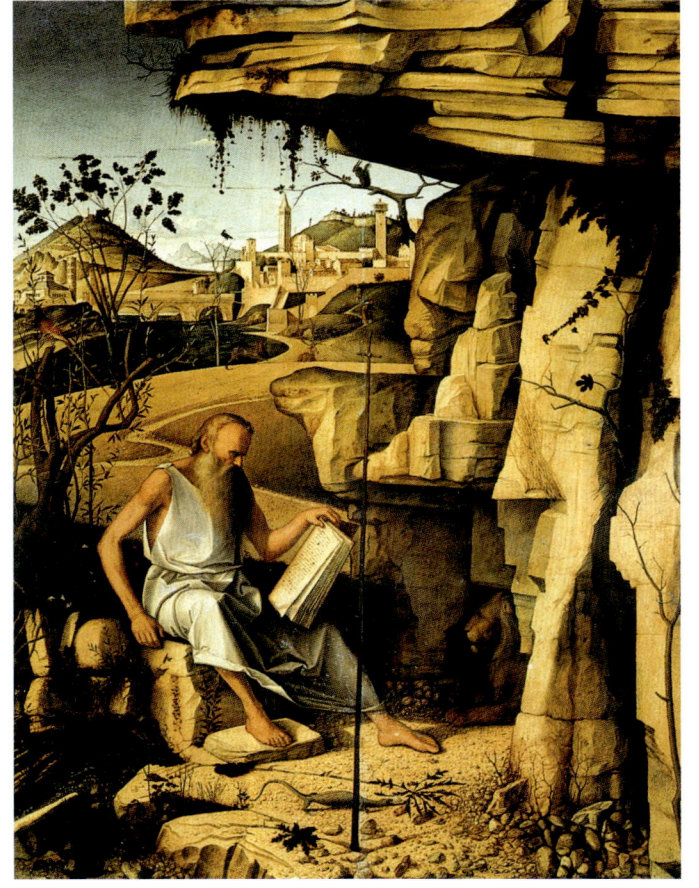

173
乔瓦尼·贝利尼
哀悼死亡的基督
木板油画
74cm×118cm
阿尔维斯·莫塞尼戈（Awise Mocenigo）于1798年将这幅作品献给托斯卡纳大公斐迪南三世，在此之前它由罗马的阿尔多布兰迪尼（Aldobrandini）收藏。有学者提出，该作品是工作室的范画，用于学生临摹学习。创作时间在1400—1480年间

174
乔瓦尼·贝利尼
沙漠中的圣杰罗姆
木板油画
151cm×113cm
这幅作品曾是意大利帕多瓦的帕帕法瓦家族的财产，收藏于威尼斯奇迹圣母教堂，桑索维诺（Sansorino）将它记载为"沙漠中的圣杰罗姆"。创作时间可以追溯到1480年前后，可能是受委托为当时在建的新建筑所作，也有可能是建成之后捐赠的

175
乔瓦尼·贝利尼
神圣的寓言
木板油画
73cm×119cm
这幅作品在意大利艺术史学家路易吉·兰齐的劝导下，于1793年由奥地利皇家藏品库移至乌菲齐美术馆。尽管研究学者已对这幅画提出了多种诠释，其在内容选择上仍有许多未解之谜。贝利尼的这幅作品描绘精细，色彩通透，与意大利威尼斯穆拉诺岛巴尔巴里戈宫内的小幅祭坛画是关联作品，创作于1488—1490年

176
乔瓦尼·贝利尼
男人肖像
木板油画
31cm×26cm
这幅作品于1753年首次记录在乌菲齐美术馆的藏品清单上，被猜测为乔瓦尼·贝利尼的一幅自画像作品。随后又有观点认为这幅画出自荣迪内利（乔瓦尼·贝利尼的弟子），贝利尼进行过修改。创作时间有些许争议，大约创作于16世纪初期

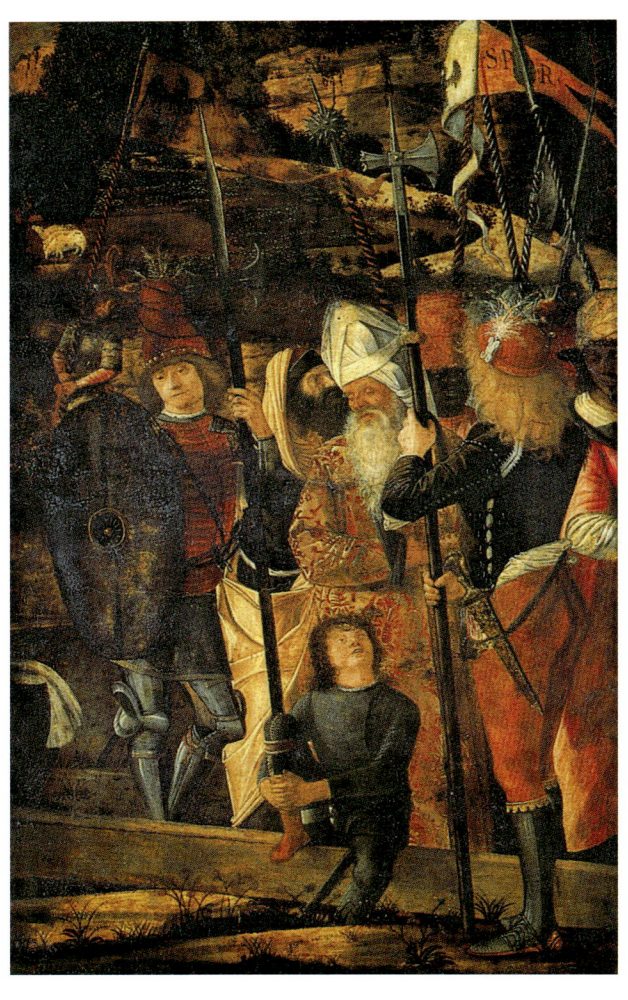

177
维托雷·卡帕奇欧
勇士和东方人
布面油画
68cm×42cm
这幅作品曾属于佛罗伦萨安卡尔迪-比尼收藏，1883年进入佛罗伦萨美术馆收藏。根据画中前景的长梁和旗帜上书写不尽的完整符号"SPQR"以及东方人物，可以证实这幅画是宗教题材画《耶稣受难》或者《十字架升起》的一部分。创作时间约在15世纪90年代

178
西玛·达·科内利亚诺
圣母子
木板蛋彩画
66cm×57cm
创作于15世纪90年代初，1818年佛罗伦萨美术学院获得此作，于1882年将其移至乌菲齐美术馆。西玛在这幅画中最显著的一个创新是描绘了圣子抓着母亲翘起的拇指，安东尼奥·马利亚·达·卡比尔曾在一幅作品中借鉴了这一细节，现在悬挂于意大利帕多瓦的市立博物馆

179
西玛·达·科内利亚诺
沙漠中的圣杰罗姆
木板油画
33cm×27.5cm
1884年曾经记录在焦万内利收藏名下，这幅作品被判定为西玛的最后一件杰作，创作于1510年之后

180
科西莫·图拉
圣多梅尼科
木板蛋彩画
51cm×32cm
这幅作品于1905年由费拉拉省的罗伯托·卡诺尼奇收藏进入乌菲齐美术馆。研究表明这幅画是一幅多联画屏的一部分，作品的基座部分已被砍去，同法国卡昂所收藏的《圣詹姆斯》和法国巴黎卢浮宫的《帕多瓦的圣安东尼》一样，对砍去的边缘部分进行过修复和重绘。这三幅画相似的状态和处理方式如今也证实，它们曾经属于同一幅多联画，有记载于18世纪晚期被放置在意大利阿尔真塔（费拉拉省的一个市镇）的圣阿波斯托尔教堂

181—182
弗朗切斯科·莫罗内
天使传报
布面油画
208cm×94cm
圣母领报
布面油画
208cm×94cm
这两件作品曾装饰于同一教堂部件，19世纪收入维罗纳的蒙加收藏。创作于弗朗切斯科职业生涯的早期，在1496—1498年间

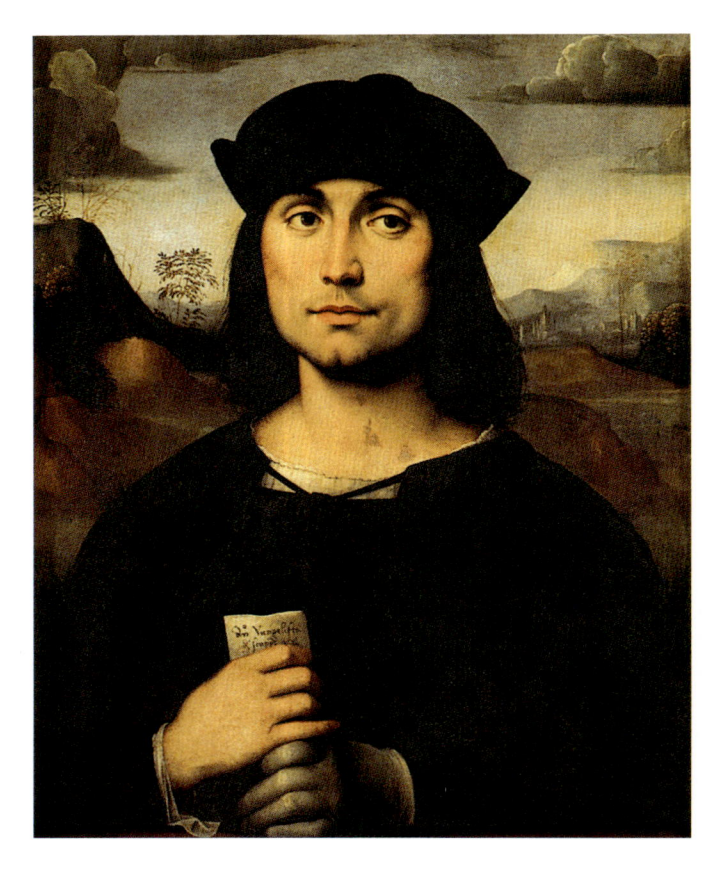

183
弗朗切斯科·弗朗西亚
埃万杰利斯塔·斯卡皮肖像
木板蛋彩画
55cm×44cm
这幅作品曾一度被放置于皮蒂宫，1773年之前进入乌菲齐美术馆。画中人物的身份是根据他手握的信件确定的。这幅画的创作时间判定在1506年前后

184
洛伦佐·科斯塔
乔瓦尼·本蒂沃利奥二世的肖像
木板蛋彩画
55cm×49cm
这幅作品曾一度属于博洛尼亚的伊索拉尼收藏，1897年前进入皮蒂宫，1919年辗转进入乌菲齐美术馆。这幅画是博洛尼亚的统治者本蒂沃利奥二世的肖像，他是科斯塔的主要艺术赞助人之一。创作于15世纪90年代前后，有明显的安托内利－佛兰德斯画派风格

185
弗朗切斯科·弗朗西亚
圣方济各
木板蛋彩画
65cm×44cm
这幅作品曾属于埃斯特收藏，后一度被意大利博洛尼亚艺术史学家古斯塔沃·弗里佐尼收藏。这是弗朗西亚作品中具有托斯卡纳－威尼斯风格的早期杰作，创作于1490年前后

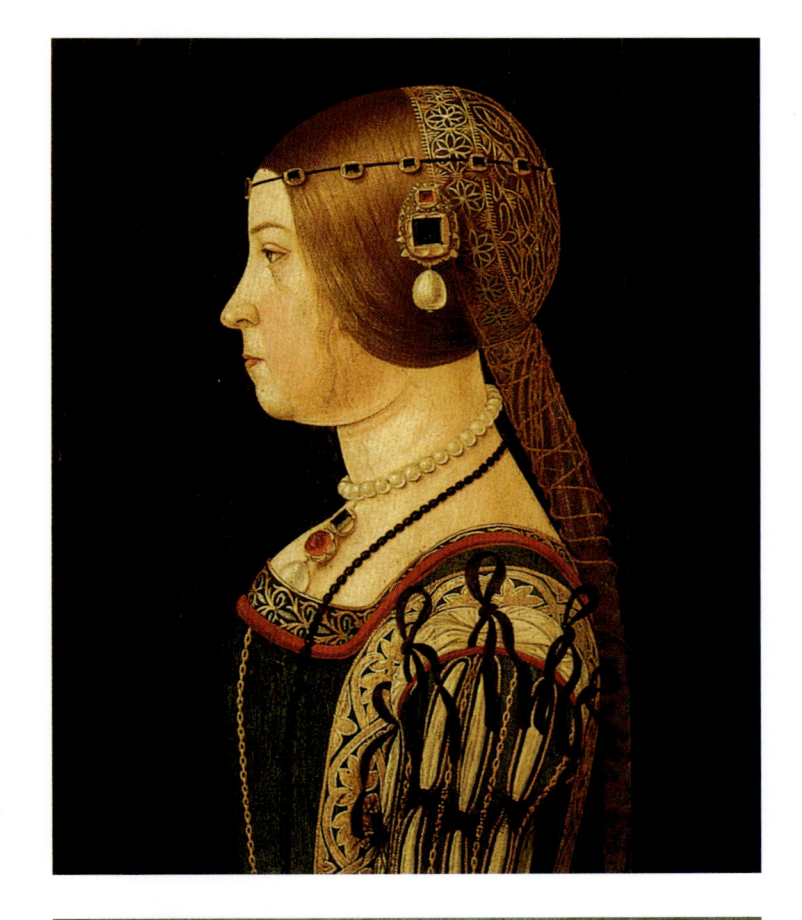

186
亚历山大·阿拉尔迪（推断）
芭芭拉·帕拉维奇诺肖像
木板油画
46.5cm×35cm
这幅作品于1919年由皮蒂宫转入乌菲齐美术馆，被认定为画家亚历山大·阿拉尔迪的创作。画中人物确认为芭芭拉·帕拉维奇诺，其着装和服饰配饰容易使人联想到《贝亚特丽切·德斯特肖像》，作品风格与达·芬奇所支持的米兰画派相近

187
阿米科·阿斯佩尔蒂尼
牧羊人朝圣
木板油画
44.5cm×34cm
这幅作品粗略估计创作于16世纪20年代前后，但近期研究认定其创作年代在16世纪30年代末。此画淋漓尽致地呈现了阿斯佩尔蒂尼的个人风格，运用他所独有的"奇异艺术风格"表现手法来诠释经典的基督题材

149

15 世纪的佛兰德斯和德国绘画

伯特·W. 梅耶（Bert W. Meijer）

15 世纪佛兰德斯绘画取得的非凡成就首先要归功于其最重要的代表人物扬·凡·艾克（Jan van Eyck），凡·艾克发现在木板上进行油画创作是可行的（或者用瓦萨里的话说是"油彩"），从此北方的艺术家给他们的作品注入了新的活力与辉煌，以及更多的色调。欧洲绘画中空前丰富的色彩时代就这样诞生了。

那些对艺术有兴趣的上流社会人士明显对意大利佛兰德斯绘画是高度赞赏的。据记载，1456 年，也就是扬·凡·艾克逝世 15 年后，那不勒斯宫廷中阿方索国王的秘书、热那亚人巴托罗梅奥·法西奥（Bartolomeo Facio）声称，当时有四位最重要的画家，其中两位是意大利画家皮萨尼罗（Pisanello）和真蒂利·达·法布里亚诺（Gentile da Fabriano），另外两位是佛兰德斯画家扬·凡·艾克和罗吉尔·凡·德尔·维登（Rogier van der Weyden）。扬·凡·艾克被评为 15 世纪最伟大的画家。来自统治阶层的潜在赞助人、买主、君主和绅士们都渴望获得佛兰德斯的艺术作品。与此同时，法西奥等人士对此也表示钦佩，因为佛兰德斯艺术作品与意大利绘画有很大不同，是基于古典知识分子思想体系。意大利艺术家们也对佛兰德斯绘画表现出特别的兴趣，因为他们希望学习油画中的"秘密"（正如瓦萨里在 16 世纪中叶所说的）。尽管在意大利半岛发现了大量的佛兰德斯绘画，但意大利画家还是花了很长时间来复制这种技术。

由于两地之间商业关系的发展，以及随后在佛兰德斯出现的银行家和顾客，促进并推动了大量佛兰德斯画作在意大利的出现。这些银行家和顾客通常是出于个人原因（装饰房子或者是教堂的家庭礼拜堂）购买画作，或者是为了把画作拿回半岛献给领主们。15 世纪，许多意大利宫廷都拥有佛兰德斯画作。这些作品通常与其他类似尺寸的画作一样通过海运运输，显而易见，风险很大。例如在 1473 年，安吉洛·杜费里将一幅由汉斯·梅姆林创作的三联画《最后的审判》从布鲁日托运到佛罗伦萨，最终目的地是佛罗伦萨一座教堂的祭坛。但是，负责运输的船（属于富有的佛罗伦萨商人贝内代托·迪·托马索·迪·波蒂纳里，也称为托马索·波蒂纳里）被来自汉萨同盟的海盗给劫持了。于是这幅三联画最终并没有到佛罗伦萨，而是被运到了但泽。目前这幅画仍然被收藏在但泽。

十年后，情况有所好转，最著名的佛兰德斯画作之一在这时被安全运送到佛罗伦萨，也就是雨果·凡·德·古斯受托马索·波蒂纳里所托，为圣埃吉迪奥教祭坛所创作的《波蒂纳里》三部曲，用来补充波蒂纳里私人祈祷堂的壁画（不幸的是，现在几乎完全被毁了）。壁画描述的是玛利亚的生活场景，由多梅尼科·韦内奇亚诺（Domenico Veneziano）和安德里亚·德尔·加斯塔诺（Andrea del Gastagno）共同完成。这幅宏伟的三联画（现在收藏在乌菲齐美术馆）是从比萨通过船运到佛罗伦萨的，然后由 16 个人将其搬到圣玛利亚修道院的圣艾智德教堂医院。从这幅三联画于 1483 年抵达佛罗伦萨的那一刻起，就激起佛罗伦萨艺术家们的极大兴趣和强烈的好奇心。桑德罗·波提切利、菲利波·利比（Filippino Lippi）、皮耶罗·迪·科西莫（Piero di Cosimo）、多梅尼科·基兰达约（Domenico Ghirlandaio）等人对这部作品尤其着迷，他们的理念和想法与这幅三联画密切相关。

《波蒂纳里》三联画并不是唯一一个在 15 世纪给佛罗伦萨的绘画留下深刻印象的佛兰德斯作品，尽管它肯定是最常被提到的作品。如果今天在佛罗伦萨没有看到扬·凡·艾克的作品，可以去看那幅《圣杰罗姆在他的书房》小型木板画的构图——这幅小型画是由这位伟大的大师和他的学生彼得鲁斯·克里斯图斯（Petrus Christus）共同完成的，目前收藏在美国底特律艺术学院——一度充当了基兰达约为佛罗伦萨诸圣教堂所作的同主题壁画的模型。因为收藏在底特律的这幅绘画上的铭文将其与 1443 年在佛罗伦萨逝世的红衣主教尼克洛·德尔·阿巴特联系在一起，这幅画后来传给了美第奇，这个信息是从一封书信中得知的，信件中提到"在《圣杰罗姆在他的书房》里，以透视法绘制了一个小书橱，圣杰罗姆脚下有一头狮子，这是布鲁日的乔瓦尼大师的作品"。这封信是 15 世纪末在美第奇宫中的洛伦佐大师的写字台上发现的。这幅画和其他曾经属于洛伦佐的佛兰德斯作品——比如彼得鲁斯·克里斯图斯创作的《法国女人的头像》——现在都已不在佛罗伦萨，但乌菲齐美术馆还收藏有罗吉尔·凡·德尔·维登的《埋葬耶稣》。罗吉尔·凡·德尔·维登是扬·凡·艾克的继任者，是佛兰德斯绘画大师。这幅木板油画可能是在完成后不久就摆放在卡雷奇的美第奇别墅的个人祈祷室里。维登 1450 年在意大利停留，他很可能就是在这个时期创作了这幅画，这也许可以说是佛兰德斯和意大利画家之间的某种相互影响。事实上，维登的作品构图来源于弗拉·安吉利科在 1440 年前后为佛罗伦萨圣马可教堂祭坛绘制的祭坛装饰组画中的一幅小型木板油画（现存柏林）。这两幅画的共同之处在于画中坟墓矩形入口处的岩石，以及岩石前耶稣被人伸出的双臂支撑着。

扬·凡·艾克、彼得鲁斯·克里斯图斯、罗吉尔·凡·德尔·维登和雨果·凡·德·古斯并不是 15 世纪仅有的将作品带到佛罗伦萨的佛兰德斯画家。汉斯·梅姆林，一位布鲁日画家，凡·德尔·维登的学生，他与托马索·波蒂纳里有着一段对双方都获益良多的关系。汉斯·梅姆林制作了一幅有关于托马索激情场面的木板油画，以及托马索·波蒂纳里和他的妻子玛利亚·玛达莱娜·巴隆切利（Maria Maddalena Baroncelli）的肖像（根据瓦萨里1550年的记载，这幅肖像画被传给了科西莫·德·美第奇大公，之后从佛罗伦萨被转移到都灵的沙堡画廊）。1487年，梅姆林完成了一组小型三联画，可能是为了贝内代托·迪·托马索·迪·波蒂纳里所作；波蒂纳里被画在这组三联画的侧翼作品上，另一幅侧翼作品上画的是他的守护神圣本笃十六世（两幅侧翼作品目前仍存于佛罗伦萨）；中心主画是圣母玛利亚（现藏于德国柏林国立博物馆绘画陈列室）。在三幅作品背后的景观中，作者绘制了一个统一的风景以连接三幅作品，制造出三联画的空间深度。

各种收藏记录表明美第奇对佛兰德斯绘画的兴趣，这种兴趣不仅限于油画或宗教艺术：美第奇家庭还拥有大量布面蛋彩画（被称为"佛兰德斯布料"），以及一些非常昂贵的挂毯，这些挂毯有着浓郁的皮特·埃尔斯滕、约阿希姆·德·贝克拉尔和卡拉瓦乔的绘画风格。

15世纪晚期的收藏记录和其他资料来源列举了大量佛兰德斯作品，这些作品创作于佛罗伦萨，或是创作不久后即送达佛罗伦萨。无论哪种情况，其实都只有一小部分。这些最伟大的作品其中一些仍然收藏在佛罗伦萨，这些佛兰德斯和佛罗伦萨艺术家被认为是欧洲最具代表性的艺术实践者。这些作品与15世纪来到意大利的其他佛兰德斯作品一起，成为佛兰德斯绘画拥有国际市场的有力证明。

188
佚名巴黎画师
三博士朝圣
基督受难
木板蛋彩画
54cm×36cm（单块木板）
这两件木板油画是卡兰德的收藏，于1888年赠予佛罗伦萨市政府的巴尔杰洛博物馆。根据目前的研究，认为这整件可携双联木板油画来自法国，作品受到德国绘画风格的影响，创作时间在1360年前后

189
佚名德国画师
圣母子与圣人
基督受难
木板蛋彩画
90cm×29cm（单块木板）
1888年，卡兰德将此作赠予巴尔杰洛博物馆。目前认为这幅双联木板画出自德国莱茵地区一位画师之手，创作时间可以判定在1400年前后

190
罗吉尔·凡·德尔·维登
埋葬耶稣
木板油画
110cm×96cm
这幅原是卡洛·德·美第奇红衣主教的财产，1666年被大公收藏，当时被归为丢勒的作品。1500年前后，这幅画被一位匿名的洛伦佐·迪·克雷蒂圈子里的佛罗伦萨画师所临摹，正好也证实了这幅作品曾于1492年出现在卡雷奇的库存记录中，属于洛伦佐

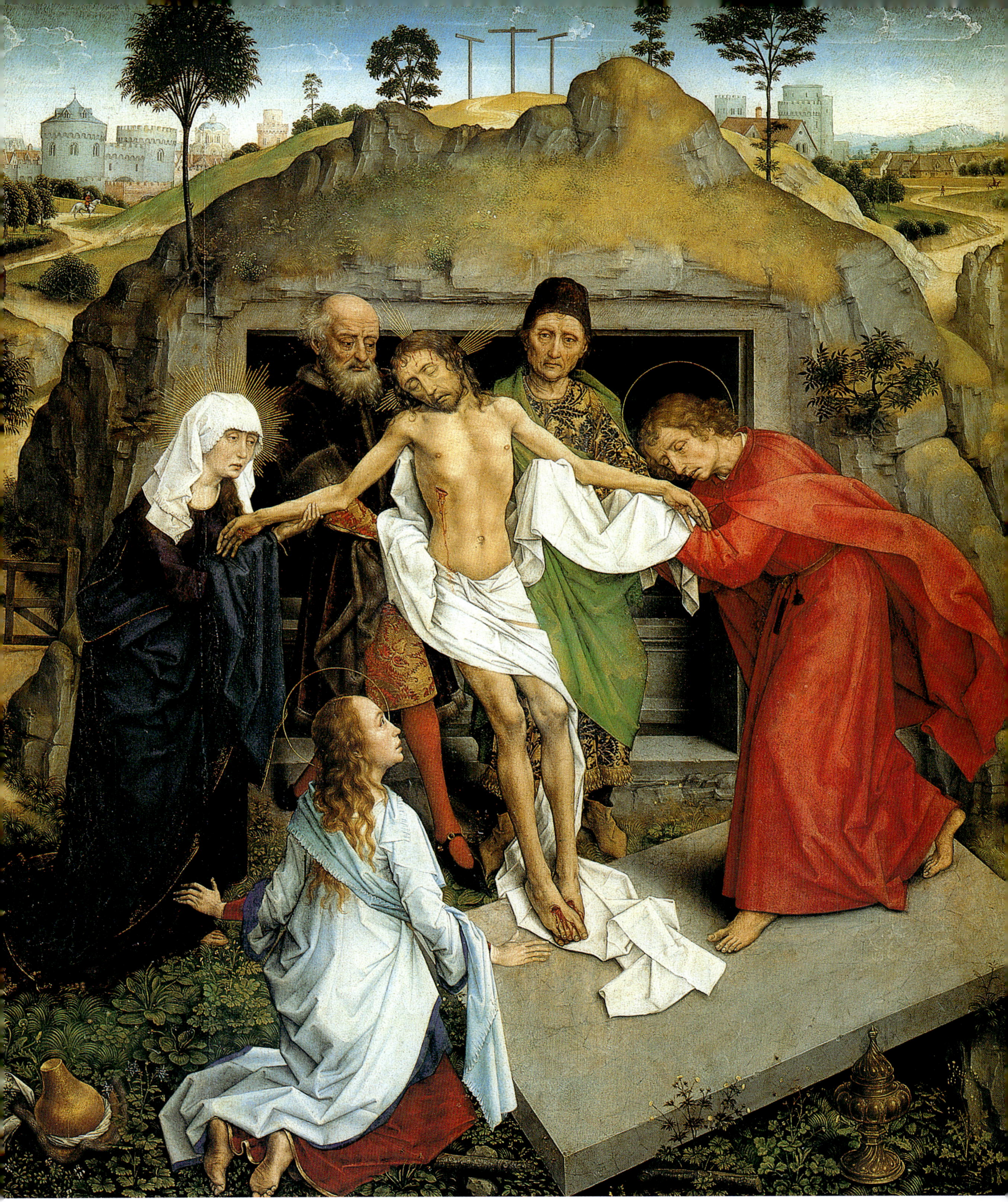

191
雨果·凡·德·古斯
波蒂纳里祭坛画
木板油画
253cm×586cm
牧羊人朝圣（主画）
249cm×304cm
托马索·波蒂纳里、其子女以及圣托马斯和圣安东尼阿博特
玛利亚·玛达莱娜·巴隆切利、其女儿玛格丽塔以及圣玛格丽特和圣玛利亚·玛达莱娜（右侧）
253cm×141cm（单块木板）
这幅优秀的三联画创作于1475年前后的比利时布鲁日，原被放置于佛罗伦萨圣玛利亚修道院的圣艾智德教堂医院。两侧翼木板上画有托马索·波蒂纳里和他的妻子玛利亚·玛达莱娜·巴隆切利以及他们的前三个子女的肖像，还有他们的守护神圣安东尼阿博特、圣托马斯、圣玛格丽特和圣玛利亚·玛达莱娜。背面是单色的《圣母领报》

155

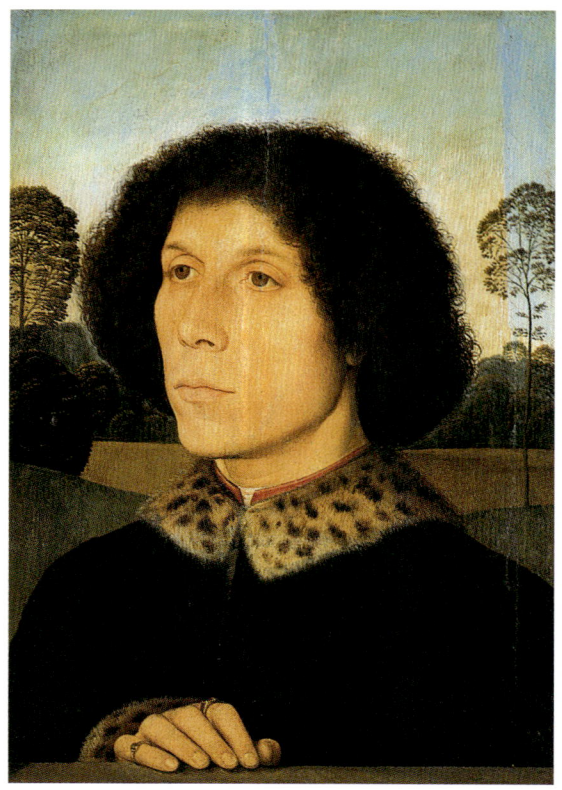

192—193
巴隆切利肖像画大师
皮耶兰托尼奥·班迪尼·巴隆切利肖像
木板油画
56cm×31cm
玛利亚·博才尼肖像
木板油画
56cm×31cm
这两件作品很有可能是属于一幅三联画作品的侧翼木板油画，如今主画已经丢失。男性肖像画面中窗户上所描绘的纹章是巴隆切利的纹章。据推测，这两幅肖像画的创作时间可以追溯到1489年皮耶兰托尼奥·巴隆切利与玛利亚·博才尼大婚之时。这两幅木板油画的背面是两幅单色画。

194
汉斯·梅姆林
男人肖像
木板油画
38cm×27cm
1836年切洛蒂修道院院长获得这幅作品，当时以为是画家安托尼洛所作。此件肖像画创作时间在1475—1500年间

195
汉斯·梅姆林
圣母子与二天使
木板油画
57cm×42cm
洛林家族于18世纪从意大利画家伊格内修斯·亨格福德（意大利比萨，1703—1778）处购买到这幅作品

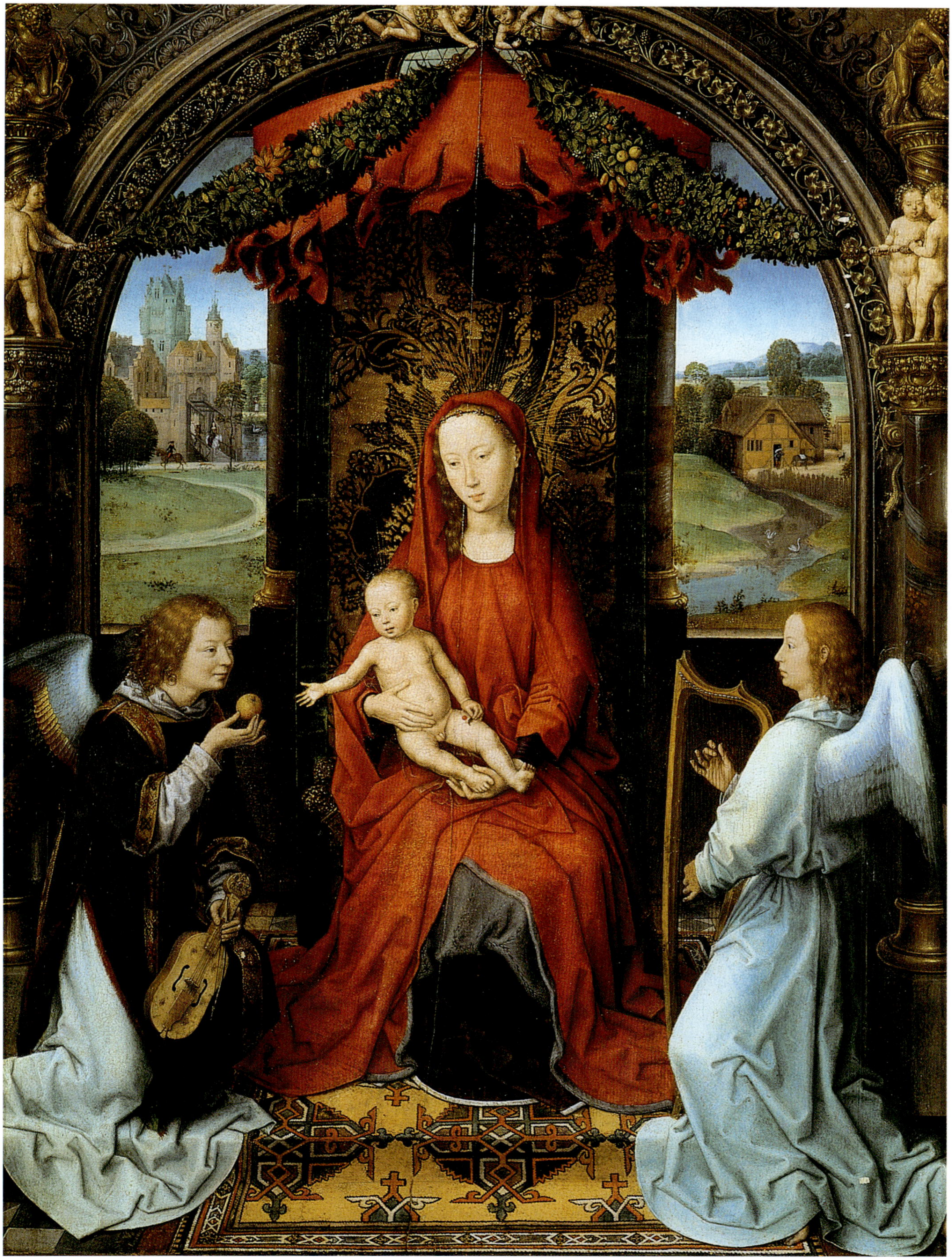

196—197
汉斯·梅姆林
圣本笃
木板油画
45.5cm×34.5cm
贝内代托·波蒂纳里肖像
木板油画
45cm×34cm
这两件作品于1825年由佛罗伦萨圣玛利亚修道院的医院转移到乌菲齐美术馆。据推测，它们属于献给波蒂纳里家族的一幅三联画的侧翼，主画部分《圣母子》目前收藏于德国柏林。肖像中的人物为贝内代托·波蒂纳里，他曾经定居比利时布鲁日多年，这幅画背面的橡木树干上题写着一句箴言"DE BONUS IN MELIUS（恩惠常在）"

198
汉斯·梅姆林
男人肖像
木板油画、树脂
35cm×26cm
这幅梅姆林的作品曾一度存放于佛罗伦萨科西尼画廊；1941年在墨索里尼的命令下被售与希特勒。1948年对这幅画进行过一次修复

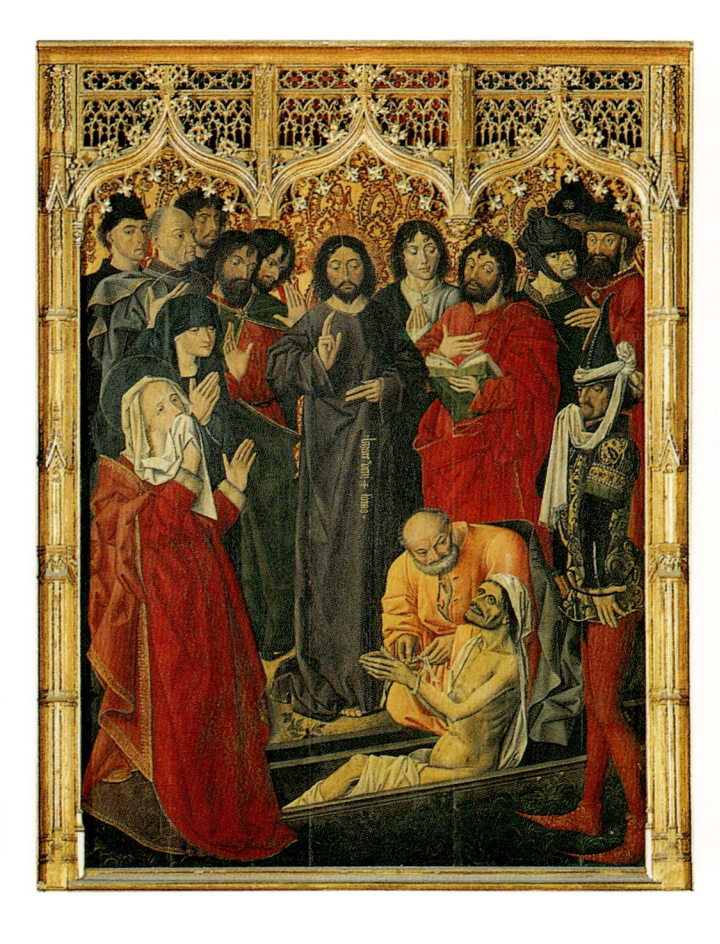

199
尼古拉斯·夫劳门特
三联画屏
木板油画
175cm×266cm
拉撒路复活（主画）
175cm×266cm
玛莎回应基督（左侧翼）
弗朗切斯科·科皮尼肖像（背面）
175cm×66cm
圣女玛利亚·玛达莱娜为基督涂抹香膏（右侧翼）；
圣母子（背面）
175cm×66cm
左侧翼木板的背面画的是弗朗切斯科·科皮尼和他的两位家庭成员。特尔尼主教和教廷使节跟随庇护二世于英格兰和佛兰德斯间（1459—1462年间），后来科皮尼将此作献给科西莫·迪·乔瓦尼·德·美第奇，老科西莫又辗转捐赠给意大利穆杰洛德修道院

200
杰勒德·大卫
三博士朝圣
木板蛋彩画
95cm×80cm
出处不详。1825年录入佛罗伦萨学院美术馆的收藏清单，被归为某位佛兰德斯画师所作。事实上，这幅画是大卫的早期作品

16 世纪的意大利绘画

米开朗基罗、拉斐尔和他们的学生

安娜·福兰尼·坦佩斯蒂（Anna Forlani Tempesti）

在 16 世纪的第一个十年间，米开朗基罗和拉斐尔都在佛罗伦萨创作。这是他们在罗马教廷的相互竞争前，各自对于佛罗伦萨乃至意大利艺术产生深远影响的重要时段。确切地说，到 1508 年他们才打出了这张决定性的牌。

这座城形势危急。过去十多年里，发生了许多重大历史事件，比如 1492 年，伟大的洛伦佐去世；1494 年，法国的查理八世来到佛罗伦萨，美第奇家族被驱逐；先哲死后的 1498 年，萨沃纳罗拉开展了激情的布道。尽管行政长官皮耶罗·索德里尼于 1502 年与之达成了表面协议，所有事情都为 16 世纪之初的共和国生活增添了色彩。政治不稳定的根源是大议会的接待室，它本来应该用于纪念自由和共和精神，但由于外部事件的存在并未完工，1503—1504 年间，它成为被分别指派给达·芬奇的《安吉里之战》和米开朗基罗的《卡西纳之战》，以及 1510 年指派给弗拉·巴托洛米奥的《祭坛信使》（近期证实这幅画作反映了萨沃纳罗拉派的宗教信念和佛罗伦萨民族理念）。这些委托创作的作品中的政治意味是一大败笔，但在艺术风格层面上它们有着崇高的意义，并将在整个 16 世纪持续产生影响。

15 世纪的最后十年也出现了一些艺术危机。在崇尚人文主义的中产阶级洛伦佐世界，许多令人崇拜的大师都去世了，包括 1494 年去世的基兰达约，1497 年去世的戈佐利，以及 1498 年去世的安东尼奥·波拉约洛。与此同时，波提切利正在与神秘的复杂性作抗争，打乱了他一贯和谐的绘画风格。达·芬奇自 1482 年以来一直待在米兰，并在伦巴第的不同地点工作，伟大的洛伦佐和他的追随者们也在密切关注着他。1496 年，萨沃纳罗拉以"虚荣之火"煽动洛伦佐·迪·克雷蒂（Lorenzo di Credi）和弗拉·巴托洛米奥等艺术家，将自己有关裸体的研究和其他亵渎主题的研究作品付之一炬。曾为伟大的洛伦佐工作过的西诺雷利依然活跃在托斯卡纳地区，但非佛罗伦萨圈内。与佩鲁吉诺（受洛伦佐赞助，并于 1493 年在佛罗伦萨置办了房屋和工作室）等非本土艺术家一起工作的是佛罗伦萨艺术家，如菲利波·利比和皮耶罗·迪·科西莫，他们公然对峙 15 世纪艺术平衡稳重的原则，创作出了充满创新但令人不安的作品。

15 世纪的最后十年，米开朗基罗开始了创作。他生于 1475 年，却过早地投身于艺术，父亲因此十分绝望。1488 年，他与弗朗切斯科·格拉纳奇（Francesco Granacci）一起进入基兰达约的工作室，之后他们成为好友。他是否参与了新圣母玛利亚教堂的人物壁画创作仍然有待考证，但他对在基兰达约工作室的训练并不满足。虽然签订了一份为期三年的合同，他只待了一年就离开了。他在那里所取得的成就，除了源于他从师父那里学到的基础知识，还源于对绘画实践的终生热爱，以及对真理的坚持，而这真理则产生了意想不到的效果，给他带来了十分重要的北欧艺术知识。米开朗基罗的学徒生涯中很少有画作得以保留，尽管瓦萨里和康迪维证实了他在脚手架上解放了"天性"，以及他模仿复制了施恩告尔的木板油画《圣安东尼的诱惑》。他们甚至回忆起，他曾经去市场看有"奇怪的彩色鳞片"的鱼，尽可能逼真地呈现出圣安东尼恶魔般的诱惑。他从基兰达约那里继续发展了对真理的兴趣，但他以更直接的方式加以应用，并以此发现达·芬奇在魔法和科学之间的好奇。随后米开朗基罗成为一位画家、一位雕塑家，最重要的是成为一位设计师。而在后来几年里，达·芬奇也为米开朗基罗的创意提出更多建议。

米开朗基罗很快懂得，对他而言，"雕塑就是绘画的明灯"，而雕塑家是他的第一个职业。他加入贝托多学派，也许还有贝内代托·达·迈亚诺（Benedetto da Maiano）学派，他经常光顾圣马可学院，他在那里学习古代雕像、浮雕、奖章、双联画以及金饰技术。米开朗基罗还加入洛伦佐的人文主义者、作家和哲学家的圈子。他于 1494 年在威尼斯和博洛尼亚的旅程，以及 1496—1501 年间在罗马的停留扩展了他的文化知识，特别是在古代作品方面。他仿效乔托和马萨乔创作了画作，并从多纳泰罗、雅各布·德拉·奎尔奇亚（Jacopo della Quercia）、尼古拉·皮萨诺（Nicola Pisano）和马蒂尼的作品中汲取了雕塑的灵感，这些都显示了他对 13 世纪和 14 世纪的创新者的尊重远远超过与他同时代的任何人。这是一门不可复制的"研究课程"，旨在理解基本的艺术价值——体积、身体结构、象征性空间以及由情感引起的姿态，不论情绪是否平静；不论是圣彼得教堂 1498 年的雕塑《圣殇》的和平与宁静，还是半人马雕像的挣扎与张力（一些消息来源称该雕塑是为伟大的洛伦佐所作，但实际上可能是其后期作品）。

直到 1504 年，米开朗基罗的作品都是雕塑和绘画。一些有争议的画作似乎是由他创作的，但没有签名，其中包括收藏于英国伦敦国家美术馆的《哀悼基督》。1504 年 3 月，大卫像被放置在领主宫前，这是共和自由的象征，也是米开朗基罗卓越技艺的正式典范。他还开始研究从未完成的巨大任务，例如大教堂的十二门徒系列，这是米开朗基罗于 1503 年签署的合同。然而，他只对圣马太雕像进行了粗略凿刻。接着接受了教皇尤利乌斯二世设计建造陵墓的委托。从 1505 年起，米开朗基罗赴罗马参与此工程。这个艺术家可能在年初就已经完成了《卡西纳之战》的草图，这幅画饱含着他与年长且更著名的达·芬奇之间的竞争。1506 年，达·芬奇为了返回米兰，中断了在这个工程上的创作。与此同时，米开朗基罗一直创作，直到 11 月份转去创作西斯廷教堂壁画。索德里尼（Soderini）写道，他"开创了历史……这非常让人钦佩"。但是米开朗基罗和达·芬奇的历史作品都未完成，尽管他们各自的草图都像圣物一样受到崇拜、复制、分解和收集，在十多年后才被毁坏。用赛里尼（Cellini）的话来说，他们将成为整个世纪的"世界的流派"。

拉斐尔是第一个观察、复制并理解它们的人。米开朗基罗的手稿剩下的就是一些复制品、木板油画和一些原创手绘（虽然只有一幅用于解释全部作品），它引入了一种陌生的语言，与达·芬奇的风格截然不同。瓦萨里提到，手稿充斥着"裸体和怪异的态度……用了许多种方法对人物进行勾勒和分组，用木炭画素描，用轮廓和晕涂法设计，并使用白铅颜料创作浮雕"。最重要的是，他们是用思想上不同的激情尝试。梵蒂冈图书馆的一幅画暗示，拉斐尔可能在 1505 年前后就已经看到了手稿，图中有两位重要人物被复制了。无论如何，在梵蒂冈博物馆以及由马坎托尼奥·拉蒙蒂（Marcantonio Raimondi）在罗马镌刻并推广的《无辜者的屠杀》依然验证着其传闻。

1504 年秋，拉斐尔带着乔瓦纳·费尔切拉的推荐信来到罗马，寻找行政长官索德里尼，还希望能寻到一份公差，但是他没有得到。20 岁时，他已经从父亲桑蒂（Santi）和佩鲁吉诺处获得了大量绘画经验和高雅的文化熏陶。拉斐尔从西诺雷利以及皮耶罗·德拉·弗雷切斯卡的作品中学习了透视；在乌尔比诺学院学习了建筑、古文明和佛兰德斯艺术；从博洛尼亚画派习得了一种内敛而博学的古典主义。1504 年，他为卡斯得洛城创作了《圣女的婚礼》（现存布雷拉美术馆），这幅作品空间清晰，色彩具有空间感，这是他第一次纯粹的尝试。拉斐尔可能是在早年应年纪稍长的平托瑞丘的要求，在锡耶纳大教堂为皮科洛米尼家族图书馆提供精美的绘画。他可能在 15 世纪末或 16 世纪初的前两三年待在佛罗伦萨，因为他的师父佩鲁吉诺在那里有一个工作室。拉斐尔觉得很有必要学习基兰达约、洛伦佐·迪·克雷蒂、达·芬奇以及新星米开朗基罗的高贵传统和最新作品。由于靠近威尼斯和罗马的各个城市都可能是委派工作的场所，他并没有断开同翁布里亚和马尔凯的联系，例如 1505 年他与贝尔托·迪·乔瓦尼（Berto di Giovanni）签订的合同，即面向蒙特鲁斯的僧侣。达·芬奇是拉斐尔永远的标杆，提及达·芬奇的女性画像和肖像画，他的《圣母画像》《三博士朝圣》《勒达》《安吉里之战》这些年来频繁出现在年轻画家拉斐尔的作品中，在他罗马的作品中也是如此。在佛罗伦萨，拉斐尔已经是古代雕塑的崇拜者，他深入研究了多纳泰罗、卢卡·德拉·罗比亚（Luca della Robbia）、波拉伊奥罗、韦罗基奥和米开朗基罗的作品。在他的画作中，多次再现了伟大的大卫像，表现了它生动的张力。他为大教堂画了《塔戴圆浮雕》和《碧提圣母》，

以及未完成的圣马太雕像，在波格赛的《哀悼基督》及其祭坛画中传播了这些思想。1507 年的《圣母子和施洗者圣约翰》中的圣子定能使人联想到，在 1506 年米开朗基罗那严谨的大理石圣母像被送往布鲁日之前，拉斐尔肯定已经看过了。后者的雕像本身与多纳泰罗的作品相呼应，并带着米开朗基罗对达·芬奇的"圣安妮梅特萨"的情感和对比鲜明的沉思。如今，以古老的传统为基础，这些达·芬奇式最新主题在藏于英国伦敦国家美术馆的手稿中，在 1501 年的圣母领报教堂的手稿中（现已遗失），以及在许多对佛罗伦萨艺术具有重要意义的绘画中都有所表达。拉斐尔一定很仔细地研究过这些。

米开朗基罗在《圣家族与圣约翰》中将对立作为标准，这是他在家乡完成的唯一一幅画作。圆形的画作表面十分光洁，像凹形的镜面，画面上是三个神圣健美的人物，明亮的光线和交织的目光将画面串起，而轮廓和色彩变化又将人物区分开。很多评论家对背景中裸体人物的身份进行了猜测，这些裸体人物是基于米开朗基罗对《卡西纳之战》的研究，并且在西斯廷教堂天花板壁画中进一步使用这种人体结构的表现技法。人们对于画作创作年代的争论还涉及了拉斐尔，这一事实不容忽视。一直以来人们认为阿格诺罗·多尼（Agnolo Doni）是为了他的妻子玛达莱娜·斯特罗齐（Maddalena Strozzi）而委托拉斐尔作画的，相框上还有着玛达莱娜的家族纹章。这意味着这幅画作是在 1504 年 1 月（阿格诺罗·多尼和妻子新婚）或 1507 年 9 月（他们的第一个孩子玛利亚出生）绘制的。但是当时会为了庆祝一个女孩的出生而购买一幅如此昂贵的画作吗？在 1506 年前后（有些人认为是 1505 年），可能在他完成多尼夫妇肖像之前，拉斐尔在多尼夫妇的住处见过圆形绘画，但这并不能解答圆形绘画出现的时间。我们可以从拉斐尔 1506—1507 年的作品中明确看到拉斐尔受到《圣家族与圣约翰》的影响，包括收藏于英国伦敦国家美术馆的《埃斯特哈齐圣母像》和《圣凯瑟琳》，以及 1507 年为佩鲁贾的阿特兰塔·巴格丽奥尼所作的，现存于波格赛美术馆的《哀悼基督》，不过人们对此并不认同。瓦萨里称，《哀悼基督》是基于一幅在佛罗伦萨完成的手稿而创作的。圆形绘画的影响贯串了拉斐尔在罗马时期的作品，从签字厅屋顶的设计到 1512 年前后所作的《西斯廷圣母》，后者位于西斯廷教堂天顶，历久不衰。

如上所述，拉斐尔（Raphael）在佛罗伦萨期间没有收到任何公共委托。相反地，他为贵族和资产阶级的私人房间创作画作，主要是肖像画和圣母像，这些人常能成为他的朋友，并且安排他在私人住宅和其他艺术家的工作室里欣赏著名的艺术作品，甚至是米开朗基罗自己都很小心保管的作品。多尼（Doni）和塔戴（Taddei）都是这两位艺术家的赞助人，两位艺术家经常有机会见面，例如在巴乔·达·尼奥洛（Baccio d'Agnolo）的工作室，瓦萨里说道，"在许多市民当中，最优秀的艺术家会相遇，将会有精彩的讨论和重要的争辩。其中一个是还

201
米开朗基罗
圣家族与圣约翰（多尼圆浮雕）
木板油画
直径120cm（不含边框）
目前普遍认为这幅画创作于1504年，是为庆祝阿格诺罗·多尼和玛达莱娜·斯特罗齐完婚所作，玛达莱娜的披肩在画中也有出现。近期也有学者提出假设，阿格诺罗出资收藏米开朗基罗的这幅作品是用于1507年庆祝自己的大女儿出生

很年轻的拉斐尔（Raphael），其他的有安德里亚·桑索维诺（Andrea Sansovino）、菲利皮诺·迈亚诺（Maiano）、克罗纳卡（Cronaca）、安东尼奥（Antonio）和朱利亚诺·桑加利（Giuliano Sangalli）、格拉纳乔（Granaccio），偶尔也会有米开朗基罗（Michelangelo）。"据瓦萨里说，拉斐尔还与弗拉·巴托洛米奥（Fra Bartolomeo）结盟，"他非常高兴并且试图模仿弗拉·巴托洛米奥对颜色的使用；作为回报，他教了这位好父亲透视的画法"。拉斐尔对弗拉·巴托洛米奥色彩运用的观察，在圣马里亚诺瓦的、圣塞韦罗的壁画中，在《圣礼之争》中，以及在他的悬垂画自然模糊的轮廓中都能看到。对他来说，弗拉·巴托洛米奥是佛罗伦萨第一个采用拉斐尔精心挑选的甜美韵律，并将拉斐尔在《巴格达圣母》（*Madonna of the Baldachino*）中展示的人物与建筑的非凡融入自己作品中的人。这是拉斐尔唯一一件由佛罗伦萨教堂委托的作品（在1506年，由教会委托为他们的圣神教堂所设计的），但它仍未完成，并从未被放入教堂内。

1508年，米开朗基罗（Michelangelo）和拉斐尔（Raphael）都离开佛罗伦萨前往罗马。与此同时，弗拉·巴托洛米奥（Fra Bartolomeo）去了威尼斯，列奥纳多·达·芬奇（Leonardo）1506年以后再也没有回到这座城市。意大利的新艺术中心是罗马教皇的首都，即在尤里乌斯二世（Julius II）开辟的梵蒂冈建筑遗址中。在这里，随着威尼托、伦巴第和艾米利亚的艺术家纷纷来到罗马，在考古发现的新热潮以及多元文化影响下，拉斐尔和米开朗基罗之间的对抗爆发了，并且两人都有追随者支持。米开朗基罗仍然记得在1542年的裂痕，当时他在一封充满敌意的信中写道："教皇尤里乌斯（Julius）和我之间产生的所有不和，都是由布拉曼特（Bramante）和乌尔比诺的拉斐尔（Raphael）的嫉妒引起的……拉斐尔有很好的理由，因为他学的关于艺术的一切，都是从我这学到的。"这只是部分事实，实际上米开朗基罗自己也从拉斐尔的艺术中学到了一些东西，从加瓦列里画作的浅线条中，在《最后的审判》中某些裸体用更逼真的肉色中，以及后来在波林礼拜堂的元素中（这些元素使人想起梵蒂冈的挂毯画或君士坦丁大厅）。当然，这些事情对佛罗伦萨的影响是微乎其微的。

拉斐尔再也没有回到那座城市，虽然他或他工作室成员的作品偶尔会被放到那里。实际上，拉斐尔式的绘画在佛罗伦萨画廊中表现得相当不错（只有朱里奥·罗马诺的作品是后来收购的结果）。拉斐尔最可信的学生来自佛罗伦萨，其中包括"受托人"乔万·弗朗切斯科·彭尼（Giovan Francesco Penni），他与家乡没有什么关系；曾与波利多罗·达·卡拉瓦乔（Polidoro da Caravaggio）合作过立面装饰的、依然神秘的马图里诺（Maturino）；还有佩里诺·德尔·瓦加（Perino del Vaga），他在1522年回到了自己的家乡。他几乎没有留下什么作品，但这为数不多的作品却影响深远，比如《穿越红海》中单色的肋木，当时托斯卡纳很少有这种风格的作品。事实上，据说它包含了"最美丽的形象姿态"。他的一幅草图现在已经失传了，是一幅从未完成的壁画，描绘的是一万人的殉难。这幅草图被称为富有"各种形态"，人物穿着"非常华丽和怪异的服装"，具有古人的风格；瓦萨里（Vasari）坚持认为，正是这幅画将"罗马风格"带到了佛罗伦萨。

至于米开朗基罗，他对佛罗伦萨的感情一直在好与坏之间波动（他的亲戚朋友都住在那里），直到他漫长的生命结束。然而，在1534年之后，他再也没有回到这座城市。他留下了许多项目和令人难忘的建筑和雕塑作品，这些作品在绘画领域也意义深远。根据米开朗基罗的规则所绘的雕塑画，也是他忠实的弟子丹尼尔·达·沃尔特拉（Daniele da Volterra）为他的家乡制作的唯一画作。米开朗基罗在世的时候，根据他的传记作家康迪维和瓦萨里所说，尽管他的作品在罗马享有盛誉，备受赞助人、艺术家和学者的推崇，他在佛罗伦萨生活了整整一个世纪，这里是"天才的所在地"，整个城市仍然以他的神话为标志；然而他对绘画可靠的贡献仍然是为多尼家族制作的圆形浮雕画。

202
拉斐尔
乌尔比诺公爵夫人肖像画
木板油画
52.9cm×37.3cm
在这幅作品的背面有一行旧时的铭文,指出画像上的女人正是伊丽莎白·冈萨加,乌尔比诺公爵圭多巴尔多·达·蒙特费尔特罗的妻子,圭多巴尔多也是拉斐尔早期的艺术赞助人。作品创作于1502—1508年间,维多利亚·德拉·罗维雷后来将这幅肖像画由乌尔比诺带到佛罗伦萨

203
拉斐尔
乌尔比诺公爵肖像画
木板油画
70.5cm×49.9cm
画中人物为乌尔比诺公爵圭多巴尔多,斐德列克公爵的儿子。这幅作品与其他作品一起于1631年来到佛罗伦萨,同属于维多利亚·德拉·罗维雷

204
拉斐尔
弗朗切斯科·玛利亚·德拉·罗维雷肖像画
木板油画
47.4cm×35.3cm
弗朗切斯科·玛利亚是乔瓦尼·德拉·罗维雷和朱莉亚娜·费尔特里亚的儿子,圭多巴尔多·达·蒙特费尔特罗的外甥兼养子。1504年,弗朗切斯科·玛利亚继承乌尔比诺大公,这幅画像很可能是继承大典时为纪念所作

205
拉斐尔
大公的圣母
木板油画
84.4cm × 55.9cm
这幅作品的赞助人信息不详，可以判断用于私人；洛林王朝的斐迪南三世于1800年从一位佛罗伦萨商人那里获得这幅画。据推测创作于1506年前后。近期的研究发现，暗色的背景下原本画有窗户和风景

206
拉斐尔
怀孕妇女肖像
木板油画
66cm × 52.7cm
这幅作品的年代可以断定与《圣家族与圣约翰》同期。这幅画对达·芬奇风格有深入的探索，展现了拉斐尔极高的绘画天赋和可塑性

207
拉斐尔
金翅雀圣母
木板油画
107cm × 77.2cm
这幅画创作于1506年初，作为结婚礼物，拉斐尔将它赠予他的商人朋友洛伦佐·纳西与妻子桑德拉·卡尼吉安。由于后来纳西的府邸坍塌，这幅作品遭受了严重的损毁，纳西的儿子乔瓦尼·巴蒂斯塔试图对其进行修复。1646年，这幅画已经成为美第奇家族的财产

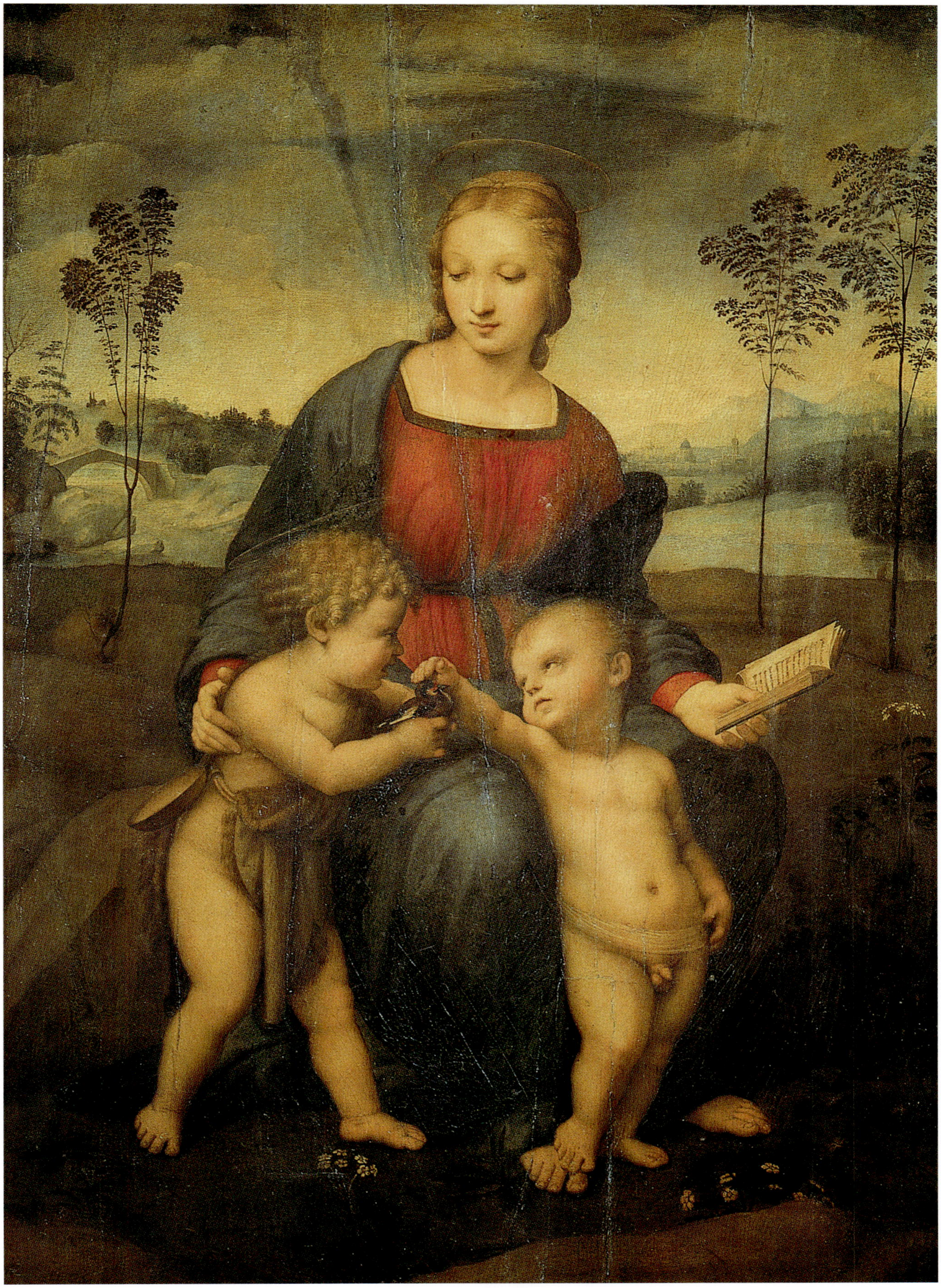

208—209
拉斐尔
阿格诺罗·多尼的肖像
木板油画
65cm × 45.7cm
玛达莱娜·斯特罗齐·多尼的肖像
木板油画
65cm × 45.8cm
这两件肖像画中的人物是佛罗伦萨的富商夫妇阿格诺罗和玛达莱娜，他们于1504年完婚。根据瓦萨里的记载，拉斐尔为两人所作的肖像完成于1506年。近期，两幅画背面的单色神话场景被辨认出是一位"塞鲁米多大师"所作：《洪水》在《阿格诺罗·多尼的肖像》的背面，《杜卡里翁和皮拉》在《玛达莱娜·斯特罗齐·多尼的肖像》的背面表达了对多尼夫妇婚姻美满、多子多孙的祝愿。1826年洛林王朝的莱奥波尔多二世从多尼家族手中获得这两件作品

210
拉斐尔
巴达奇诺的圣母
木板油画
279cm × 217cm
这幅作品创作于1507年，是为佛罗伦萨圣灵教堂的修道院所作，随后几年拉斐尔离开佛罗伦萨去了罗马，留下这幅未完成的作品。几经辗转，这幅作品于17世纪末被斐迪南三世·德·美第奇收藏

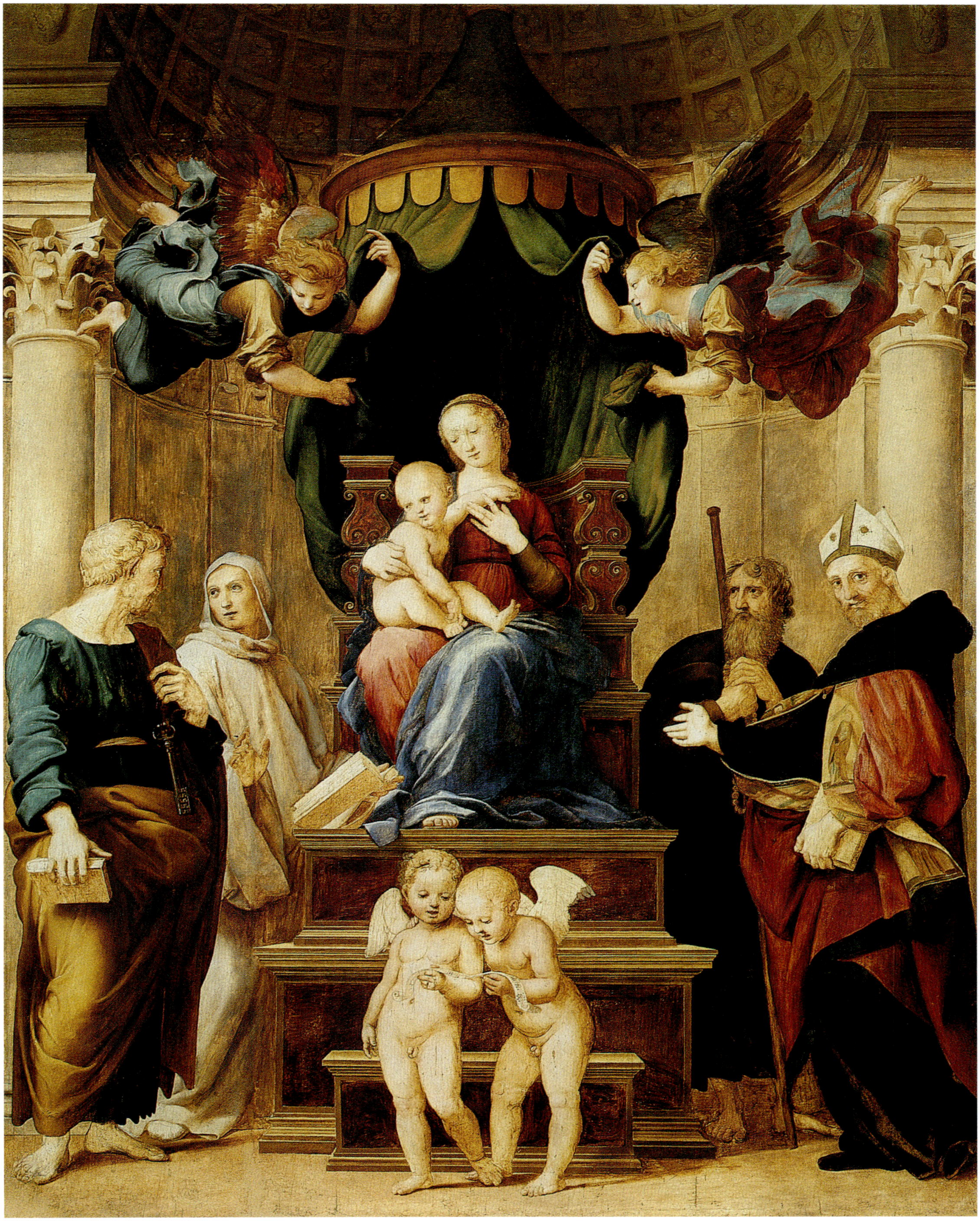

211
拉斐尔
托马索·英吉拉肖像
木板油画
89.5cm×62.3cm
托马索·英吉拉肖像于1510年起悬挂于梵蒂冈图书馆，很有可能是托马索约请拉斐尔所画。这幅作品被首次引证画家身份，当时证实属于莱奥波尔多红衣主教的收藏

212
拉斐尔
圣母子
木板油画
160cm×127cm
这幅作品有着强烈且独特的拉斐尔绘画痕迹和风格，这种风格贯穿于拉斐尔一生的研究和创作。这幅画是佛罗伦萨银行家宾多·阿托维蒂赞助拉斐尔所作，宾多与美第奇家族有冲突，常居于罗马。1554年，这幅作品同宾多的其他财物一起充公，进入美第奇家族的收藏

213
拉斐尔

椅中圣母
木板油画
直径71cm
这幅圆形油画的赞助人不详,创作于1513年前后;进入美第奇家族收藏的准确时间也尚不明确,但根据在另一幅画的铭文中所找到的相关信息可知,此作于1589年被安放于乌菲齐美术馆的八角形房间

214
拉斐尔
披纱的女人
木板油画
82cm×60.5cm
根据瓦萨里的推测，画中的女人叫玛格丽特·柳蒂，可能是拉斐尔的情人，但尚未证实。创作时间推测在1512—1516年间。瓦萨里曾在佛罗伦萨人马泰奥·波提的府邸见过这幅画，这位收藏者的继承人随后于1622年将这幅画卖给了科西莫二世·德·美第奇

215
拉斐尔
教皇利奥十世与两位红衣主教
木板油画
155.2cm×118.9cm
利奥十世，全名乔瓦尼·德·美第奇，是洛伦佐·德·美第奇的第二个儿子。画中在他的左手边是日后的教皇克莱门特七世基乌里奥·德·美第奇。这幅群体肖像画创作于1517—1518年间，从罗马移至佛罗伦萨，是为献给洛伦佐二世·德·美第奇即乌尔比诺公爵利奥十世的侄子而创作的

216
拉斐尔
以西结的异象
木板油画
40.7cm×29.5cm
这幅作品描绘的是《圣经》故事中代表福音派的以西结见到上帝的情景。这幅画由意大利博洛尼亚埃尔克莱尼家族的一位成员赞助，可能是温琴佐，创作于1518年。弗朗切斯科一世·德·美第奇随后收藏了这幅画。1589年，这幅画已经被安放于乌菲齐美术馆的八角形讲坛

217
拉斐尔
施洗者圣约翰
木板油画
163cm×147cm
这幅作品是为彭佩欧·科隆纳所作，创作于约1517年，同年教皇利奥十世指定他为红衣主教。画中题材内容的选择是为了对教皇乔瓦尼·德·美第奇表达尊重。起先这幅画的作者被认为是意大利画家朱里奥·罗马诺，后来才确认真正的作者是拉斐尔。自1589年起，此作一直被记录存放于乌菲齐美术馆的八角形讲坛

218
朱里奥·罗马诺
圣母子
木板油画
105cm×77cm
这幅作品创作于1520—1522年间，近期得以修复，重新进入朱里奥的作品集。这幅创作于18世纪末从维也纳帝国学院移至乌菲齐美术馆

219
达尼埃莱·沃尔泰拉
对无辜者的屠杀
木板油画
51cm×42cm
这幅画是达尼埃莱为沃尔泰拉的圣彼得教堂构思所作，创作于1557年，参考了米凯莱·阿尔伯蒂为罗马山上天主圣三堂的罗维尔修道院所作的壁画。1782年，这幅作品被赠予托斯卡纳大公彼得罗·莱奥波尔多·德·美第奇，安放于乌菲齐美术馆

220—221
佩里诺·德尔·瓦加
塞琉古的正义
从壁画分离到布面
148cm×197cm
塔昆在坎皮多利奥建造朱庇特神庙
从壁画分离到布面
132cm×150cm
这两幅作品分别创作于1519年和1525年。根据瓦萨里的记载，这些壁画是为法官梅尔基奥雷·巴尔达西尼位于罗马的府邸所作，属于壁画装饰的一部分。于1830年从墙面分离，转移至佛罗伦萨的美术馆

1494—1530年间的托斯卡纳绘画

塞雷娜·帕多瓦尼（Serena Padovani）

（从1494年皮耶罗一世·德·美第奇被驱逐，到1530年美第奇家族夺回权力，尽管佛罗伦萨不是政治中心，但却是托斯卡纳区的艺术之都。）15世纪中叶以后，当科西莫·德·美第奇（Cosimo de' Medici）被授予托斯卡纳大公头衔后，佛罗伦萨政治中心的地位才得以复兴。在这段时间里，共和的梦想从生到灭。这都是因为萨沃纳罗拉（Savonarola）的布道推动了社会变革，最终在1512年，意大利国家执行长官索德里尼（Piero Soderini）将此梦想变为现实。但因为美第奇家族的复辟，这座城市最终被军队占领。

共和政府的官方艺术协会，倾向于宣扬公民的胜利和萨沃纳罗拉的基督教理想。《最后的审判》是这一趋势的象征，作者是闻名于世的弗拉·巴托洛米奥（Fra Bartolomeo）。《最后的审判》于1499年由热佐·迪尼（Gerozzo Dini）委托为圣玛利亚瓦诺的小教堂而创作。这幅作品于1501年由巴托洛米奥的伙伴马里奥托·阿尔贝蒂内利（Mariotto Albertinell）完成，前者遵循了多米尼加的规则。设计的优雅、体积的充实和色彩的朦胧（至少在某种程度上，通过最近的修复再现了建筑之美）是这幅作品的特点。在这幅惨遭摧残的画作中，空间感组成了两位画家阐述的新绘画词汇。尤其是巴托洛米奥，他和马里奥托一起在画家科西莫·罗塞利（Cosimo Rosselli）的基兰达约工作室接受绘画培训。巴托洛米奥的第一幅作品就超出了人们对他的预期，成为了达·芬奇（Leonardo）典范作品风格的杰出诠释者，甚至他在研究15世纪流传到佛罗伦萨的许多佛兰德斯作品时，也是如此。他的画作中有一种庄严和未经触碰的自然感，就像在吉尔·柏克（Piero del Pugliese）帐篷上看到的双翼一样。作品中带有明显的灵性，阴影赋予了色彩体积感，并以模糊的轮廓呈现出柔和感，就像某些诗歌那样微妙。比如，艺术家的画作《对圣伯纳的幻想》中人物与环境的空间关系通过明亮的背景进行微妙的过渡，他的壁画中有多米尼加圣人的半身像，他在圣玛尔谷教堂的《基督在埃莫斯之路上》中画有弦月窗。

在1509—1512年间，弗拉·巴托洛米奥重新确立了他和阿尔贝蒂内利之间的朋友关系。1504—1508年间，他在佛罗伦萨与拉斐尔（Raphael）接触，1508年他在威尼斯短暂逗留后，巴托洛米奥创作的祭坛画因其浓密的阴影和鲜明的颜色独树一帜。这种结果在某种程度上是对乔瓦尼·贝利尼（Giovanni Bellini）作品艺术风格意识上的一种觉醒。这些作品变得越来越具有纪念意义，它们的主题经常是圣家族。在那一时期，拉斐尔的作品也是围绕这种主题，尤其是在《巴尔代奇诺圣母像》一作中。1512年的伟大巨作《圣凯瑟琳的神秘婚姻》代表了巴托洛米奥和马里奥托（Mariotto）在传统图式和创新方案的结合中发展出的新画派思想的顶峰。这是一种由轻盈的空间氛围所唤起的宏大的古典主义，由简单柔和的轮廓构成人物。通过明暗对比的巧妙运用、稳定感的调和，根据对称的反映来定义"群体"。

弗拉·巴托洛米奥在创作的巅峰时期，影响了许多同时代的画家。这种影响不仅在佛罗伦萨，甚至在整个托斯卡纳也是这样。1513—1514年他游历罗马之后，在技巧上或许有些变化，因为他接受了米开朗基罗和拉斐尔对他的作品提出的建议，这体现在一些作品中，包括《圣马可》和《彼得的救世主》，以及他给先知塞亚和约伯创作的肖像（现存于学院美术馆）。这一时期，巴托洛米奥的作品不再是前卫的，但也算是他艺术生涯的完美结局。

受巴托洛米奥影响的画家们，在某种程度上可以被称为"圣马可学派"——最引发我们关注的是他工作室的合作伙伴马里奥托·阿尔贝蒂内利。1503年他的作品《圣母访亲》，是如此的接近弗拉·巴托洛米奥宏大的古典主义风格，就像是在暗示这幅作品实际上是来自巴托洛米奥的构思。

马里奥托·阿尔贝蒂内利为圣赞诺比公司所绘制的巨作《天使传报》，就其本身而言是围绕一个极其复杂的背景而作的。在这个背景中，人物通过大胆的透视获得纪念性丰碑，并居于流行建筑微妙的半影之中。与此同时，他的《三位一体》运用明暗对照的方法强化戏剧性。阿尔贝蒂内利的作品既借鉴了巴托洛米奥，也有自身独立的风格。他作品的杰出之处在于对15世纪传统绘画风格的坚持。

在安东尼奥·切拉沃洛（Antonio del Ceraiolo）和索里尼亚（Sogliani）的作品中，简约而优雅的风格最接近圣马可学派的观念。在这种背景下，值得一提的是朱利亚诺·布吉阿迪尼（Giuliano Bugiardini），在1503年后的一段时间里他是阿尔贝蒂内利的合作伙伴，因此，在他的作品中可以看到对巴托洛米奥和基兰达约的借鉴。前两位画家首先受到拉斐尔的决定性影响，之后又受到安德里亚·德尔·萨托（Andrea del Sarto）的影响。不过把他们纳入圣马可学派旗下是有道理的，托斯卡纳绘画精确模式的术语，不仅通用于佛罗伦萨，而且在皮斯托亚、卢卡、锡耶纳、比萨、沃尔泰拉也都通用。在这些地方，弗拉·巴托洛米奥在风格上的理念和风格仍占主导地位。

在16世纪20年代初期，另一个角色出现在佛罗伦萨当地艺术界。他继承了弗拉·巴托洛米奥的想法，并赋予它们新的力量，他就是安德里亚·德尔·萨托。瓦萨里描述德尔·萨托的性格充满活力和激情，部分原因是萨托曾是这位艺术家的学生。然而，除了传记性的赞扬以外，瓦萨里还将他定义为一个杰出的人物，这个人物被禁锢在传统的绘画体系当中，尽管无懈可击，但他对自己的图式有着一种学术性的、还原性的艺术诠释，多少有些谨慎，缺乏冒险精神。除了这些史学传记（这些传记当然有其价值所在），人们认为，德尔·萨托、米开朗基罗和拉斐尔他们三位创造了佛罗伦萨人的绘画方式和绘画语言。德尔·萨托同样被视为是"佛罗伦萨圣母领报大殿学派"的领袖。蓬托尔莫和罗索·菲伦蒂诺（Rosso Fiorentino）都属于这个学派。到了16世纪20年代，当这种绘画风格传遍意大利中部的时候，安德里亚·德尔·萨托被认为是复兴者，是在彼时托斯卡纳几代"改革者"所设想的那种复杂、庄严、和平的古典主义的复兴者。

从安德里亚早期的作品开始，他从弗拉·巴托洛米奥那里继承下来的优美的达·芬奇风格中突然迸发出一种强烈而奔放的表现力，同时他又用诗意的手法再现了日常现实生活中的地点和物体（例如《不要碰我》）。虽然没有文献记载，但最近学者们提出了合理的假设，德尔·萨托在1511年的一次罗马之旅后表明，他直接接触过拉斐尔和米开朗基罗的新思想，尽管那时这两个人的思想才刚刚形成。这次旅行似乎是释放风格能量的必要催化剂，这一点在佛罗伦萨圣母领报大殿的《虔诚的修道院》中一览无遗，从《圣·菲利波·贝尼奇》（1509—1510年）优雅而平和的生活叙事循环，到《麦琪之旅》（1511年）和《圣母诞生》中引人入胜的复杂故事，都体现了梵蒂冈教堂房间中庄严的佛罗伦萨式的古典主义。

安德里亚·德尔·萨托的绘画语言不仅是基于对崭新而迷人的罗马风格的详细阐述，还是基于对北欧版画（卢卡斯·凡·莱登，尤其是丢勒的作品）的细致研究。当时在佛罗伦萨广为流传。对于德尔·萨托领导的一小群艺术家来说，这是一个参照物。这些艺术家——安德里亚·迪·科西莫·费尔特里尼（Andrea di Cosimo Feltrini）、佛兰洽比乔（Franciabigio）、蓬托尔莫和罗索·菲伦蒂诺——所有人都与他一起合力装饰上文所提到的佛罗伦萨圣母领报大殿的虔诚修道院，从圣母玛利亚的生活着手描绘。其中由前卫派所创的第一种矫饰主义的基本艺术文本，随后被称为"佛罗伦萨圣母领报大殿学派"。在安德里亚的《麦琪之旅》和《圣母诞生》之后，按照时间顺序，出现了佛兰洽比乔的湿壁画《圣母的婚约》（1513年）、罗索的《圣母蒙召升天》（1513—1514年）和蓬托尔莫的湿壁画《玛利亚访亲》（1514—1516年）。

15世纪末，传统壁画在基兰达约工作室的大量创作中达到了顶峰高度。这种传统风格随后以德尔·萨托的绘画艺术为根基，被多位艺术大家以不同的模式所吸收和转化。对于对文艺复兴时期理性主义价值的公共质疑，他的画作是最好的回应：他的调色板充满了易于理解、千变万化的抽象色彩；他绘画的线条有的紧绷，有的弯曲，还有的断断续续；他的研究重点并不是把美理解为完美比例，而是"优雅"。1515年，安德里亚与格拉纳奇（Granacci）、班奇亚卡（Bachiacca）和蓬托尔莫一起被聘，为皮耶尔·弗朗切斯科·博尔盖里尼和玛格丽塔·阿奇奥利的新房绘制希伯来人约瑟的生平故事木板油画，此新建筑由建筑师巴乔·达格诺洛（Baccio d'Agnolo）设计。整个非凡的建筑杰作——面对法国国王贪得无厌的欲望，玛格丽塔后来强烈地为之辩护——在16世纪末还是被拆除了，但这件事将彼时佛罗伦萨艺术的成就提升到一个新的高度。年长的格拉纳奇很好地适应了安德里亚·德尔·萨托的创新风格，以及他的朋友米开朗基罗的理念、阿尔贝蒂内利和弗拉·巴托洛米奥的表现方式。尝试新风格的同时，巴契阿卡仍然忠于他的佩鲁贾式训练，给他画板上的人物涂上了活泼的色彩。与此同时，德尔·萨托本人，尤其是蓬托尔莫，把典故变成令人不安、隐喻映射的编年史，与一种梦幻般的古典主义背道而驰，这种古典主义对人性的描绘丰富多彩，令人惊叹。

另一群艺术家也试图在这一时期改变群雕的风格。例如，1516年弗拉·巴托洛米奥的作品《基督救世主》是一件不朽的作品，是对胜利信仰的肯定；相反，与德尔·萨托同时期的《圣母子》的结构则融入协调的节奏和阴影中，赋予人物的服装和面部一种微妙的自然感，他们的表情时而清晰，时而模糊。1517年的作品《圣徒奥古斯丁揭示三人的奥秘》充满了一种深刻的戏剧化感情，这种感情参与了基督教世界所经历的紧张气氛。蓬托尔莫和罗索·菲伦蒂诺使这个风格更进一步，甚至打破了传统：蓬托尔莫的《普奇》群雕（仍在佛罗伦萨圣米歇尔维斯多米尼教堂）和罗索的群雕《圣玛利亚诺瓦》都是在1518年创作的，采用了弗拉·巴托洛米奥和安德里亚·德尔·萨托的设计，但又彻底颠覆了这些设计方案，赋予瘦长的身躯一种复杂而考究的表现力，给褪色和变化的颜色一种情感张力。这些艺术家传达的信息是对前几代人价值观的强烈不满。

在德尔·萨托一生的最后十年里，他密切关注米开朗基罗在圣洛伦佐大殿的新圣器室所做的实验。安德里亚最后的作品是这一时期托斯卡纳艺术的重要参照，这些杰作包括《圣母怜子》《潘恰蒂基的假定》《帕塞里尼的假定》《甘巴西》《萨尔扎纳》群雕，在圣萨尔维的维罗布洛欣修道院餐厅里壮观的《最后的晚餐》，已经被拆除的《维罗布洛欣》群雕，还有情感强烈的晚期肖像画（例如《手拿彼特拉克诗集的女士》）。所有这些都表现出一种节奏与调色的协调平衡，一种敏锐而又亲切的诗意内容，与柯雷乔在当时所做的工作有很大的相似之处。

米开朗基罗回到佛罗伦萨继续雕刻美第奇碑。除了米开朗基罗之外，还有这座城市艺术舞台上的主要人物蓬托尔莫和罗索·菲伦蒂诺。随着他们的出现，"矫饰主义"一词变成一种风格实体，一种令人不安而又引人入胜的表述，表达了他们激烈又戏剧化的研究成果，但同时也反映了当时席卷欧洲，尤其是意大利的社会紧张局势（这些紧张局势在宗教领域达到顶峰，1517年新教改革破裂。在政治领域，1527年罗马被洗劫，1530年佛罗伦萨被征服）。早期对达·芬奇、皮耶罗·迪·科西莫、弗拉·巴托洛米奥和阿尔贝蒂内利的呼应，以及对德尔·萨托最初发展的参考，都可以在这两位画家1518年的早期作品中清晰地看到；在那之后，这些影响被抛在脑后，但为了支持达·芬奇的观念，尤其是对米开朗基罗的观念，以及对丢勒作品个人的重新诠释，这些影响并没有完全消失。

1523—1527年间，人们把他的整套《基督受难》雕刻在了切尔托萨修道院的大回廊上，蓬托尔莫从而经历了辉煌期。例如，1527年，在圣费利西塔的卡波尼教堂装饰达到顶峰前，他创作了《以马忤斯的晚餐》和《浸信会的诞生》；1528年，他在卡尔米尼亚诺创作了《访问图》，其中他的一种同样重要但非理性的巨大力量和现代性视野取代了文艺复兴时期的重要思想。

罗索·菲伦蒂诺和蓬托尔莫一样，好像是局外人和背叛者，或者就是如此。这可能是因为罗索确实可以将传统资源转换成非传统资源。1520年之后，佛罗伦萨的艺术社会尽管承认他很伟大，但也认为他的大部分委托方来自城外像是弗泰拉这样的小中心。1521年，罗索在弗泰拉的画廊创作了《基督被解下十字架》，该作品利用了佛罗伦萨的传统，但却以一种奇异的亲切感对待它们。在观赏米开朗基罗的作品和丢勒的复制品时，罗索·菲伦蒂诺迸发出了创新性和革命性的观点。

由三角构成的模型十分复杂。罗索从其他艺术家的作品中借用了这个模型，例如，由菲利波·利比开始，并由佩鲁吉诺完成的作品《基督被解下十字架》（现藏于佛罗伦萨学院美术馆）和衍生于佩鲁吉诺、巴契阿卡的草稿中，并和安德里亚·德尔·萨托共同创作的雅各布·桑索维诺（Jacopo Sansovino）（位于伦敦维多利亚和阿尔伯特博物馆）的蜡像等许多作品中。在菲伦蒂诺的手中，这些破碎、塌陷的躯体被摧残之后又变得栩栩如生，人体模型由于紧张的笔触而变得沉重、粗糙和短小，光的冲击可以改变甚至扭曲简单的形状。沃尔泰拉的《基督被解下十字架》的表现性暴力在罗索1522年创作的祭坛装饰品《音乐天使》的剩余碎片中变得有些柔和，在那里他软化了紧张的表情，并着重体现了平静的耐心，让人容易联想到和蔼。除了对拉斐尔《巴尔达契诺的圣母玛利亚》和弗拉·巴托洛米奥祭坛装饰的效仿外，这个神圣的团体还围绕舒展身体的节奏以及同样重要的改变表面颜色进行了精心研究。

罗索随后于1524—1527年去了罗马，这段旅行对他的绘画产生了不同的影响。他的《摩西保护叶忒罗的女儿》就是研究直接的结果，不仅是对米开朗基罗的作品和拉斐尔在梵蒂冈学校的作品的研究，还有对古代雕像和浮雕，尤其是拉奥孔雕像的研究。具有讽刺意味的是，或许罗索对运动体（实际上是在不同位置看到的同一个身体）进行夸张的表达，只是为了填补空间，消除深度，限制雕塑姿势和由运动引起的任何对称反应。

罗马遭到洗劫后，许多艺术家都放弃了这座城市。在流浪途中，罗索冒险去了阿雷佐和圣塞波波克罗，佩鲁贾和卡斯特罗城，经常在途中留下杰作。那些杰作或悲壮宏伟，或精致典雅。1530年，他终于到达法国国王弗朗切斯科一世（Francesco I）的宫廷，在那里他以枫丹白露的装饰工作结束了他的职业生涯。

托斯卡纳时期另一位伟大的艺术人物是多梅尼科·贝加福米（Domenico Beccafumi），他曾在锡耶纳接受过艺术培训。佛罗伦萨的达·芬奇、弗拉·巴托洛米奥、阿尔贝蒂内利和安德里亚·德尔·萨托的影响力正好在锡耶纳当地的文化上重叠。自16世纪初以来，一群"外国人"——西诺雷利（Signorelli）、平图里乔（Pinturicchio）和佩鲁吉诺，以及像根加（Genga）和索多马（Sodoma）这样年青一代的大师在锡耶纳文化中一直占主导地位。贝加福米几乎把他所有的活动都集中在锡耶纳，并且朝着与蓬托尔莫和罗索平行的方向发展。拉斐尔、米开朗基罗和北欧地区木板油画同样给他留下了深刻的印象。他的"风格"包括一种近乎抽象的色彩，以及一种能够创造出一致体积和空间关系的，崇高而精致的晕染。他不断增加的实验从未在他的作品中减少，这将影响16世纪上半叶及以后所有的锡耶纳画作。佛罗伦萨的收藏品证明了这种影响力确实存在于帕奇亚（Pacchia）的《圣母子与小圣约翰》和安德里亚·德尔·布雷西亚尼诺的圆形浮雕中。安德里亚是最有趣的锡耶纳大师之一，他在1525年对弗拉·巴托洛米奥、安德里亚·德尔·萨托和贝加福米共同创作的原型做了优雅但有些过时的解释。

在简短的目录注释中尽可能地指出绘画的起源，这表明16世纪晚期和17世纪早期的乌菲齐主要致力于收集有关时期的艺术作品。在更古老的美第奇收藏品中——如1588年登记在册的圣马可赌场，列出了贝加福米的圆形浮雕、佛兰治比乔的《阿佩利斯之诽谤》、罗索·菲伦蒂诺的《摩西保护叶忒罗的女儿》等。弗朗切斯科一世于1584年从博尔盖里尼继承人的手里，为美术馆最负盛名的部分即乌菲齐教坛收购了安德里亚·德尔·萨托和格拉纳奇所作的《约瑟夫的故事》。除了对该教堂的捐赠和收购，以及大公家族各成员的精美私人收藏——他们死后留给大公的遗产——16世纪末，大公及其家人开创了一种模式，丰富了美术馆的收藏。通过这样的模式以及一系列的命令，教堂收到了一些复制品和慷慨的捐赠，换出弗拉·巴托洛米奥和安德里亚·德尔·萨托的祭坛作品，这些作品在1591年博基（Bocchi）写的《美丽的佛罗伦萨》一书中被誉为杰作。因此，红衣主教斐迪南（Ferdinand）于1580年移走了佛罗伦萨圣母领报大殿中安德里亚的晚期作品《圣母领报》，并用亚历山大·阿洛里（Alessandro Allori）的副本代替。而在约1619年，红衣主教卡洛（Carlo）从圣雅各布特拉福斯西教堂得到了弗拉·巴托洛米奥的《圣母怜子雕像》；洛林的克莉丝汀（Christine）得到了德尔·萨托的《三位一体之争》；奥地利的玛利亚·玛德莱娜（Maria Maddalena）也获得了同一位艺术家的《圣母领报》。这两件作品由奥塔维奥·万尼尼（Ottavio Vannini）的复制品所取代。

　　1639年，斐迪南二世（Ferdinand II）获得了科尔托纳（Cortona）的伟大作品《圣母升天》。科西莫二世的长子斐迪南大公（Grand Prince Ferdinand）不顾宗教人物和公民的反对，将16世纪一些最重要的祭坛装饰品归在自己的宏伟收藏中，其中包括拉斐尔的《巴尔达契诺的圣母玛利亚》（来自佩夏大教堂）、罗索的《代圣坛》（来自圣神堂），以及弗拉·巴托洛米奥的《圣凯瑟琳与圣马克的神秘婚礼》（来自圣马可教堂）。

　　这些专门为安放在圣坛建筑框架内而创作的伟大的画作经常被修改，以适应宏伟的镀金画框，使墙壁上的图画排列优雅对称。一个特别明显的例子是罗索·菲伦蒂诺创作的祭坛作品，它被制作到四面墙上，以便为大王子皮蒂创造一个非常漂亮的巴洛克晚期风格公寓。但毫无疑问，这种干预最极端的例子可以在弗拉·巴托洛米奥的《圣坛》中看到，该作品最近已经恢复了最初的外观，尽管它仍然只是原貌的一个碎片。

　　其他的标准也指导了美第奇家族的收藏，他们非常喜爱和欣赏16世纪早期的绘画作品，并将这些杰作聚集在乌菲齐美术馆和皮蒂宫的画廊中。在这里，就像在其他许多情况下一样，他们把祭坛装饰画变成房间里的绘画作品。

222
弗拉·巴托洛米奥
基督降生
布面油画
19.5cm×9cm
这幅画由皮耶罗·普格列斯赞助，这幅画还有第二块外侧画板，画的内容是耶稣受割礼。据记载，1589年被放置于佛罗伦萨旧宫

223
弗拉·巴托洛米奥
圣伯纳德的幻境
布面油画
215cm×231cm
这幅祭坛画由伯纳德·比安科于1504年委托弗拉所作，原计划放置于佛罗伦萨巴迪亚教堂的比安科家族修道院。由于价格一直争执不下，直至1507年才交付

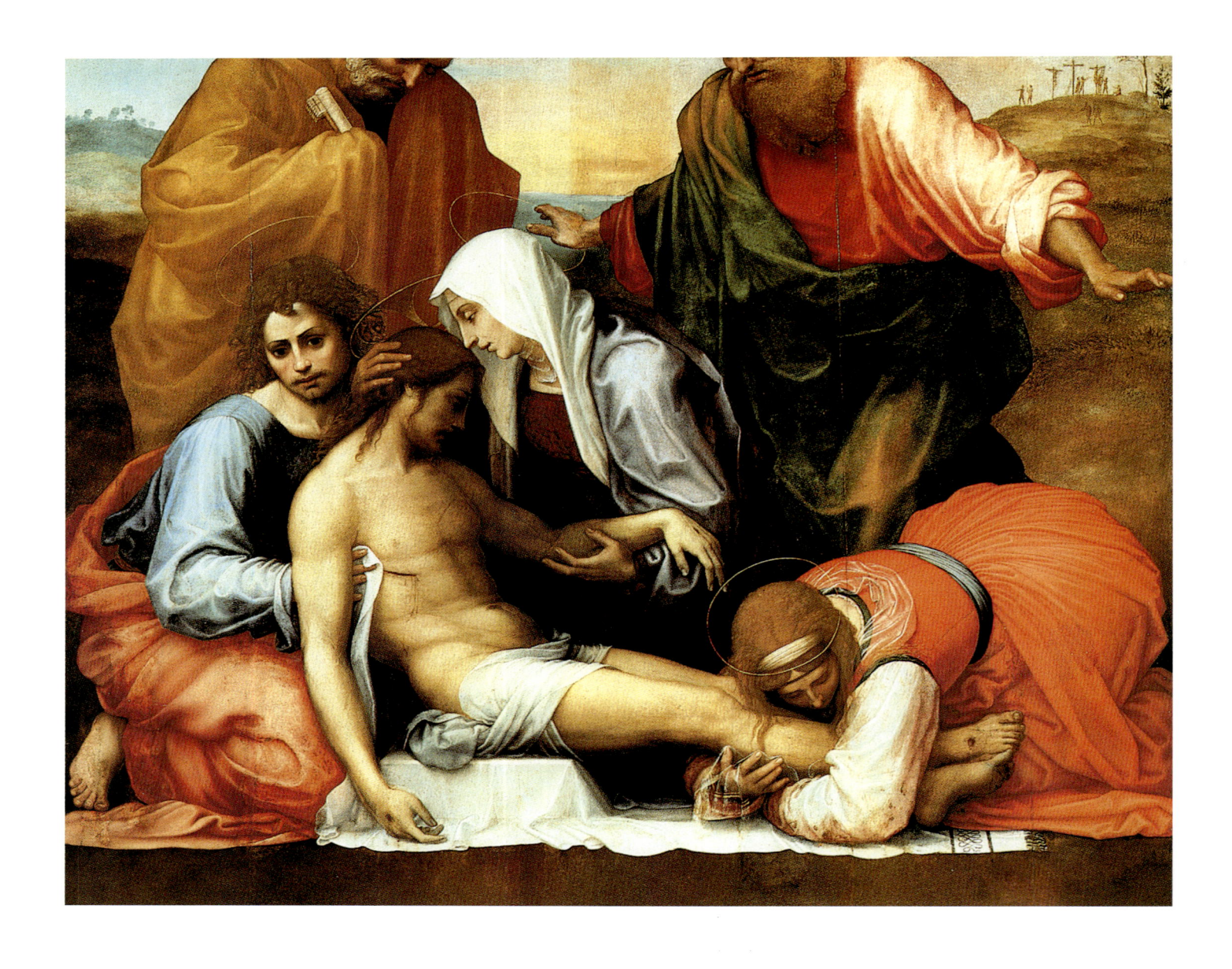

224
弗拉·巴托洛米奥
圣彼得和圣保罗哀悼基督
木板油画
158cm×199cm
弗拉·巴托洛米奥在1511—1512年间为圣加洛教堂（可能是为了祭坛）绘制了这幅木板油画。1529年修道院被毁后，这幅画被转移到圣雅各布教堂，后来卡洛·德·美第奇红衣主教在1619年从圣雅各布教堂购得，丰富了他的圣马可别墅收藏系列。1667年，这幅画被送到皮蒂宫。20世纪80年代对这幅画进行了修复，复原了背景中的风景和两个圣人像，这两个圣人像的面部曾在17世纪被切割过

225
弗拉·巴托洛米奥
圣凯瑟琳的神秘婚礼
布面油画
351cm×267cm
这幅祭坛画是为圣马可大教堂的圣卡特里娜礼拜堂所作，创作于1512年。1690年，斐迪南·德·美第奇索取这幅画，要求将这幅画收藏至自己位于皮蒂宫的住所，安东尼·多梅尼·加比阿尼所作的复制品代替它放置于原位

226
马里奥托·阿尔贝蒂内利
朝拜圣婴
木板油画
直径86cm
这幅圆形画作的绘画风格与乌菲齐美术馆内的另一幅作品《显圣》（见图228）接近，创作时间判定在1503年前后

227
马里奥托·阿尔贝蒂内利
耶稣诞生
木板油画
23cm×50cm
这幅作品是阿尔贝蒂内利的祭坛组画《显圣》（见图228）的主画

228
马里奥托·阿尔贝蒂内利
显圣
木板油画
232cm×146cm
这幅祭坛组画创作于1503年，是为圣马蒂诺教会的教堂所作。自1517年起这座教堂被称为显圣教堂，又名圣伊丽莎白教堂

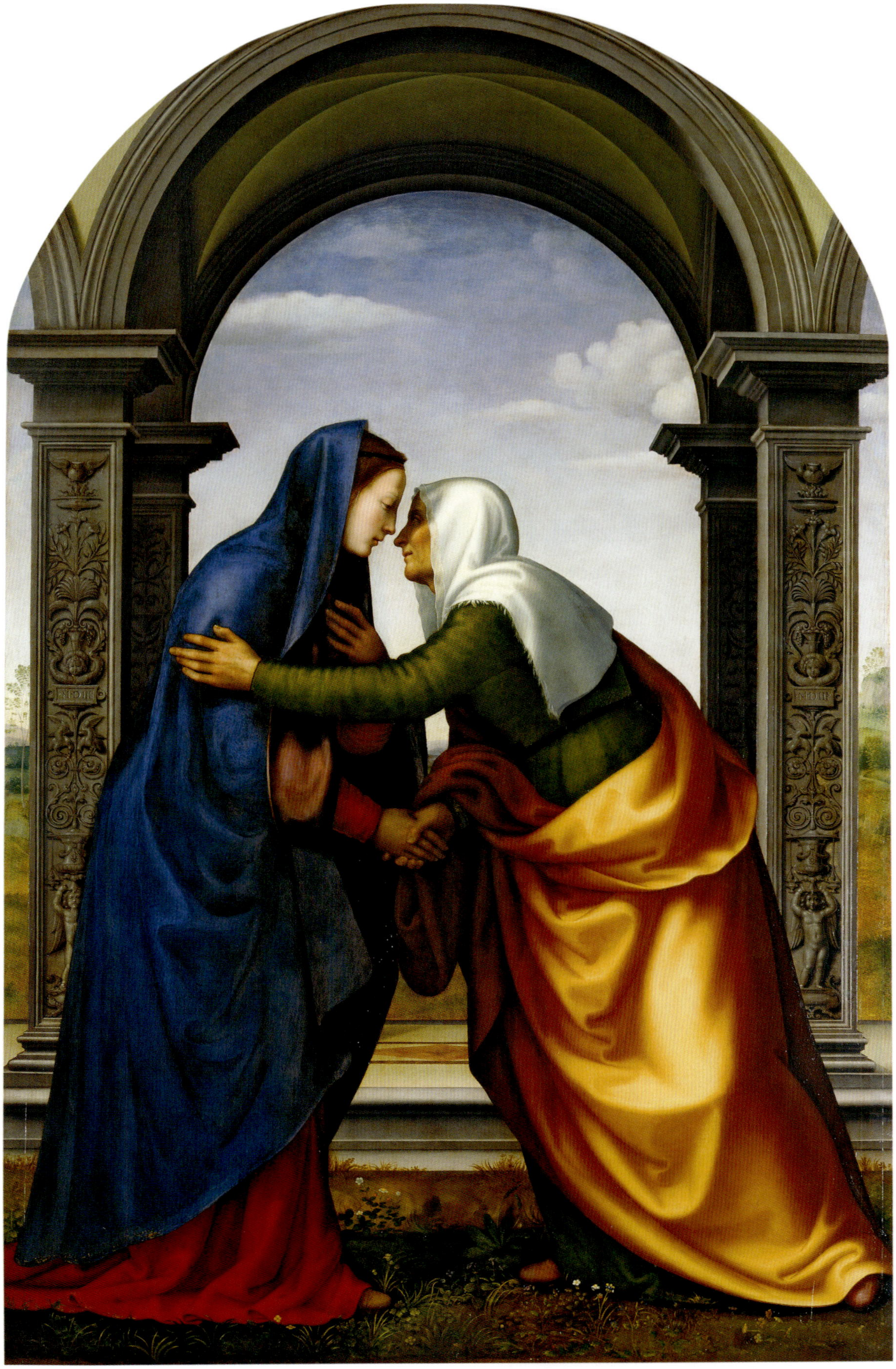

229
朱利亚诺·布吉阿迪尼
女人肖像
木板油画
65cm×48cm
这幅作品在绘画技法和风格上受到达·芬奇及拉斐尔在佛罗伦萨时期肖像作品的影响，根据画中女人的着装穿戴风格推测，创作于1510年前后，其形象曾一度被误认为是修女。从画面背景可以看出，画像中身份不明的女人与圣保罗医院有关。这幅画曾被认为是达·芬奇的作品，由托斯卡纳大公（洛林的）斐迪南三世于1819年收藏

230
朱利亚诺·布吉阿迪尼
圣母子与年轻的施洗约翰（棕榈圣母）
木板油画
118cm×91cm
这幅作品创作于16世纪20年代初，与拉斐尔在罗马时期的作品风格关联密切。棕榈参考的是《福音外传》中的章节《在埃及隐藏》。这幅画来源自卢卡的曼西收藏

231
瑞多尔夫·基兰达约
妇女肖像
布面油画
61cm×47cm
这幅作品创作于1509年，受到拉斐尔佛罗伦萨时期肖像画风格的影响和启发，例如《女人肖像》（见图229）。这幅画作为乌尔比诺公爵夫人维多利亚·德拉·罗维雷的嫁妆随她进入美第奇家族，成为美第奇家族收藏的一部分

232—233
瑞多尔夫·基兰达约
圣泽诺比乌斯拯救男孩
布面油画
202cm×174cm
运送圣泽诺比乌斯的尸体
木板油画
203cm×174cm
两件画作的场景均在佛罗伦萨，一件作品的背景是圣皮埃尔教堂广场，另一件作品的背景是在佛罗伦萨百花大教堂和佛罗伦萨圣若望洗礼堂之间。创作于1516—1517年，它们是马里奥托·阿尔贝蒂内利于1510年完成的一件大型圣告图的侧翼木板油画，整组作品是为百花大教堂的圣匝诺比集会的圣坛所作

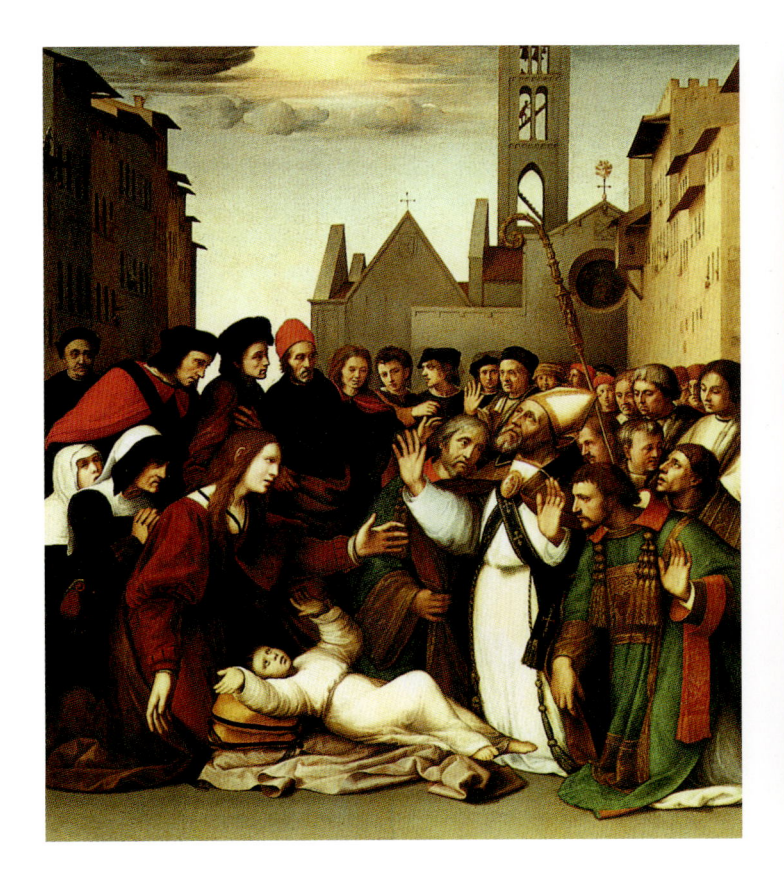

234
安德里亚·德尔·萨托
不要碰我
木板油画
176cm×155cm
这幅祭坛画是为圣迦尔门广场的奥古斯丁修道院所作,创作于1509—1510年间,很有可能是受到莫雷利家族赞助。1529年意大利围攻战争期间,奥古斯丁建筑群被毁,这幅画作被转移安放至沟渠圣雅各布堂

235
安德里亚·德尔·萨托
圣母领报
木板油画
185cm×174.5cm
安德里亚于1512年前后完成的这幅作品,被放置于圣迦尔门广场从卡斯蒂廖内来的塔迪欧礼拜堂的修道院内。1529年意大利围攻战争之后,这幅祭坛组画被转移至圣雅各布教堂,同萨托的《不要碰我》和《三圣辩论》放置在一起。1627年,托斯卡纳大公科西莫二世·德·美第奇的遗孀请求将这幅作品放置于她位于皮蒂宫的礼拜堂

236—237
安德里亚·德尔·萨托
希伯来人约瑟夫生平故事一则
木板油画
98cm×135cm
希伯来人约瑟夫生平故事一则
木板油画
98cm×135cm
这两件作品从属于《约瑟夫的一生》木板油画系列,所有作品为皮耶尔·弗朗切斯科·博尔盖里尼和玛格丽塔·阿奇奥利1515年婚礼新房装饰所用。另外的13件作品由意大利画家弗朗切斯科·格拉纳齐、蓬托尔莫和班奇亚卡共同完成。整个系列于1584年被拆散,弗朗切斯科一世·德·美第奇获得了这两件萨托的作品及另外两件格拉纳齐的作品

188

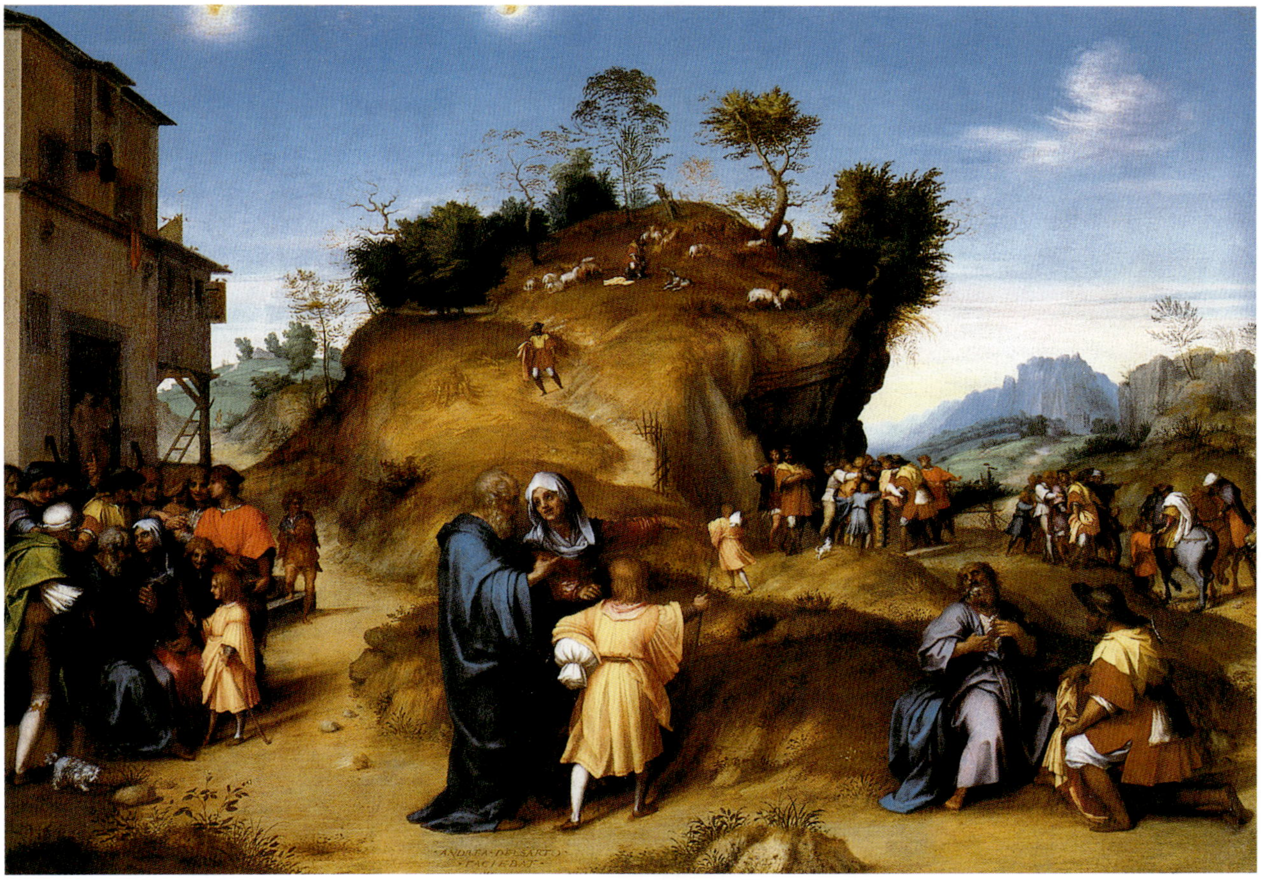
·ANDREA·DEL SARTO·
·FACIEBAT·

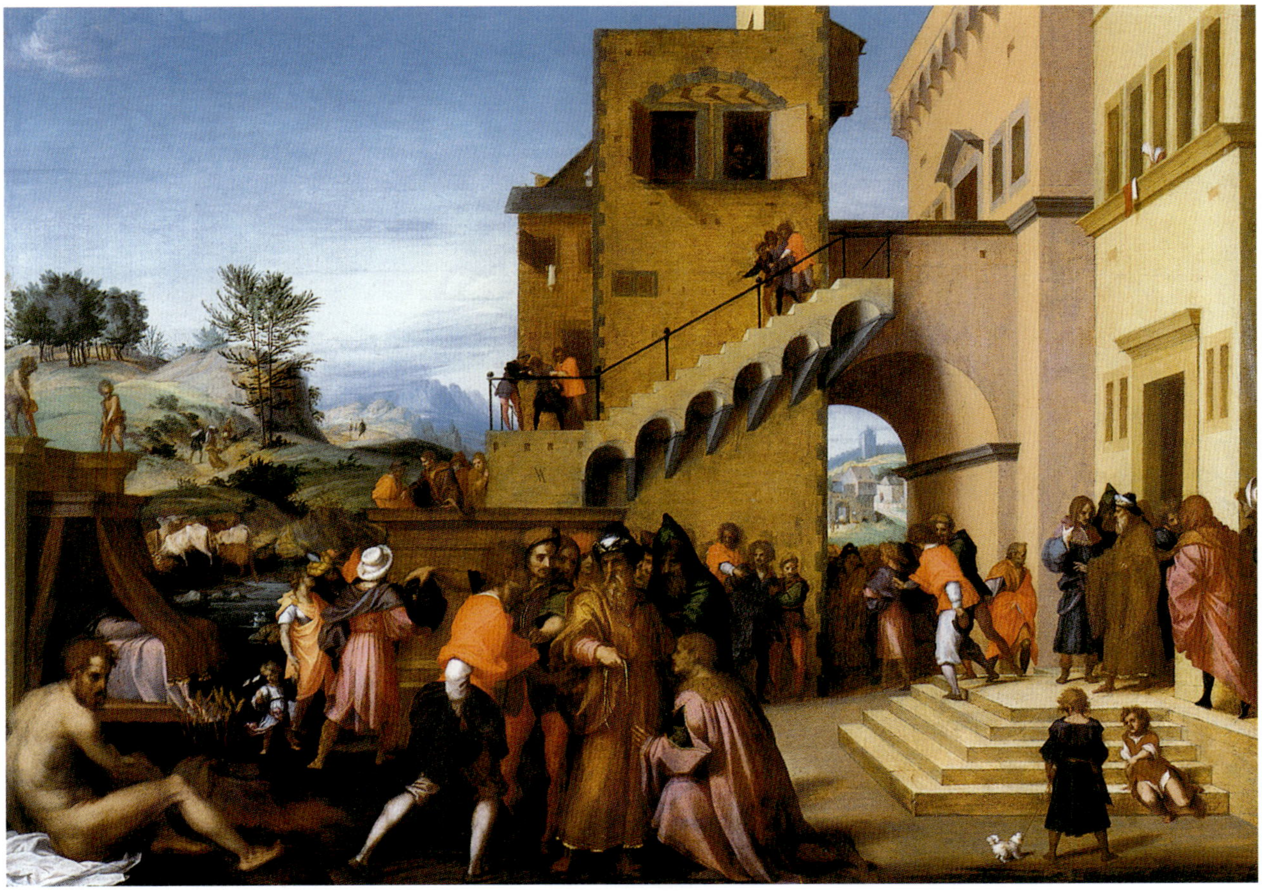

238
安德里亚·德尔·萨托
三圣辩论
木板油画
232cm×193cm
这幅木板油画是为奥古斯丁教团教士的圣加洛教堂的附属礼拜堂所作，创作于1517年。原建筑被毁后，1529—1530年这幅画被移至沟渠圣雅各布教堂。直至1627年前后，托斯卡纳大公斐迪南·德·美第奇一世的遗孀克里斯蒂娜（洛林的）将这幅作品转移到了皮蒂宫

239
安德里亚·德尔·萨托
圣母子与圣方济各、施洗者圣约翰（与鸟身女妖）
木板油画
207cm×178cm
这幅作品是佛罗伦萨圣方济各·德·美第奇女修道院的修女于1515年委托萨托所作，1517年完成后被放置于礼拜堂的祭坛上。1704年，托斯卡纳大公之子斐迪南三世收藏这幅画，弗朗切斯科·彼得鲁奇的复制品代替原画陈列在教堂内

240
安德里亚·德尔·萨托
圣母升天图
木板油画
362cm × 209cm
这幅作品是巴托罗密欧·潘贾提基(Bartolomeo Panciatichi)委任萨托所作，时间大约在1518年，原本计划放置于法国里昂康德圣母教堂的玫瑰生命祭坛。由于各方面条件有限，创作无法支撑下去，这幅未完成的祭坛画一直滞留在佛罗伦萨，被潘贾提基的儿子小巴托罗密欧获得。1602年，这幅画在科西莫二世·德·美第奇的妻子（奥地利的玛利亚·马格达莲娜女大公）的请求下进入美第奇家族收藏

241
安德里亚·德尔·萨托
年轻的圣约翰
木板油画
94cm×68cm
据推测,1523年前后萨托为由意大利画家佛兰洽比乔、班奇亚卡和蓬托尔莫共同完成的这幅作品进行最后的润色加工,为前厅的装饰添上了最后一笔。这幅画由乔万·玛利亚·班奈坦迪赞助,班奈坦迪于1553年12月30日将萨托的完画献给了科西莫一世·德·美第奇

242
安德里亚·德尔·萨托
圣弥额尔总领天使和圣若望卦贝多(左侧)
施洗者圣约翰和圣伯纳德(右侧)
木板油画
184cm×86cm(单块木板)
这两件作品创作于1528年,与一幅神圣圣母像组建成名为"瓦隆布罗萨"的祭坛组画,被放置于瓦隆布罗萨的一间隐秘教堂,留存至1810年

243
安德里亚·德尔·萨托
圣人与圣徒（圣徒吕克）
木板油画
238.5cm × 198.5cm
1523年佛罗伦萨突然暴发瘟疫，这幅作品被安放于市镇教堂为圣彼得修建的修道院的祭坛上。1782年，莱奥波尔多二世收藏了这幅作品，将其陈列于乌菲齐美术馆的八角形讲坛，桑蒂·帕西尼的复制品代替其放置于原位

244
安德里亚·德尔·萨托
圣母子（美第奇神圣家族）
木板油画
140cm×104cm
这幅作品是萨托晚年为他的狂热收藏者和赞助人奥塔维亚诺·德·美第奇——教皇利奥十一世所作。于1589年后不久进入佛罗伦萨的大公收藏

245
安德里亚·德尔·萨托
圣母领报
木板油画
96cm×189cm
这幅作品悬挂在萨托为他1528年创作的祭坛组画《圣母与圣人》之上，一起放置于意大利萨尔扎纳的圣方济各教堂。1534年，这幅木板油画来到佛罗伦萨，陈列于圣母领报教堂的圣阶礼拜堂。五十年后，斐迪南一世·德·美第奇收藏了这幅画，并将其放置于家族位于罗马的庄园内；很可能就在当时，月形的框架被重新打造成矩形。1723年，它又辗转回到佛罗伦萨，被安放于皮蒂宫

246
安德里亚·德尔·萨托
少女肖像（手拿彼得拉克的书的少女）
木板油画
84cm×69cm
画中的少女持有意大利诗人弗朗切斯科·彼得拉克的诗集，正好翻开在十四行诗"从温暖的呼吸到冰冷的心"和"星星、天空和所有的一切都是证明"处。此作创作于1528年前后，1589年首次陈列于乌菲齐美术馆的八角形讲坛

247
安德里亚·德尔·萨托
圣雅各布
布面油画
155.5cm×85.6cm
这是一幅具有专业水准的宗教题材画，为圣雅各布集会所作，又称"尼奇奥"，创作于1528年前后。教会被压制之后，这幅画起先于1784年转移至佛罗伦萨学院美术馆，1795年辗转来到乌菲齐美术馆

248
佛兰洽比乔
年轻男人的肖像
木板油画
58cm×45cm
这幅肖像画的构思使人联想起佛罗伦萨画派大师拉斐尔和乌迪内·基兰达约的绘画风格，创作于1514年。画中矮墙不像是佛罗伦萨的样式，倒像威尼斯画派大师洛伦佐·洛托及塞巴斯蒂亚诺·德·皮翁博的绘画形象。这幅画出处未知

249
佛兰洽比乔
圣母子与小施洗约翰（慈祥的圣母）
木板油画
106cm×81cm
根据瓦萨里的记载，这幅作品被证实曾经一度被放置于大圣皮埃尔教堂，后来由阿尔比齐家族收藏

250
多梅尼科·普里戈
一个穿着像玛利亚·玛德莱纳（抹大拉的玛利亚）的女人肖像
木板油画
61.5cm × 51.2cm
这幅肖像画创作于1525年前后，绘画风格与巴齐玛利亚·玛德莱纳堂内的祭坛画相近

251
多梅尼科·普里戈
皮埃罗·卡米塞齐肖像
木板油画
59.5cm × 39.5cm
根据佛罗伦萨旧宫克莱芒七世房间中的壁画，瓦萨里认为这幅画中的人物正是皮埃罗·卡米塞齐。大约创作于1527年，当时卡米塞齐使节从罗马返回佛罗伦萨。这幅作品于1704—1769年间陈列于乌菲齐美术馆八角形讲坛

252—253
弗朗切斯科·格拉纳奇
圣阿波罗尼亚的殉难
木板油画
40cm × 59cm
审判台前的女圣人
木板油画
39cm × 55cm
这两件作品同属于一组祭坛画，总共八幅，是格拉纳奇为圣阿波罗尼亚教堂祭坛所作

254
弗朗切斯科·格拉纳奇
佩戴腰带的圣母
木板油画
300cm×181cm
这幅作品来源于意大利佛罗伦萨圣皮埃尔教堂

255
弗朗切斯科·格拉纳奇
约瑟夫向法老介绍自己的父亲和兄弟们
木板油画
95cm×224cm
格拉纳奇的这幅作品和另一件《圣三一》是同期作品。《圣三一》如今收藏在德国柏林国家博物馆，现收藏于乌菲齐美术馆的《约瑟夫入狱》曾于1515年放置于格拉纳奇新婚的新房中。1584年，尼克洛·博格里尼将格拉纳奇的作品卖给了弗朗切斯科一世·德·美第奇，这位托斯卡纳大公将其安置于乌菲齐美术馆的八角形讲坛内

256
班奇亚卡
圣阿卡西乌斯的洗礼
圣阿卡西乌斯在天使的帮助下反抗叛军
圣阿卡西乌斯的殉难
木板油画
37.5cm×256cm（整体）
这三幅作品是为乔瓦尼·安东尼奥·索格里尼祭坛组画《殉道者》的台座所绘，完成于1521年，放置于卡马尔多利的圣救主堂，随后转移至由科西莫一世·德·美第奇构思建成的圣洛伦佐教堂

257
班奇亚卡
基督被解下十字架
木板油画
93cm×71cm
创作于1520年，画面的布局和许多佛罗伦萨同题材的作品一样。1628年前，这幅画被放置于天使的圣母玛利亚教堂，1867年收藏入乌菲齐美术馆

258
班奇亚卡
圣女玛利亚·玛德莱娜（抹大拉的玛利亚）
木板油画
51cm×42cm
目前认为这幅作品的创作时间在1530年前后，画中的形象来源于班奇亚卡的情妇彭式西勒亚

259
班奇亚卡
基督在该亚法面前
木板油画
50.5cm×41cm
这幅作品创作于1535—1540年间，原型是基于阿尔弗雷德·丢勒的一件同题材版画作品。正在向着基督咆哮的人物形象出自米开朗基罗的《堕落的灵魂》

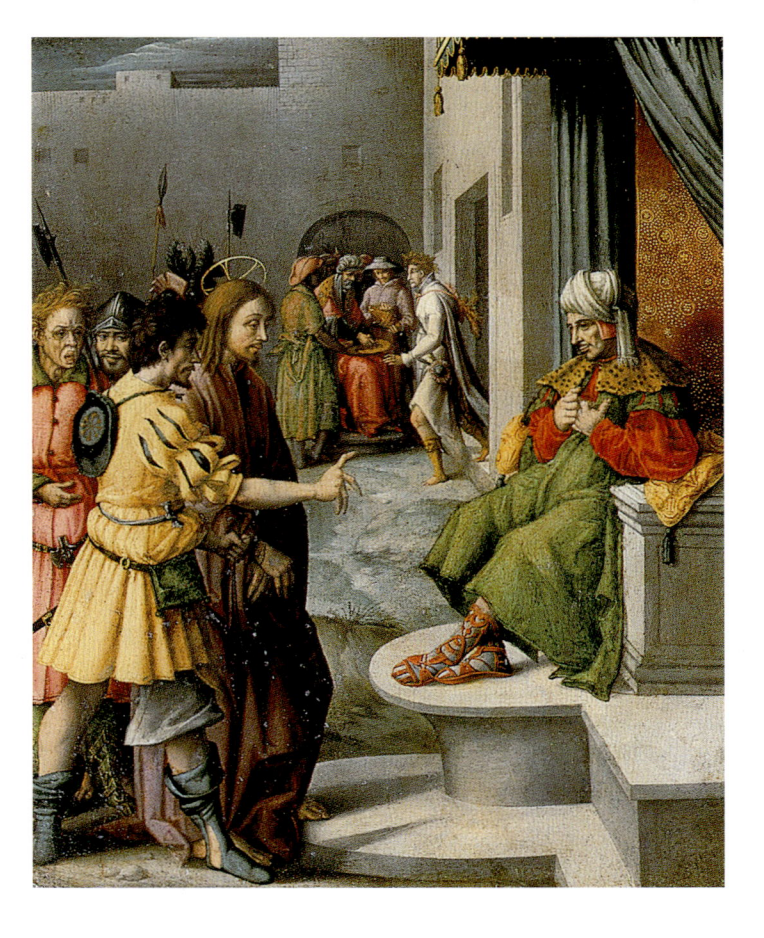

204

265
蓬托尔莫
圣莫里斯的殉道和底比斯军团
布面油画
65cm × 73cm
这幅作品是于1529—1530年为佛罗伦萨圣母领报广场的孤儿院创作的。这幅画易使人联想起当时刚发生不久的略带戏剧性的皇家军队围攻佛罗伦萨事件

264
蓬托尔莫
以马忤斯的晚餐
布面油画
230cm × 173cm
这幅祭坛画是为佛罗伦萨艾玛修道院所作，创作时间稍晚于他为该修道院回廊所作的壁画

266
蓬托尔莫
受洗者的诞生（出生托盘）
木板油画
直径 54cm
托盘的背面画有德拉·卡萨家族的纹章和托尔纳昆奇家族成员。据此推测，这幅作品是1526年为吉罗拉莫·德拉·卡萨和丽萨贝塔·托尔纳昆奇的大儿子出生所作，1704年前后已经收藏于乌菲齐美术馆

268
蓬托尔莫
三博士朝圣
木板油画
85cm×190cm
这幅作品很有可能是蓬托尔莫为画作委托人乔万·玛利亚·贝宁坦迪的前厅所作，创作于1523年前后，意大利画家班奇亚卡和弗朗斯毕哥也参与了创作。画面中最左边的形象很可能是蓬托尔莫本人

267
蓬托尔莫
玛利亚·萨尔维亚蒂肖像
木板油画
87cm×71cm
画中的人物已确认是科西莫一世·德·美第奇的妻子玛利亚·萨尔维亚蒂，根据瓦萨里的记载，蓬托尔莫创作于1537年末，同年科西莫一世掌管了佛罗伦萨。1911年，这幅画由锡耶纳齐阿切列·贝兰蒂家族收藏转归乌菲齐美术馆

269
蓬托尔莫
老科西莫肖像
木板油画
87cm×65cm
这幅肖像作品是乌尔比诺大公洛伦佐·德·美第奇的大臣皮斯托亚的戈罗·盖里委托蓬托尔莫所作

270
蓬托尔莫
圣母子、圣杰罗姆、圣方济各和两天使
木板油画
73cm×61cm
有学者提出这幅作品很有可能是蓬托尔莫与年轻的布龙齐诺合作而成，借鉴了罗索·菲伦蒂诺类似主题的作品。这幅画作为红衣主教卡洛·德·美第奇的遗物收藏入乌菲齐美术馆

271
罗索·菲伦蒂诺
升座圣母同施洗者圣约翰、安东尼修道院院长、圣史蒂芬和圣本笃（圣玛利亚修道院祭坛画）
木板油画
172cm×141cm
这幅祭坛画的委托人是圣玛利亚修道院的理事列奥纳多·波那费德，是为奉送给奥尼桑蒂教堂创作的。可惜的是波那费德对这幅画并不满意，将其留在了圣玛利亚修道院

272
罗索·菲伦蒂诺
音乐天使
木板油画
39cm×47cm
这幅藏品是一幅祭坛木板油画的碎片，描绘的是有关"圣母子"题材中围绕在圣母周围的小天使，此形象出现在拉斐尔以及弗拉·巴托洛米奥的类似作品中。创作于1521—1524年间，暗色的背景是17世纪添加的

273
罗索·菲伦蒂诺
圣母升座与十圣人（戴安祭坛组画）
木板油画
350cm×259cm
这幅祭坛画完成并署名于1522年，是戴安家族委托罗索为意大利佛罗伦萨圣神大殿所作，斐迪南·德·美第奇1691年将这幅画转移至皮蒂宫

274
罗索·菲伦蒂诺
摩西保护叶忒罗的女儿
布面油画
160cm×117cm
据瓦萨里记载，这幅画是罗索为乔瓦尼·班迪尼所画的摩西生平故事。创作于画家居住于佛罗伦萨的后期或是罗马的早期。1632年，这幅画作为唐·安东尼奥·德·美第奇的遗产成为美第奇家族藏品。

275
皮尔·弗朗切斯科·福斯基
男人肖像
木板油画
65cm×50cm
这幅肖像作品与蓬托尔莫的一些作品有很大的关联，例如与蓬托尔莫《一位音乐家的肖像》类似。其创作手法和风格与福斯基为圣神教堂所作的祭坛画类似，据此可断定其创作时间在16世纪30年代左右

276
吉罗拉莫·德拉·帕奇亚
圣母子与小圣约翰
木板油画
直径89cm
这幅圆形画与锡耶纳圣神教堂的《加冕画》绘画风格相近，创作时间在1515年前后

277
贝加福米
圣家族与小圣约翰
木板油画
直径 84cm
主流观点认为这幅作品的创作时间在1514—1515年间，也有一种观点认为在1560年前后。1624年，这幅作品第一次出现在美第奇家族贮藏室的藏品清单上

1530—1600年间的佛罗伦萨绘画

玛塔·皮里维特拉（Marta Privitera）

1555年，科西莫一世下令由瓦萨里负责对总督府（现名"旧宫"）的新寓所进行装修。当时佛罗伦萨许多年轻画家借此机会大展身手，或观摩工程项目的开展，并得以一睹壁画的风采。而就在几年前，布龙齐诺（Bronzino）刚在教堂完成《托雷多的伊莲诺拉肖像》（Eleonora of Toledo，1540—1543）的创作，萨尔维亚蒂（Salviati）完成旧宫正义大厅（1543—1545）的创作。

布龙齐诺接到托雷多伊莲诺拉教堂的委派时，已是美第奇家族及佛罗伦萨当时最重要的几大家族的专用肖像画师。作为城中知识分子圈中的积极分子，他以珐琅画作彰显赞助人的社会及文化地位而备受追捧，他的画作线条清晰、色彩协调，对细节（如织物和宝石）的逼真描绘，以及对所刻画的元素进行精心选择，这些做法都为其赢得了美誉。伊莲诺拉教堂的《摩西的故事》壁画也体现了这些特征，借鉴了彼时被认为是人物作品的典范：米开朗基罗的作品和古代雕像。西斯廷教堂拱顶的先贤画像为这些对自然感兴趣的年轻画家树立了榜样，这些年轻画家包括米卡贝洛·卡瓦洛里（Mirabello Cavalori）、吉罗拉莫·马奇厄蒂（Girolamo Macchietti）和桑蒂·迪·提托（Santi di Tito）。然而，真正传承布龙齐诺画作精神的是亚历山德罗·阿洛里（Alessandro Allori），他从1572年到17世纪的前几年，以最高水准运作恩师的画室。

布龙齐诺壁画为后世理解人像创作树立了典范，而如瓦萨里在其第二版《艺苑名人传》（1568年）中所记录的，萨尔维亚蒂从始至终因其无穷的创造性收获了世人无数赞誉。"表现技巧很美，画面里满布人物、城镇、古董元素、各种方式表现出精美容器的金银质感"。萨尔维亚蒂在佛罗伦萨待到1548年；在此期间，他将罗马画作元素与矫饰派的部分特点相融合，为年轻艺术家带去对瓦萨里风格的另类解读，弱化了对形与色的强调。

瓦萨里于1574年离世，在这之前，他对佛罗伦萨当时的年轻艺术家产生了深远的艺术影响。他是科西莫一世最钟爱的艺术家，因为他能够完美解读科西莫一世的艺术理念，彰显美第奇家族的势力。瓦萨里拥有快速、高效的组织能力，时常以建筑师和画家的双重身份负责城中的大型艺术项目，其中就包括旧宫，以及对圣十字教堂和圣玛利亚诺维拉大教堂（1565年）的重新修缮。

受雇参与旧宫装修工程的画家多且杂，难以区别其各自成就。瓦萨里将大部分实际绘制工作委派给其他画家，但画作及其他连环画作的创意由他负责，同时他也会不时亲自参与作画，以保持风格的一致。与之搭档的画家包括多塞诺（Doceno）、乔瓦尼·斯特拉达诺（Giovanni Stradano）、马克·达·法恩沙（Marco da Faenza）、雅各布·朱基（Jacopo Zucchi）、詹巴蒂斯塔·福吉尼（Giambattista Foggini）以及米歇尔·托西尼（Michele Tosini）。

今天鲜有人记得托西尼，但他对16世纪中期佛罗伦萨画派的重要影响不容忽视。设计佛罗伦萨孤儿院的文森佐·博尔吉尼（Vincenzo Borghini）在1565年给科西莫一世的信中写道，"托西尼画室的重要性不亚于布龙齐诺和瓦萨里的画室"。由托西尼同代人给出的此等高度评价也与他此后籍籍无名的缘由有密切关联：他的许多作品与其学生的作品相混淆；作品大多是围绕传统规划构筑的宗教画作，只能满足修道院、宗教团体和教区需求的简单构图，而其审美趣味偏保守。

对于由新教徒发起的、对肖像崇拜的探讨来说，这类过时的艺术创造却发挥着相当重要的作用。在特兰托宗教会议（1563年）颁发的一项命令中，天主教徒主张画作应具备说教和教育功能，尽管未提议对艺术方式进行革新，但引起了对当时绘画风格进行的批判性反思。天主教的一部分人认为，艺术的许多方面（今天将其定义为"矫饰派"）会对虔诚的灵魂施加荒谬的理念和不洁的念头，这未能即刻扭转人们的艺术品位，但也对"矫饰派"产生了负面影响。在此背景下，对于不认同当时绘画方式的赞助人来说，米歇尔·托西尼的画作可以满足他们的要求；即便是想取代瓦萨里风格的艺术家，也可从中汲取灵感，而这些艺术家的品位或许更契合教堂的需求。

16世纪60年代，接棒瓦萨里和布龙齐诺的一批年轻画家想要放弃其先辈风格，转而寻求突破；这些人便是文森佐·博尔吉尼在1565年的信中赞赏的"英勇、骄傲"的年轻艺术家，一批不受一个画室或一个先师影响的、聪慧、独立的艺术家。其中最知名的是马索·德·圣弗南诺（Maso da San Friano）、米卡贝洛·卡瓦洛里（Mirabello Cavalori）、吉罗拉莫·马奇厄蒂（Girolamo Macchietti）和桑蒂·迪·提托（Santi di Tito）。他们推崇的都是16世纪前十年涌现的艺术家，有彼时获评作品古怪且过时的蓬托尔莫（Pontovmo），也有罗索（Rosso）、安德里亚·德尔·萨托（Andrea del Sarto）、索格里安尼（Sogliani）和弗拉·巴托洛米奥（Fra Bartolomeo），艺术形式各异；然而，仍不免与"矫饰派"有所牵连。对于马奇厄蒂来说，帕米贾尼诺（Parmigianino）的矫饰主义才是关键：他舍弃了帕米贾尼诺风格中较受推崇的因素，并在新语境下还原构图与灯光效果。对于桑蒂·迪·提托来说，基兰达约（Ghirlandaio）和索格里安尼（Sogliani）之前的佛罗伦萨画派先贤和塔代奥·祖卡里（Taddeo Zuccari）的罗马画作才更重要。很难判断，在这些艺术家早年受训期间是否曾主动关注过肖像是否神圣这个问题。我们显然可从其作品中看出对瓦萨里风格的反对，也可看到作品中对16世纪早期绘画风格的重新探索，但这些只涉及对艺术品位的探讨，并未体现出对宗教绘画改革的意愿；但可从部分画家的生平窥得其实际意愿。例如，桑蒂·迪·提托的画作虽然缺乏真正精湛的技巧，却忠实于《圣经》内容，对17世纪佛罗伦萨画派对自然的细致观察有着至关重要的推动作用；可将他们视为对"矫饰派"的试验性改革，且从16世纪70年代起他们探索出一种新风格。

1570年前后，最后一个重要的大型"矫饰派"项目在佛罗伦萨完成构思；这个项目是对弗朗切斯科·德·美第奇（Francesco de' Medici）的"小工作室"（studiolo），或用16世纪的话来说"小房间"（stanzino）进行装修。在这间没有自然光线的房间里，按照惯例，"小房间"的柜子、墙及天花板都需要以绘画涂满。这些作品内容或多或少与弗朗切斯科的"奇迹"小屋相关，紧扣"艺术与自然"主题，并遵循文森佐·博尔吉尼所设计的方案和准则。除了其中年纪较长的卡洛·博尔戴里（Carlo Portelli）和瓦萨里负责监工外，大部分画作由当时的艺术家亲自完成。这项工程大部分由弗朗切斯科·莫朗蒂尼·达·波皮完成，瓦萨里派他来负责两幅油画（几乎所有画作都采用这个形式）和拱顶的壁画创作。个中原因在于，瓦萨里认为莫朗蒂尼能够最完整地还原他的风格。"英勇、骄傲"的年轻艺术家也通过"小工作室"扬名立万。马索·马奇厄蒂和卡瓦洛里画作的构图都简单而优雅。而其中最为成功的就是卡瓦洛里对取自安德里亚·德尔·萨托、蓬托尔莫，以及当时威尼斯风格艺术元素的糅合。桑蒂·迪·提托的自然主义以实际作画经验和16世纪早期经过层层筛选的模式为基础，其优良品质更是在16世纪末兴起一股对佛罗伦萨画派重新探索的热潮。此外，值得一提的画作有亚历山德罗·阿洛里深受威尼斯风格影响而创作的精致夜行派椭圆画作；自1545年就待在佛罗伦萨的乔瓦尼·斯特拉达诺细微刻画的炼金术士作坊；年轻的朱基前往罗马前创作的近乎失真、完全矫饰派风格的风景画。此后在罗马，朱基成为斐迪南·德·美第奇（Ferdinand de' Medici）最喜爱的艺术家，为矫饰派末期向外的推广发展画上其浓墨重彩的一笔。

16世纪70年代的前五年，艺术氛围发生了改变。1572—1574年间，布龙齐诺、瓦萨里和科西莫·美第奇相继离世。弗朗切斯科一世偏爱懂得满足其需求的亚历山德罗·阿洛里和其他画家；弗朗切斯科一世品位高雅，偏好以优雅线条表现的人物、变化柔和的色彩，以及对材料、物体和室内环境的逼真表现。弗朗切斯科让阿洛里负责乌菲齐美术馆东侧走廊的装修，该馆藏有大量绘画和雕塑，目前馆内许多藏品当时便已在列。1584年，弗朗切斯科授意开始装修用以存放他的私人藏品的八角形讲坛。1587年，开始担任大公的朱利亚诺继续将古董藏品和珍奇物件收入乌菲齐美术馆楼上的房间，完结对八角形讲坛的全面重新整合，并安排西侧作坊供转移物品之用，西侧作坊原本用于蒸馏及制作珍奇物件之用。（后面这些物品此时已存放在弗朗切斯科一世的圣马可库拉索赌场里。）

1575年，弗朗切斯科招徕一个"异域"画家费德里克·祖卡里（Federico Zuccari）来完成对圣玛利亚百花大教堂（Santa Maria del Fiore）圆屋顶的装修。该处工程因瓦萨里的离世而一直停工，而新人接手之后才发现科西莫的品位早已过时。巴罗奇以印象派形式快速完成画作，与此前传统的佛罗伦萨画派截然不同，虽带来了新的理念，但仍要花数十年时间推动佛罗伦萨艺术运动的年轻画家理解这种流派。

佛罗伦萨教堂也在16世纪70年代发生了变化。1574年，宗教会议正式宣布在神圣和公共场合对包含不庄重、亵渎或冒犯性元素的"不寻常"画作或"以不寻常方式完成"的作品予以禁止，并以尊重传统肖像理念且能够提升虔诚感的画作取而代之。这项提议起初未收到任何回应就被予以执行，却最终渐渐以口头形式推动佛罗伦萨画派向自然主义的发展。然而，主教命令有其无法触及的领域。16世纪70年代到80年代，社会艺术品位的变化则由弗朗切斯科一世的偏好左右。桑蒂·迪·提托和吉罗拉莫·马奇厄蒂（该时期他曾试图用浓烈的神秘主义来寻找解决之道）的画作几乎都无法反映出世俗社会对"反宗教改革"艺术的兴趣。

16世纪80年代中期，有一项全新的大型项目——对圣玛利亚诺维拉大教堂内大型修道院的装修工作拉开序幕。这一项计划不仅让新一代艺术家踏上历史舞台，其中包括愈发频繁承担大部分装修工作的波切蒂（Poccetti）、协助巴罗奇搭建圣玛利亚百花大教堂圆屋顶脚手架的帕西尼亚诺（Passignano）以及桑蒂·迪·提托的学生奇戈利和帕加尼（Pagani），也见证了神圣绘画中最典型矫饰主义的全面溃败。此外，主张引入初级叙事技巧还使人们想起安德里亚·德尔·萨托以及更为近代的桑蒂·迪·提托的作品。参与"小工作室"的部分画家继续在17世纪的前几年贡献心力，随着其学生陆续开始投入各项活动之中，佛罗伦萨画派迈上了新征程。

278
乔尔乔·瓦萨里
圣母受孕
木板油画
58cm×40cm
这幅小画幅的作品是瓦萨里于1541年仿照宾多·阿托维蒂的《圣母受孕》所作的复制品。宾多的原画是他的艺术赞助人委托其为自己圣使徒教堂的礼拜堂所作，画面人物形象在塑造上有所创新

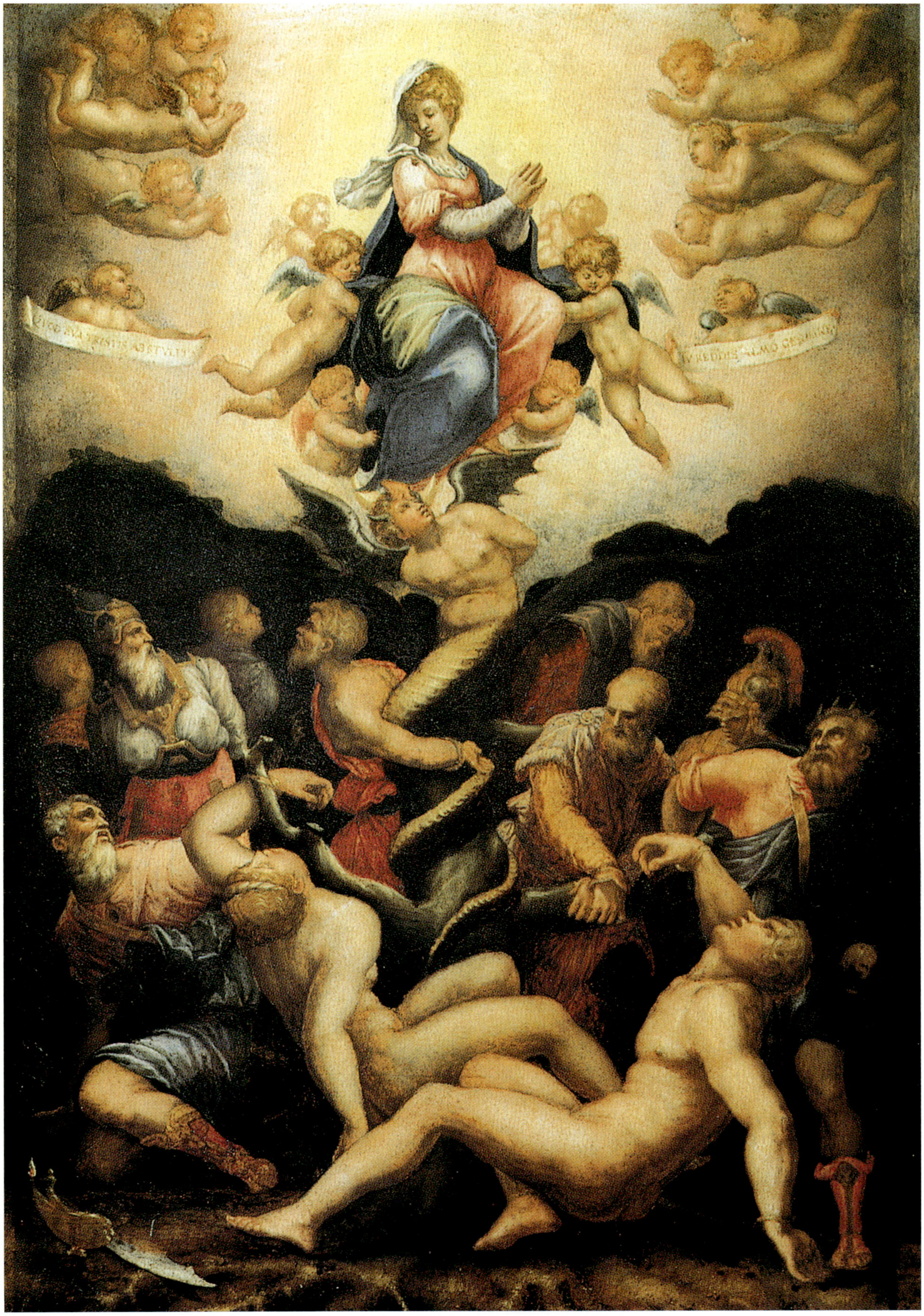

279

乔尔乔·瓦萨里

亚历山大·德·美第奇的肖像

木板油画

157cm×114cm

此作同《洛伦佐·美第奇的肖像》的艺术委托人均是奥蒂瓦诺·德·美第奇，委托于1534年。瓦萨里的这幅肖像画受到米开朗基罗的雕塑《内穆尔大公朱利亚诺》的启发

280

乔尔乔·瓦萨里

圣杰罗姆的诱惑

木板油画

169cm×123cm

皮蒂宫，帕拉蒂娜画廊

这幅作品的艺术赞助人不详。1541年，奥蒂瓦诺·德·美第奇曾委托瓦萨里画过一幅同题材的作品，随后瓦萨里又于1545年为托马索·坎比，1547年为帕维亚主教德罗西多次重绘过这幅画。因此，瓦萨里的这幅画有三个版本，其中有些许细小差别。美第奇家族所藏的这个绘画版本记录在1649年的收藏清单上

281

乔尔乔·瓦萨里

洛伦佐·美第奇的肖像

木板油画

90cm×72cm

这幅画由奥蒂瓦诺·德·美第奇委任瓦萨里所作，悬挂在蓬托尔莫的《科西莫一世》画作旁边，作为其装饰

282
弗朗切斯科·萨尔维亚蒂
牧羊人朝圣
木板油画
85cm×108cm
在21世纪初,这幅画的作者被确定为萨尔维亚蒂,这幅画可以追溯到16世纪40年代早期,它首先被列入皮蒂宫的藏品中,当时被认为是雅各布·巴萨诺(Jacopo Bassano)的作品

283
弗朗切斯科·萨尔维亚蒂
拿着一封信的绅士的肖像
木板油画
100cm × 77cm
从这幅画背面古老的手写铭文可以知道，这幅肖像画出自萨尔维亚蒂之手。这幅画可能是1543年之后萨尔维亚蒂刚来到佛罗伦萨的时候画的

284
弗朗切斯科·萨尔维亚蒂
基督下葬
木板油画
77cm × 53cm
这幅画可能是在萨尔维亚蒂最后一次访问佛罗伦萨期间创作的。1743年，这件作品从里卡索利宫的教堂转移到画廊。瓦萨里为雅各布·萨尔维亚蒂在银色布上画了一幅《圣母哀悼基督》

285
弗朗切斯科·萨尔维亚蒂
上帝之爱
木板油画
156cm × 122cm
这幅画可以追溯到1548年，当时萨尔维亚蒂还住在佛罗伦萨。瓦萨里为瑞多尔夫·兰迪（Ridolfo Landi）画了《上帝之爱》，他还为克里斯托法诺·拉涅里（Cristofano Ranieri）画了《我们的夫人》。博尔吉尼（Borghini）鉴定这幅画为另一幅《上帝之爱》，这幅画后来在乌菲齐美术馆展出

286
布龙齐诺
皮格马利翁和伽拉缇
木板油画
81cm×64cm
这件作品是布龙齐诺为蓬托尔莫（Pontomo）的《弗朗切斯科·瓜尔迪（Francesco Guardi）的肖像画》（1529—1530）所作的封面画。画面的主题出自奥维德（Ovid）的《变形记》

287
布龙齐诺
手拿鲁特琴的年轻人的肖像
木板油画
98cm×82.5cm
这幅画是布龙齐诺驻留马凯期间（1530—1532年）创作的，这是艺术家唯一幸存下来的初稿

288
布龙齐诺
圭杜巴尔多·德拉·诺维的肖像
木板油画
114cm×86cm
这幅作品于1531—1532年在乌尔比诺完成，这是布龙齐诺的第一幅重要肖像画

289
布龙齐诺
神圣家族
木板油画
117cm×89.5cm
这幅木板油画可能是15世纪30年代中期为巴托洛米奥·潘恰蒂基（瓦萨里）（Bartolomeo Panciatichi）绘制的。从背景中塔顶上飘扬的旗帜上可以看到潘恰蒂基家族的盾徽

221

290
布龙齐诺
巴托洛米奥·潘恰蒂基的肖像
木板油画
104cm×85cm
据瓦萨里和博尔吉尼（写于1584年）的记录，这幅画连同相配的巴托洛米奥的妻子卢克雷齐娅（Lucrezia）的肖像都是在潘恰蒂基的家里完成的。潘恰蒂基手里拿着一本书，身后的宫殿上文有家族的徽章（其家族起源于皮斯托亚）。该作品的创作时间在1540年前后

291
布龙齐诺
卢克雷齐娅·普奇·潘恰蒂基的肖像
木板油画
101cm×82.8cm
瓦萨里和博尔吉尼（Borghini）1584年的记录表明，画家在潘恰蒂基家画了这幅肖像画，这幅画是和布龙齐诺为巴托洛米奥所作的肖像一起完成的。卢克雷齐娅将她的手放在一本诗集上，她还戴着一条刻有"爱永恒"字样的项链。同左图属配对作品，创作时间约在1540年

292
布龙齐诺
手拿着书的小女孩的肖像
木板油画
58cm×46.5cm
这幅画的出处尚不清楚，但其风格与画家画的《比亚的肖像》（乌菲齐，约1541年）和《埃莱奥诺拉》（1545年，捷克国家美术馆，布拉格）肖像画相似，这表明它创作于1545年前后

293
布龙齐诺
比亚的肖像
木板油画
63cm×48cm
一般认为这是比亚（Bia）即科西莫（Cosimo）的私生女。比亚死于1542年，那时她5岁，她的肖像画是在她生命的最后一年画的。她戴的像章上有科西莫的头像

294—295
布龙齐诺
玛利亚·德·美第奇的肖像
木板油画
52cm×38cm
年少的弗朗切斯科一世的肖像
木板油画
58.5cm×41.5cm
这幅画中描绘的年轻女孩是玛利亚（Maria），她是科西莫和埃莱奥诺拉（Eleonora）的大女儿。当代肖像画的复制品上印有她的名字。委托人有关的文件表明，玛利亚的肖像画创作于1550年12月，弗朗切斯科的肖像画创作于1551年初，这两幅画都是在比萨完成的。玛利亚·德·美第奇（Maria de' Medici）当时11岁，弟弟弗朗切斯科10岁

224

296
布龙齐诺
托莱多的埃莱奥诺拉和她的儿子乔瓦尼
木板油画
115cm×96cm
托莱多的埃莱奥诺拉是那不勒斯总督的女儿，也是科西莫的妻子，作品中展示了她和她的儿子乔瓦尼。画中采用了布龙齐诺常用来表明精确王朝意义的构图模式。她画中所穿婚纱与其1562年下葬时穿的婚纱是一样的。根据艺术家波焦阿卡伊阿诺写的信，这幅作品的创作时间可追溯到1545年

297
布龙齐诺
死去的基督与圣母和抹大拉的玛利亚
木板油画
115cm × 100cm
这幅画可能是瓦萨里描述过的一幅布龙齐诺在圣特里尼塔教堂绘制的作品,不过作品中缺少圣约翰的形象,而且与描述的尺寸也不一致。这幅作品似乎可以追溯到16世纪40年代晚期

298
布龙齐诺
基督被解下十字架
木板油画
243cm × 174cm
创作时间可追溯到1553年前后,这幅画被认为是1545年《基督被解下十字架》的复制品,其中有一些变化,它原本放在旧宫埃莱奥诺拉教堂的祭坛,但后来被科西莫一世赠送给格兰维尔红衣主教(现在位于贝萨尼翁的博物馆)

299
卡洛·波特利
圣母无原罪始胎
木板油画
414cm × 246cm
该画挂于佛罗伦萨诸圣教堂的祭坛,很有教义参考价值。1671年,因为画面中一些裸体被认为不雅,这幅作品曾被摘下,之后画中人物都被画上了衣服

300
亚历山德罗·阿洛里
圣母领报
布面油画
162cm×103cm
这幅画很注意细节处理，用于私人祷告。圣母玛利亚站立着，举起双臂面对观众，这一形象十分罕见。其在桑蒂·迪·提托为圣母教堂创作的另一幅同时代作品中出现过

301
亚历山德罗·阿洛里
基督受洗
木板油画
165.5cm×97cm
这幅画是为克里斯蒂娜的皮蒂宫公寓里的小教堂而画的，她于1589年嫁给斐迪南一世。1591年，阿洛里因其为小教堂创作"小镀金怪诞故事"而获赏，该作品于1811年被毁。在这幅作品靠近基督的脚的位置写有日期，现在部分已被擦拭掉，1933年被阿道夫·文丘里辨认出来

228

302
吉罗拉莫·马奇厄蒂
维纳斯与阿多尼斯
木板油画
直径 17cm
画面内容改编自奥维德的《变形记》，它可能曾经是一件彩绘家具的一部分。教坛文件从1704年起就记录了这段历史，该作品大概可以追溯到16世纪60年代

303
亚历山德罗·阿洛里
缪斯为赫拉克勒斯戴桂冠
木板油画
40cm×29.5cm
弗朗切斯科·德·美第奇于1568年委托和支付了该画，它是多位艺术家创作的一系列小型寓言作品之一。大力神是王子美德的化身

304
弗朗切斯科·莫兰蒂尼·达·波比
慈善
木板油画
126cm×103cm
根据博尔吉尼于1584年的记录，莫兰蒂尼曾多次为安东尼奥·塞尔吉迪（Antonio Serguidi）、弗朗切斯科·德尔·内罗（Francesco del Nero）和里戈洛·科卡帕尼（Regolo Coccapani）画过这一主题。此幅作品的版本可以追溯到16世纪70年代初

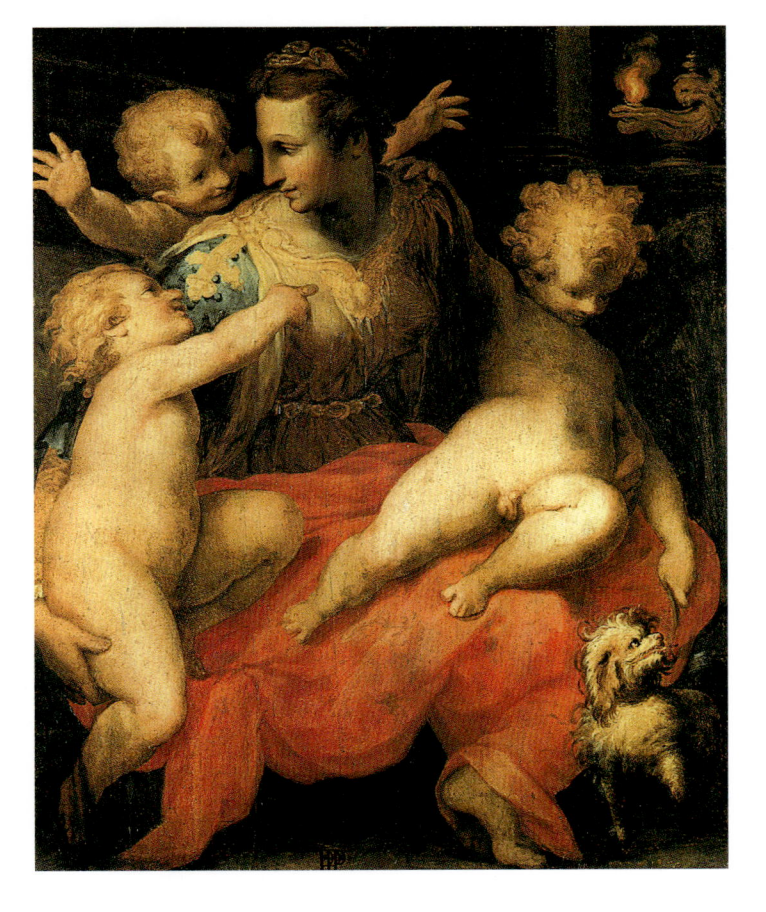

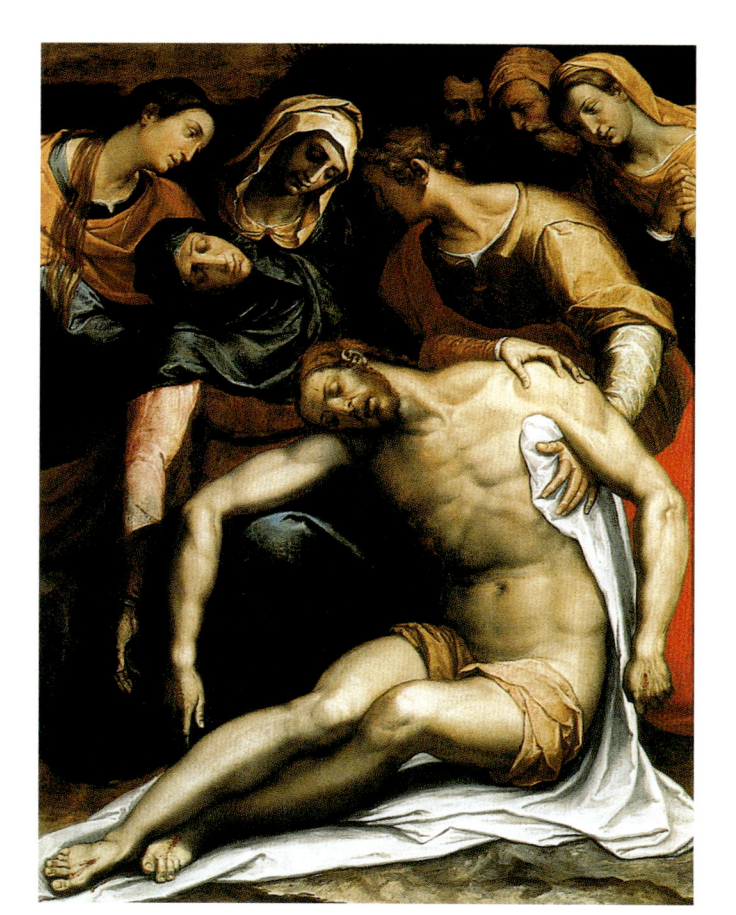

305—306
雅各布·朱基
黄金时代
木板油画
50cm×38.5cm
白银时代
木板油画
50cm×38.5cm
这两幅画可能是在1570年为斐迪南·德·美第奇（Ferdinand de' Medici）所作，他将这两幅画从罗马带回佛罗伦萨，为了参加1587年的大公加冕礼

307
斯特凡诺·皮耶里
哀悼基督
木板油画
171cm×127cm

艾米利亚绘画

维拉·福尔图纳蒂（Vera Fortunati）

1500—1525年间，艾米利亚人对阿尔卑斯山北部的艺术，尤其是对德国艺术极其迷恋，这类艺术风格通过复印画的传播、威尼斯（北方艺术风靡之地）游客的口口相传，以及阿尔布雷特·丢勒本人当时停留在博洛尼亚的缘故，得以迅速传播。

费布尔（Febvre）曾写道："提供贷款的原因无非是人们需要贷款。"德国绘画充满激情的表现力，正是像博洛尼亚的阿米科·阿斯佩尔蒂尼和费拉拉的鲁多维科·马佐里尼这样的艺术家一直在等待的。这两位艺术家都是在人文主义氛围中成长的，当时，埃尔科尔·德·罗贝蒂（Ercole de'Roberti）的神秘遗产激发了对古代事物产生的巫术幻想，以及对人类在荒诞极限上的悲剧面具的执念。

如果说阿斯佩尔蒂尼绘画中庄严而超凡脱俗的一面主要源自威尼斯，那么使北方和意大利这两个艺术世界融合的就是博洛尼亚大学城了。[例如卢卡斯·克拉纳赫（Lucas Crancuh）的学生和儿子汉斯就是1537年在博洛尼亚去世]。一场激发灵感的、实验性质的运动，与大学的学习和谐交融，成为16世纪博洛尼亚对拉斐尔和米开朗基罗作品的一场浪漫撞击，一场来自古典主义和北方艺术世界的撞击（创作于1519年的博洛尼亚圣彼得罗尼奥教堂的《圣殇》就是其中的典型代表）。

同时，在费拉拉，马佐里尼一直寄希望于在北部威尼斯（以雅各布·德·巴尔巴里、丢勒和年轻的洛托为代表）能够找到珍贵的历史"矿藏"，供他"挖掘"那些异想天开的引证，从而丰富自己的怀旧人文风格。而在当时，埃尔科尔·德·罗贝蒂的魔幻画室在这一风格领域长期有着霸主地位。马佐里尼缺乏完全接纳现代绘画风格的能力，他是15世纪小型画艺术家，而当时，埃尔科尔·德·罗贝蒂的遗产被加入以北方画派的"怪诞"风格演变而重新名噪一时的古典主义风格。

在威尼斯帝国和教皇国的疆域之间，费拉拉在波河三角洲的地理位置决定了它在16世纪的艺术文化走向。费拉拉占据了一个战略性的地位，16世纪两极对立的两大艺术中心——威尼斯和罗马在这里对决。

在费拉拉宫廷独特的生活氛围中，最有影响力的人物是阿方索公爵一世（1505—1534年）和艾科雷公爵二世（1534—1559年）。两人都招揽了城市中非常有声望的艺术家，包括弗拉·巴托洛米奥、拉斐尔、提香和波代诺内（Pordenone），还有一些作家，如博亚尔多（Boiardo）和阿里奥斯托（Ariosto）。"北风"很快将年轻的多索·多斯吹到了威尼斯，他和年轻的加洛法洛一起，寻找不同于在艾科雷一世·艾斯特宫廷（1471—1505年）非常流行的宗教画的新模式。从威尼斯潟湖到陆地的历程，标志着年轻的多索进入了一个新的阶段，这期间的顿悟表现在他的《被森林之神萨堤尔追逐的仙女》（现藏皮蒂宫帕拉蒂娜画廊）中：古典主义和神话在巫术和咒语的神秘气氛中获得了世俗的生命力。

阿方索一世在费拉拉城堡一翼的"雪花石膏更衣室"里，决定通过绘画和装饰重新建造老普林尼（Pliny）和斯特拉托斯（Philostratus）所描述的晚期罗马别墅。在当时，安东尼奥·伦巴多（Antonio Lombardo）多用雪花石膏浮雕，而乔瓦尼·贝利尼、提香和多索则习惯创作大型布面油画。多索在拉斐尔的罗马风格和提香的威尼斯风格之间徘徊，并且还受罗马尼诺和波代诺内的克雷莫内塞（Cremonese）风格的影响，因此，借用阿里奥斯托的话说，他发明了一种奇特的现代风格，即宫廷"绅士的娱乐活动"。这些形式以意想不到的动作将人们拉到奇怪的风景画中：在荆棘和沼泽中，画作的主人公栩栩如生，身处在"令人惊讶的魔法和神秘气氛中"（《逃往埃及途中休息》中的加林）。16世纪20年代，多索的光学变换技术已经非常成熟，他在罗马（通过拉斐尔和米开朗基罗的范例）学到的知识以及曼托瓦的朱里奥·罗马诺给他的建议，再加上提香的色彩古典主义风格，结合在一起，产生了朝气蓬勃的色彩和光线的交融。当阴郁的人物角色游走在阿里奥斯托所创造的郁郁葱葱的风景中，就在他们快要到达忧郁的极限时，大地的生命力使他们富有活力（见《荣光圣母、施洗者圣约翰和福音传道士圣约翰》）。一个艺术家和一座城：在既有史诗色彩，又具新柏拉图主义和遍布阴谋的宫廷环境中，多索一路高歌猛进。他创作了许多具有动态对比，光与影不断交替的绘画作品，将细长、精致的笔锋与大胆的色彩应用相结合，将迷人的暮色与日常生活场景交融在一起。

在去世前不久，多索创作了《巫术》（现藏乌菲齐美术馆），这幅画是他才华的最佳证明。它将神秘的主题——酒神之谜画成了一幅风俗画，以一种17世纪现实主义的预示方式呈现。这幅作品隐含的意义在一个对话场景中得以展现：桌子旁围坐着一支"快乐乐队"，通过清晰的客观现实（后来卡拉瓦乔在他的作品中采用了同样的方式）逼真地（暗示了克雷莫内塞风格）体现了主题。

"他是伦巴第一个以现代风格开始绘画的人"，这是瓦萨里对科雷乔（1489—1534）一生描述的第一句话。他尝试让"伦巴第"这个名字所代表的地理位置与"现代风格"这个短语的类型阐述相协调，他这种场所精神（或者说是地方特色）的影响，在我们今天的时代中也能看到。科雷乔是艾米利亚待开垦的现代风格的先驱，他的早年生活非常复杂。在曼托瓦，他在曼特尼亚的影响下接触了科斯塔的原型古典主义（从他的《荣光圣母子和天使》中可以看出）；他在阿尔比内亚的《圣母》中探索费拉拉式（Ferraran）的方法，同时一直在搜寻达·芬奇的建议和风格，以融入自己朦胧的、含蓄的"女性"世界中。他在1518年旅行到罗马时，与拉斐尔和米开朗基罗的作品展开了正面碰撞，这帮助他解决了年轻时的实验性危机。次年，他完成了帕尔马圣保罗教堂的室内壁画。在这幅壁画中，罗马风格的基调被重新塑造，以一种柔和的、优雅和感性的自然主义培育出一种庄严的古典主义。也正是在这个时期，科雷乔完成了《逃往埃及途中休息》：背景中茂密的森林体现了一种清晰可见的、生机勃勃的自然观。这个从伪《马太福音》中得知的神圣的宗教事件，在这幅画中通过流动的、不规律的节奏，将画中的主人公联系在一起——用隆吉的话来说就是"通过手势和碰触"；而颤抖的阴影和光线则让主人公的脸上透露出一种不安的情绪，这种表现方式是艺术家痴迷于达·芬奇风格的无可争辩的证明。在复杂的装饰画《福音传道士圣乔瓦尼》（1520—1523年）和《大教堂》（1526—1530年）中都采用了一种成熟的绘画语言，通过剧场和安东尼奥·贝加雷利（Antonio Begarelli）的艾米利亚式的"皮质塑性"传统传达出一种创新的幻景视角，与内在的柔情声色的无形形式相配，实现了巴洛克风格所预期的、连续的流动性。

作为现代风格的伦巴第版本，科雷乔的作品揭示了赋予女性世界特权的、意义深远的使命：从女诗人维罗妮卡·甘巴拉（Veronica Gambara）到女修道院院长乔凡娜·皮亚琴扎，女性在他的事业中发挥了非常重要的作用。他在1522年前后创作的《朝拜圣婴》是一幅感人至深的、探索这个充满感情的女性世界的作品，一幅描绘了期望成为母亲的女性的绘画作品，同样也是一幅非常优秀的绘画作品。圣母双手优雅地举在半空中，画面中有着精致褶皱的窗帘、静谧凄凉的风景。

1527年罗马之劫后，帕尔米贾尼诺来到教皇国的第二大城市博洛尼亚。此时，他已经是一个成熟的艺术家，在帕尔马的圣乔凡尼福音派教堂与科雷乔接触后，立即对寻求庄重的优雅产生了浓厚的兴趣。对帕尔米贾尼诺来说，同其他艾米利亚画家一样，到罗马旅行是必不可少的修行之道，于是他在1524年中期来到了罗马。教皇克莱门特七世的城市被拉斐尔式思想和泽里所称的米开朗基罗的"拉斐尔化"所主导，尤其是在他的门徒佩里诺·德尔·瓦加的作品中深有体现。罗索当时也在首都。

然而，帕尔米贾尼诺只有在1527—1530年于博洛尼亚逗留期间，才创造出了一种源自宫廷美的风格规范。当时这座城市正在准备查理五世的加冕典礼，并且正在成为一座世界性的城市，全世界的赞助人和收藏家都在这座城市里疯狂地进行非法交易。帕尔米贾尼诺作品的主要特征是："人物在茂盛的树木以及四周的风景间影影绰绰"（布赖恩德）。这种风格的典型代表作品有收藏在博洛尼亚国立美术馆的《圣玛格丽特的圣母玛利亚》以及《圣扎卡里的圣母玛利亚》。

这种优雅的宫廷风格对欧洲宫廷自身的品位有着必然的吸引力。对这种宫廷风格热情的佐证是，查理五世想在博洛尼亚圣彼得罗尼奥教堂的一个附属教堂里绘制一幅壁画，但这愿望仅停留在计划层面，从未执行；这幅壁画本来是要描述他的加冕典礼的。帕尔米贾尼诺被选中参与这个项目。回到帕尔马后，他创造了一种更稀有的形式：他的《长脖子的圣母玛利亚》是一个珍贵的象征性比喻，画中人物的手、手臂和腿都被夸张地拉长，充满令人不适的实验性张力。

在16世纪艾米利亚的艺术环境中，帕尔米贾尼诺的宫廷式优雅成为那些受制于宫廷政治的艺术中心的基本参照点。他的直系继承人是尼克洛·德尔·阿巴特（Niccolò dell'Abate）。尼克洛·德尔·阿巴特在摩德纳和博洛尼亚之间的堡垒、城堡和宫殿中，以一种迷人的叙事手法重新诠释了帕尔米贾尼诺的风格概念。他的目的是通过绘画来记录新自由贵族的社会活动——愉快的聚会、音乐会、游戏和比赛。在他的作品中，显赫的贵族们虽然受到严格的世俗礼仪的约束，但是在画面中却被以帕尔米贾尼诺标志性的严谨方式十分自然地描绘出来。同时，用隆吉的话来说，帕尔米贾尼诺拥有的"森林的野性幽默"，根据卡拉奇改革的新视觉，被作为风景画得到了重新诠释。

1514年的春天，拉斐尔的《圣塞西莉亚》来到博洛尼亚，成为教皇国统治这座城市的一个完美象征：令人信服的公众形象，使本蒂沃利奥宫廷的光彩黯然失色。对于成长于科斯塔和弗朗西亚原型主义的一代艺术家来说，这次与拉斐尔作品的相遇最终产生了负面影响：这幅木板油画是一个令人惊叹的原型，激发了就像是机器复制一般的创作。

摆脱这种缺乏创造力的方法是等待巴尔达萨雷·佩鲁齐（Baldassare Peruzzi）来到博洛尼亚。巴尔达萨雷·佩鲁齐于1522—1523年为乔瓦尼·巴蒂斯塔·本蒂沃利奥宫廷创作了《三博士朝圣》（收藏于英国伦敦国家美术馆）。在佩鲁齐的作品中，盛行的拉斐尔风格文化因艺术家对古典主义的兴趣而变得有所缓和，这种古典主义通过戏剧效果和强大的可塑性进行阐述，唤起了人们对朱里奥·罗马诺作品的回忆。这促进了与拉斐尔的和解，并表明他的创新可以以一种不那么教条主义的方式成长起来。随后，在三位吉罗拉莫（吉罗拉莫·达·特雷维索、吉罗拉莫·马基西·达·科蒂尼奥拉和吉罗拉莫·达·卡皮）之间展开了一场激烈的对话，他们开启了博洛尼亚艺术的新篇章。吉罗拉莫·达·特雷维索依靠佛罗伦萨学派（圣马可学派），却没有忘记他的根，他早期曾接受过威尼斯和北欧画派的训练（他在1525年于博洛尼亚的圣彼得罗尼奥创作了《圣安东尼的故事》）；吉罗拉莫·马基西·达·科蒂尼奥拉努力追求自然主义的古典主义（他于1526年在博斯科为圣米歇尔创作的祭坛画现收藏在德国柏林国家博物馆中）；吉罗拉莫·达·卡皮则用伦巴第的语言风格重塑了佩鲁兹的原型，让人联想到多索和帕尔米贾尼诺（卡皮的作品《三博士朝圣》是在1529—1532年间为博洛尼亚的圣马蒂诺教堂绘制的）。在兰兹看来，艾米利亚对拉斐尔艺术思想最高贵的模仿源于"博洛尼亚"和"罗马"之间的美满"姻缘"：一种自然主义的古典主义，威尼斯 — 费拉拉的根和帕尔马的树干（以科雷乔吉奥和帕尔米贾尼诺的作品为典型代表），然后嫁接了拉斐尔的果实。拉斐尔的影响不仅仅是通过他在艾米利亚作品的传达，尤其还通过那些去过罗马的艺术家的作品进行传播。因此，吉罗拉莫·达·卡皮的肖像画结合了拉斐尔和帕尔米贾尼诺二者肖像画的风格，这从他非常漂亮的肖像画《巴尔托里尼·萨利姆贝尼大主教》（现藏在皮蒂宫中）中可以看出，他的肖像画在现实和想象之间有着微妙的相互作用。

与此同时，拉斐尔的作品在1518年被送达费拉拉。加洛法洛对这件令人惊讶的作品非常痴迷（这从他于1522年在费拉拉画廊创作的《屠杀无辜》中可以看出），而且也是通过这件作品，他后来能够对拉斐尔的世界有更加成熟的理解。在加洛法洛漫长的职业生涯的巅峰时期，他实现了一种高贵的古典主义，他年轻时接受的乔尔乔内风格的教育，就像是一个遥远的记忆悄悄地重新浮现出来（参见他在1540年前后创作的《天使报喜》）。

布赖恩德说："伊特鲁里亚恶魔从四面八方向威尼斯咆哮——即新的矫饰主义者的形式主义，占主导优势的米开朗基罗式风格趋向，以及宣称自己是一种具有自有规则、自有衡量方式和自有结构的通用语言——在16世纪40年代开始扩展他们在艾米利亚的领域。"博洛尼亚——教皇国第二重要的城市，是从意大利中部一直延伸到意大利北部的、占有霸主地位的矫饰主义文化的中点，享有特权地位。1539年，瓦萨里和萨尔维亚蒂在博洛尼亚的出现刺激了艺术，并确保这种艺术氛围符合最新趋势。此外还有其他的主角，普洛斯彼罗·丰塔纳（Prospero Fontana）和佩雷戈里诺·蒂巴尔迪（Pellegrino Tibaldi）成为追随他们的一代艺术家的榜样，并且与他们的风格也最为接近——具有历史必然性，当时随着帕莱奥蒂主教来到博洛尼亚而强制进行了特兰托改革。诺萨德拉（Nosadella）和帕萨罗蒂在蒂巴尔迪的强势的"米开朗基罗主义"中寻求庇护，并通过与北方的接触（例如帕尔马的斯普兰格和克雷莫内塞的坎皮）进行了一些实验性质的自由尝试。尤其是巴托洛米奥·帕萨罗蒂，他将帕莱奥蒂的艺术观当作一本流行书，达到了正统观念的极限：他发明了故事肖像画，徘徊在之前不曾见的真实与修辞的平衡上；他为博洛尼亚带来了极其新颖的风俗画，在这种新颖的风格中，16世纪喜剧剧院的剧目成了一种绘画艺术，将下层阶级的日常生活场景搬到了舞台中央，激烈地反映着现实世界的人情百态。

普洛斯彼罗（Prospero）的女儿拉维尼亚·丰塔纳，后来又恢复了她父亲的国际矫饰主义文化。在博洛尼亚格雷戈里十三世的保护下，她和安吉索拉（Anguissola）一起创造了16世纪末欧洲宫廷文明中女艺术家的神话。同时在博洛尼亚，卡拉奇正在书写艺术史上新篇章的第一页。

308
乔万·弗朗切斯科·马涅利
背负十字架的基督
木板油画
50cm×42cm
这幅画的创作可以追溯到16世纪头十年的中期。1906年，埃利亚·沃尔皮将这幅画送给乌菲齐美术馆。帷幔边缘的装饰盖住了作者的拉丁文签名

309
鲁多维科·马佐里尼
牧羊人朝圣
木板油画
79.5cm×60.5cm
这幅画1800年来自美第奇家族的收藏,曾在皮蒂宫展览。创作时间可追溯到1510—1515年

310
鲁多维科·马佐里尼
圣母子与圣安妮
木板油画
29.5cm×22.8cm
这幅画很可能是斐迪南·德·美第奇大公买下的,创作于1522—1523年

311
加洛法洛
天使传报
木板油画
55cm×76cm
这幅画大约创作于16世纪40年代早期,18世纪初期收藏于皮蒂宫。1773年来到乌菲齐美术馆

312
加洛法洛
奥古斯都与提伯坦女先知
木板油画
63cm×41cm
这幅画曾为斐迪南二世的弟弟莱奥波尔多·德·美第奇所有,画中描绘的是女巫在揭示奥古斯丁化身的秘密

313
多索·多斯
逃往埃及途中休息
木板蛋彩画
52cm×42.5cm
这幅画的创作时间仍有争议,可能创作于16世纪20年代末,也可能创作于16世纪30年代初

235

314

多索·多斯
圣母子，施洗者圣约翰与福音传道士圣约翰
木板油画（转印至布面）
153cm×114cm
尽管这幅画的创作可以追溯到16世纪30年代，但是原作的出处不明。这幅画曾被安置在科迪戈罗的圣马蒂诺教堂中，1911年被移交给市政当局，1913年存放于乌菲齐美术馆

315
多索·多斯
大力神的寓言（巫术）
布面油画
143.5cm × 144cm
1665年，红衣主教莱奥波尔多·德·美第奇在锡耶纳购得此画，其画面主旨一直存在争议。这幅画创作于1542年，即在画家去世前不久

316
科雷乔
荣光圣母子
木板油画
20cm×16.3cm
这幅画曾经是红衣主教莱奥波尔多的藏品，1789年被移交给乌菲齐美术馆。创作于16世纪第一个十年

317
科雷乔
圣婴礼拜
木板油画
81cm×77cm
1617年斐迪南·贡扎加将这幅画送给曼托瓦公爵科西莫二世。同年，这幅画在乌菲齐美术馆展出。这幅画创作于16世纪20年代前半期

318
科雷乔
逃往埃及途中休息
布面油画
123.5cm×106.5cm
这幅画是科雷乔为弗朗切斯科的穆纳里教堂所作。1638年,布朗热的复制品代替原作被送往摩德纳的公爵画廊。1649年,科雷乔的作品转而被送往佛罗伦萨。这幅画的创作时间仍有争议,有些人认为创作于1516—1517年,有些人则认为创作于1520年前后

319
帕尔米贾尼诺
圣扎卡里的圣母玛利亚
木板油画
75.5cm×60cm
一些学者认为这幅画于1533年被卖给博洛尼亚的博尼法乔·高赞蒂尼；1560年，拉莫称这幅画属于同样来自博洛尼亚的希奥尔希奥·曼佐尼伯爵。这幅画大约创作于1530年，1605年收藏于乌菲齐美术馆

320
帕尔米贾尼诺
长脖子的圣母玛利亚
木板油画
219cm×135cm
这幅画是1534年受埃琳娜·巴尔蒂委托，为她在帕尔马的圣母忠仆圣殿教堂的小圣堂创作的。这幅画由于画家去世而没能完成，1698年被斐迪南·德·美第奇买下

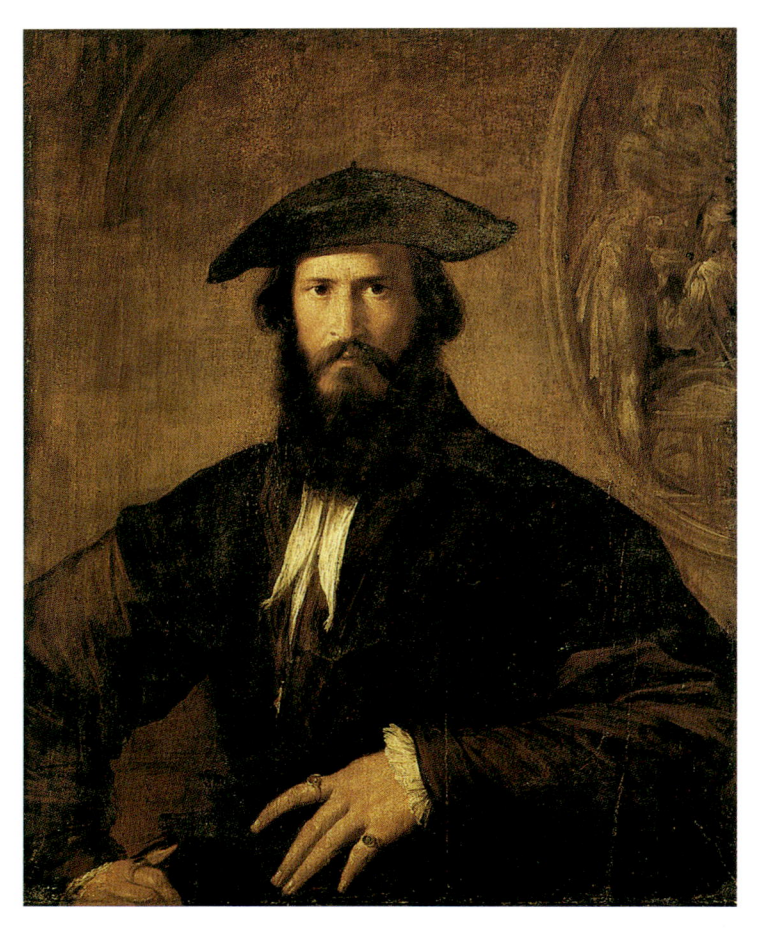

321
帕尔米贾尼诺
男人肖像
木板油画
88cm×68.5cm
这幅画创作于1530—1531年。莱奥波尔多·德·美第奇将其归类在自画像收藏，然而在与帕尔米贾尼诺本人创作的其他画作对比后，最终否定了自画像这一说法

322
吉罗拉莫·达·卡皮
大主教巴尔托里尼·沙林贝尼的肖像
木板油画
90cm×73cm
1568年，瓦萨里认定这幅肖像画中的主人公是佛罗伦萨人奥诺弗利奥·巴尔托里尼，那时他经常拜访博洛尼亚的大学。这幅画创作于1529年后不久，在此之前巴尔托里尼被任命为比萨大主教

323
巴托洛米奥·帕萨罗蒂
带着两条狗的绅士的肖像
布面油画
103cm × 84cm
曾有人认为这幅画是费德里克·祖卡里（Federico Zuccari）的作品，之后又认定作画者是帕萨罗蒂。肖像的主人曾被认定是基德巴尔多·达·蒙泰费尔特罗。这幅画大约创作于1575年

324
拉维尼亚·丰塔纳
不要碰我
布面油画
80cm × 65.5cm
这幅画于1632年来到乌菲齐美术馆，是安东尼奥·美第奇·达·卡皮斯特拉诺遗产的一部分

325
乔尔乔内
摩西受难
木板油画
89cm×72cm
这幅作品的首次记载是在1692年波吉奥帝国的托斯卡纳大公收藏品中。在1795年以乔瓦尼·贝利尼（Giovanni Bellini）的作品收入乌菲齐美术馆，后来又被重新认定作者是乔尔乔内。目前确认为是乔尔乔内的早期作品，创作于1495—1496年间

326
乔尔乔内
所罗门的审判
木板油画
89cm×72cm
这幅画与上一幅作品一样，描述的都是重大事件。尽管长期以来人们认为这些画的特征属于另一位不知名合作者，较乔尔乔内的作品差一些，但事实上只有人物显得有些过时。同上一幅作品，创作年代在1495—1496年

327
乔尔乔内
歌唱课
木板油画
62cm×77cm
这幅画于1698年首次被收录在斐迪南·德·美第奇大公的收藏品中。1666年，这幅画作为尼可洛·雷尼里（Nicolo Renieri）收藏的一部分，在威尼斯拍卖。在此之前这幅画一直列在1567—1569年加布里埃尔·文德拉明（Gabriele Vendramin）所属的收藏清单上，它最为人熟知的名字是《人的三个生命阶段》

328
乔尔乔内（推测）
穿盔甲的男人的肖像
布面油画
90cm × 73cm
这幅画在1821年作为与维也纳帝国美术馆交换作品的一部分收录到乌菲齐美术馆。最初认为作者是乔尔乔内，后来重新认定是其他画家，它也被称为《加塔梅拉塔的肖像》。这幅画可以追溯到16世纪的前几年

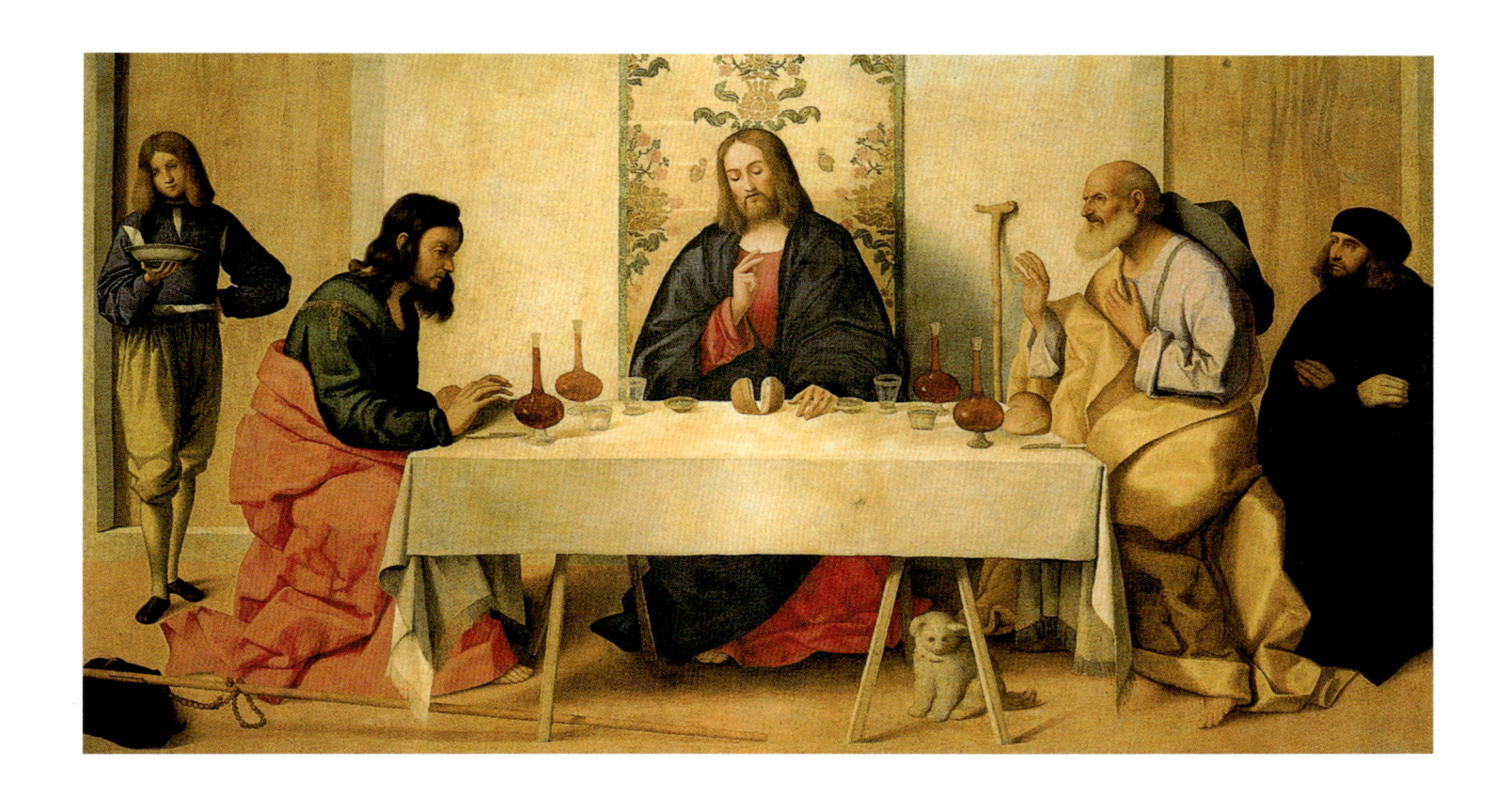

329
文森佐·卡蒂纳
以马忤斯的晚餐
木板油画
130cm×241cm
这件作品的灵感主要来源于乔瓦尼·贝利尼1490年的一幅画。这幅画于18世纪在维也纳被毁，现在通过版画的形式为人所知。这幅画属于卡蒂纳的晚期作品，创作于1525年或更晚，它结合了贝利尼风格的特点和提香的画风特点。另一稍有不同的版本可以在贝加莫的卡拉拉学院找到

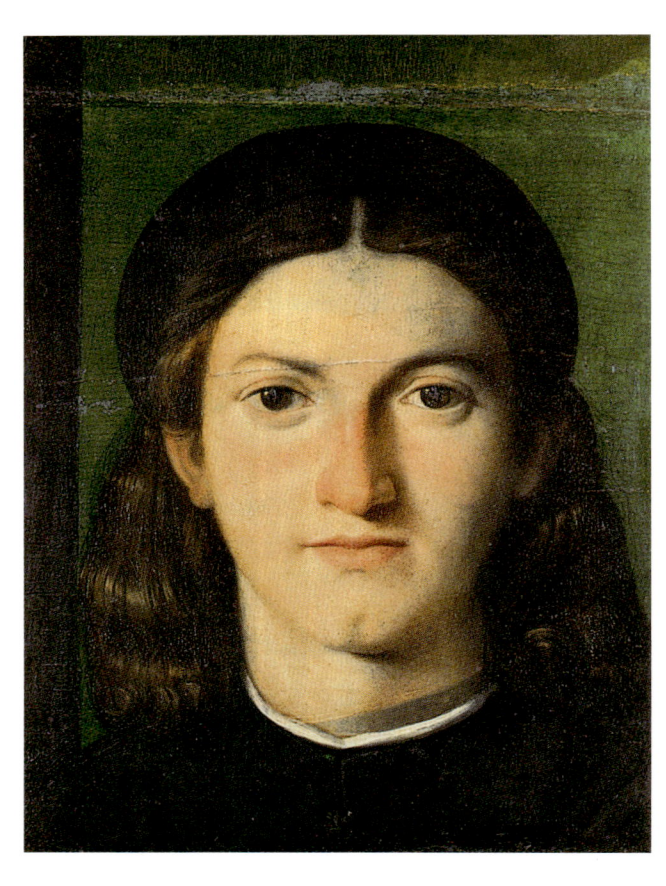

330
洛伦佐·洛托
青年人肖像
木板画
28cm×22cm
这幅画于1675年作为红衣主教莱奥波尔多·德·美第奇遗产的一部分来到乌菲齐美术馆，它被认为是达·芬奇为拉斐尔所作的肖像画。1910年由洛托修复，这幅画的创作时间可以追溯到1505年前后

331
洛伦佐·洛托
圣母子被圣杰罗姆、圣约瑟夫和圣安妮围绕
布面油画
69cm×87.5cm
这幅画创作于1713年，被斐迪南·德·美第奇收藏

252

332
洛伦佐·洛托
苏珊娜与长者
木板画
66cm×50cm
这幅画是洛托的杰作之一，可以追溯到他在贝加莫的时候。这幅画在艺术家作品中算得上是一个完美的范例

333
帕尔马·维奇奥
拉撒路的复活
木板画
94cm×110cm
这幅作品从威尼斯的萨尔瓦多收藏馆（Salvadori collection）购得，可追溯至1514—1515年。美国费城的约翰逊收藏馆有一个较小的版本

334
帕尔马·维奇奥
年轻的圣约翰、抹大拉的玛利亚与圣家族
木板油画
87cm×117cm
这幅画是在1793年的一次交换中从维也纳送到乌菲齐美术馆的。它可能是在帕尔马的工作室所作

335
帕尔马·维奇奥
朱迪斯和霍洛芬斯的头
木板画
90cm×71cm
1631年,作为维多利亚·德拉·罗维雷遗产的一部分,这幅画留在了美术馆。它可认为是帕尔马·维奇奥职业生涯最后阶段的代表作,大约在1525年完成

336
乔凡尼·弗朗切斯科·卡罗托
屠杀无辜
木板画
162cm×105cm
和这幅木板画同样收藏在乌菲齐美术馆的,还有另一幅木板油画,它曾收藏于维罗纳的圣科西莫教堂中,描绘了向埃及的逃亡。1568年,瓦萨里记录下了这些画,并认为它们是这位艺术家最早的作品之一。这些画被用作东方三博士祭坛门的装饰,祭坛中央矗立着圣母和圣子。这件作品于1908年从卡洛马侯爵手中购得,创作时间可以追溯到1505年前后

337
塞巴斯蒂亚诺·德·皮翁博
拉·福尔纳利纳
木板画
66cm×53cm
这幅画原是美第奇收藏品，1589年陈列在乌菲齐美术馆的八角形讲坛。19世纪末，它曾被认为是由拉斐尔亲笔签名的作品

338
塞巴斯蒂亚诺·德·皮翁博
圣阿加莎的殉难
木板画
131cm×175cm

339
塞巴斯蒂亚诺·德·皮翁博
阿多尼斯之死
布面油画
189cm×285cm

这幅画一度被认为是莫雷托·达·布雷西亚的作品，并作为红衣主教莱奥波尔多·德·美第奇遗产的一部分，收藏在乌菲齐美术馆。事实上，这是塞巴斯蒂亚诺1511—1512年在罗马第一阶段的杰作，融合了拉斐尔和米开朗基罗的绘画风格。它的构图安排和对右边树的处理，显然是源自收藏在维也纳的乔尔乔内所作的《三位哲学家》一画，而它忧郁的基调似乎指的是1509年具有灾难性的康布雷战争。这幅画因近年乌菲齐附近发生的汽车炸弹爆炸而受损。

瓦萨里非常欣赏这幅画，他当时把这幅画收录在乌尔比诺的公爵宫。1631年，它随着维多利亚·德拉·罗维雷的遗产来到佛罗伦萨美术馆。卢浮宫收藏有一幅非常漂亮的圣阿加莎画像的草图

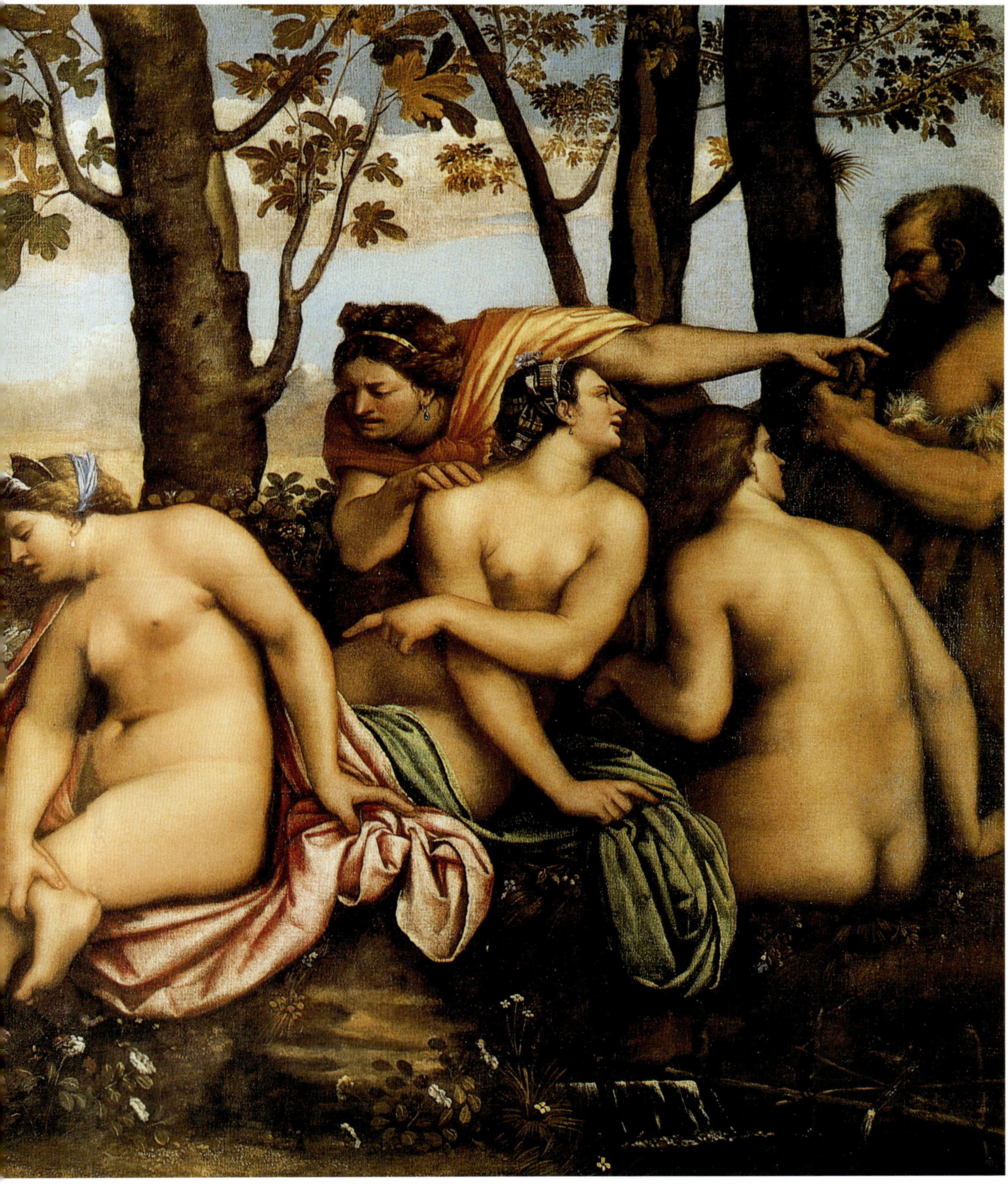

340
贝纳迪诺·里西尼奥
斜倚着的女性裸体
布面油画
80.5cm×154cm

这幅画之前存放在德国慕尼黑的纽斯画廊（1923年）和意大利佛罗伦萨的邦纳科西（1935年），1941年，这幅画被送回德国，并由西维耶罗于1953年进行修复。多年来，人们对它的出处猜测各不相同，但现在这幅画被认为是贝纳迪诺·里西尼奥在1510年前后完成的一幅早期代表作，在画中表现出他对塞巴斯蒂亚诺·德·皮翁博在威尼斯时期画风的兴趣

341
博尼法西奥·委罗内塞
摩西于水中获救
木板油画
31cm×111cm

这幅画作为红衣主教莱奥波尔多·德·美第奇遗产的一部分，于1675年收藏于帕拉蒂娜画廊，曾被认为是保罗·委罗内塞的作品。作品在19世纪曾被认为是出自乔尔乔内之手。这幅画用来装饰屉柜的正面。这种屉柜通常在博尼法西奥的作坊里生产，画作可以追溯到16世纪40年代左右

342
提香
音乐会
布面油画
86.5cm×123.5cm
这件作品作为红衣主教莱奥波尔多·德·美第奇的遗产，于1675年交给美术馆收藏。美第奇于1654年从保罗·德·塞拉手中购得这幅画。有些学者试图将这幅画鉴定为塞巴斯蒂亚诺·德·皮翁博通过借鉴瓦萨里而作的《维德罗和奥布雷希特的肖像》一画。这幅画的创作时间可以追溯到提香在完成帕多瓦壁画之后的1512—1513年

343
提香
男人肖像（生病的男人）
布面油画
81cm×60cm
这幅画也是来自红衣主教莱奥波尔多·德·美第奇的收藏，曾被认为是塞巴斯蒂亚诺·德·皮翁博的作品，但现在一般都认为是提香所作，不过目前对于这幅画的归属仍存在疑问

344
提香
抹大拉的玛利亚
木板油画
84cm×69cm
这幅画作为维多利亚·德拉·罗维雷遗产的一部分于1631年收藏于帕拉蒂娜画廊。这幅画的创作时间可追溯到1533—1535年

345
提香
彼得·阿勒蒂诺的肖像
布面油画
96.7cm×77.6cm
这幅画于1545年10月为阿勒蒂诺所作。同年，阿勒蒂诺将这幅画赠送给科西莫一世大公

346
提香
身着匈牙利服装的伊普波利托·德·美第奇的肖像
布面油画
139cm×107cm
据瓦萨里说，这幅画创作于1533年，在博洛尼亚被销毁。它一直是美第奇家族藏品中的一部分，1595年收藏记录中首次有这幅画的记载

347
提香
芙洛拉
布面油画
80cm × 63.5cm
乌菲齐美术馆于1793年通过与维也纳帝国美术馆交换获得了这幅作品，它是提香最为震撼人心的作品。这幅画的创作时间可以追溯到1514年前后

348
提香
绅士肖像（托马索·莫斯蒂）
布面油画
85cm×67cm
1663年，这幅画被收录在红衣主教莱奥波尔多·德·美第奇的收藏品中，1675年，这幅画作为他遗产的一部分被送进美术馆。这幅画的创作时间可以追溯到1516—1518年

349
提香
妇人肖像（贝拉）
布面油画
89cm×75.5cm
弗朗切斯科·玛利亚·德拉·罗维雷公爵在1536年5月2日和7月10日的两封信中反复询问提香的这幅画作，而这幅画由提香的助理吉安·贾科莫·莱昂纳尔迪代管。1631年，这幅画作为维多利亚·德拉·罗维雷遗产的一部分被收入美术馆

350
提香
绅士肖像（年轻的英国人）
布面油画
111cm×96cm

早在1698年，这幅画就已经在斐迪南·德·美第奇王子的收藏品中了。这件作品于1713年被收入美术馆。画中主人公已被确认为是费拉拉法学家伊波利托；19世纪末为这幅肖像画命名了一个传统标题《年轻的英国人》。这是提香1545年前后创作的肖像画经典作品

351
提香
维纳斯（乌尔比诺的维纳斯）
布面油画
119cm×165cm
1538年3月9日和5月1日，圭多巴尔多·达·蒙特费特罗分别在两封书信中提到了这幅裸体女人的画。同年夏天，这幅画由提香的画室到了乌尔比诺，瓦萨里于1548年在乌尔比诺看到这幅画。1631年，这幅画作为维多利亚·德拉·罗维雷的遗产被收藏在乌菲齐美术馆

352
提香
弗朗切斯科·玛利亚·德拉·罗维雷的肖像
布面油画
114cm × 103cm
在1536年公爵的一封信中,这幅肖像被提到已几近完成。它于1538年4月14日来到佩萨罗,并于1631年与维多利亚·德拉·罗维雷的遗产一起收入美术馆

353
提香
埃莉诺拉·贡萨格·德拉·罗维雷的肖像
布面油画
114cm × 103cm

1537年,皮埃特罗·阿雷蒂诺(Pietro Aretino)在给维罗妮卡·甘巴拉(Veronica Gambara)的信中宣称,即将完成这幅画和《弗朗切斯科·玛利亚·德拉·罗维雷的肖像》。这两幅画于1538年4月14日来到佩萨罗,作为维多利亚·德拉·罗维雷遗产的一部分,并于1631年来到佛罗伦萨美术馆。埃莉诺拉的肖像画可能绘制于她在1536—1537年到威尼斯游历期间

354
巴丽斯·博尔多内
妇人肖像（巴利亚·德·美第奇）
布面油画
107cm × 83cm
这幅作品是红衣主教莱奥波尔多·德·美第奇的遗产。学者认为这幅肖像画是艺术家的代表作，带有强烈的矫饰主义风格。这幅画可追溯到1545—1550年

355
阿米科·弗里兰诺·德尔·多索
男人肖像（佚名）
布面油画
78cm × 60cm
通过科西莫三世·德·美第奇的努力，这幅作品于1691年进入乌菲齐美术馆画廊。当时，人们认为这是索多马的自画像。多亏奥利维里奥和塞巴斯蒂亚诺·德·皮翁博，这幅画属于与隆吉密切相关的一组作品，这组作品也被称为《多索的弗里兰诺朋友》

356
多梅尼科·布鲁萨索兹
沐浴的贝特莎伯
布面油画
91cm × 98cm
作为红衣主教莱奥波尔多·德·美第奇遗产的一部分，该创作于1675年来到画廊。1929年，这幅画被认为是布鲁萨索兹所作，并认为是这位艺术家的代表作。画家于1552年在曼托瓦为大教堂完成这幅画不久后就被处决

270

357
塞巴斯蒂亚诺·福勒瑞格里奥
拉斐勒·格拉西的肖像
布面油画
127cm×103cm
这幅作品作为红衣主教莱奥波尔多·德·美第奇的遗产来到画廊，当时被认为是提香的作品。甘巴于1924年指出肖像与格拉西的相似之处，瓦萨里1568年曾提到乌迪内斯之父——画家詹巴蒂斯塔·格拉西。这幅画可追溯到1530年后

358
雅各布·巴萨诺
圣母子、圣约翰及众天使
布面油画
79cm×60cm
皮蒂宫，帕拉蒂娜画廊（暂时）
这幅画的创作时间可以追溯到1545年，还有一件再版复制品，现藏于贝加莫（意大利北部城市）的卡拉拉学院

359
雅各布·巴萨诺
两只狗
布面油画
85cm×126cm

360
弗朗切斯科·巴萨诺
田园风光
布面油画
93cm×122cm
画家以田园风光为背景作了一幅画

361
雷安德罗·巴萨诺
音乐会
布面油画
114cm×178cm
该创作于1704年以雅各布·巴萨诺的名义列入画廊库存清单中。实际上,这幅作品是他的儿子的杰作,创作时间可追溯至约1590年,曾记录在卡洛·德·美第奇(1663年)和红衣主教莱奥波尔多·德·美第奇的收藏中。这幅画具有巴萨诺作品典型的诗意风格,创作年代可追溯到1555年前后

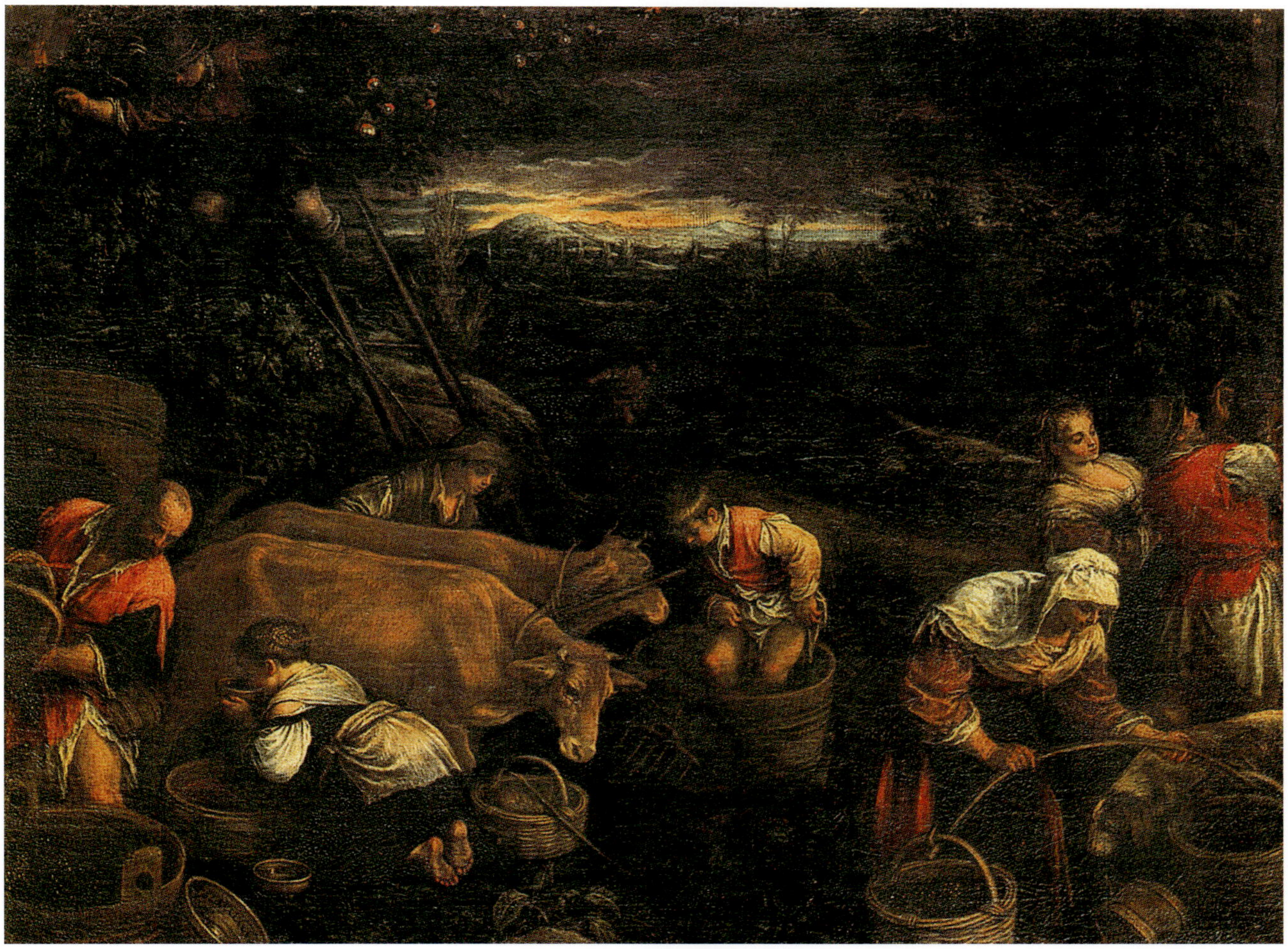

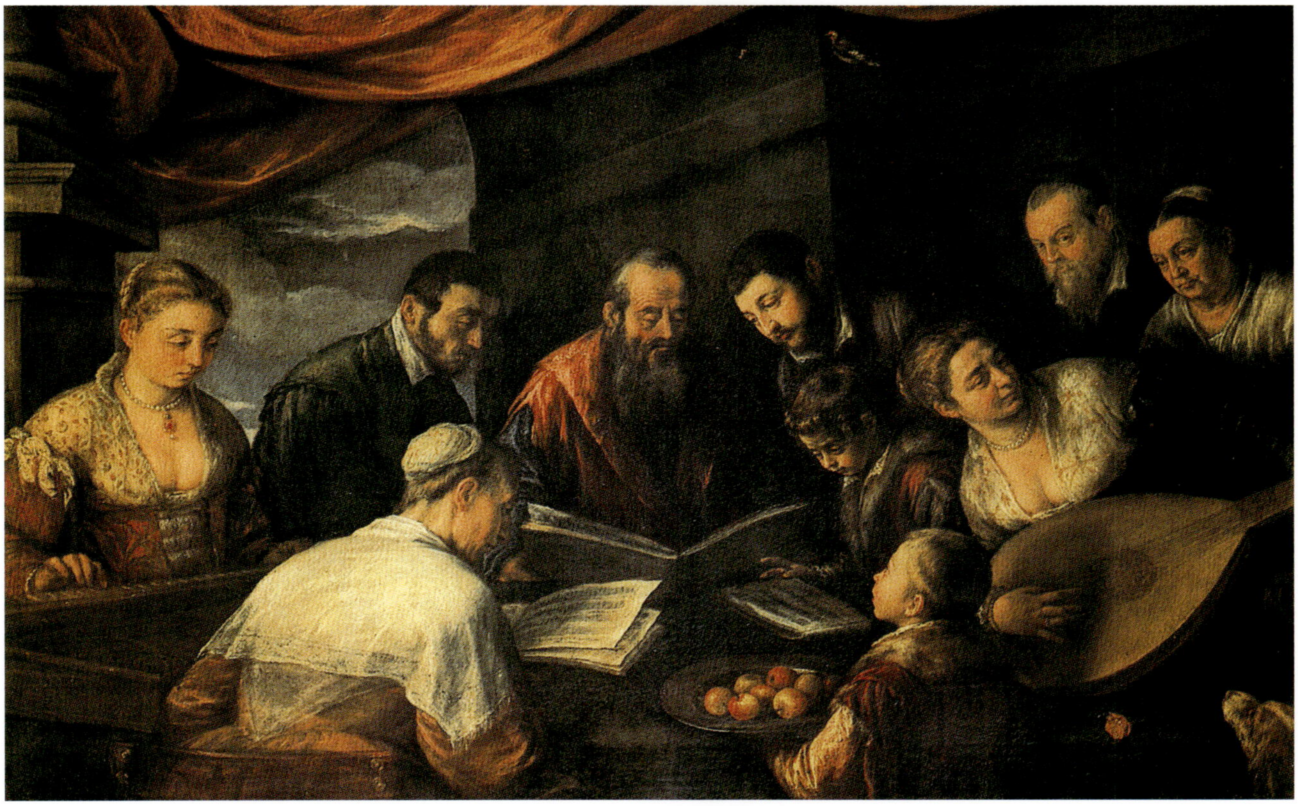

362—363
雅各布·丁托列托
狄安娜与恩底弥翁
布面油画
145cm×272cm
雅典娜与阿拉喀涅
布面油画
145cm×272cm
这两幅画原本是天花板装饰的一部分,正如它们前缩透视表明的那样。这种技巧让人想起由萨尔维亚蒂和瓦萨里引入威尼斯的"现代风格",这些作品的创作时间在1543—1544年

364
雅各布·丁托列托
身着毛皮大衣的绅士的肖像
布面油画
109cm×91cm
在16世纪50年代的前几年，人们认为这幅画是丁托列托的肖像画代表作之一。这幅画与作品《一名35岁男子的肖像》的风格相似，创作于维也纳，创作年代可追溯至1553年

365
雅各布·丁托列托
阿尔维斯·科尔纳罗的肖像
布面油画
113cm×85cm
这幅画来自斐迪南·德·美第奇的收藏，该作品于1698年首次列入收藏库存记录。著名的帕多瓦人文主义者科尔纳罗于1566年去世，享年91岁。这幅画中的他年事已高，因此可以判断出，这幅画的创作可以追溯到20世纪60年代上半叶

366
雅各布·丁托列托
雅各布·桑索维诺的肖像
布面油画
70cm×65cm
博尔吉尼在1584年写道：这幅肖像画属弗朗切斯科·德·美第奇大公所有。如罗西1974年所提出的那样，丁托列托于1566年被任命为佛罗伦萨学院院士，其很可能为向大公致敬而创作了这幅画

367
雅各布·丁托列托
丽达与天鹅
布面油画
147.5cm × 147.5cm
这幅画以前被孔蒂尼·博纳科西收藏,是之后一幅画作的原型,现放置于乌菲齐美术馆贮藏室。该作品可追溯到约1555年

278

371
保罗·委罗内塞
圣母领报
布面油画
143cm×291cm
美第奇的代理人保罗·德尔·塞拉在威尼斯购得这幅画。这幅画之后进入红衣主教莱奥波尔多的收藏，并于1675年辗转至乌菲齐美术馆。普遍认为此画创作于1551年或1556年，然而事实上，基于与威尼斯圣塞巴斯蒂亚诺教堂壁画风格对比，这幅画很可能最终完成于1558年

368
雅各布·丁托列托
丽达与天鹅
布面油画
162cm×218cm
该作由德·诺埃·沃克于1893年留给画廊。在18世纪，奥尔良摄政王曾将这幅画存于巴黎收藏中。这幅画很有可能出自丁托列托画室，曾属于孔蒂尼·博纳科西收藏。现收藏于乌菲齐美术馆，创作年代可追溯至1578年

369—370
雅各布·丁托列托
井边的基督
布面油画
116cm×93cm
井边的撒马利亚妇女
布面油画
116cm×93cm
博尔吉尼于1584年注明，这些画连同两幅描绘圣母领报的肖像（现收藏于荷兰阿姆斯特丹的国立博物馆）一起组成威尼斯圣贝尼代托教堂管风琴的门板。作品创作年代约在1580年

372
保罗·委罗内塞
伊塞波·达·波尔图和他的儿子阿德里亚诺的肖像
布面油画
247cm×133cm
这幅画有一幅配套作品，画的是波尔图的妻子露西娅·达·波尔图·蒂安和他们的女儿波西亚

373
保罗·委罗内塞
维纳斯与墨丘利将厄洛斯和安忒洛斯介绍给宙斯
布面油画
150cm×243cm
帕鲁奇尼认为，这幅油画是根据瑞多非记录（写于1648年）中对厄洛斯和安忒洛斯的描述创作而成的，完成于威尼斯萨努多的家中。广阔的、挂满云彩的天空不禁让人想起委罗内塞在"马瑟"所创作的壁画，同时也印证了这幅作品的创作时间大约在1562年

374
保罗·委罗内塞
穿着毛皮大衣的绅士
布面油画
140cm×107cm
这幅作品创作于1565年前后，是1675年红衣主教莱奥波尔多·德·美第奇留下的遗产之一。这幅画中的人物曾被认为是达尼埃莱·巴尔巴罗，但现在已经证实这一判定是错误的。因为这幅画中的人物形象同现今陈列于荷兰阿姆斯特丹国家博物馆的巴尔巴罗肖像大相径庭

375
保罗·委罗内塞
圣家族与圣巴巴拉和小施洗者圣约翰
布面油画
86cm×122cm
这幅精美小巧的画作曾在1648年收藏于意大利威尼斯的威德曼府邸。随后美第奇家族的代理人保罗·德尔·塞拉购得这幅画，并将其献给红衣主教莱奥波尔多·德·美第奇，创作于1564年，于1675年保存在乌菲齐美术馆

376
保罗·委罗内塞
圣贾斯廷娜的殉教
布面油画
103cm×113cm
据考证，这幅作品是保罗·德尔·塞拉从费拉拉卡诺尼奇收藏（记录于1632年的藏品清单）购得，随后献给红衣主教莱奥波尔多·德·美第奇。1675年，作品被移送至乌菲齐美术馆。画面中明快的色彩运用与威尼斯圣塞巴斯蒂亚诺教堂的两幅油画作品相似，由此可推测创作时间在16世纪70年代前后

377
保罗·委罗内塞
基督受洗
布面油画
196cm × 133cm

据记载，这件作品来源于意大利安科纳，1688年收藏于皮蒂宫的贮藏室。1935年，英国画家拜尼姆·肖在一本素描原稿的背后发现了一幅构思草图，这幅草图与委罗内塞为威尼斯总督府所作的一幅屋顶壁画相似。根据这一系列相关联的资料推测，创作时间在16世纪80年代初

378
乔瓦尼·安东尼奥·博塔费奥
治安法官的肖像
木板油画
51.5cm×37cm
这幅画与博塔费奥在1500年绘制的卡西奥祭坛画的创作时间大致相同（现藏卢浮宫博物馆）。这幅肖像画曾经在米兰由弗里佐尼收藏

379—380
薄伽丘·波卡西诺
福音传道士圣约翰
木板油画
75cm×58cm
圣马修
木板油画
76cm×59cm
这两幅画属于同一系列作品，其来源目前尚无从追溯，这一系列的其他画作目前下落不明。据记载，薄伽丘在创作仅存世的这两件绘画时，同威尼斯画派画家乔尔乔内保持着亲密的联系，由此估算创作时间很可能在16世纪初

381
薄伽丘·波卡西诺
吉卜赛女孩
木板油画
24cm×19cm
这幅作品同收藏在威尼斯美术学院画廊的薄伽丘的另一件作品《圣凯瑟琳的神秘婚礼》风格和技法接近，因此可以推测其创作时间大约在1505年。这幅画由美第奇家族成员莱奥波尔多·德·美第奇于17世纪收藏

382
模仿达·芬奇风格的佚名画家
纳西斯
木板油画
19cm×31cm
这幅木板油画的作者之前被认为是达·芬奇的学生乔瓦尼·安东尼奥·博塔费奥，是众多模仿达·芬奇风格的作品之一。现如今的研究结论将这幅画看作米兰艺术家"伪博塔费奥"的作品，创作时间估计在16世纪前十年

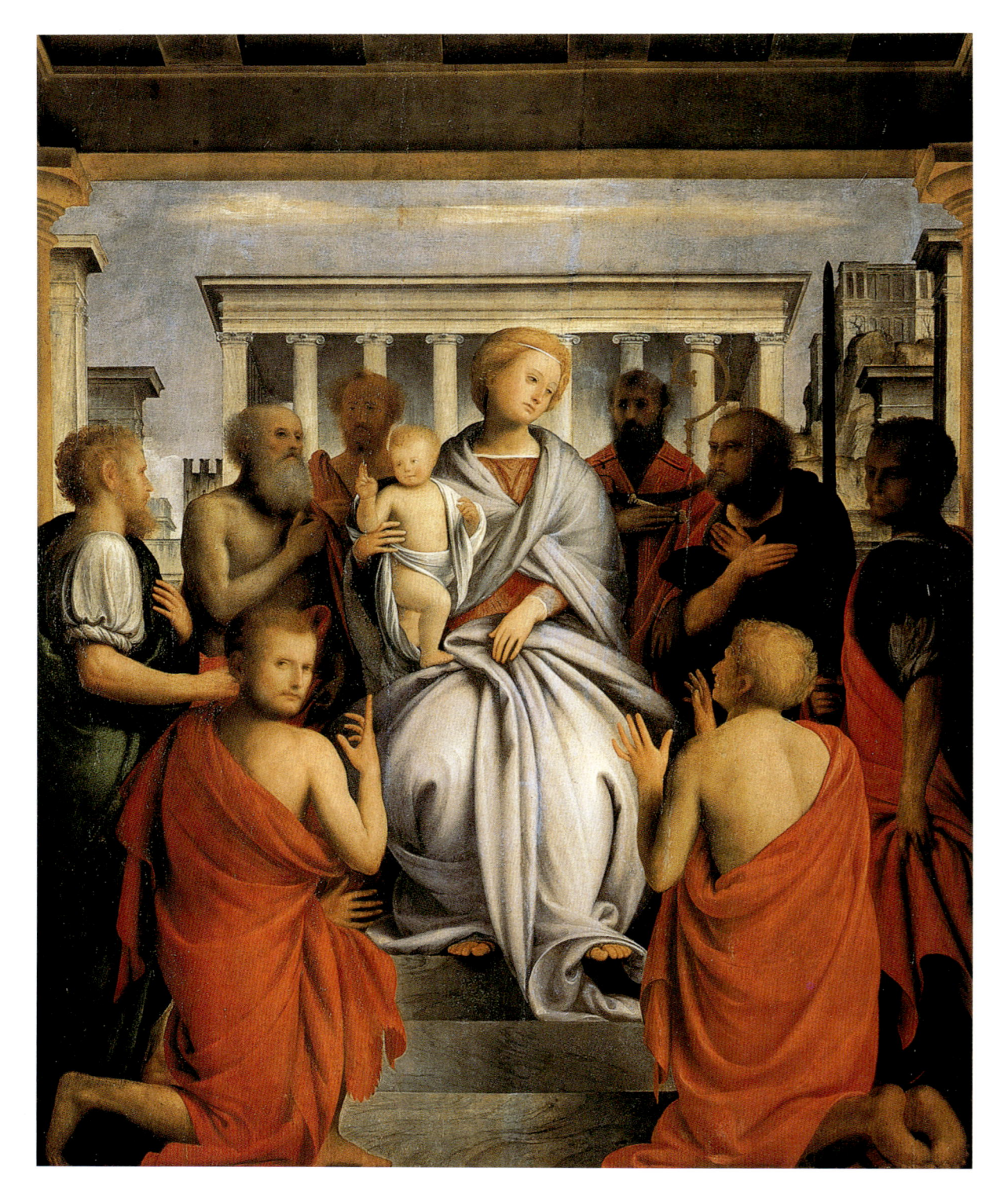

383
巴托洛米奥·苏阿尔迪（博塔费奥）
圣母子与八圣人
木板油画
203cm×167cm
这幅是巴托洛米奥绘画生涯晚期的作品，大约创作于16世纪20年代。该藏品曾放置于意大利米兰的圣玛利亚花园的礼拜堂内，随后辗转经手卡斯特巴尔卡、波尔迪·佩佐利、特里武尔齐奥和孔蒂尼·博纳科西

384
特芬丹特·法拉利
圣母子
木板画
75cm × 48.5cm
这幅作品创作于16世纪20年代，是众多绘制宗教画的皮埃蒙特画家的典型代表作。这一类画作的字体样式整体呈现出强烈的意大利北方特色

385
列奥纳多·达·芬奇学派
丽达与天鹅
木板油画
130cm×77.5cm
这幅画是达·芬奇的原作《丽达与天鹅》不计其数的复制品中最为经典的一件模仿作品，原画在列奥纳多·达·芬奇退出艺术界的前一年销声匿迹。1874年前后，这幅画归属于法国巴黎的德拉豪兹叶赫收藏，随后转存至意大利罗马的斯皮里东收藏。1941年，被转卖给德国的空军元帅赫尔曼·戈林。1948年找回后被存放在乌菲齐美术馆

386
乔瓦尼·安东尼奥·巴齐
又称索多马
圣塞巴斯蒂亚诺
布面油画
204cm×145cm
这件藏品是双面画,是锡耶纳卡莫利亚的圣塞巴斯蒂亚诺会在1525年5月3日委托索多马绘制的。画家在1526年收到几笔付款,但是直到1531年他才收到最后一笔付款。1786年出售给托斯卡纳大公莱奥波尔多二世,首次展示是在乌菲齐美术馆,1928年在皮蒂宫展出。背面描绘的是圣母子,正在受圣罗科、圣吉斯蒙多和圣塞巴斯蒂亚诺的敬仰

387
朱利奥·坎皮
手持曼陀林的绅士肖像
布面油画
74cm×58cm
现已证实这件藏品是朱利奥·坎皮早期的作品，创作于1530年前后。据艺评人马可·布希尼的记载，1660年此画属于威尼斯的保罗·德尔·塞拉收藏，且在当时布希尼认为作者是画家乔瓦尼·巴蒂斯塔·莫罗尼。随后红衣主教莱奥波尔多·德·美第奇购得这幅画，将其放置在美第奇家族的贮藏室，1800年转移到了乌菲齐美术馆

388
朱利奥·坎皮
朱利奥的父亲加利亚佐·坎皮肖像
布面油画
78.5cm×62cm
画作的背面标注有作者、模特身份和创作时间1535年。1683年，这幅画曾被误认为是一位名叫加利亚佐的画家的自画像

389

乔瓦尼·吉罗拉莫·萨沃尔多

显圣

木板油画

139cm×126cm

这幅画创作于萨沃尔多艺术生涯的晚期,即16世纪30年代末期,随后在保罗·德尔·塞拉经手下,由红衣主教莱奥波尔多·德·美第奇在威尼斯收藏了这幅作品。据记载,1675年这幅画放置于美第奇家族的贮藏室,于1780年成为乌菲齐美术馆藏品

390
乔瓦尼·吉罗拉莫·萨沃尔多
抹大拉的玛利亚
布面油画
85cm×79cm
关于此题材萨沃尔多已经创作过好几个相似版本的绘画,这是其中的一件,创作于16世纪30年代左右。
这幅画一直属于威尼斯的乔万内里收藏,1932年纳入孔蒂尼·博纳科西收藏

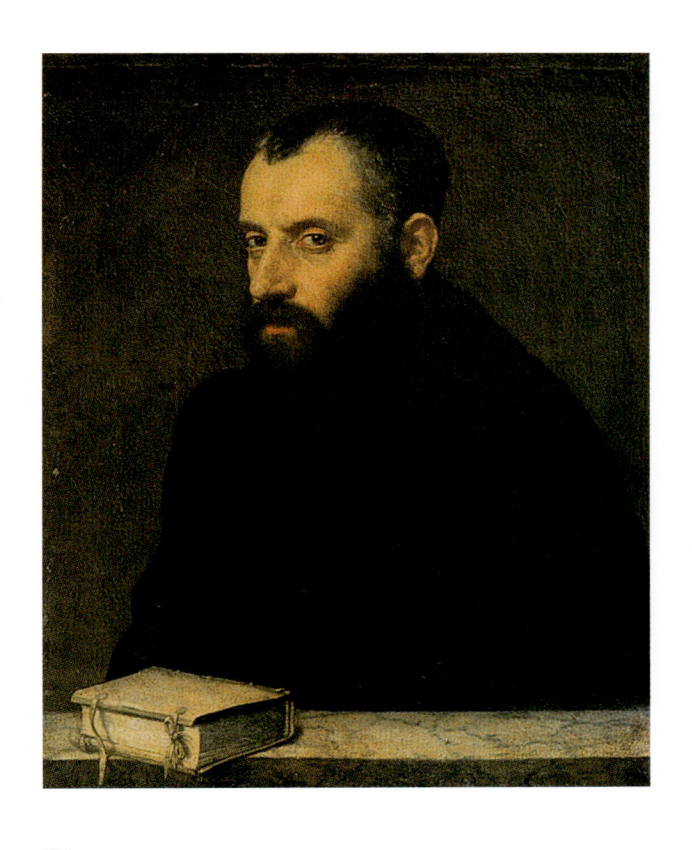

391
乔瓦尼·巴蒂斯塔·莫罗尼
贵妇肖像
布面油画
53cm×45.6cm
这幅画创作于16世纪50年代末，1665年红衣主教莱奥波尔多·德·美第奇在伦巴第区贝加莫期间，通过雕塑家西罗·费里获得此作，随后被悬挂在托斯卡纳大公之子斐迪南三世·德·美第奇的府邸。1799年，这幅画被拿破仑一世的供职官员征用，存留在法国巴黎拿破仑博物馆中直至1815年

392
乔瓦尼·巴蒂斯塔·莫罗尼
手拿一本书的绅士肖像
布面油画
69cm×61cm
这幅肖像画的创作时间大约在16世纪50年代末。1660年，商人乔瓦尼·达·乌迪内在威尼斯将这幅画卖给保罗·德尔·塞拉，保罗转而将其献给红衣主教莱奥波尔多·德·美第奇。1675年，这幅画作为美第奇家族的遗产被赠予皮蒂宫，不久之后被移送至乌菲齐美术馆。根据记载，1704年曾陈列于八角形讲坛

393
乔瓦尼·巴蒂斯塔·莫罗尼
乔瓦尼·安东尼奥·潘特拉肖像
布面油画
81cm×63cm
这幅画创作于16世纪50年代晚期或16世纪60年代初期。这幅作品曾经是红衣主教莱奥波尔多·德·美第奇的收藏，1688年陈列于皮蒂宫托斯卡纳大公之子斐迪南三世·德·美第奇的公寓内。随后不久，这幅画被转移至美第奇家族的波焦帝国庄园内，1795年运送入乌菲齐美术馆

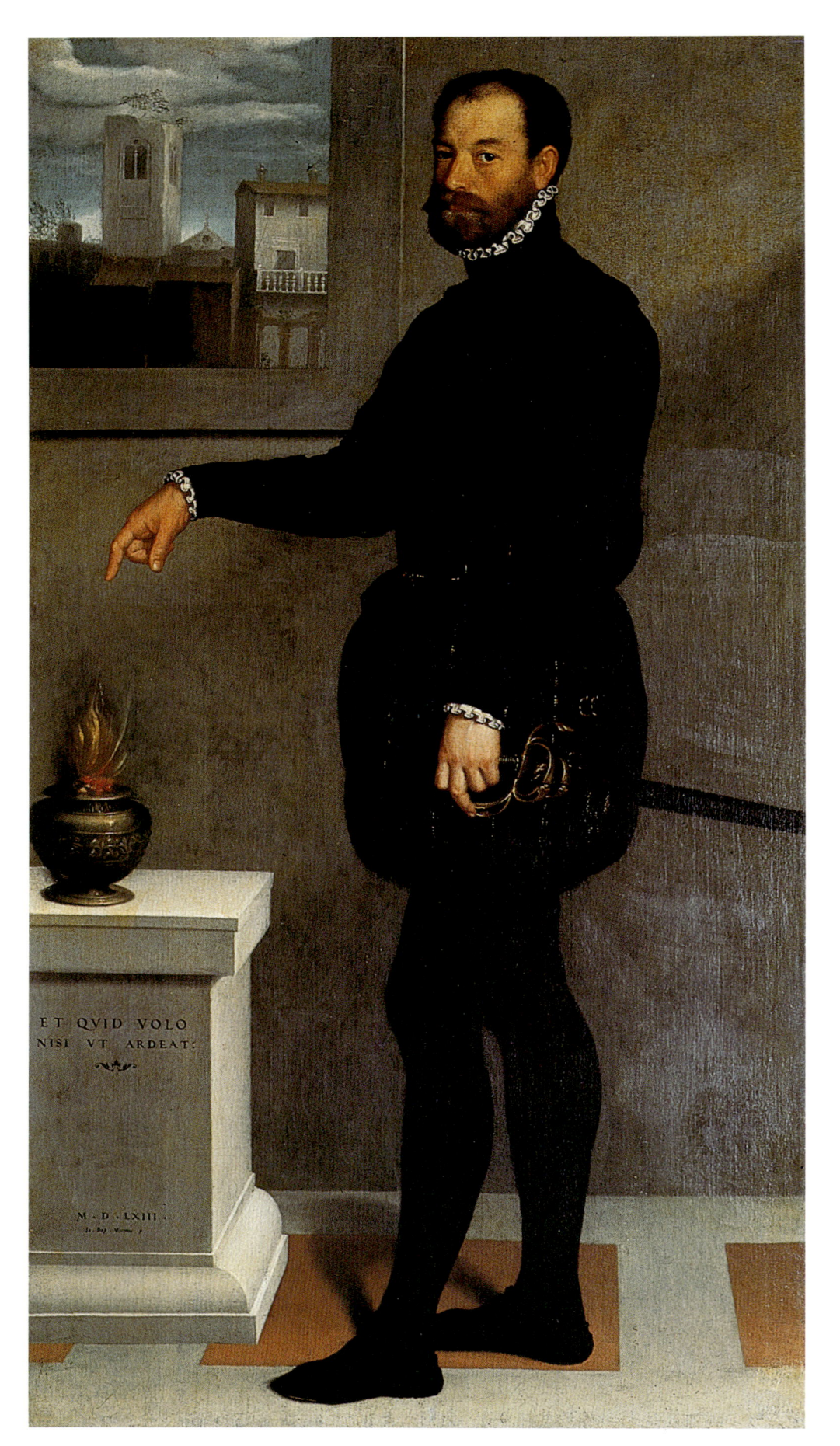

394
乔瓦尼·巴蒂斯塔·莫罗尼
彼得洛·塞科·苏尔多的肖像
布面油画
183cm×102cm

据记载，这幅肖像作品于1713年放置于斐迪南三世·德·美第奇位于皮蒂宫的公寓中，1797年成为乌菲齐美术馆馆藏。画面左下方的台座上放有正喷出火焰的装饰瓶，这一象征物品与苏尔多家族的纹章符号有很大关联，由此可以辨认人物是意大利贝加莫公爵彼得洛·塞科·苏尔多。1545年，他作为使节拜访威尼斯。台座上刻有出自《路加福音》的几行字，"我要把火丢在地上。倘若已经着起来，不也是我所愿意的吗？"

395
乔瓦尼·巴蒂斯塔·莫罗尼
老人肖像
布面油画
52.6cm×45.5cm
这幅作品已被证实是莫罗尼晚年的作品,创作于1570年前后。1668年,红衣主教莱奥波尔多·德·美第奇在克雷莫纳期间从莫罗尼手中获得这幅画。1675年,画作被转移至皮蒂宫,最初放置于斐迪南三世·德·美第奇的房间中,后被列入1723年的家族收藏清单中

396
卢卡·坎比亚索
圣母子
布面油画
74.3cm×59.5cm
这幅画是坎比亚索16世纪70年代的作品,曾属于红衣主教莱奥波尔多·德·美第奇的一件收藏。据记载,该作于1635年陈列在乌菲齐美术馆的八角形讲坛,1688年在皮蒂宫展出

16 世纪的佛兰德斯、荷兰、德国、法国和西班牙绘画

伯特·W. 梅耶

我们终于看到对一种仍然存在且过于被轻视的观点的重新评价——16 世纪荷兰绘画仅仅代表着两个北部地区艺术的黄金时代之间的一个过渡：一个我们称之为"原始时代"，另一个是安特卫普的三位大师（即鲁本斯、凡·戴克和乔达恩斯）和伦勃朗（还包括伦勃朗后来在荷兰的一些追随者们）时代。必须强调的是，16 世纪低地国家的绘画作品内容丰富，色彩斑斓，结构复杂，极具高质量和独创性。要想了解荷兰画派，我们应该去看一看鲁多维科·圭恰迪尼（Lodovico Guicciardini）的著作《对所有低地国家的描述》。这部作品于 1567 年在安特卫普创作，作者在书中谈到了当地艺术形势，他说："绘画艺术具有社会公众性，绘画艺术荣誉是一件极其重要的事情，不仅在安特卫普和梅希林如此，在其他国家也是如此……首先，我要说的是，单就在这些地区，每种类型和专业的画家都比许多其他省份的画家加起来还要多很多，画家的数量多，作品的产量也大，在他们中诞生了很多伟大的人物。"

尽管如此，至少在米开朗基罗和提香去世之前，意大利和低地国家的艺术评论家对从达·芬奇开始的最后一批伟大的绘画大师的意见是一致的。一般来说，意大利画家在他们的叙事结构和寓言描述中，被认为更擅长创造人物的形象和神的形象；而北方的画家则被认为在色彩、材料的自然渲染、细节和风景方面更出众，所有的元素在艺术表达的平衡中分量都不多。依据这样的观点，北方的艺术家尤其缺乏以完美和谐的比例来捕捉人的形体的能力，而这种比例正是文艺复兴时期理想的古典美所要求的；他们也缺乏过程去学习。人们认为，为了解决这个问题，北方艺术家需要从拉斐尔的古典艺术作品和现代大师的作品开始研究。为了从大量创作的、不同质量的意大利具象作品中获得灵感，北方的艺术家需要穿越阿尔卑斯山，尽管在 16 世纪他们对这种材料的研究是通过版画的流通，即复制有名和不太有名的意大利大师的作品实现的。为了满足这一需求，北方画家开始越来越频繁地来到意大利学习和工作，主要在罗马，后来也去了其他城市，其中包括佛罗伦萨和威尼斯。

阿尔布雷希特·丢勒（Albrecht Dürer）是于 1500 年骑马前往威尼斯和罗马的，从某种意义上说，这是典型的罗马之旅。扬·戈塞特（Jan Gossaert）、梅尔滕·凡·海姆斯凯克（Maarten van Heemskerck）等人都有相似的罗马之旅。尽管瓦萨里和凡·曼德（van Mander）都认为丢勒是一位伟大的德国艺术家，但丢勒本人却将自己归属于荷兰画派的类别："佛兰德斯人"，或者用后来评论家的话来说，是"低地国家学派"。

事实上，16 世纪的意大利艺术评论在面对非意大利作品时，几乎完全集中于低地国家的艺术，丢勒则是少数几个例外之一。这表明丢勒是意大利艺术重要的竞争对手，这要归功于其值得注意的连续性和一致性，在那个世纪它无疑扮演了十分重要的角色。然而，在 16 世纪初，除了丢勒之外，德国还有其他一些高质量的画家，其中就包括阿尔布雷希特·阿尔特多费（Albrecht Altdorfer）、大卢卡斯·克拉纳赫（Lucas Cranach the Elder），还有更引人注目的小汉斯·荷尔拜因（Hans Holbein the Younger），他是英国宫廷的肖像画家。荷尔拜因非凡的能力促使卡雷尔·凡·曼德在 1604 年出版的《生活》一书中，将"生命"献给他和纽伦堡的另一位画家兼雕刻师。

凡·曼德讲述了荷尔拜因的几件作品是如何在 1574 年费德里科·祖卡里（Federico Zuccari）访问英国期间被完成的。这位意大利大师认为其原作可以与拉斐尔最优秀的作品相媲美。这种对北方画家毫无保留的欣赏，在当时的意大利人中是很少见的，这与彼时意大利人表现出的敌意形成了鲜明的对比，例如有些在罗马工作的艺术家都对扬·凡·斯科列里表现出明显的敌意，扬·凡·斯科列里在 1522 年负责贝尔维迪（Belvedere）的收藏。

然而在 16 世纪初，意大利人对北方艺术家的兴趣还远远没有消失。除了汉斯·梅姆林和杰拉德·大卫，以及耶罗尼米斯·博斯等传统艺术家，这种兴趣主要还是集中在阿尔布雷希特·丢勒和卢卡斯·凡·莱顿身上。尽管瓦萨里责备这些画家的解剖知识不充分，所画的人物相貌古怪。丢勒和凡·莱顿还是以极高的艺术水平在整个意大利都享有盛誉，成为许多意大利人的榜样，比如从罗马的波利多罗·达·卡拉瓦乔（Polidoro da Caravaggio）到佛罗伦萨的安德里亚·德尔·萨托（Andrea del Sarto）、蓬托尔莫和班奇亚卡，从摩德纳的吉罗拉莫·达·卡皮（Girolamo da Carpi）到威尼斯的提香和丁托列托，以及许多其他的艺术家。

今天在佛罗伦萨发现的丢勒的作品，并非他在意大利完成的，而是在他去世后很久才被送到意大利的，但他在意大利多次旅行中留下了为教堂和私人住宅所作的作品。其中最重要和最受欢迎的作品是一件大的三联画《玫瑰节》（现收藏于布拉格）。这幅画是为威尼斯圣巴托洛米奥的德国教堂里的一个小礼拜堂所绘制的。丢勒的作品被当地画家赞赏和模仿，这使得这位德国画家抱怨他的威尼斯同事"借用"了他的想法，并从而受到很多嫉妒。16 世纪，丢勒在意大利赢得了非凡的声誉，而当时这样的北方艺术家却寥寥无几。

到了 16 世纪末，丢勒的影响力更加广泛了，不仅在德国和

低地国家，尤其还在神圣罗马帝国皇帝鲁道夫二世的宫廷里。这表现在对丢勒作品的大量复制和模仿上。17世纪，由于1608年奥地利的玛利亚·玛德莱娜来到佛罗伦萨，丢勒的名声在某种程度上得到了恢复。玛利亚在嫁给科西莫二世·德·美第奇时，她的嫁妆里有一件丢勒的作品。这件称为《基督受难》的作品，绘制了耶稣受难时的各种场景，旁边还有一件由著名的大扬·勃鲁盖尔于1604年在布拉格制作的复制品，很可能是送给玛利亚·玛德莱娜的堂兄鲁道夫二世的。这两件作品和第三件作品一起来到佛罗伦萨宫廷，第三件作品《风景：河边的城市》中有来自布拉格的建筑，作为开篇激动人心的场景背景。最后一件铜版绘画作品《基督进耶路撒冷》是勃鲁盖尔在布拉格完成的，作品画风精致，以无数的小图形和细节为特点，这种风格在这位艺术家的故乡安特卫普，在布拉格的宫廷和意大利都深受诸如米兰主教费德里戈·博罗米奥（Federigo Borromeo）等重要赞助人的推崇。正如斯特法尼亚·贝多尼（Stefania Bedoni）在1983年发表的一篇论文中所说的，这三幅作品一到佛罗伦萨就形成或被制成了一件小的三联画作品，一个形状像橱柜一样的盒子。

在整个16世纪，北方艺术家或多或少地都几乎在意大利的城市生活过一段时间，他们经常在意大利本地大师的工作室里工作。其中有彼得·德·威特（Pieter de Witte），他在意大利被称为皮耶德罗·坎迪多（Pietro Candido）。在定居巴伐利亚之前，他曾在佛罗伦萨待过一段时间，吸收了一系列佛罗伦萨风格的元素，如罗索·菲伦蒂诺（Rosso Fiorentino）、布伦奇诺（Bronzino）、瓦萨里等人的风格。事实上，他的风格很接近他们的风格，以至于后来的学者们误以为他的作品《圣母子》是之前提到过的一位佛罗伦萨风格主义的艺术家的作品。而其他北方画家永久定居在了意大利，在那里向当地的大师学习之后，他们开创了自己的事业；如博洛尼亚的丹尼斯·卡瓦尔特（Denis Calvaert）、佛罗伦萨的乔瓦尼·斯特拉达诺（Giovanni Stradano）和威尼斯的保罗·费伊亚明哥（Paolo Fiammingo）。

许多荷兰艺术家来到意大利，有些人与意大利当地艺术家合作；有些人永远留在了意大利；还有些人带着一种新的意大利式的审美观回到了自己的国家，极大地促进了荷兰绘画艺术与意大利艺术风格的接近。扬·凡·斯科列里（Jan van Scorel）是回到家的那个人，从罗马带来了"优秀的意大利风格"（凡·曼德）；弗兰斯·弗洛里斯（Frans Floris）是第一个以自然主义方式描绘肌肉和缩小人物的人；其他画家也引入了一些元素，直到人们认为意大利绘画的独特优势在南北之间的质量差异有所缩小。米开朗基罗和提香去世后，我们有理由怀疑，在南方和北方的优秀艺术家之间，至少在宗教和神话场景的创作上，仍然存在着显著的差异。这同样也适用于肖像画作品，尽管国籍不同，但它是按照不同背景的艺术家，包括汉斯·荷尔拜因（Hans Holbein）、安东尼斯·莫尔（Antonis Mor）等大师所坚持的，某些几乎是国际性的体制所发展起来的。

1570年前后，罗马北部艺术家的成就体现在由巴托洛缪斯·斯帕朗格（Bartolomeus Spranger）领导的一批艺术家、教皇和公共委员会中。这些艺术家的作品以拉斐尔（Raphael）、吉安博洛尼亚（Giambologna）和帕尔马艺术家的风格为特色。汉斯·斯派克特（Hans Speckaert）是另一位在"永恒之城"罗马闻名的艺术家，他的绘画风格是后米开朗基罗风格，偶尔也带有一些风格主义。这些元素构成了他的艺术，也构成了埃尔·格利柯（El Greco）风格的基础。在罗马，这两位佛兰德斯画家的工作环境与他们的西班牙同行们相同：一方面，他们与伟大的赞助人、"业余"红衣主教亚历山德罗·法内斯（Alessandro Farnese）和他的画家兼微型画家、克罗地亚人朱利奥·克洛维奥（Giulio Clovio）有着联系（老彼得·勃鲁盖尔在罗马逗留期间也与克洛维奥结盟）；另一方面，他们都属于圣卢卡美术学院（Accademia di San Luca）的圈子，与其他外国画家和意大利同伴一起入学。

与荷兰画家在创作手法上相一致的，是同样被意大利风格所吸引的北方风景画家。在16世纪前几十年访问过罗马的艺术家们，将具有古典拉斐尔风格和后拉斐尔风格的风景作品的概念元素带回他们自己的国家，同时也带回了对遗迹考古的兴趣。其他的大师，包括希罗宁姆斯·科克（Hieronymus Cock）、伟大的彼得·勃鲁盖尔和亨德里克·高尔丘斯（Hendrick Goltzius）都受到提香的影响，这尤其启发了荷兰的画家。根据凡·曼德的观点，威尼斯的风景版画作品，在荷兰画家看来，以其很好的平衡空间结构而闻名，在不同的平面、地形和建筑之间创造了一种引人注目的和谐，光线在前景和背景之间变化强烈。

到了16世纪中叶，荷兰的风景画家和他们的作品在意大利变得非常流行。瓦萨里甚至曾说，即使在最穷的鞋匠家里，也少不了佛兰德斯风景画。这是他对荷兰艺术家有限的能力和客户肤浅品位的蔑视。

在意大利，最常被提到的风景艺术家是亨利·梅特·德·布莱斯（Herd Met de Bles），也就是著名的齐维塔二世（也称"小猫头鹰"），他可能活跃在阿尔卑斯山南部，于1550年后在费拉拉去世。他的作品《铜矿》在创作不久后就被购买，并放在了享有盛誉的乌菲齐美术馆的收藏室里。在1589年，也就是弗朗切斯一世去世两年后，它被列入收藏清单，弗朗切斯一世以对机械技术的极大兴趣而闻名于世。的确，正如弗兰卡·卡莫蒂（Franca Calmotti）在1991年所展示的那样，乌菲齐美术馆里这幅相当大的画作，在前景中从右向左展示了一系列引人入胜的步骤，这些步骤涉及提取和加工黑色矿物。无数的小雕像是用他们的工具描绘出来的，按照一个步骤，用上个时代典型的小炉子来进行新的"间接法"，它包括两个阶段："通过高温实现的矿物的熔合，使之与铁棒状的木材燃烧所产生的碳形成合金；以及连续脱碳（用木槌）获得铁。"在这幅作品的下部有一群旅行者，他们来源于马丁·尚格尔（Martin Schongauer）一件名为《逃往埃及》的作品，展示了齐维塔和他的同伴们擅长用小人物给他们的风景作品传达一个特定的主题或宗教意义的特点。

伯纳德·凡·奥利（Bernard van Orley）那一代的画家非常了解拉斐尔的艺术，特别是在1517年《使徒行传》到布鲁塞尔之后，它被带到首都，用于制作挂毯，挂毯以《使徒行传》为设计稿，被运往西斯廷教堂。在此之前，昆汀·梅瑟斯（Quentin Metsys）和朱斯·范·克利夫（Joos van Cleve）的莱昂纳多风格在一定程度上来自法国。达·芬奇在法国度过了他的最后几年，凡·克利夫被招揽到法国，为弗朗切斯一世（Francis I）和其他的宫廷成员服务。从1540年开始，在巴黎和枫丹白露宫，意大利和荷兰绘画更加频繁地与法国艺术交织融合，导致像弗朗索瓦·克卢埃特（Francois Clouet）的肖像画和被鲁道夫·西维埃罗（Rodolfo Siviero）发现的、佚名画家所作的《浴女》这样作品的出现。

从16世纪开始，意大利收藏的有代表性的外国艺术家的作品相当有限，仅限于少数几个艺术家，通常是那些在意大利作为独立艺术家工作，并在此获得一定声誉的外国人的。在16世纪的各种清单中，出现了最著名的，也最常被错误地提及的一些名字：丢勒、卢卡斯·凡·莱顿（Lucas van Leyden）、齐维塔（可能也指德·布莱斯或希尔博施）、老勃鲁盖尔以及其他一些人。并不令人吃惊的是，对非意大利艺术家的有限了解也导致了错误的归因。例如，杰拉德·大卫（Gerard David）的作品《基督被解救下十字架》曾出现在乌菲齐美术馆，被认为是荷兰卢卡（Luca）的作品，后来又被认为是丢勒的作品。同样被认为是丢勒的作品，还有在17世纪大公爵的收藏中卢卡斯·克拉纳赫（Lucas Cranach）的双联画《亚当与夏娃》和18世纪佚名的霍赫斯特拉滕大师所作的《圣母子与圣凯瑟琳和圣芭芭拉》。同样地，在作者被确认之前，乌菲齐的《圣母子》被认为是由罗索·菲伦蒂诺所作的。实际上这幅画是阿隆索·贝鲁格特的作品，在16世纪前几十年里，他曾在罗马和佛罗伦萨生活过一段时间。

造成这些错误的原因首先可能是意大利几百年来缺乏标准来作出有根据的判断。另一个原因是，这个时代的作品，特别是那些用心研究意大利艺术的外国画家的作品，长期以来一直没有受到人们的尊重。在这方面，埃德蒙多·德·阿米西斯（Edmondo de Amicis）在他1874年所作的《荷兰》一书中这样描述在低地国家的旅途："海姆斯凯克（Heemskerck）模仿了米开朗基罗（Michelangelo）、布隆梅特（Bloemaert）、科雷乔（Correggio），还有莫尔（Mor）、提香，更不用说其他人了。他们是拘泥于形式的模仿者，加上对意大利风格的过分夸张和德国式的笨拙，导致了一种低级化的艺术，与早期的作品比相当逊色。早期的作品虽然幼稚，设计死板，色彩粗犷，缺乏明暗对比，但至少没有刻意模仿。事实上，后者的许多作品都被视为荷兰真正艺术的遥远序曲。"在这里，他指的是17世纪的艺术。然而，时代和品位都在改变，在我们这个时代，这些"混血"艺术家已经完全被重新评价了。

397
佚名荷兰画家（以画作《处女群像》出名）
基督受难
木板油画
57cm × 47cm
这幅作品创作于1475—1500年间，17世纪收藏于美第奇家族的波焦帝国庄园。这位荷兰画家受佛兰德斯画家雨果·凡·德·古斯影响较大，从他描绘人物肖像的风格，以及擅长捕捉和表现人物深层次情感的绘画特点可以确认，他大约是其追随者

398—399
朱斯·范·克利夫
男人肖像
木板油画
57cm×42cm
女人肖像
木板油画
57cm×42cm
这组双联画在1753年乌菲齐美术馆的收藏清单上被标注为法国画家昆汀·马西斯和他的妻子的自画像。随后被认为是一位擅长画"圣母之死"题材的画家所作，现今证实其作者是朱斯·范·克利夫。画中男人手上的戒指刻有纹章，但目前还无法辨认其身份

400
霍赫斯特拉滕大师
圣座上的圣母子与圣凯瑟琳和圣芭芭拉
木板油画
87cm×73cm
历史上曾将这幅画的作者认定为丢勒，后来确认是由一位佚名比利时安特卫普画家所作。目前研究认为这件作品是画家于1520年前后创作的，描绘的建筑结构和风格吸收了意大利文艺复兴时期绘画的景物样式

401—402
伯纳德·凡·奥利
男人肖像
木板油画
32cm × 27cm
女人肖像
木板油画
37cm × 29cm
这两件肖像画曾被误认为汉斯·荷尔拜因的作品，记录在托斯卡纳大公17世纪初的一份收藏清单上。目前尚未有任何细节可以佐证画中两位人物的关系，无法确认是否是夫妻画像

403
扬·凡·斯科列里
圣方济各的圣痕
木板油画
69cm × 54cm
这幅作品展示了扬·凡·斯科列里特有的绘画风格，创作缘由无从考证，大约创作于画家1521年驻留意大利期间

303

404
亨利·梅特·德·布莱斯（"小猫头鹰"）
铜矿
木板油画
83cm×114cm
这幅作品自1589年起陈列于乌菲齐美术馆的八角形房间。这幅画是画家重振自己绘画生涯的起点之作，创作于1525—1527年。注：因为布莱斯的画中经常出现小猫头鹰，卡雷尔·范·曼德认为这个主题是他的署名，因此称他为"Civetta"（意大利语中"猫头鹰"的意思）

405—406
大卢卡斯·克拉纳赫
亚当
木板油画
172cm×63cm
夏娃
木板油画
167cm×71cm
根据17世纪意大利艺术史学家菲利波·巴尔迪努奇的记载，1688年这组作品成为托斯卡纳大公的收藏；由于丢勒吸收了不少克拉纳赫的技法和风格，当时作品作者曾被误认为是丢勒

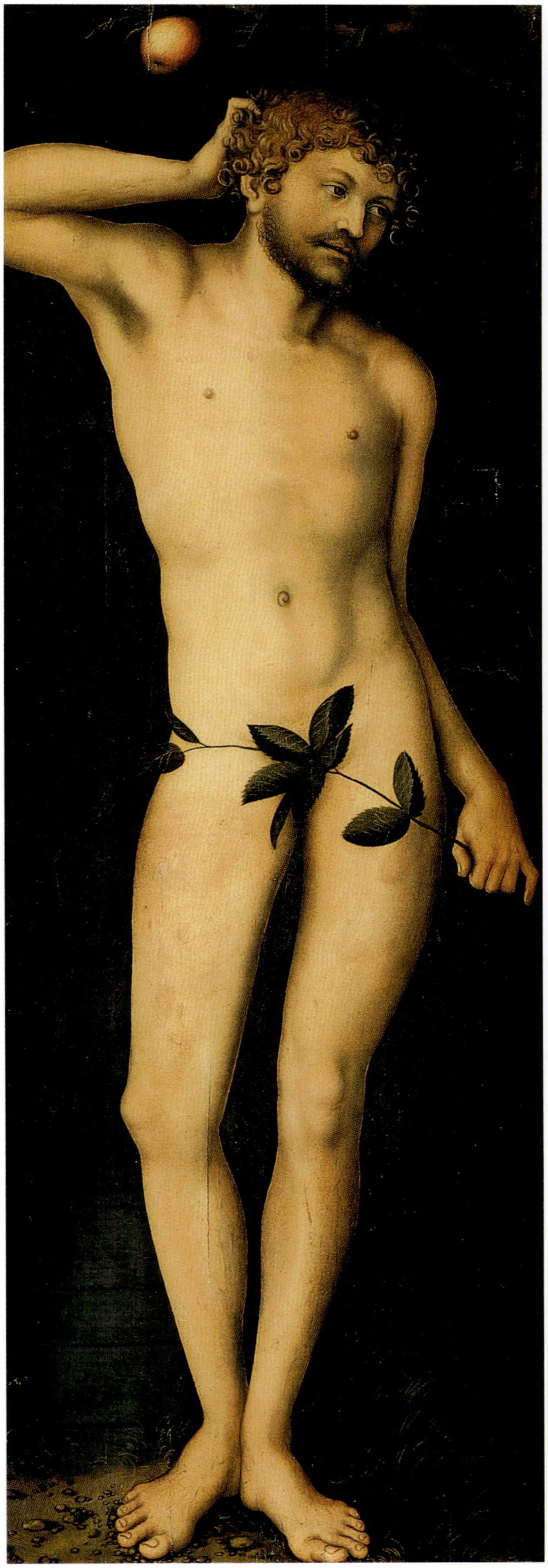
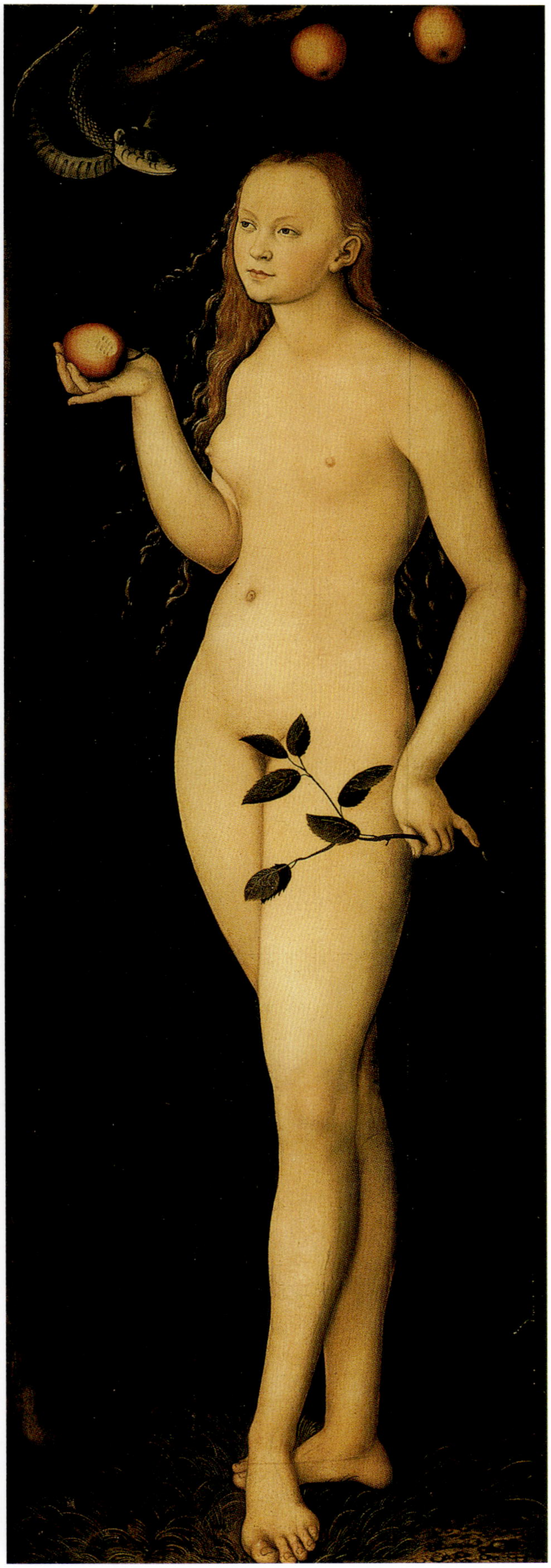

410
阿尔布雷希特·丢勒
圣母与梨
布面油画
43cm×31cm
这幅作品于1773年被运送至乌菲齐美术馆，18世纪初一直存放在大公的衣帽储藏间。梨在宗教题材画中象征着耶稣对众生的爱。丢勒在后期修改这幅画时，曾将梨按画面比例缩小

411—412
阿尔布雷希特·丢勒
使徒圣雅各
布面蛋彩油画
46cm×37cm
使徒圣斐理伯
布面蛋彩油画
45cm×38cm
1620年，神圣罗马帝国皇帝斐迪南二世将这两幅画献给科西莫二世·德·美第奇。这两件作品很有可能属于一组十二使徒系列题材画

413—414
汉斯·苏斯·冯·库姆巴赫
圣彼得的呼唤
圣保罗被捕
木板油画
130.2cm×95.6cm（单块木板）
这两件作品同另外六件（全部收藏于乌菲齐美术馆）同属苏斯的一个系列的题材作品，曾一度放置于大公的衣帽间。1843年，这一批画作从旧宫转移至乌菲齐美术馆，并一直珍藏于此。均创作于1510年前后，原本属于波兰克拉科夫的一间教堂内的祭坛组画的一部分（现已拆除）

415
汉斯·布格迈尔
男人肖像
木板油画（覆羊皮纸）
27.2cm×22.5cm
这幅作品于1939年被发现放置在皮蒂宫的贮藏室，有多处重新绘画的痕迹，作者被认定为是布格迈尔。1950年，对这幅画进行过修复，通过X光线照射可见覆盖在底层的署名和日期

309

416
阿尔布雷希特·阿尔特多费
圣弗洛里安辞别
木板油画
81.4cm×67cm
意大利锡耶纳国立美术馆于1914年获得这幅画。这幅画同作品的另一半《圣贾斯廷娜的殉教》曾经属于一系列木板油画的一部分。目前这些画分别收藏于德国纽伦堡博物馆、捷克布拉格博物馆、乌菲齐美术馆和德国柏林的一家私人收藏

417
阿尔布雷希特·阿尔特多费
圣贾斯廷娜的殉教
木板油画
76.4cm×67.2cm
这幅作品同《圣弗洛里安辞别》一样，来源于奥地利林茨附近的圣弗洛里安修道院

418
小汉斯·荷尔拜因
理查德·索斯维尔爵士肖像
木板油画
47.5cm×38cm
阿伦德尔伯爵应科西莫二世·德·美第奇的请求，于1621年将这幅画赠予后者。这幅肖像画原本裱有乌木画框，画框镶有四枚美第奇和阿伦德尔的肩章，标注有作者姓名以及模特姓名，此人是英国都铎王朝国王亨利八世的一位亲信

419
克里斯托夫·安贝格
科尼利厄斯·格罗斯肖像
木板油画
53.4cm×43cm
这幅画曾经一度陈列于乌菲齐美术馆的八角房间，1635年收藏清单将其归列为丢勒的作品。目前收藏于皮蒂宫的一幅出自安贝格的妇女肖像，很有可能是这幅画的配套作品

420
乔治·佩兹
年轻男人肖像
木板油画
91cm×70cm
这幅作品刚开始被假定为画家的自画像，收藏于波焦帝国庄园。目前还无法确定画中人物的真实身份，火红鹦鹉是爱情的象征，这幅画应该是为庆祝大婚所作

421
柯奈·德·里昂
昂古莱姆大公查尔斯
木板油画
15.5cm×12.5cm
这幅肖像作品创作于1536年柯奈服务于里昂的法国贵族宫廷期间。1589年，凯瑟琳·德·美第奇将这幅画作为自己的遗产赠予侄女克里斯蒂娜，祝贺她与斐迪南一世的婚礼

423
弗朗索瓦·克卢埃特
马背上的法国国王弗朗西斯一世
木板油画
27cm×22cm
这幅作品作为洛林公爵之女克里斯蒂娜的嫁妆被运至佛罗伦萨,克里斯蒂娜是法国国王亨利二世的妻子凯瑟琳·德·美第奇的侄女,她于1589年嫁给了斐迪南一世·德·美第奇。在一份18世纪的收藏清单中曾被错误列为荷尔拜因的作品

422
弗朗索瓦·克卢埃特
亨利二世肖像
布面油画
192cm×105cm
关于这幅作品的创作缘由不详,于1589年作为洛林公爵之女克里斯蒂娜的嫁妆运送至佛罗伦萨

424
让·克卢埃特
吉萨大公克劳德·洛林肖像
木板油画
29cm×26cm
这幅画是极少数可以完全确定作者为让·克卢埃特的作品之一

425
佚名法国画家
沐浴的女人
木板油画
129cm×97cm
这幅作品从意大利热那亚运往佛罗伦萨时，作者被认定为罗吉尔·凡·德·韦登，并于1941年转卖给德国空军元帅赫尔曼·戈林；随后在德国由鲁道夫·西维埃罗进行修复。目前认为这幅画出自一位法国画家之手，属于枫丹白露学派

426
阿隆索·贝鲁格特
圣母子
木板油画
89cm×64cm
这幅画曾一度被归为罗索·菲伦蒂诺的作品，后纠正为西班牙画家阿隆索旅居意大利时所作

427
阿隆索·贝鲁格特
莎乐美与施洗者约翰的头
木板油画
87.5cm×71cm
这幅作品曾经一度放置于大公的衣帽间，1795年的收藏清单上这幅画被误标注为费德里科·巴罗奇的作品。创作于贝鲁格特游历意大利期间

428
埃尔·格利柯
福音传道士约翰和方济各
布面油画
109cm×86cm
这幅画是格利柯1600年前后的代表作。目前存世的还有另外两幅与原画题材和构成相同的作品，研究认为都是当时研习班的模仿制品。目前放置于乌菲齐美术馆的这幅原本是苏埃卡大公的一位家族成员的收藏，后作为鲁斯波利·戈多伊的遗产于1976年进入乌菲齐美术馆

429
约阿希姆·贝克拉尔
彼拉多将耶稣带到众人面前
木板油画
110cm×140cm
关于这幅作品目前存世的有两幅创作于同一时期的版本。根据画家惯用的表现手法和构成，
画面的主要情节（即画的主题）发生在背景中，而前景画的则是一个集市的场景

430
弗兰斯·弗洛里斯·德·维伦特
亚当和夏娃
木板油画
176cm×150cm
这幅作品最早出现在皮蒂宫1668年的收藏清单中，1779年从皮蒂宫的衣帽间被送出，陈列于乌菲齐美术馆

费德里科·巴罗奇

玛塔·皮里维特拉

16世纪中期，是费德里科·巴罗奇成为艺术家的时期，他主导的艺术流派是风格主义或矫饰主义。其间，教会进行改革，建立了新宗教秩序，恢复旧灵性，动摇了根基。利用风格主义美学的基本原则来创作具有新宗教内容的绘画，巴罗奇是第一人。

巴罗奇绘画的主要特征属于矫饰主义，但通过引起观者情感共鸣，唤起热情，从而领略圣人的灵性这一点，则完全改头换面。从他1582年的《安葬耶稣》（塞尼加利亚圣十字圣殿）和1579年的《耶稣诞生》（普拉多马德里）两幅作品来看，人物目光上拉向中心汇聚点的线，与对角线重合，构图复杂。为了突出诸如神迹或极乐等特定的戏剧主题、超自然主题的情感冲击，费德里科采用双重视角，通过创造一种令人近乎眼花缭乱的效果，从而更强烈地传达神秘体验，例如在乌尔比诺圣弗朗切斯科的《阿西西宽恕》（1574—1576年），在塞尼加利亚主教宫的《玫瑰经圣母》（1589—1593年）及最重要的作品《圣塞巴斯蒂亚诺殉难图》（1596年）。这幅作品的所在地热那亚大教堂也以鲁本斯和凡·戴克的作品闻名于世。在他们的画作中，人物经常过分缩小，姿势固定，以产生特定的空间效果；但巴罗奇为了让观众相信表现出来的真正的信仰，他的人物形象从未夸张或不自然，这在风格主义画派中屡见不鲜。巴罗奇的传记作者贝洛里写道：每一个细节都被在现实生活中轮廓分明地研究，以确保"正是这种姿态"，例如摆姿势的模特没有感受到"丝毫压力"。他创作的戏剧性是通过颜色强调的，虽然这些颜色属于自然主义，但过于追求审美满足造成了不真实感。于是他将另一个重要元素带到方法体系中，用于将观众的心态调整为画中人的心态。从上方落在物体和人物上的闪光突出晕色，有助于空间清晰度（在背景中颜色和轮廓经常被光线"吃掉"），并造成空气流通的幻觉感。在巴罗奇从雕刻师借鉴的艺术技术中，这种光线利用风景的能力尤为明显，掩盖特定区域并多次精心处理，该手法在艺术家中广受欢迎。

正如贝洛里所说，在巴罗奇的绘画中，色彩搭配可能与和声的概念一致，这一概念也奠定了其人物的姿态和表达。例如佩鲁贾大教堂的《基督被解下十字架》（1569年）和在梵蒂冈和皮奥比科的圣斯特凡诺《逃往埃及途中休息》（1570—1573年）。乌尔比诺画的主要元素——情感状态的表现和交流，虽然着重讲述，但正是在其肖像画中巴罗奇的作品特征显著，有着举足轻重的影响。

巴罗奇的绘画赋予了画作即刻感知的虔诚感，基于强有力的叙述进行传播，有时通过细小的日常物品 [如卢浮宫的《耶稣行割礼》（1590年）]、动物 [如《圣母领报》中的猫（1584年为洛雷托所作，现藏于梵蒂冈）]，或者人们熟悉的风景（例如乌尔比诺公爵城堡之景就曾多次使用）得以提升。叙事简洁及信息的选择，经过理性而非感性，使巴罗奇的灵性与托钵修会（实际上，他经常与方济各会和加尔默罗人接触），以及在罗马结识的清唱者的新秩序一致。他的绘画似乎响应了快乐和信徒平静交融的原则。

巴罗奇个人反宗教改革对矫饰主义的抵制，基本上仅限于马尔凯大区，在当地立即获得成功，但在其他地方传播较慢（在16世纪末，弗朗切斯科·瓦尼和文图拉·萨贝尼才将锡耶纳转变为"巴洛克式"风格；同样，虽然只有部分地区，伊波利托·博尔盖塞也在那不勒斯完成了这种转变），且从未真正到达艺术中心这一重要地位。在教会新的要求下，在瓦萨里及其追随者的作品中所体现的矫饰主义，因为其审美中的异教徒乐趣及过于理性而受到极大谴责。

只有后一两代的艺术家才能掌握费德里科·巴罗奇绘画的重要性，从而基于此进行激进创新。其中首先是卡拉奇波伦亚画派的画家（特别是圭多·雷尼），巴罗奇的作品在引起观众情绪这一点上开了先河。除艾米利亚人外，还有佛罗伦萨人：1579年被带到阿雷佐的《人民圣母》，成为年轻的西戈利和帕加尼的主要参考，这是理解科雷吉欧和威尼斯人的艺术中尚未被探索的潜力的关键。因此，对巴罗奇的研究成为年轻画家艺术形成的规范因素。巴罗奇的回声既有宗教性，也拥有世俗的风度，这在17世纪中期沃尔泰拉诺（Volterrano）的绘画中可以感知。此外，在18世纪，他阐述宗教题材时的热忱引起了朱塞佩·玛利亚·克雷斯皮（Giuseppe Maria Crespi）的兴趣。在北欧国家，巴罗奇的一些想法以版画的形式再现，产生了深远而广泛的影响。

431
费德里科·巴罗奇
大公弗朗切斯科·玛利亚·德拉·罗维尔的肖像
布面油画
113cm×93cm
根据这幅作品最早的收藏资料记载,画中的人物是乌尔比诺大公弗朗切斯科·玛利亚·德拉·罗维尔,并标注有"创作于从军队归来",即于1572年勒班陀海战之后。这幅画作于1631年成为美第奇家族的财产,19世纪被放置于乌菲齐美术馆

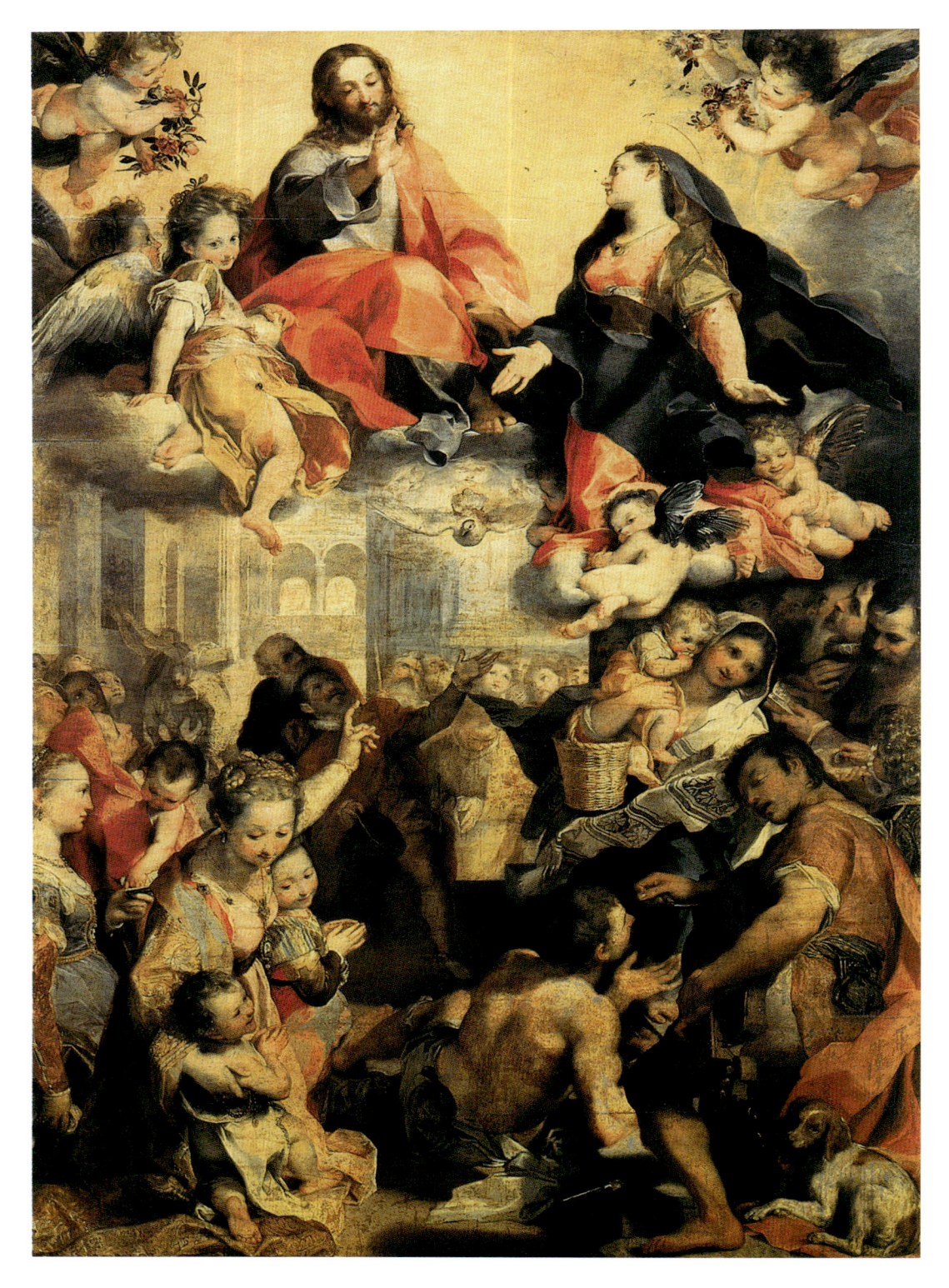

432
费德里科·巴罗奇
人民的圣母玛利亚
布面油画
359cm×252cm
这幅作品是圣玛利亚慈善医院的兄弟会委托巴罗奇为他们位于阿雷佐的圣玛利亚教堂内的礼拜堂所作。画家于1576年开始酝酿创作，全画完成于1579年春季。1786年，托斯卡纳大公彼得罗·莱奥波尔多收藏这幅画，画有圣父形象的部分半圆装饰画保留在阿雷佐博物馆

433
费德里科·巴罗奇
妇女肖像
布面油画
45cm×33cm
画面中人物形象的身份无从考证。有说法认为是乌尔比诺公爵弗朗切斯科·玛利亚·德拉·罗维尔的妹妹拉维尼亚·费尔特里·德拉·罗维尔，出生于1558年。这幅作品的创作时间推测在1570—1575年间或是1583年（同年拉维尼亚与阿方索·菲利斯·阿瓦洛斯成婚）。自1773年，这幅画就已经记载在托斯卡纳地区美第奇家族的波焦阿卡亚诺山庄的收藏清单上

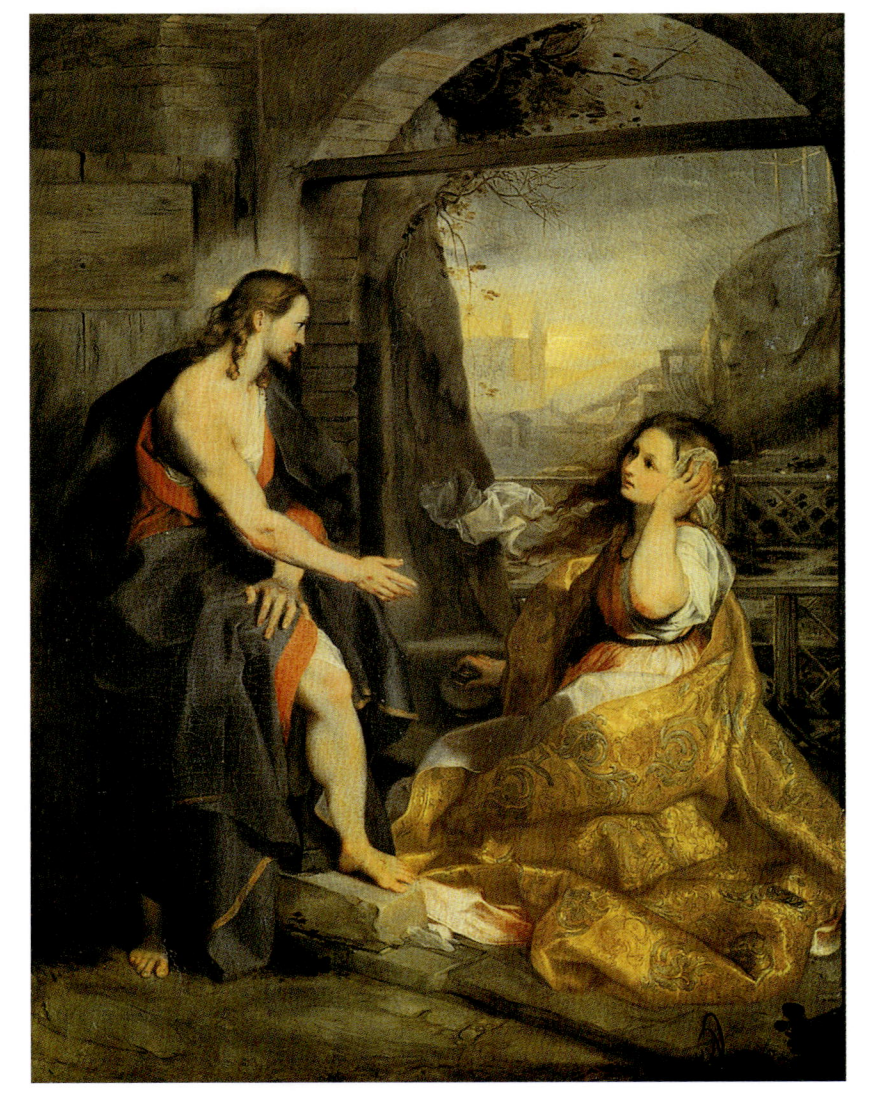

434
费德里科·巴罗奇
不要碰我
布面油画
122cm×91cm
这幅画实际上是另一幅作品的缩小版复制品，巴罗奇的原画创作和署名于1590年，现收藏于德国慕尼黑的老绘画陈列馆。本书这幅作品的年代在1590年后不久，其创作缘由不详。画中背景描绘的是大公位于意大利乌尔比诺的城堡。除上述两幅外，同一题材巴罗奇还创作了第三个版本，画面稍有改进（现收藏于英国拜韦尔大厅的艾伦代尔收藏库）

卡拉瓦乔和卡拉瓦乔派

吉安尼·帕皮（Gianni Papi）

佛罗伦萨画廊中的卡拉瓦乔作品已是价值不菲；事实上，论质论量仅次于其在罗马的。17 世纪头十年间，美第奇（Medici）和罗马之间的融洽关系可以解释这一点。这层关系中的决定性人物是红衣主教弗朗切斯科·玛利亚·德尔蒙特（Francesco Maria Del Monte），他是托斯卡纳大公在罗马教皇城的代表，也是第一个庇护卡拉瓦乔的人。事实上，大公科西莫二世在 17 世纪 20 年代曾多次表现出对卡拉瓦乔作品的兴趣。卡拉瓦乔的六幅油画分别在皮蒂宫的帕拉蒂娜画廊和乌菲齐美术馆展示，其中在乌菲齐美术馆的三幅画作可以追溯到艺术家的罗马时期（从 1592 年一直到 1606 年夏天），而皮蒂宫的三幅画作则创作于卡拉瓦乔去世前几年，即 1608—1609 年。

乌菲齐美术馆收藏的作品（《酒神巴克斯》和《美杜莎》）是卡拉瓦乔早期作品的代表，当时他住在红衣主教德尔蒙特的家中（现在的夫人宫）。在这些早期作品中，卡拉瓦乔一直坚持着对所有艺术活动都至关重要的品质：忠于自然，将相似性转化为未经过具有学术原则特点"改良"的画，即纠正、精炼艺术家眼前纯粹的现实。因此，为乌菲齐美术馆《酒神巴克斯》做模特的男孩，在卡拉瓦乔早期的其他作品（如卢浮宫的《占卜者》和圣彼得堡的《演奏者》）中也会看到。卡拉瓦乔不会修改模特的身体特征，并且认可在他面前的有形存在。

《酒神巴克斯》是卡拉瓦乔在 1592 年抵达罗马时，对伦巴第文化基因的最佳诠释，这对他在初到罗马时期艺术发展的影响不可小觑，罗伯托·隆吉的研究早已证明了这一点。这幅画之所以在佛罗伦萨，有可能是因为红衣主教德尔蒙特将这幅画送给了大公斐迪南·德·美第奇（Ferdinand de'Medici），这位艺术家 16 世纪的其他作品之所以在乌菲齐美术馆，也是出于这个原因。《美杜莎》被画在一块盾牌上，很可能是用来装饰佛罗伦萨大公的军械库。这个令人极其不安的形象，活灵活现地表现了令人惊愕的主题。该主题在《被蜥蜴咬伤的男孩》（英国伦敦国家艺术馆、佛罗伦萨罗伯托·隆吉基金会），以及在卡拉瓦乔的另两个作品中有清晰的体现：《圣马太殉教》中令人惊愕的祭坛助手和《朱迪斯》中的荷罗孚尼，这是画家的另一大创造。卡拉瓦乔为珀尔修斯砍下女妖戈尔工头颅的神话所吸引，详细描绘了原始画面，在已经发生的事件上着重烘托。与此同时，他将令人尖叫的头颅转化为故事之外的寓言画，以此来超越事件本身，如同与希腊悲剧有关的面具。

乌菲齐美术馆的第三幅油画《以撒的祭品》，似乎可以追溯到 1603—1604 年，是为未来的教皇乌尔班八世马费奥·巴贝利尼（Maffeo Barberini）所作。这幅画的独特之处在于右侧可看到的广阔风景（在卡拉瓦乔的作品中很少见，在《逃亡埃及途中休息》《圣保罗的转变》和在哈特福德的《入迷的圣法兰西斯》中有类似的田园风景），在乔尔乔内的作品中也有类似细微的体现。与乌菲齐美术馆中《酒神巴克斯》的模特一样，画家曾多次用过以撒的真实模特（例如柏林的《阿莫尔·芬奇特里斯》和卡披托里乌姆的《小施洗者圣约翰》）；人们公认他是年轻的弗朗切斯科·伯内利，又名切科·德尔·卡拉瓦乔（Cecco del Caravaggio），他之后成为卡拉瓦乔最忠实的追随者。

帕拉蒂娜画廊的三幅画作展示了卡拉瓦乔完全不同的另外一面。画中不再是乌菲齐美术馆画作清晰明亮的色调；相反，人物和物体以疯狂的速度从黑暗的背景中浮现，长笔触所产生的"拉力"以惊人的力度收尾，画刷像是从未离开布面油画。

《沉睡的丘比特》是卡拉瓦乔在马耳他逗留期间完成的作品，时间是 1608 年。这种对沉睡孩子的描绘（黑暗中翅膀闪闪发光暗示它是丘比特）似乎已经与卡拉瓦乔早期在模特的脸部和身体寻找美好大相径庭。

1966 年，格雷戈里的《马耳他骑士肖像》被证明是卡拉瓦乔的作品，但其中保姆的身份仍然是个谜。佛罗伦萨马尔泰家族是马耳他骑士团 1604 年在墨西拿的成员，马尔科·基亚里尼（Marco Chiarini）试图从中挑选一位成员，以期完成在卡拉瓦乔留在西西里岛期间的这幅画作（约 1609 年）。肖像匆匆完成，底层为红色，浮现出薄薄的棕色表层；《阿洛夫·德·魏格纳克特的肖像》（现藏法国巴黎卢浮宫）在庄严性和自然主义上略胜一筹，一直以来都被认为是 17 世纪最难忘的肖像画之一；前者自然，更富有力量和即时性。

卡拉瓦乔在皮蒂宫的最后一幅画是《拔牙师》。施莱尔（Schleier）曾经有所保留地认为这幅画的作者可能是卡拉瓦乔，但 1974 年由格雷戈里完全否定，从而引起对作者身份的激烈争论，直到近些年才尘埃落定。无论如何，人们认为这幅成画是卡拉瓦乔即将离开马耳他或在西西里岛完成（可能性更大）的晚期作品（也许是在佛罗伦萨的最后一件作品），这代表着一个题材的回归，正如 16 世纪末他在罗马所作的那些画。如前文所述，同罗马、那不勒斯和西西里岛等地相比，卡拉瓦乔在佛罗伦萨停留的时间不长，因此，卡拉瓦乔派在佛罗伦萨并不流行，而卡拉瓦乔的全新绘画理论（通过强烈的明暗对比真实展现模特的自然特性）对佛罗伦萨本地艺术家的影响也相对较小。在罗马期间，卡拉瓦乔开始通过明暗对比来突显物体的内在艺术特征。大公科西莫二世

435
卡拉瓦乔
美杜莎
布面油画（配有白杨木护罩）
60cm×55cm
这幅画是卡拉瓦乔受红衣主教德尔蒙特所托，为献给托斯卡纳大公斐迪南·德·美第奇和他的军械库，作为军队游行时的护盾。创作于1595—1597年间

（Grand Duke Cosimo II）在位期间（1609—1621年），由于其个人的兴趣及推动，卡拉瓦乔派的发展及声望达到顶峰，阿特米西亚·真蒂利斯基（Artemisia Gentileschi，罗马地区代表性人物）与巴蒂斯特罗·卡拉乔洛（Battistello Caracciolo，那不勒斯地区代表性人物）相继来到佛罗伦萨。在此期间，卡拉瓦乔派也产生了许多重要画作。

在佛罗伦萨期间（1613—1620年），无论是对待画作还是资助人，阿特米西亚始终坚持卡拉瓦乔派的自然主义信条，同时采用新的构图方式，令画作更富层次感，视觉感受更为均衡。此外，阿特米西亚对于细节的把控也令人称道。她继承了父亲奥拉齐奥久负盛名的画法，令织物面料看起来栩栩如生。这一手法在《朱迪斯与她的女仆》中展现得淋漓尽致。然而，在佛罗伦萨期间，阿特米西亚也展示出卡拉瓦乔派残酷、野蛮的一面，《朱迪斯斩杀敌将》重复展示并放大了朱迪斯的暴力，这是其作品中最为极端和令人不安的表现之一。由于作品表现过于残酷，在18世纪，大公夫人下令将这幅伟大的作品撤下，并弃置在乌菲齐美术馆最为阴暗的角落里。

佛罗伦萨各美术馆共藏有巴托洛米奥·曼弗雷迪（Bartolomeo Manfredi）最为重要的六幅作品（其中两幅在1993年5月乌菲齐美术馆遭受的袭击中被完全摧毁）。曼弗雷迪是卡拉瓦乔派最负盛名的传道者，在众多追随者的帮助下，卡拉瓦乔派早年专注于各类场景画（如曼弗雷迪的《玩纸牌的人》《音乐会》和《占卜师》）及宗教画。他善于将世俗场景同宗教画相结合，如《寺庙商人的堕落》和《圣马太的召唤》。

另一位美第奇家族成员——斐迪南王子（Grand Prince Ferdinand，17世纪末—18世纪初）则钟情于皮桑·奥拉齐奥·雷米纳尔迪（Pisan Orazio Riminaldi）的两幅大作《爱情的胜利》和《圣塞西莉亚的殉难》，并将这两幅作品收入乌菲齐美术馆。雷米纳尔迪在罗马居住了15年，在那度过了他职业生涯的大部分时间。1627年，他回到比萨，但仅过了三年就不幸去世。他将导师曼弗雷迪的卡拉瓦乔派画风同乔瓦尼·兰弗朗科（Giovanni Lanfranco）的原巴洛克主义相融合，风格同西蒙·武埃相近，带有罗马时代末期的宏伟和奢华。

这些重要特征在卡拉瓦乔派的其他作品中也有所体现，如1617年巴托洛米奥·卡瓦洛兹（Bartolomeo Cavarozzi）购得的《圣杰罗姆与两天使》，为罗马自然主义画派中最稀有和最精致的画作之一；《圣彼得的解放》带有神秘的宗教气息，却激发了卡拉瓦乔派主要画家的署名风潮（这一点始终存在争议）；最后，斯帕达里诺（Spadarino）的渎神作品《诸神之宴》（另一幅是罗马国家美术馆收藏的《纳西索斯》）由乌菲齐美术馆于1793年同维也纳帝国收藏馆交换获得。

328—329页
酒神巴克斯（细部）

436
卡拉瓦乔
酒神巴克斯
布面油画
95cm×85cm
这幅作品应该创作于1596—1597年，当时卡拉瓦乔是红衣主教德尔蒙特（Del Monte）的门客，这幅画很有可能是他受主教之命所作；后来蒙特主教将这幅画连同卡拉瓦乔的另一幅作品《美杜莎》（见图435）一同献给他的朋友托斯卡纳大公斐迪南一世·德·美第奇。1916年，作品在乌菲齐美术馆的贮藏室被重新发现，当时意大利艺术史学家罗伯托·隆吉确认这幅画正是出自卡拉瓦乔之手

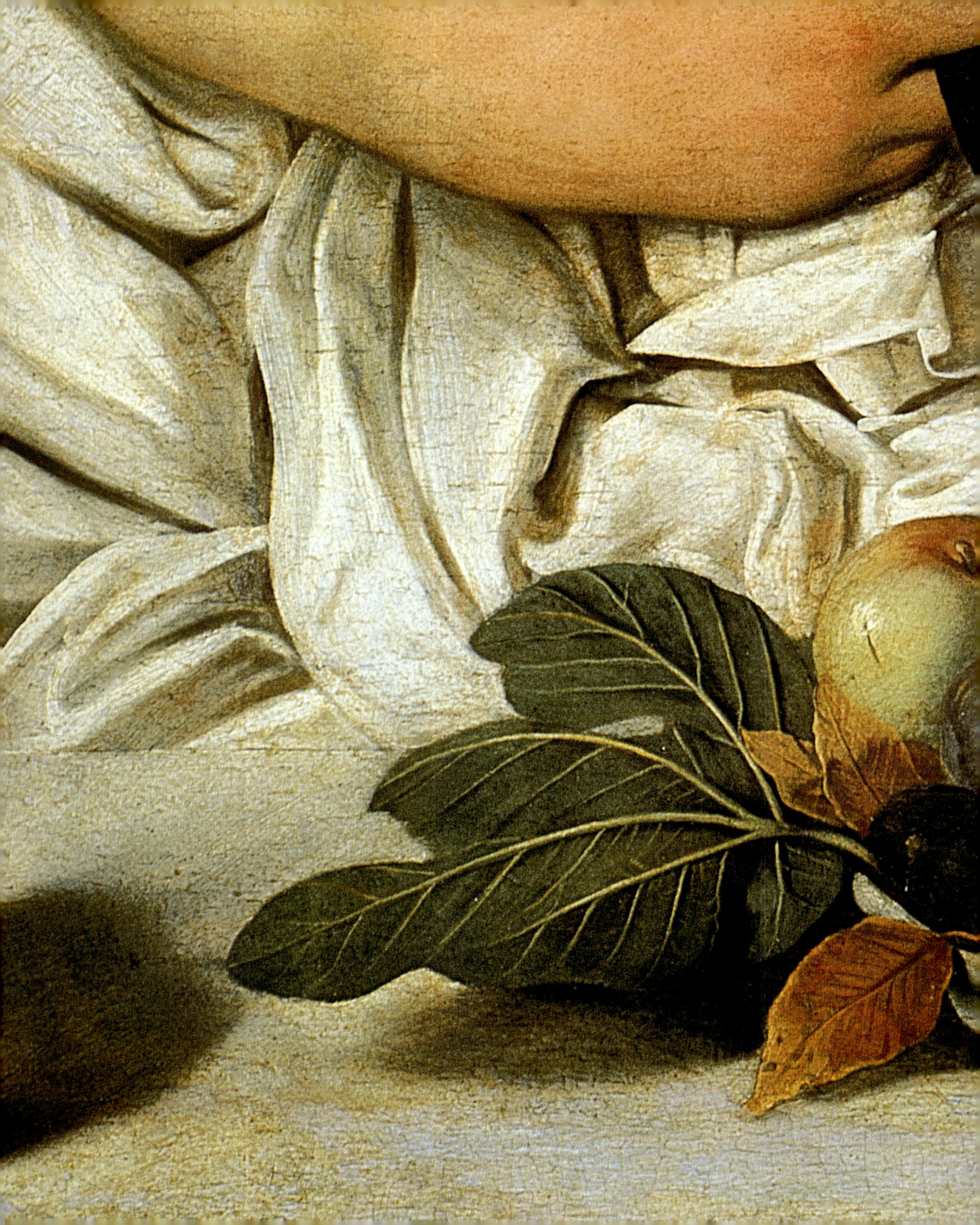

437
卡拉瓦乔
艾萨克的牺牲
布面油画
104cm × 135cm
这幅作品很有可能是马费奥·巴贝利尼于1603年春天至1604年1月期间所购买的卡拉瓦乔系列作品之一。这幅画的相关记载可见于巴贝利尼家族府邸的收藏清单。19世纪属于夏拉的收藏，约翰·费尔法克斯·默里将这幅画捐赠给乌菲齐美术馆

438
卡拉瓦乔
沉睡的丘比特
布面油画
72cm×105cm
这幅作品是卡拉瓦乔1608年暂居马耳他时所作。圣约翰的骑士弗朗切斯科·德拉·安特拉前往这座小岛，将画带回佛罗伦萨，并于1609年7月将这幅画悬挂在安特拉家族府邸。1667年，红衣主教莱奥波尔多将其收录于美第奇家族收藏

439
卡拉瓦乔
马耳他骑士肖像
布面油画
118.5cm×95.5cm
乌菲齐美术馆馆藏研究学者马克·卡里尼以现有的资料引证，认为画中的人物很有可能是马肯托尼欧·马特利，此人是1604年自墨西拿海峡赴马耳他船队的先锋骑士。据此推测，这幅作品创作于1609年前后的墨西拿，尚未得知是如何辗转进入佛罗伦萨的收藏系统的。目前对于意大利艺术史学家米娜·格雷戈里提出的这幅画是出自卡拉瓦乔之手，学界无争议

440
卡拉瓦乔
拔牙师
布面油画
139.5cm×194.5cm
这幅作品于1637年3月4日进入帕拉蒂娜画廊的收藏清单。之前关于这幅画的作者曾引起过激烈的争论，随后大部分卡拉瓦乔学者一致同意意大利艺术史学家米娜·格雷戈里于1947年发表的充分论证，可以根据题材等因素确认这幅画出自卡拉瓦乔之手

441
巴托洛米奥·曼弗雷迪
玩纸牌的人
布面油画
130cm×191.5cm
这幅作品在1993年5月乌菲齐美术馆所遭受的爆炸袭击中被损毁。斐迪南二世·德·美第奇将这幅画连同曼弗雷迪的另一件作品《音乐会》（见图442）作为1626年的新年礼物献给了自己的母亲，奥地利女大公玛利亚·玛德莱娜。曼弗雷迪的这幅画可以追溯到卡拉瓦乔的名作《老千》（现收藏于美国得克萨斯州金贝尔艺术博物馆），《老千》曾被卡拉瓦乔和曼弗雷迪的追随者广泛模仿

442
巴托洛米奥·曼弗雷迪
音乐会
布面油画
130cm×189.5cm
托斯卡纳斐迪南二世大公·德·美第奇称这幅画是"出自曼托瓦大师曼弗雷迪之手"，并将其录入美第奇收藏。斐迪南二世将这幅作品连同曼弗雷迪的另一幅作品《玩纸牌的人》（见图441）于1626年献给了自己的母亲，奥地利女大公玛利亚·玛德莱娜。遗憾的是，这幅画也在1993年的乌菲齐美术馆爆炸中遭到严重破坏。以这幅画为蓝本，在法国画家尼古拉斯·图尼埃、尼古拉斯·雷尼尔以及瓦伦汀·德·布伦等人的作品中都可以找到类似的场景和构图

333

443
巴托洛米奥·曼弗雷迪
歌颂凯撒
布面油画
130cm×191cm
1666年这幅作品连同另一幅画《耶稣站在学者中间》被记录在红衣主教卡洛·德·美第奇的收藏清单上，判定为卡拉瓦乔的作品。1772—1779年间，这幅画被陈列在乌菲齐美术馆的八角形讲坛内

444
巴托洛米奥·曼弗雷迪
该隐和亚伯
布面油画
171cm×122cm
这幅作品背景来源不详。1943年,意大利史学家罗伯托·隆吉在皮蒂宫的贮藏室发现这幅画,判断作者是一位曼托瓦画家。随后又被认定为是奥拉齐奥·雷米纳尔迪的作品,最新的研究认为这幅作品应该属于曼弗雷迪,这种说法目前被广泛认可

336

445
赫里特·凡·洪特霍斯特
婚宴
布面油画
138cm×203cm
这幅画记载于波焦帝国庄园1695年的藏品清单中，原被认定为卡拉瓦乔的作品。1782年，艺术史学家卢兹·兰齐证明这幅画的作者应该是洪特霍斯特，创作于1615年前后

446
赫里特·凡·洪特霍斯特
鲁特琴演奏者在场的晚餐
布面油画
144cm×212cm
传记作者朱利奥·曼奇尼于1620年曾在对一幅作品的鉴赏笔记中提到，"尊贵的托斯卡纳王子正在两盏精致的人造灯的烘托下举行一场盛大的晚宴"。这段话可以作为引证，描述的正是洪特霍斯特这幅画中的场景。这幅作品出自罗马，于1620年2月15日献给托斯卡纳大公。后因1993年5月乌菲齐美术馆遭遇爆炸袭击受到严重损毁

447
赫里特·凡·洪特霍斯特
牧羊人朝圣
布面油画
338.5cm×198.5cm
这幅作品是为佛罗伦萨圣菲利西塔教堂的圭恰迪尼礼拜堂所作，从1619年10月开始实施绘画，完成于1620年4月洪特霍斯特返回乌特勒支之前。在1993年5月乌菲齐美术馆遭遇的爆炸袭击中被完全损毁

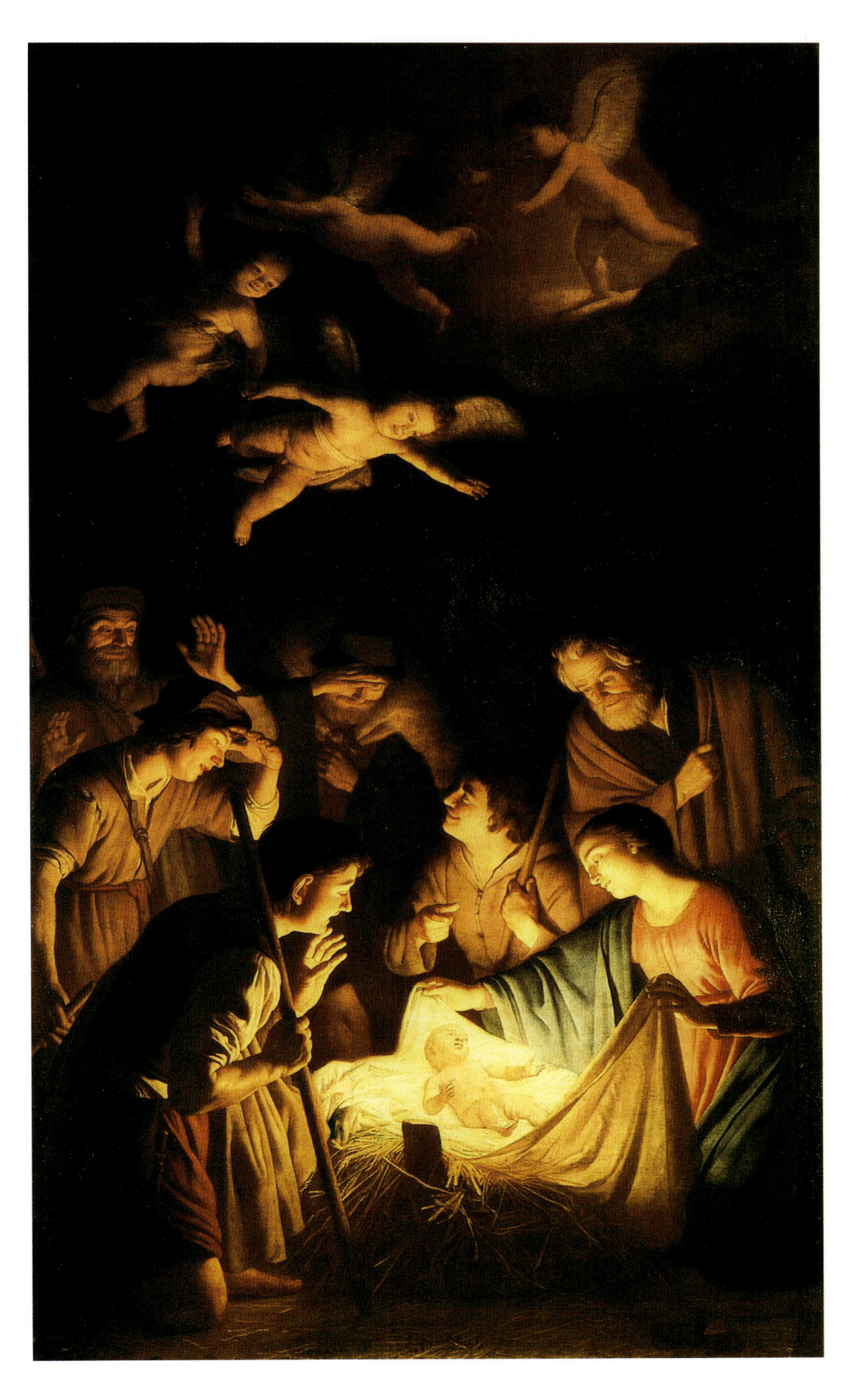

337

448
阿特米西亚·真蒂利斯基
朱迪斯和她的侍女
布面油画
114cm×93.5cm
这幅作品于1637年录入美第奇家族收藏，创作于1613年画家最初定居佛罗伦萨时期。然而目前也有说法提出这幅画创作于1612年的罗马，是阿特米西亚来到佛罗伦萨前一件宣传介绍画家本人的作品

449
阿特米西亚·真蒂利斯基
抹大拉的玛利亚
布面油画
146.5cm×108cm
这幅作品是受托斯卡纳大公科西莫二世委托所作，由这幅画的题材明显可知是科西莫献给自己的夫人，奥地利的玛利亚·玛德莱娜女大公。创作于阿特米西亚定居佛罗伦萨时期，大约在1613—1620年间

450
阿特米西亚·真蒂利斯基
朱迪斯砍下霍洛芬斯的头颅
布面油画
199cm × 162.5cm
尽管画面上署名清晰，17世纪的收藏清单上并没有对这件藏品有详细的记载。引证馆内的另一幅重要作品，署名"1795年的伊特鲁里亚女画家"，阿特米西亚的这幅画很有可能创作于罗马，后于1620年2月被画家带回佛罗伦萨，受托将这幅画献给托斯卡纳大公科西莫二世
注：伊特鲁里亚，意大利中部的古国

340

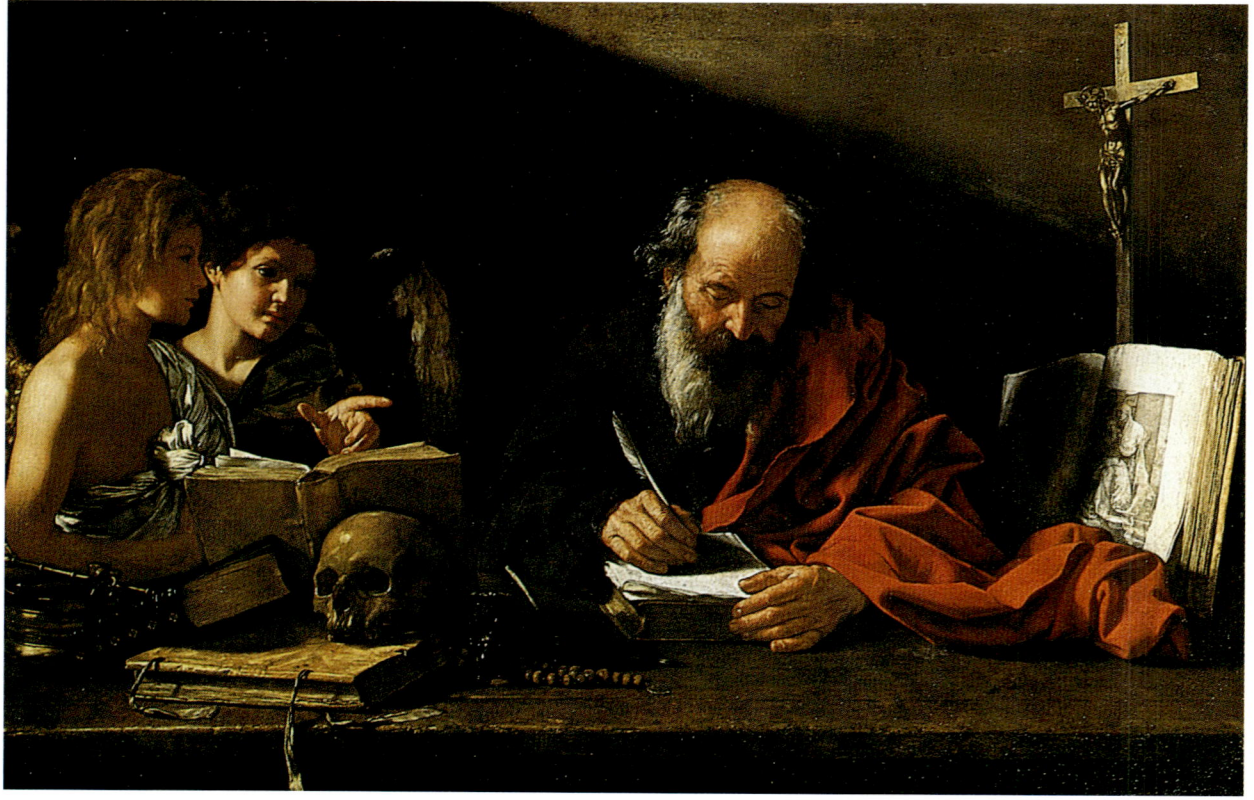

451
安蒂韦杜托·格拉玛蒂卡
圣家族
布面油画
101cm×125cm
这幅作品的早期收藏信息不详，后作为美第奇-洛林家族的收藏进入佛罗伦萨艺术画廊系统

452
巴托洛米奥·卡瓦洛兹
圣杰罗姆与二天使
布面油画
116cm×173cm
这幅作品的艺术委托人是科西莫二世·德·美第奇，赞助于1617年。这幅画被保留在皮蒂宫1638年的贮藏室，意大利艺术史学家罗伯托·隆吉于1943年重新提出创作者是画家卡瓦洛兹

453
奥拉齐奥·雷米纳尔迪
圣塞西莉亚的殉难
布面油画
315cm×171cm
这幅作品创作于16世纪20年代初的罗马，由万神庙附近的圣玛利亚圆形堂僧侣委托将这幅画转移至意大利比萨，放置于圣加大肋纳堂内。1667年，斐迪南·德·美第奇收藏这幅画

454
奥拉齐奥·雷米纳尔迪
爱的胜利
布面油画
142cm×112cm
这幅作品可以关联和参考一位不知名的比萨画家的作品，名为《天才的美德》（创作时间未知，现收入皮蒂宫17世纪后期藏品贮藏室）。此画是作者技法成熟阶段的作品，创作于雷米纳尔迪1627年返回自己的故乡比萨城之后。托斯卡纳大公王子斐迪南三世·德·美第奇很有可能是从比萨获得的这幅画，同时期的还有《圣塞西莉亚的殉难》（见图453）

455
尼古拉斯·雷尼尔
占卜者游戏场景
布面油画
172cm×232cm
这幅作品是乌菲齐美术馆近年所获的藏品之一，作者被认定为雷尼尔，创作于画家的威尼斯风格时期，具体在1625年之后。根据艺术史学家依莲娜·博利亚的考证，雷尼尔是意大利画家巴托洛米奥·曼弗雷迪重要的追随者

17 世纪和 18 世纪的意大利绘画

艾米利亚 – 罗马涅绘画

丹尼勒·贝纳蒂（Daniele Benati）

博洛尼亚，在其他意大利城市之前率先实现了 16 世纪末期各处呈现的，绘画作品的不断创新所需的连贯、公式性的简化需要。由于特伦托大公会议的终止召开，由此产生的精神状况的改变带来了对神圣绘画的新的需求，神圣绘画需要尽可能地细分其主题，以使普通民众对其敏感。虽然艺术家已经在尝试恢复风格主义时期丧失的绘画的交流功能，但这些绘画仍受公式化的限制，并注定会一味地反复（如在罗马，以希皮奥内·普尔佐内为首的亲近教廷的艺术家所推崇的"不朽"艺术一般）。最终，卡拉奇家族的三位画家为这一情况找到了出路。自 16 世纪 80 年代早期开始，他们的做法似乎说明了艺术的初衷和艺术家在社会中所扮演的角色。卡拉奇在意大利人像语言的重塑运动末期扮演着重要的作用，这在不久后出版的论著中可以被证实，尽管关于这种绘画语言是如何在博洛尼亚这样以强大的劳资合作主义闻名的城市中得到发展和获得认可的情况，还有待考察（卡拉奇家族是来自克雷莫纳的一个世代从事其他职业的传统家庭）。并且，作为教皇国的第二个行政中心，博洛尼亚也受到教会权力的严厉管控。

正如大多数传记作者所认为的那样，卡拉奇学院的艺术创新起源于卢多维科，他是阿戈斯蒂诺和安尼巴尔年长的表兄。事实上，卢多维科早年所作的少数作品展现出一种确定的意图，他想将自己从风格主义的公式中解放出来。这种意图被用得恰到好处，有利于一种更加直接和私人的绘画风格的发挥。然而，毫无疑问，三人中最年轻的安尼巴尔最具颠覆性地抛弃了先前的理论根基，带着他与生俱来的惊人天赋和反对正统学派的强烈意愿，以采用迅疾的粗略笔触和故意营造不舒适感的风格技术完成了他的艺术表达。牛津大学基督教堂学院内收藏的杰作《肉店》正是他青年时诗性化的代表作，从这幅作品中可以看到安尼巴尔的艺术特征，他没有观念上的障碍，因为巴托洛兴奥·帕萨罗蒂的艺术实验已经为这种方向做了准备。然而，当年轻的安尼巴尔以类似的方式处理宗教画时，在博洛尼亚引来了更多争议。在他于 1583 年为圣尼克洛所作的《十字架苦相》中，他用由日常生活的绘画中发展出的技巧和表现方式（人像作为一片"生活的剖面"，去除了任何宫廷显贵的美化倾向）创作了这幅祭坛画。博洛尼亚的画家们对他的这幅作品大肆批评（这些评论由卡洛·切萨尔·马尔瓦细亚于 1678 年收集并发表），并且他们坚持认为安尼巴尔在这幅作品中所采用的描绘方式更适合作为手稿或私人习作，并不能作为终稿而公之于众。

随后，安尼巴尔与他的两位亲戚合作完成的作品（1584 年的法瓦宫壁画和 1590 年的马尼亚尼宫壁画）阐明了安尼巴尔在与早期绘画传统和平共处的准确划分，他起初转向科雷乔和威尼斯画派的追随者们，支持他们反对罗马和托斯卡纳的艺术风格，这些想法印证了他的信念：他坚信艺术家有责任面对现实，并去除学院派的每一个陷阱。隆吉评价安尼巴尔——"对真正伟大的意大利绘画的狂烈热爱"，这句评论为安尼巴尔付诸实践的绘画方法确定了一种引人遐思和浪漫主义的根本基调，即使当他搬到罗马（1595 年）直面拉斐尔的作品和古代遗迹，他也从不只进行乏味的重复创作。画家受红衣主教奥多阿尔多·法尔内塞（他的肖像也出现在皮蒂宫的小祭坛画上）的邀请开始在罗马活动，这些经历也是导致意大利艺术界从人像文化转变至古典主义的决定性因素，包括从多米尼奇诺一直到尼古拉斯·普桑的时代。与此同时，乔瓦尼·兰弗朗科等画家正在进行巴洛克式实验，而这要归功于他们相继与法尔内塞家族合作所获得的知识。其他博洛尼亚的画家们在看到安尼巴尔的成功之后，也都纷纷来到罗马发展，其中包括弗朗切斯科·阿尔巴尼和前面提到的多米尼奇诺，他们以各自的方式发展了"古典主义"的风景描绘手法。安尼巴尔为阿尔多布兰迪尼家族完成的拱形镶板作品（现存于多利亚美术馆）和西斯托·巴达洛基奥的作品，已为这种描绘做了奠基。

乍看之下，卢多维科的艺术创作似乎并不算声名远播。他几乎只在博洛尼亚开展自己的职业生涯，并以忠实原始意图著称。他惯于创造一种富有情感的氛围，无论是表现私人的，还是英雄题材的呈现；无论是戏剧性的，还是愉快的场面。如果我们说人们对阿尔巴尼的认识主要依赖于美第奇家族收藏中一些他的主要作品，卢多维科的情形就没有那么好了：仅存的美丽的布面油画《瑞贝卡和以利亚撒在水井边》不幸变得非常灰暗，因此没能被复制。当代学者们一致认为，卢多维科具有出色的教学能力，这从他鼓励和激发出学生的真正才能可以印证。在他的指导下出现了如弗朗切斯科·阿尔巴尼这样多样又互补的艺术人物，后者继而前往罗马，到阿尼巴列指导的工作室中工作，盼望着个人成就可以被他人认可，其最具代表性的作品在乌菲齐美术馆的收藏中有很好的展示；此外还有卢西奥·马萨里和亚历山德罗·蒂亚里尼，两人都与佛罗伦萨有着特殊的联系；还有贾科莫·卡维多尼以及圭多·雷尼，后者作为受限于卢多维科工作室的艺术家，他的艺术个性可能过于强硬和独特。我们在这里选择的作品也包含一些当时名气较小的画家的创作，他们受到卢多维科诗意的影响，但也创作了他们自己风格独特的作品。

激化的罗马时期（1601—1614年）的政要将雷尼置于城市艺术发展的先锋位置，一个新的篇章开启了，雷尼使博洛尼亚成为以优美姿态及戏剧化的表达为特点的，具有国际化品位的标杆。如果阿尔巴尼深入表现恢复个体权利，从根本上被视为"世俗化"的艺术运动，那么雷尼就面临了与卡拉瓦乔相同的困惑——如何展现神圣艺术，以及如何将宗教精神诠释在布面油画上。在卢多维科·卡拉奇宗教主题作品中，并没有完全成功地表现出宗教的神秘、深刻、崇高，以及与之匹配的情感。相反，是对卡拉瓦乔的了解，以及他对这个问题现实性的考虑，促使圭多·雷尼做出了一种选择，以类似的方式实现出来：在雷尼的作品中存在着一种持续不断的扭曲感（一直延续到他末期形式被简化了的作品），这种情态创造了一种理想状态下的"美"，脱离了感官体验，而升华至一种完美和天国般的境地，在那里可以道尽不可言说的奥秘，这也是拉斐尔的技艺和古迹无法企及的殿堂。

受到欧洲宫廷广泛赏识的雷尼，很快就与美第奇家族有了直接的来往。1642年，他为感谢红衣主教莱奥波尔多，亲自为其赠送一幅可能是埃及艳后题材的作品。还有几次，美第奇家族雇用了中间人，包括雷尼的学生乔瓦尼·安德里亚·西那尼，后者曾贸然将自己画的《瑞贝卡和以利亚撒》冒充老师的作品，送交给美第奇家族。佛罗伦萨的收藏内还包括雷尼最杰出的两位学生米歇尔·德苏博利奥和西蒙尼·坎塔里尼的作品，这两位追寻老师艺术语言的方式就是发展出自己独特的技法。德苏博利奥与其他几位古典派的杰出艺术家为伍，他们被称为近乎最"纯粹"的画师。与此同时，西蒙尼则设法劝导雷尼的追随者不要再盲目追随他们的老师，而与弗拉米尼奥·托雷及伦佐·帕斯纳里一起，考虑寻找新的风格。

罗马涅艺术家圭多·卡尼亚齐经常被用来与雷尼作比较，但这并不合适。卡尼亚齐的风格，直接来自卡拉瓦乔（他青年时曾到罗马旅行）的自然主义，尽管他曾长期待在博洛尼亚，却没有在那里留下任何痕迹。他非凡人格的重现完全基于最近的研究成果。卡尼亚齐随后搬到威尼斯，然后去了维也纳，并在那里去世。他的作品《抹大拉的玛利亚由天使带到天堂》由尼古拉·卡萨那引荐，获得了斐迪南大公的注意。卡萨那称赞这幅作品"清冷的色彩和高超的绘图技巧"，并强调其虚幻的自然主义和其创新的形式。

与此同时，贾科莫·卡维多尼因一系列悲惨的事件而无法继续其工作，亚历山德罗·蒂亚里尼离开了博洛尼亚，到其他地方绘画，就连乔瓦尼·弗朗切斯科·巴比里（常被称作格尔奇诺）都无法成功完成抵抗雷尼的成就和宣扬反对派卢多维科·卡拉奇的自然主义这样的艰难任务。格尔奇诺先是试图与博洛尼亚的画家竞争，然后在雷尼去世后，试图取代其接受高级别委托画作的位置，尽管如此，这也无法降低雷尼的盛誉。最为年长的卢多维科曾在1617年的两封广为人知的信件中提到：

格尔奇诺最辉煌和富有潜力的时期是在家乡琴托的早期艺术生涯，这听起来像是一位年长的大师将火炬递交到一位年轻自信的琴托人手中。当时格尔奇诺的作品非常具有卢多维科的风格，他用光作为表达情感的工具（早期传记作者称之为"烟晕效果"），帕拉蒂娜展馆藏的《阿波罗与马西亚斯》就来自这一时期。在1621—1624年的罗马之旅中，艺术家感受到聚集在主教阿古齐周围的文化圈内交流的古典主义氛围，他于是开始寻找新的表现方式。虽然他的作品总是被人标榜为高水准的技艺，但是在他之后的一些作品中，他看起来几乎像是组织工业生产线的作坊主，作品虽然多了些构图上的精巧和文学内涵，但缺少了真诚和表现力。撇开受雇于画家作为其助手的热纳里不谈（切萨里的作品，无疑是这个学院的收藏品中最为有趣的一部分），以格尔奇诺后来的经历来看，其本人对继承他风格的博洛尼亚画家们并没有太大贡献，假若纵观其所有阶段的作品（如克雷斯皮一样），他们也会更欣赏他早期的作品。最终还是雷尼，特别是通过他的几位最为优秀的学生们，为理解17世纪下半叶博洛尼亚的绘画（多少仍属于"艾米利亚风格"）发挥了最为关键的作用，然而到18世纪，则成为对卡拉奇，特别是卢多维科风格的考究的复兴。雷尼晚期和西蒙尼·坎塔里尼的轻快色调结合了温婉的人物姿态和动人的失重感，这些都启发了伦佐·帕斯纳里的创作，帕斯纳里是新委罗内塞派的主要人物。责卢兹·兰齐认为，新委罗内塞风格是17世纪中后期博洛尼亚人物创作文化改变的主要原因之一。这位博洛尼亚绘画运动中较为重要的人物，以后来分散各处的少数幸存作品证明其先后对于乔瓦尼·吉欧塞佛·达索雷和多纳托·克雷蒂的影响（后者怀旧的优美姿态预示着新古典主义学派的诞生，遗憾的是在佛罗伦萨的收藏中没有他的作品展出）。

倒退到从阿尔巴尼一直到安尼贝利·卡拉奇的古典自然主义风格，是卡洛·西格纳尼以成熟的古典主义标记了17世纪的结束。西格纳尼比其他任何艺术家都更能代表博洛尼亚文化，尤其是在1706年建立了他长久渴望成立的克莱门蒂娜学院，他也因此被任命为终身名誉校长。西格纳尼向我们展现了一位伟大艺术家的其他品质——一位出色的组织者（乌菲齐美术馆内收藏的《圣母子》足以证明），他聘用了训练有素的艺术家队伍，马坎东尼奥·弗兰切斯卡尼很早便在其中脱颖而出。

由此，我们可以毫不费力地追溯到17世纪末博洛尼亚学派古典化倾向详细的相关轨迹。在这一点上，我们大概可以引出新奇百出的巴洛克时期怪诞的伟大艺术家多梅尼科·玛利亚·卡努蒂，一位著名的壁画家，他只有少数的布面油画作品留存下来（没有任何一幅保存在佛罗伦萨）。与他齐名的还有乔瓦尼·安东尼奥·布里尼和维亚尼父子，以及最重要的朱塞佩·玛利亚·克雷斯皮（绰号"西班牙人"），他是前文曾提到的复兴卡拉奇学派的旗手，我们也是从近年来的研究中加深了对他的了解（另外帮助理解克雷斯皮的资料，来源于马尔瓦西亚于1678年出版的《费尔西纳的艺术家》中对艺术家们生活的生动描述）。

克雷斯皮丰富的兴趣及积极涉及的多项领域（从宗教题材绘画到神话，从风俗场景到静物画，再到肖像画）为其风格带来了新鲜感，他无疑是一位几乎超越了民族特征的人物。为了详细了解艺术家诗意化的某些方面，以及更广泛地了解艺术家所面对的泛文化，弗朗西斯·哈斯克尔仔细研究了克雷斯皮经常造访的佛罗伦萨的文化环境。克雷斯皮对大公收藏的荷兰风格作品的了解，对他回到博洛尼亚后的艺术活动产生了深远的影响：几乎所有在这里展出的作品都可以对应到当时的收藏品中，并且这些作品正体现了画家在艺术生涯重要阶段不同的表达方式。有人称克雷斯皮为一位伟大的试验者，尝试过各类不同的风格，但也有必要指出，所有这些风格都带有一种他视角中的人物所反映出的温和、公正、悲悯的共同特点。他接下来投入的风俗场景画也是他影响深远的一个例子（戏谑的《画家的家庭》就令人印象深刻）。不幸的是，在他的追随者们的画笔中，他创造的绘画语言被僵化成保守和公式化的姿势、神态，其弟子中朱塞佩·加姆巴利尼和斯特凡诺·格拉迪尼更倾向于强调田园和情感的方面，而安东尼乌斯·贝卡德里及安东尼奥·克雷斯皮则更偏向讽刺和滑稽的色彩。

值得注意的是，历史上佛罗伦萨对于马坎东尼奥·弗兰切斯卡尼作品的收藏量远不如克雷斯皮的数量多，正如波烈（1975年）所言，"对克雷斯皮赞赏有加的斐迪南大公显然并不欣赏他的同行"。然而，弗兰切斯卡尼的《胜利的爱神》是一例构型如大理石般平滑的，人物姿态悠然自若的，脱离了博洛尼亚传统特征的作品。同时，画中人物的优雅成为日后发展出洛可可风格的分割点，这种风格在博洛尼亚画家维托里奥·玛利亚·比加里和弗朗切斯科·蒙蒂的作品中得到了充分的发展。

在18世纪下半叶，乌巴尔多和加埃塔诺·甘多尔菲兄弟以极为端庄优雅和具有强烈情感内涵的表达方式重建了博洛尼亚艺术风格的传统。这个学派强调表达力的倾向表现在他们大量描绘的"多位人物头像"中，卡拉奇派形成初期也曾对这种风格进行实践，一并还有帕斯纳里、布里尼和克雷斯皮。虽然甘多尔菲兄弟一直在参考已经建立的风格，但寻求多样性的表达方式和不断实现新的绘图效果仍构成了他们工作的重要方面，尤其兄弟俩都以精准的画法为特点。两人作为博洛尼亚文化为人称道的代表，建立起一个与威尼斯艺术家及正处于新古典主义萌芽时期的法国艺术家们广泛的艺术联系。因此可以肯定，处于即将走向更加辉煌的欧洲的核心地域，又得益于学院派的稳定结构，博洛尼亚画派在这两个世纪的过程中没有失去它的地位。

456
安尼贝利·卡拉奇
年轻人和猴子
布面油画
68cm × 58.3cm
这幅肖像画是安尼贝利早期画作"源于生活"中的一幅,可能完成于16世纪90年代末。这一精彩的"生活片段"特征可能会暗含一些象征意义,例如猴子可能暗指愚昧

457
安尼贝利·卡拉奇
酒神巴克斯的女祭司、森林之神和两个丘比特
布面油画
112cm × 142cm
这幅画的另一个版本出自同一位艺术家之手,署名日期为1588年,是私人收藏品。乌菲齐美术馆收藏的这一幅创作年代可能晚于前者

458

安尼贝利·卡拉奇

荣光基督与圣彼得、福音传道士圣约翰、抹大拉的玛利亚,与法尔内塞一同殉道的厄门吉尔德

布面油画

194.2cm×142.4cm

这幅画可能是在1597年前后完成的。此外,1698年的皮蒂宫库存清单上还记载有这件藏品。1713年,确定其出自卡马尔多利

459
阿戈斯蒂诺·卡拉奇
风景：沐浴者
40cm×49cm
皮蒂宫，帕拉蒂娜画廊
这件作品于1818年从佛罗伦萨的杰里尼收藏馆获得

460
圭多·雷尼
基督博爱
布面油画
116cm×90.5cm
这幅画可以追溯到1620年前后。从1675年起，它出现在皮蒂宫的收藏记录中

461
圭多·雷尼
雪中的圣母与圣徒露西和抹大拉的玛利亚
布面油画
250cm×176cm
这幅祭坛画出自位于桑塔·玛利亚·科尔特·迪·奥兰德尼的卢坎教堂，创作于1622—1623年，目前和《受难耶稣与圣徒》一起收藏于国立铌吉别墅博物馆

462
圭多·雷尼
埃及艳后
布面油画
125.5cm×97cm
这幅作品是作者晚年杰作，创作于17世纪30年代末。在莱奥波尔多·德·美第奇的1675年收藏清单上提到过这幅作品

463
多米尼奇诺
抹大拉的玛利亚
布面油画
88.7cm×76cm
这是多米尼奇诺最后的罗马作品之一,创作于1630年前后。曾经放置于博洛尼亚的布伦塔佐利府,属于凯撒·比安切蒂伯爵的收藏,1819年,托斯卡纳大公斐迪南三世获得这幅画

464
多米尼奇诺
红衣主教吉罗拉莫·阿基卡的肖像
布面油画
142cm×112cm
这件作品遵从了宫廷仪式和肖像的惯例,描绘了焦万·巴蒂斯塔·阿基卡的兄弟吉罗拉莫,他于1604年当选为红衣主教,次年去世。这幅画在此期间内完成

465
卢奥·麦萨瑞
圣家族（浣衣圣母）
布面油画
52.7cm×38.8cm
这幅画可以追溯到17世纪的前十年。出现在1675年红衣主教莱奥波尔多·德·美第奇的库存清单上，当时记述这件作品出自阿尔巴尼之手。路易吉·兰齐在1782年更正了这一错误

466
亚历山德罗·蒂亚里尼
基督降生
铜板油画
33cm×42.7cm
此作具有典型的蒂亚里尼风格，描绘的宗教故事情节富有叙事的创新性。这件作品可以追溯到1610年前后，18世纪早期存放在皮蒂宫，后来暂时转移到了波焦阿卡亚诺的美第奇住宅

467
弗朗切斯科·阿尔巴尼
劫掠欧罗巴
布面油画
76.3cm×97cm
这幅画创作于1639年，后卖给了秘鲁人安吉洛·奥德迪。第二年，斐迪南德·科斯比侯爵代表斐迪南·德·美第奇收购这幅画。此作有一件更小版本的铜板油画也收藏于佛罗伦萨画廊

468
弗朗切斯科·阿尔巴尼
丘比特的舞蹈
铜板油画
31.8cm×41.2cm
这件藏品似乎可以追溯到1630年前后，当时画家正赶上罗马文化中新威尼斯人发展的潮流。他在另一幅名画中呈现过同一主题，那件作品曾存放在博洛尼亚的桑皮耶里收藏，现置于米兰布雷拉美术宫

469
乔瓦尼·兰弗朗科
科尔托纳的圣玛格丽特的狂喜
布面油画
230.5cm×185cm
这幅画曾经是1621年作为祝圣礼物，为科尔托纳新圣玛利亚韦努蒂教堂所作的祭坛画。斐迪南·德·美第奇购买了这幅画，在18世纪的前几年存放于皮蒂宫

470
格尔奇诺
音乐家肖像
铜板油画
34cm×46cm
这幅画的创作时间可以追溯到1617年前后,属于这位百里赛艺术家第一个创作时期的作品。此作很可能由大公斐迪南·德·美第奇购得,被列在皮蒂宫1705年的收藏清单上

471
格尔奇诺
阿波罗和马西亚斯
布面油画
186.3cm×205cm
根据玛尔维萨（1678年）大公科西莫二世·德·美第奇在1618年所言，这幅画属于该艺术家比较成熟的早期杰作。左边的牧羊人原本是在一个单独的画布上完成的，而后格尔奇诺赋予它一定的寓言意义（《阿卡迪亚的牧人》，收藏在罗马古代国家艺术美术画廊）

472
格尔奇诺
圣彼得复活塔比莎
布面油画
132.8cm × 159.6cm
这幅画为红衣主教亚历山德罗·路多维斯（后来的教皇格里高利十五世）所作，完成于1618年前后。这幅画在18世纪初存放于皮蒂宫，也许是在朱塞佩·玛利亚·克雷斯皮的建议下，斐迪南·德·美第奇收购了这幅画

473
米歇尔·德苏博利奥
埃尔米尼娅和坦克雷德
布面油画
234cm×320cm
这幅画是受唐·洛伦佐·德·美第奇委托，于1641年在佩特拉亚为其别墅所作。后来曾被误认为是瓦尼尼的作品。事实上，此作是佛兰德斯画家德苏博利奥最伟大的作品之一

474
彼得罗·保罗·邦奇
狄安娜与卡利斯托
布面油画
74cm×96cm
通过与画家其他亲笔签名作品对比发现，此画与邦齐的风景画有某种关联。这幅画是费罗尼的收藏品。乌菲齐美术馆收藏有同一主题的画，那幅作品被认定为是戈博（Gobbo）的作品

475
圭多·卡格纳希
抹大拉的玛利亚由天使带到天堂
布面油画
192.5cm×138.5cm
这幅作品是画家在威尼斯活动时创作的，尼古拉·卡萨那代表大公斐迪南·德·美第奇于1705年购得该作品

476
西蒙尼·坎塔里尼
圣安德鲁
布面油画
102cm×69.2cm
根据皮蒂宫1705年的一份库存清单，这件藏品可能是1699年博洛尼亚人吉奥万·巴蒂斯塔·贝鲁奇送给斐迪南·德·美第奇的"西蒙尼·坎塔里尼最美丽的画作"

359

477
克里斯托夫洛·穆纳里
静物
布面油画
42cm×67cm
这幅画来自美第奇家族的波焦阿卡亚诺的别墅，创作于1706—1715年穆纳里在佛罗伦萨驻留期间。此作很可能是受大公斐迪南·德·美第奇委托赞助而创作，这位画家在搬到佛罗伦萨之前曾从罗马给大公寄过画

478
朱塞佩·玛利亚·克雷斯皮
丘比特与普塞克
布面油画
130cm×215cm
这幅画是在1706—1715年间为美第奇宫廷所创作的，是画家为数不多的大型神话作品之一，描绘的是阿普列乌斯《变形记》第5章22节的内容

479
朱塞佩·玛利亚·克雷斯皮
对无辜者的大屠杀
布面油画
133cm×189cm
1706年，唐·卡洛·席尔瓦向画家索要了这件作品，作为献给斐迪南三世·德·美第奇的礼物，描绘的是克雷斯皮创作常用的一个主题。当席尔瓦随后决定自己留下这幅画时，克雷斯皮于1708年将它呈给斐迪南，斐迪南立即为之欣喜若狂，并将这幅画带到主教面前

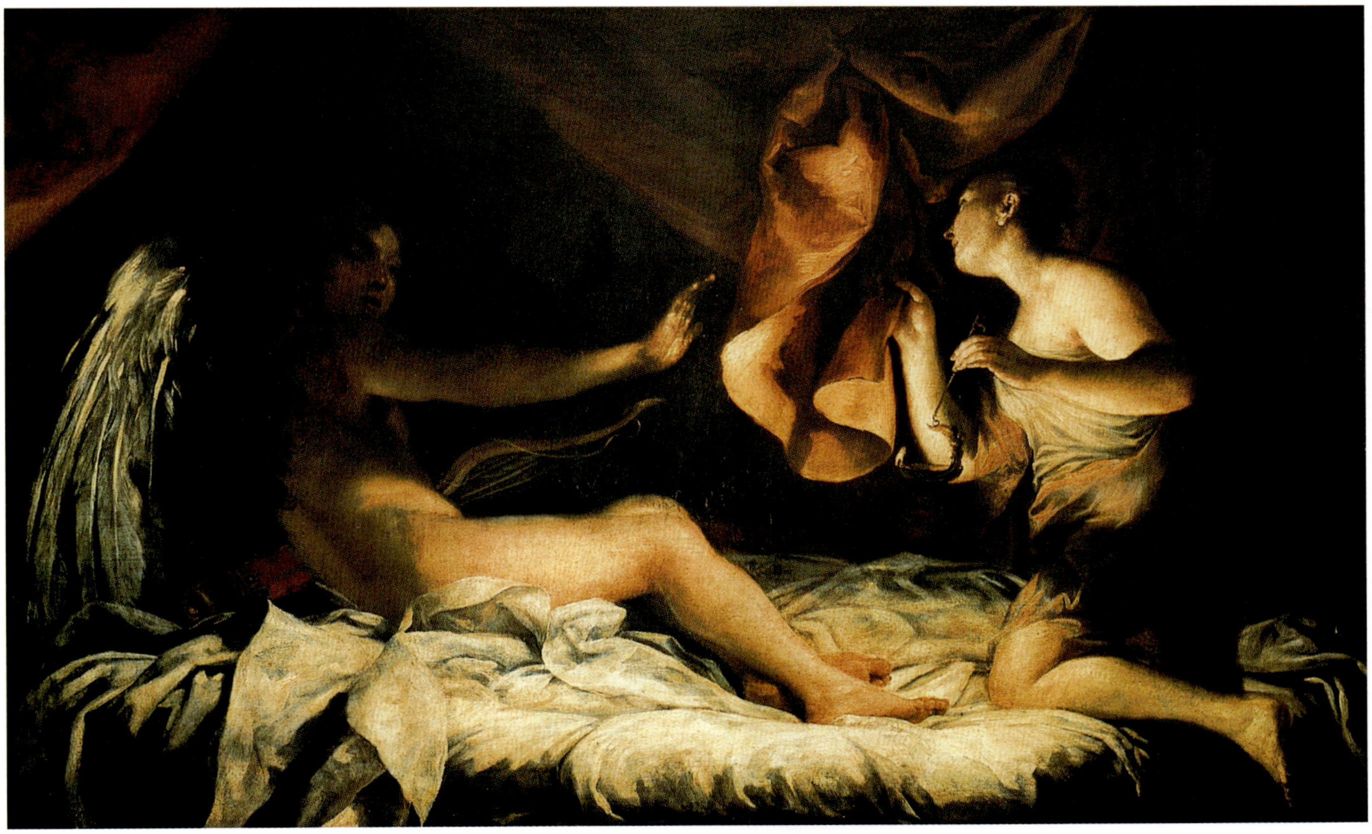

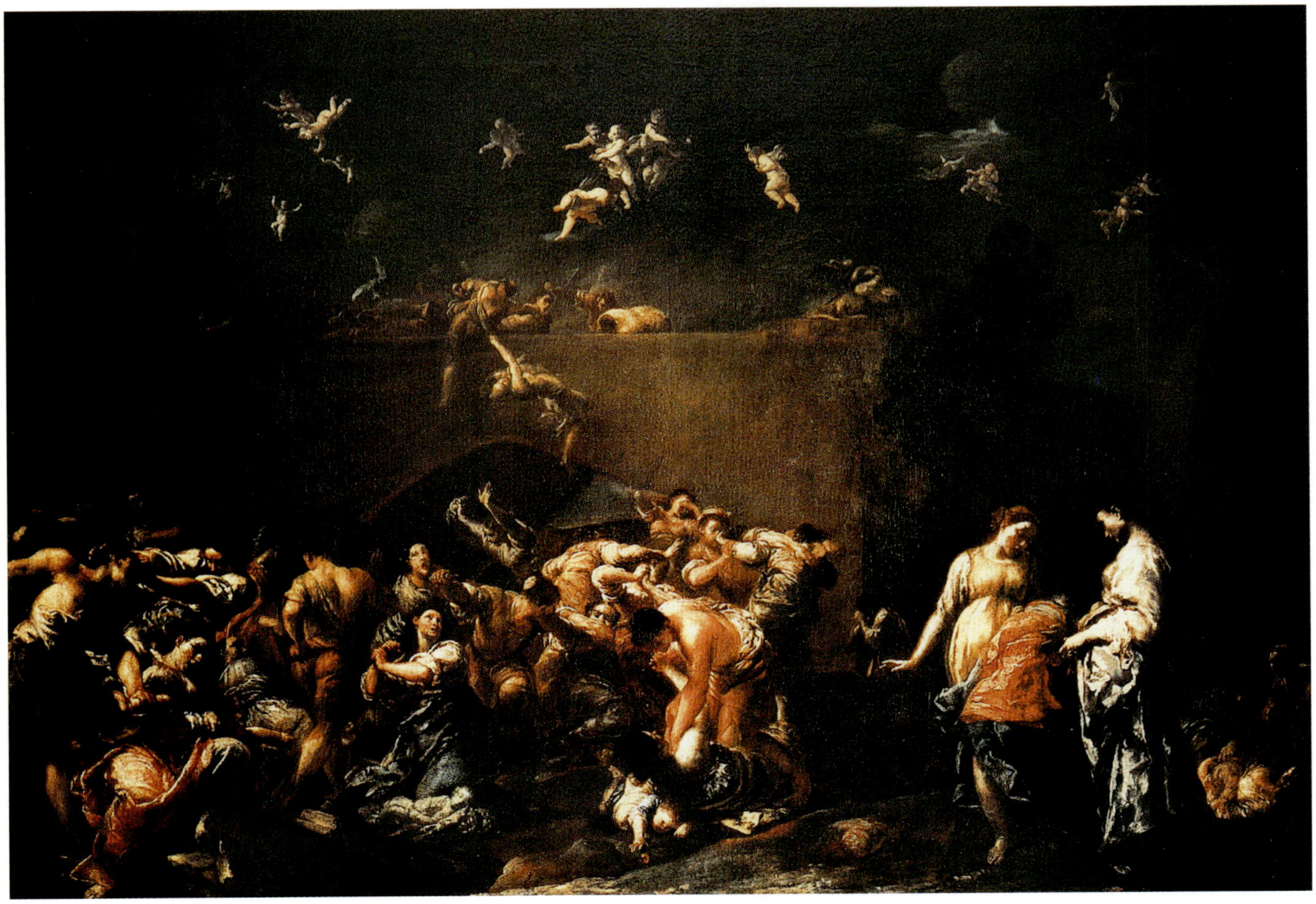

480
朱塞佩·玛利亚·克雷斯皮
波焦阿卡伊阿诺园游会
木板油画
116.7cm×196.3cm
这件作品完成于1709年,当时画家是普拉托里诺美第奇别墅的客人。受卡乐的启发,以喧闹的"生活片段"为背景,该作品是对世俗画流派的一种新诠释

481
朱塞佩·玛利亚·克雷斯皮
跳蚤
铜板油画
46.3cm×34cm
这幅画是《歌手》不完整系列的一部分,它讲述了一个美丽女孩人生的大起大落。这幅场景画作为独立作品的时间可以追溯到18世纪的前十年

482
朱塞佩·玛利亚·克雷斯皮
洗碗女仆
布面油画
57cm × 43cm
这幅作品创作于1720年前后，其构图来源于格特鲁伊德·罗格曼的一幅版画作品，但这幅画以个人说明的方式隐藏了它的来源，目的是显出这幅场景画的存在

483
斯特凡诺·格拉迪尼
夏天
布面油画
95cm×69.5cm
1960年收购这幅藏品时，标注是朱塞佩·甘巴里尼的作品，但它更有可能是朱塞佩的学生格拉迪尼所作。拿着扇子的女孩的身影同样出现在一幅名为《农家女孩》（1741年，博洛尼亚，私人收藏）的有画家署名和日期的作品中

484
斯特凡诺·格拉迪尼
冬天
木板油画
95cm×69.5cm
连同前面一幅布面油画，这幅画曾经是描绘四季的系列画中的一幅

487
桑蒂·迪·提托
基督进入耶路撒冷
木板油画
350cm × 230cm
这幅作品是艺术家于16世纪70年代为佛罗伦萨蒙托维托修道院的祭坛而创作的

488
桑蒂·迪·提托
十字架下的宣誓,圣母、施洗约翰、圣凯瑟琳和巴尔达萨雷·苏亚雷斯
木板油画
200cm × 168cm
这幅作品的创作时间在1575—1580年间,它是受圣斯蒂芬的修士巴尔达萨雷·苏亚雷斯的委托,为佛罗伦萨福乐德萨·迪·巴索教堂的内部礼拜堂所创作的

489
安德里亚·伯斯克里
圣塞巴斯蒂亚诺
木板油画
45.5cm×26cm
这幅作品是艺术家创作生涯最后阶段的作品

490
安德里亚·伯斯克里
迦南的婚礼
布面油画
127.5cm×191cm
这幅作品的创作时间在1580—1585年间，这记录于1624年波焦帝国庄园的清单里。与这幅作品配套的还有一件作品《法利赛人的晚餐》（已丢失）

491
格雷戈里奥·帕格尼
皮拉莫斯和提斯柏（希腊神话故事）
布面油画
239cm×180cm
这幅画是对奥维德《变形记》中一个事件的描绘，属于帕格尼成熟时期所创作的作品

492
鲁多维科·奇戈利
祈祷的圣方济各
布面油画
140.5cm×114.5cm
作品曾是红衣主教莱奥波尔多·德·美第奇的私人收藏，并记录在1675年他的藏品清单中。这幅油画作品的创作时间可以追溯到1600年前后

493
鲁多维科·奇戈利
圣史蒂芬的殉难
布面油画
450cm×287cm
这幅作品是为佛罗伦萨的圣玛利亚·迪·蒙德多米尼方济各会修道院教堂所创作的

494

鲁多维科·奇戈利
以撒的祭献
布面油画
175.5cm × 132.2cm

这幅作品受红衣主教庞贝奥·阿里戈尼的委托所作，可能创作于1604年或1605年，正是艺术家第一次在罗马驻留的时候。主教去世后，此画于1654年进入波焦帝国庄园，正式纳入美第奇家族的收藏

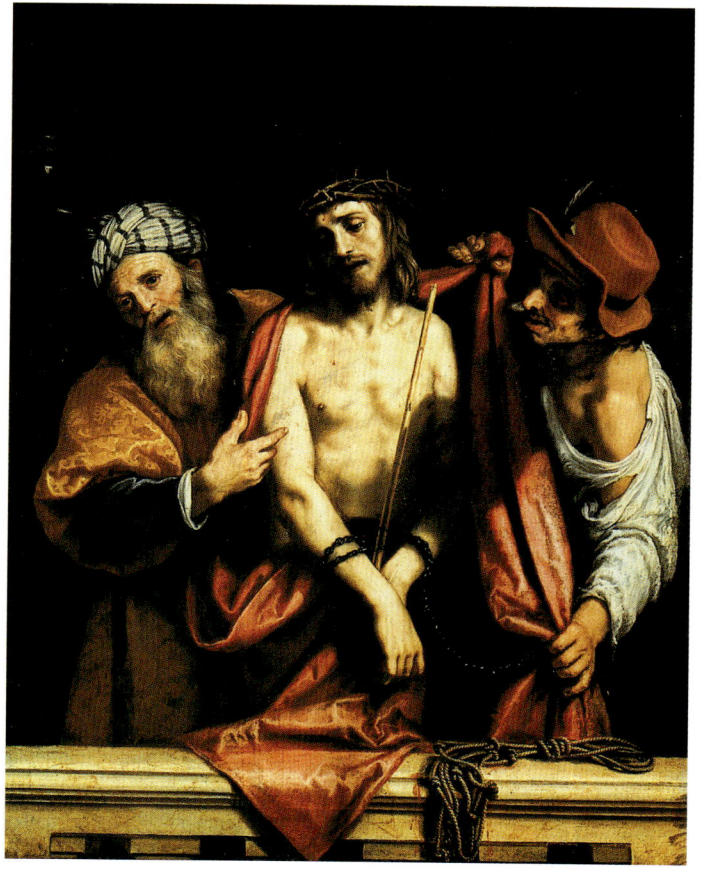

495

鲁多维科·奇戈利
看这个人
布面油画
175cm × 135.5cm

这件藏品是1607年马西莫·马西米委托鲁多维科所作的，作为卡拉瓦乔一件作品的配套作品。鲁多维科的这幅画曾属于洛伦佐·德·美第奇，他将它赠予音乐家乔万·巴蒂斯塔·塞维利。后来进入大公斐迪南二世的收藏。注："看这个人"是彼得多将戴荆冕的耶稣交给犹太人示众时所说的话

496
鲁多维科·奇戈利
耶稣被解下十字架
木板油画
321cm×206cm
这幅画是1600年后不久受恩波利十字同盟会成员的委托所作，1608年1月他们将其放置在高阶祭坛上。1609年，斐迪南·德·美第奇大公购得了这件作品

497
弗朗切斯科·瓦尼
圣凯瑟琳的秘密婚姻
布面油画
67cm×61cm
这幅画是1602年瓦尼为圣雷蒙多锡耶斯教堂圣坛所作，是一件再版的微型复制品

498
克里斯托法诺·阿洛里
穿黑色衣服的男人的肖像
布面油画
55cm×42cm
这幅画在历史上一直被认为是鲁多维科·奇戈利的作品，之后由马可·奇亚里尼证明此画作者是阿洛里。创作于17世纪的第一个十年内

499
克里斯托法诺·阿洛里
圣朱利安的款待
布面油画
259cm×202cm
这幅作品的创作时间可以追溯到17世纪的第二个十年，1638年被收藏在皮蒂宫。根据巴蒂努奇的说法，阿洛里去世后，此项尚未完成的画作是由欧诺利奥·马里纳利为科西莫三世·德·美第奇完成的

500
克里斯托法诺·阿洛里
沙漠中的施洗约翰
布面油画
158cm×116cm
这幅画创作于1610—1620年间,很有可能是红衣主教卡洛·德·美第奇委托阿洛里所作,随后成为他的私人收藏

501
克里斯托法诺·阿洛里
朱迪斯和霍洛芬斯
布面油画
139cm × 116cm
这也许是17世纪佛罗伦萨艺术中最受瞩目的作品了。创作于1619—1620年间，同年阿洛里将它放置在美第奇家族的衣帽间。1626年，斐迪南二世大公将它送给了他的叔叔红衣主教卡洛·德·美第奇。随后它被辗转带到了巴黎，并于1799—1815年在拿破仑博物馆展出

502
阿纳斯塔吉奥·丰特波尼
圣约翰的布道
铜板油画
19.5cm×25.5cm
这件藏品是画家赠予科西莫二世·德·美第奇的礼物，创作时间可以追溯到1615—1620年间，即科西莫二世去世前

503
雅各布·达·恩波利
以撒的牺牲
铜板油画
32cm×25cm
这幅藏品的创作时间在1610—1620年间，乌菲齐美术馆于1779年从伊格纳齐奥·胡格福德的遗产中购得。此画是《诺亚醉酒》的配套作品，该画现今也收藏于乌菲齐美术馆

504
雅各布·达·恩波利
正直的圣艾利修斯
木板油画
300cm×190cm
这幅作品是画家在1614年为科切拉路上一个金器公司的祭坛所创作的。这是华丽的佛罗伦萨风格的一个范例。圣人面部被认为是雕塑家皮埃特罗·弗朗卡维拉所作

505
雅各布·达·恩波利
圣伊沃，寡妇和孤儿的守护者
木板油画
288cm×212cm
这件藏品是受购德多·朱尼委托所作，他是地方长官，也是管理人和律师。画作背面刻有画家签名和创作时间。1617年，朱尼将这幅作品悬挂在了地方长官的官邸里；他自己也被刻画进这幅作品，画中的他在圣伊沃的身旁，正在向圣人介绍寡妇和孤儿。

506
雅各布·达·恩波利
静物：游戏
布面油画
119cm×152cm
这件作品与《静物：游戏》（见图507）于1922年一起被收藏进乌菲齐美术馆。此画在恩波利的工作室内完成，是具有代表性的自然主义绘画

507
雅各布·达·恩波利
静物：游戏
布面油画
129cm×151cm
同恩波利以往的静物作品相比，这幅画的构图更加精巧，食物的摆放加上一旁的陶器，更加多样化了

508
乔瓦尼·比利维特
大天使圣米迦勒拒绝托比亚斯的献祭
布面油画
175cm×146cm
这幅画是艺术家的杰作之一,是为费利波·里奇·科米所创作的,后来被尼克罗·切莱塔尼购得。1832年被卖给了托斯卡纳大公(洛林的)莱奥波尔多二世

509
乔瓦尼·比利维特
圣约瑟夫的贞洁
布面油画
240cm×300cm
这幅作品是受红衣主教卡洛·德·美第奇的委托而作，为他的住所——佛罗伦萨圣马可别墅所作，于1618—1619年间完成。主教去世后，画作在重新回到佛罗伦萨前被转移到了卡斯特罗的美第奇别墅，于1779年收藏进乌菲齐美术馆

510
马泰奥·罗塞利
塞米拉米斯
布面油画
175cm×219cm
这件作品装饰在奥地利女大公玛利亚·玛德莱娜在波焦因佩里亚莱别墅的一个宾客厅内,陪伴了三个不同时期显赫一时的贵族女性,创作于1623—1625年间。到1784年,这幅画作也一直被保存在旧址,没有挪动过

511
马泰奥·罗塞利
大卫的胜利
布面油画
203cm×201cm
关于这件藏品有一系列1620年的交易记录。它是画家受红衣主教卡洛·德·美第奇的委托，为他在佛罗伦萨的圣马可别墅所作

512
雅各布·维格纳利
圣瑟维斯特,教皇,给君士坦丁皇帝施洗
布面油画
130cm×160cm
此画是与收藏在圣马可博物馆的《托拜厄斯和天使》(见图513)同时期完成的。传记作家塞巴斯蒂亚诺·贝内德多·巴托洛奇在其著作中提及,此作品曾放置在圣马可修道院的香料室中。根据这一点,推测作品的创作时间可以追溯到1623—1624年间

513
雅各布·维格纳利
托拜厄斯和天使
布面油画
133cm×161cm
这幅作品是与《圣瑟维斯特,教皇,给君士坦丁皇帝施洗》（见图512）一同绘制的,被维格纳利的传记作家巴托洛奇在佛罗伦萨圣马可修道院中的香料室的收藏记录里查到

514
巴托洛米奥·里戈兹
静物:水果和一朵花
布面油画
37cm×47cm
在1702—1710年皮蒂宫的藏品目录中,这件画作还有一件配套作品

515
弗朗切斯科·古拉迪
水仙花的源头
布面油画
180cm×207cm
这幅作品是受红衣主教卡洛·德·美第奇的委托，为他在佛罗伦萨的圣马可别墅所创作的。收藏记录出现在1666—1667年主教遗产的草拟清单中

516
弗朗切斯科·鲁斯蒂奇
绘画和建筑的语言
布面油画
129.5cm × 97cm
这幅作品的创作时间可以追溯到17世纪20年代初，被记录于1675年，被认为是鲁斯蒂奇的作品，是红衣主教莱奥波尔多·德·美第奇的藏品

517
弗朗切斯科·鲁斯蒂奇
卢克雷蒂亚之死
布面油画
175cm × 259.5cm
这件作品于1623—1625年受奥地利女大公玛利亚·玛德莱娜委托所绘，曾被悬挂在波焦美第奇别墅的会客厅中，是4件描绘古代著名女性生活系列作品中的一件
注释：卢克雷亚蒂是罗马古代传说中的贞妇，贞节的模范

518
鲁蒂里奥·马内蒂
罗格罗和阿里齐纳
布面油画
179.5cm×204.5cm
这幅作品的创作时间可以追溯到1622—1623年间，是佛罗伦萨红衣主教卡洛·德·美第奇委托马内蒂为圣马可别墅所绘。1666年卡洛去世后，它成为大公的收藏品之一

519
鲁蒂里奥·马内蒂
马西尼萨和索福尼斯巴
布面油画
168cm×265cm
这幅作品是受奥地利女大公玛利亚·玛德莱娜的委托，为波焦美第奇别墅的会客厅所绘制的，大致完成于1623—1625年间。此作品一直存放在别墅里，直到18世纪后半叶

520
乔瓦尼·达·圣·乔瓦尼
维纳斯梳理丘比特的头发
布面油画
229cm×173cm
这幅令人愉悦的绘画作品是画家于1630年中期为洛伦佐·德·美第奇位于佩德拉伊亚的住宅所作的。在那之后，它很快就进入大公的收藏中

521
乔瓦尼·达·圣·乔瓦尼
新婚之夜
布面油画
231cm×348cm
这幅含有隐喻的作品很有可能是洛伦佐·德·美第奇为了他侄子与维多利亚·德拉·罗维雷的大婚委托所作的礼物。后来于1637年成为斐迪南·德·美第奇的收藏品，存放在皮蒂宫

522
乔瓦尼·达·圣·乔瓦尼
绘画描绘声望
湿壁画（赤陶土上）
52.5cm×38cm
这幅壁画作品可能完成于1624年前后，曾经属于斐迪南·德·美第奇，他是一位热爱收藏小尺幅作品的收藏者

523
乔瓦尼·达·圣·乔瓦尼
法厄同和阿波罗
湿壁画（灰泥上）
直径62cm
这幅作品曾经是九幅随想系列绘画中的一件，其中有八幅绘画留存了下来，是受洛伦佐·德·美第奇的委托为拉佩亚别墅所创作的作品，出现在大公死后于1649年草拟的收藏清单中。九件随想系列绘画作品于1634年创作完成

524
弗朗切斯科·弗里尼
诗歌和绘画
布面油画
180cm×143cm
这幅作品是于1624年受佛罗伦萨设计学院和其他三位画家（萨尔维斯蒂尼、莫罗斯尼和奇多尼）委托，为寓言主题类作品而创作的

525
弗朗切斯科·弗里尼
海拉斯和水泽仙女
布面油画
230cm×261cm
这幅作品堪称17世纪佛罗伦萨绘画的典范，于1630年初受阿格诺罗·哥迪的委托所绘制，1910年由国家从佛罗伦萨美术馆购得

526
弗朗切斯科·弗里尼
信仰
布面油画
65cm×49cm
这幅作品是艺术家的杰作之一，是于1630年中期绘制完成的

527
弗朗切斯科·弗里尼
伊甸园的亚当与夏娃
布面油画
193cm×242cm
这幅作品的创作时间可以追溯到17世纪30年代初期，据说是费里波·巴迪努奇为博纳多·朱恩奇而委托画家创作的。后来该作品被证明属于弗里尼，于1818年为大公的收藏所购得

528
切萨里·丹蒂尼
年轻男子的肖像
布面油画
55.5cm×45.5cm（椭圆形）
这幅作品与另一幅相似的作品（现今保存于佛罗伦萨美术馆的仓库）出自同一位艺术家之手，于17世纪30年代晚期至40年代初期为洛伦佐·德·美第奇而绘制的。这是画家创作的最为出名的男性肖像作品

529
切萨里·丹蒂尼
里纳尔多和阿尔米达
布面油画
185cm×205cm
这幅作品创作于1635年，是艺术家最出名的世俗题材作品之一，也是为了红衣主教卡洛·德·美第奇而创作的作品

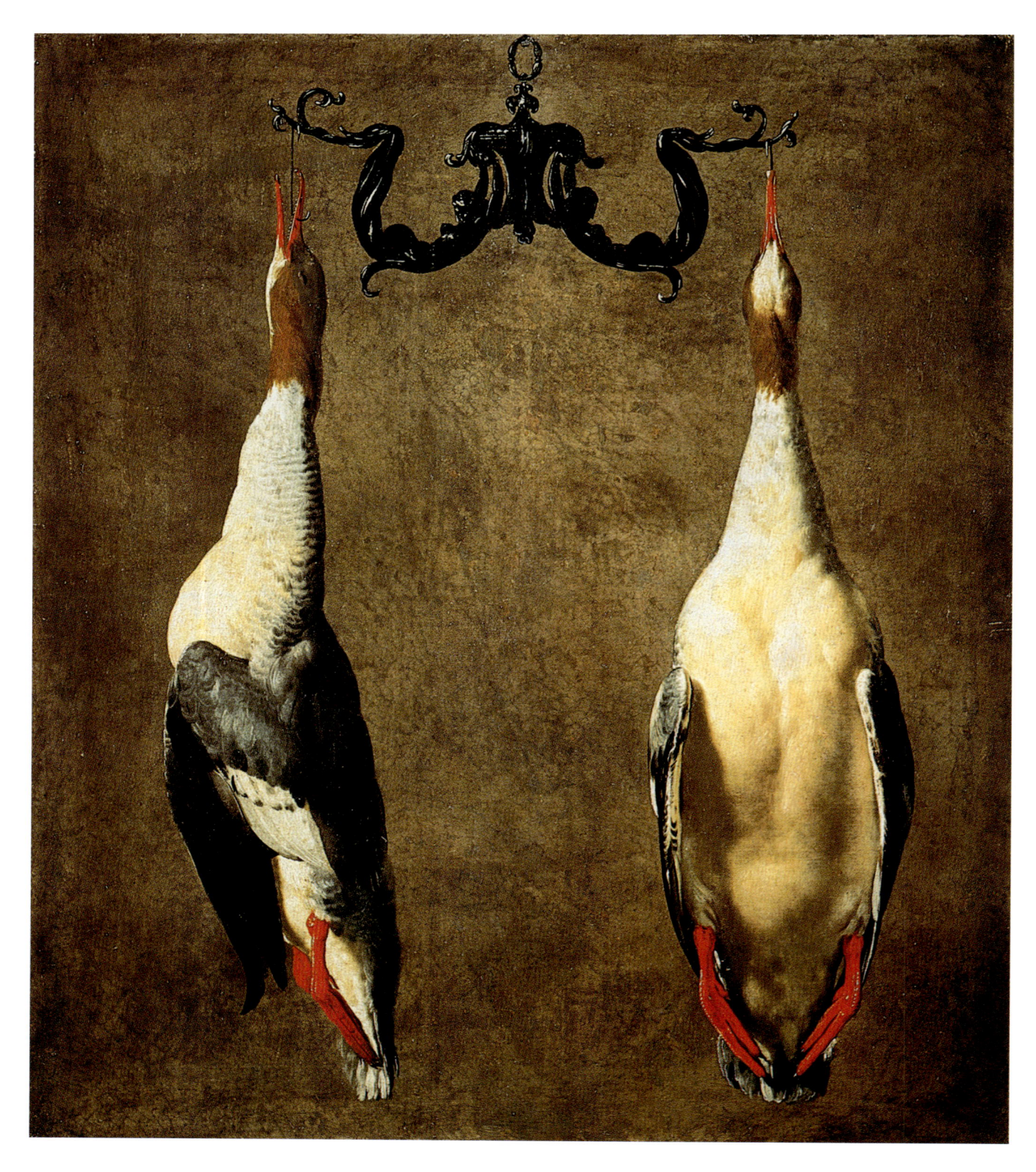

530
切萨里·丹蒂尼
两只悬挂着的绿头鸭
布面油画
82cm×69.8cm
这幅作品绘制于17世纪30年代晚期至40年代初期。这幅珍贵的静物作品是受红衣主教卡洛·德·美第奇的委托，为他在佛罗伦萨斯卡拉路上的别墅所绘制的

531
文琴佐·玛诺兹
地狱
石板油画
43.5cm×59cm
这幅作品是为洛伦佐·德·美第奇于1643年前后所绘制的，作为斯特法诺·德拉·贝拉的《特洛伊木马屠城》（见图532）作品的配套作品

532
斯特法诺·德拉·贝拉
特洛伊木马屠城
石板油画
43.5cm×58.8cm
这幅作品在德拉·贝拉的作品中是独一无二的，他主要以雕刻师和绘图员的身份而闻名于世

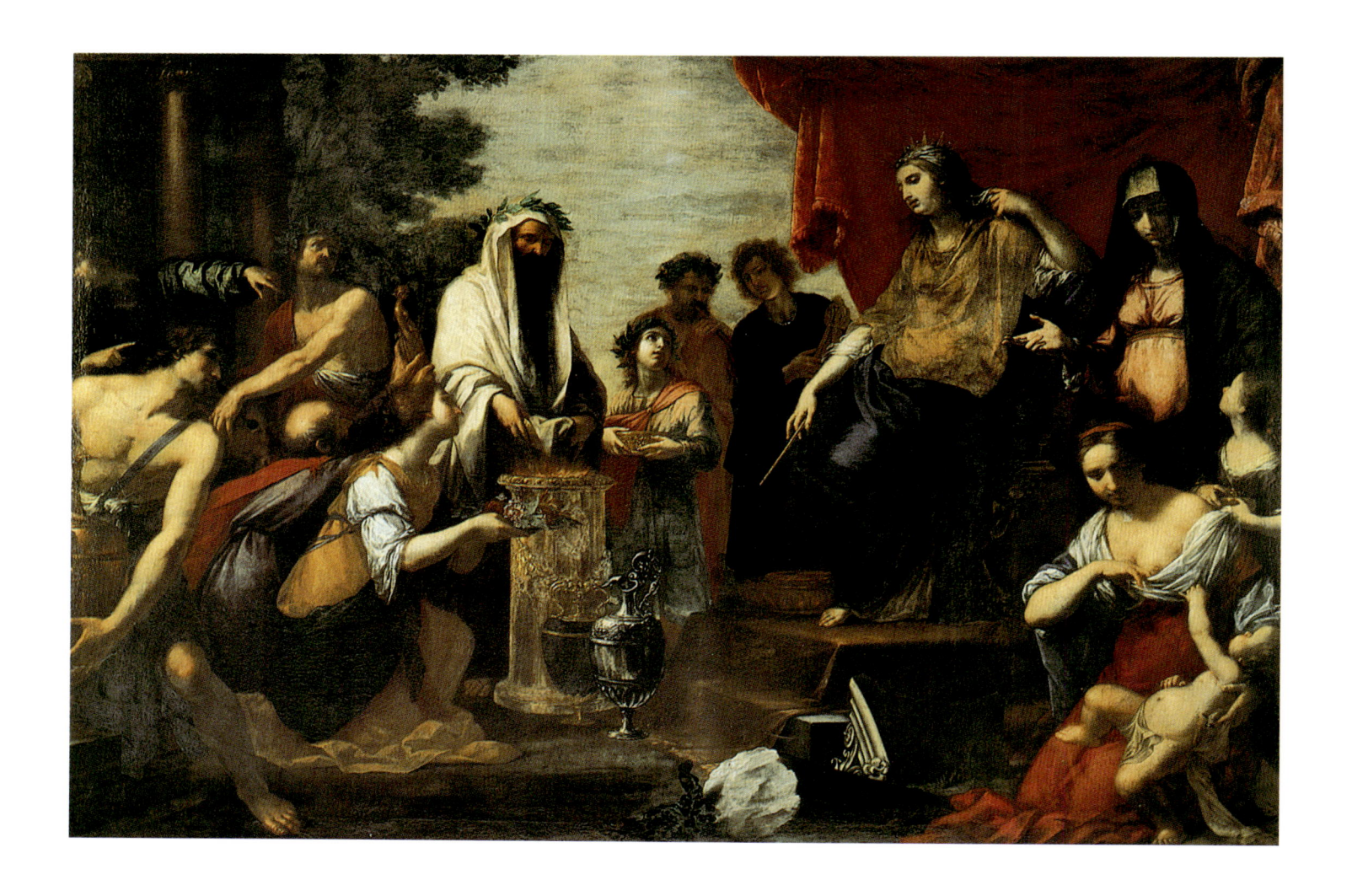

534
奥拉齐奥·费达尼
安吉利卡和麦多罗
布面油画
230cm×340cm
这幅作品是费达尼为洛伦佐·德·美第奇所作的，洛伦佐将这幅作品悬挂在拉佩德拉伊亚别墅内，直到1760年仍然可以看到这幅作品

533
文琴佐·丹蒂尼
尼俄伯的爱恋
布面油画
231cm×340.5cm
这幅作品描绘了奥维德《变形记》中的一段故事情节，于1637—1638年为洛伦佐·德·美第奇的拉佩德拉伊亚别墅而作。还有几幅草图是为这幅作品而作的，它被认为是艺术家的杰作

535
乔瓦尼·皮尼
野餐的年轻男子
布面油画
150cm×204cm
这幅作品被列于拉佩德拉伊亚别墅1649年的库存清单里，根据稻草篮上的首字母来看，它是皮尼所创作的。它可能与1633—1634年间被购买的画家的另一件作品相对应

403

536
洛伦佐·利比
大卫的胜利
布面油画
232cm×342cm
这幅作品是1650年早期绘制的,它是《井中的瑞贝卡》上的配套作品,之前被一起存放于皮蒂宫中。1910年,被国家收购并安放在佛罗伦萨学院美术馆里,1928年又被放到了帕拉蒂娜画廊里

537
洛伦佐·利比
洛特和他的女儿们
布面油画
148cm×185cm
这幅作品作为送给佛罗伦萨的一件礼物——费罗尼收藏的一部分，来到了佛罗伦萨美术馆。它是艺术家创作成熟时期的代表作品，创作时间可以追溯到17世纪50年代初期

406

538
乔瓦尼·马尔蒂内利
静物：玫瑰、芦笋、牡丹和康乃馨
布面油画
59.4cm×69.8cm
这幅作品被发现于1964年，被认为是马尔蒂内利在佛罗伦萨圣斯特法诺教堂《玫瑰圣母》的基础上，于1974年所作的作品。作品的创作时间大约是1647年

540
贾琴多·吉米尼亚尼
井边的瑞贝卡
布面油画
94cm×144cm
这幅作品的创作时间可以追溯到17世纪30年代中期，被记录于波焦帝国庄园1691年大公夫人维多利亚·德拉·罗维雷的遗产清单里

539
乔瓦尼·马尔蒂内利
伯沙撒的盛宴
布面油画
228cm×341cm
这幅作品是为利多夫·德伊于1653年创作的，1777年被美术馆购买并立即展出于美术馆内

541
费里切·费切莱利
雅亿与斯塞拉
布面油画
121cm×155cm
柔和的笔触和含蓄的色调构成了整件作品，是费切莱利的晚期作品之一

542
卡洛·多奇
斯特法诺·德拉·贝拉的肖像
布面油画
59cm×48cm
1631年，50多岁的多奇完成这件作品后，在它的背面留下了一段古老的铭文。这幅作品是受洛伦佐·德·美第奇委托绘制的，记录在1649年斐迪南三世·德·美第奇去世后的一张藏品清单中

543
卡洛·多奇
阿依诺尔佛·德·巴蒂的肖像
布面油画
149.5cm×119cm
这件藏品的背面有铭文，日期为1632年。1954年作为阿尔贝多·巴迪·塞尔泽利伯爵的遗赠被收藏进佛罗伦萨美术馆。自1972年开始被陈列于乌菲齐美术馆

544
卡洛·多奇
十字架前的圣安德鲁
布面油画
122cm × 99cm
根据菲利波·巴迪努奇的说法，这幅作品是为卡洛·格里尼侯爵所作。1818年，被托斯卡纳大公（洛林的）斐迪南三世收购并纳入其收藏

545
卡洛·多奇
花瓶和花盆
布面油画
70cm×55cm
这幅作品是多奇受卡洛·德·美第奇的委托于1622年创作的。多奇将美第奇家族的盾徽刻画在了花瓶上。这是艺术家少有的一件静物作品,以其定格之美,引发大家对浮华生活的冥想与沉思

546
卡洛·多奇
抹大拉的玛利亚
布面油画
73.5cm×56.5cm
这幅作品创作于1660年,曾属于斐迪南·德·美第奇,在1713—1714年间的收藏清单上详细描述了这件藏品

547
卡洛·多奇
圣母子
布面油画
86cm×68cm
这幅作品是于1675年为大公夫人维多利亚·德拉·罗维雷而绘制的，后来传给了她的侄子吉安·加斯顿，并于1697年被装裱进了一个由乌木、宝石和镀金青铜装饰的画框内，这个画框是由乔万·巴蒂斯塔·福吉尼在大公的工作室设计制作的

548
沃尔特拉诺
睡着的丘比特
湿壁画（灰泥上）
73cm×43cm
这幅壁画作品完成于17世纪50年代后半期，曾属于斐迪南·德·美第奇。它被列入皮蒂宫1698年的绘画作品清单中，也是为1713—1714年王子去世后所准备

549
沃尔特拉诺
牧师阿尔罗托的酒技
布面蛋彩油画
107cm×150cm
这幅作品是为洛伦佐·德·美第奇的大臣文琴佐·帕洛奇亚尼于17世纪40年代中期创作的。而后属于红衣主教卡洛·德·美第奇以及斐迪南·德·美第奇的收藏

413

550
沃尔特拉诺
安东尼奥·巴迪努奇的肖像
纸上色粉画
43cm×38cm
这幅肖像作品的主题可以通过作品背后的铭文所确定。它是受费里波·巴迪努奇的委托所创作的

551
沃尔特拉诺
红衣主教卡洛·德·美第奇的肖像
布面蛋彩油画
146cm×117cm
1653年,卡洛给这幅肖像作品的完成设置了一个初步的截止日期,它属于画中坐着的红衣主教卡洛的叔叔。它传统上被认为是苏斯特曼斯的作品,但事实上这幅作品可能是1663年12月给沃尔特拉诺带来相应款项的作品。这一时期的特点与这幅作品的风格相符合

552
洛伦佐·托迪尼
装饰有玫瑰、海葵和水仙花的铜饰花瓶
羊皮纸上蛋彩油画
101cm×78cm
这幅作品的背面有一个17世纪的笔迹，上面写有作品的创作时间1684年和画家的签名。这幅是"出自托迪尼之手的，画在羊皮纸上的花、鸟和水果之微型绘画系列"中的一件作品。1697年，它在美第奇家族在卡伊亚诺的波焦帝国庄园库存清单上被提及过

553
里维奥·迈赫斯
雕塑的天才
布面油画
70cm×79cm
这幅作品曾属于斐迪南·德·美第奇。这个受人欢迎的绘画主题被艺术家重复画了很多件。本书收录的这幅作品的创作时间在1655年前后

554
里维奥·迈赫斯
西庇阿的生平
布面油画
100cm×127cm
这幅作品曾出现在斐迪南·德·美第奇的遗产清单中。这幅作品带有艺术家的首字母签名，创作时间大约在17世纪60年代初期

555
里维奥·迈赫斯
海神尼普顿和海之女神安菲特律特
布面油画
163cm×180cm
这幅作品曾属于斐迪南·德·美第奇，记录在1713—1714年的库存清单中。这幅作品的创作时间为17世纪70年代晚期至80年代初期

556
潘多夫·莱斯基
对修道院的袭击
布面油画
92cm×135cm
这幅莱斯基的晚期作品是红衣主教弗朗切斯科·玛利亚·德·美第奇的收藏。弗朗切斯科是这位艺术家的保护者和赞助人，这幅作品出现在1691年美第奇家族波焦帝国庄园的收藏库存清单中

564
巴托洛米奥·宾比
樱桃
布面油画
116cm×155cm

这幅作品描绘了生长于托斯卡纳地区的各种樱桃。宾比为科希莫三世创作了一系列这样的作品，这些作品都被寄到到托雷焦纳别墅里。

565
巴托洛米奥·宾比
梨
布面油画
207cm×264cm

这幅作品描绘了许多不同月份的季节性的梨。这些水果大多被成串挂起，有些被放在篮子里，有些被放在盘子里。这与画家在这幅画描绘的卷轴图中所使用的表现形式与书签相一致。

562
巴托洛米奥·邦贝利
柑橘
布面油画
199cm×245cm
在这幅作品里,邦贝利绘制了一些柑橘树枝,其多样性极为丰富。

563
巴托洛米奥·邦贝利
一串椰枣
布面油画
95.5cm×77.5cm
在这幅作品里,各国水果的汇总是表达画中的情绪烘托和名称确切的含义所体现的。

561
巴托洛米奥·毕恩比
葡萄
布面油画
174cm × 228cm

这幅作品描绘了许多种类的葡萄，放在地板上的葡萄筐子和散落的风景，以及古画里面的分之三的葡萄串，注入植物学家化学家自然博物馆学画风格

560
亚历山大·斯卡利亚齐

装有茉莉花、扶桑和郁金香的镶金浮雕花瓶
布面油画
47cm × 36cm

这幅作品属于科西莫三世·德·美第奇在卡斯特罗别墅的收藏。这幅作品既可以与一幅题为"Lo Scacciato 1674"的版本相媲美，也可与剩馀的置于博物馆名册上所保持的图像成组作品相媲美，其中一幅的编录时间为1678年。

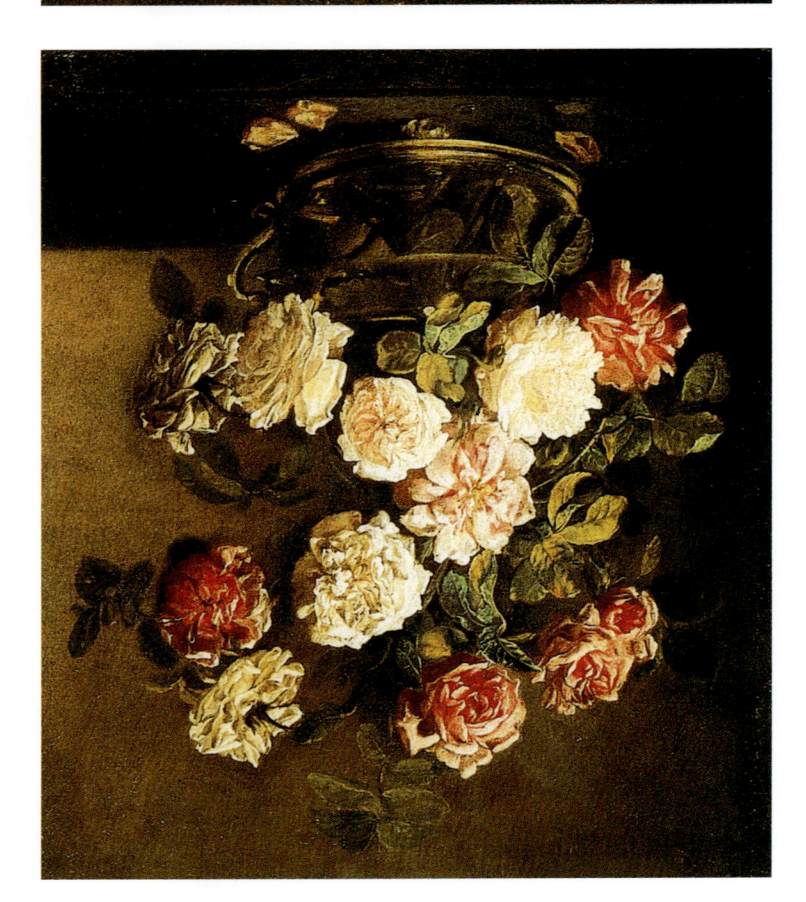

558
维多夫·米勒里
一瓶玫瑰花
布面油画
60cm×51cm

这幅作品是画家在1714—1717年间创作的路易三世、唐·美第奇的公爵时期。花在篮筐所描绘的作品中是唯一一无二的，从本幅作品中19世纪花鸟画派似乎略见到来。

559
弗朗切斯科·索宾
瑟塔尔瓦（弹曼多琳）
布面油画
74cm×58cm

这幅作品是为数不多的作品，是已知的作品中，都具有长期被人遗忘的作品。作为瑟塔尔瓦的曼多琳来美术家，这幅作品与其他同样作品一起，由目前仅存之余之外，分别体现作品风格体现作品精湛和精美美丽所得多种内蕴效果。

557
雅各布·苏尔雀
被洗劫蓄动物的商队
布面油画
108cm × 131cm
该画作出版《沙场烈马的繁华》一起被收录在1691年德皇威廉三世国王亲征的初期敌对，我和波兰、德、美等劲敌水战艇在东东中。其作期情何大会延在1690年

566
巴托洛米奥·并比
向日葵
布面油画
101cm×78cm
从美第奇家族的一份收藏库存清单中发现，并比所画的双面黄色向日葵其实是一种秘鲁菊花，作品曾经于1721年7月被送到托帕伊亚装裱

426—427页
樱桃（细部）

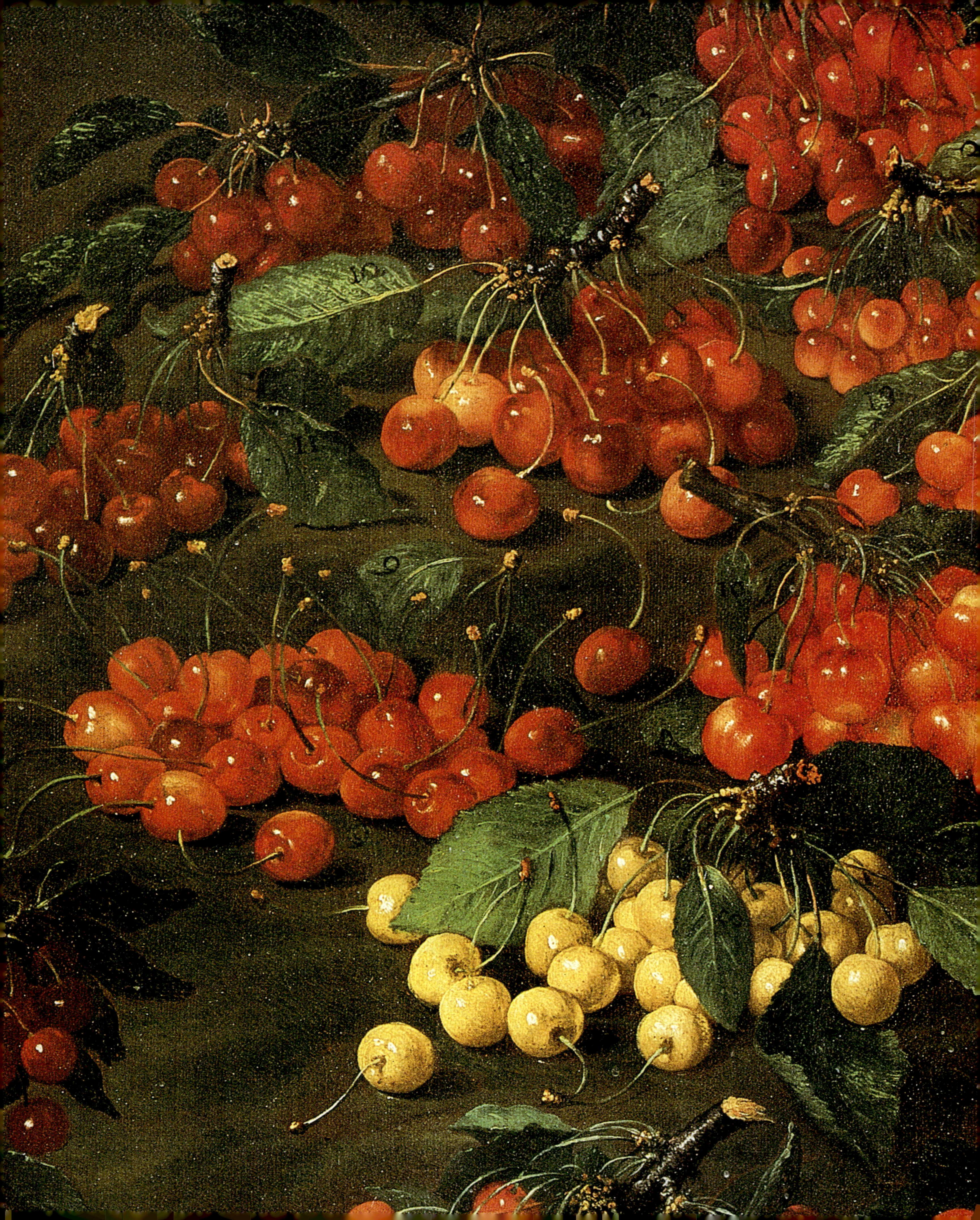

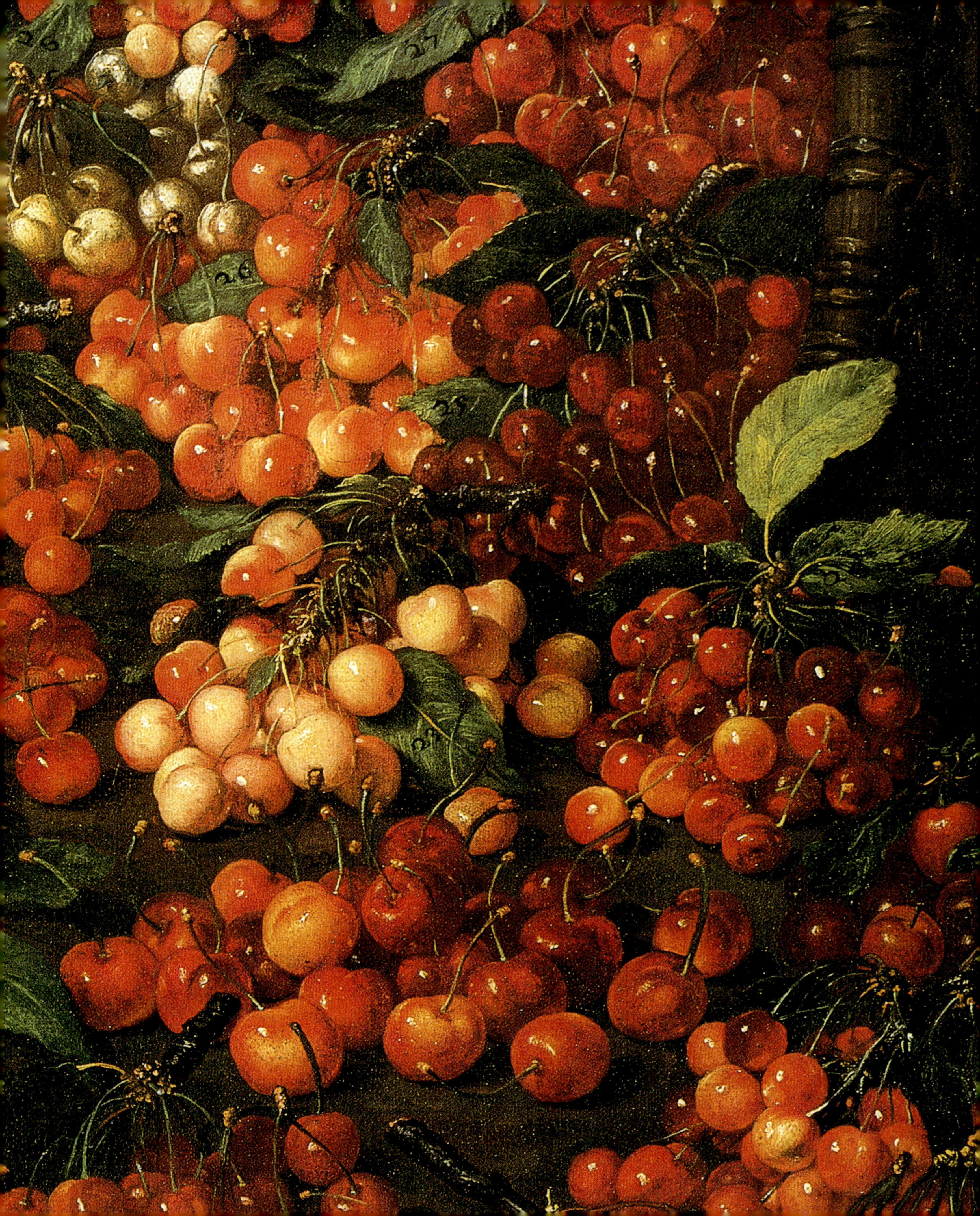

567
安东·多梅尼科·加比亚尼
美第奇宫廷里的乐师肖像
布面油画
114cm×153cm
这幅作品约于1685年完成,是为斐迪南·德·美第奇宫廷所创作的乐师和用人肖像系列中的一件作品,曾被悬挂在普拉多利诺的别墅里。画面中坐着的人的位置和对服装细节的关注证明了加比亚尼对塞巴斯蒂亚诺·彭贝利艺术作品的学习和研究,加比亚尼在威尼斯生活的时候十分崇拜彭贝利

568
皮埃特罗·奈里·斯卡奇亚第
巴巴里猿猴、松鸦、鹳、鹦鹉和野母鸡
布面油画
116cm × 87cm
这幅作品完成于1734年，后放置在阿米德罗加纳美第奇别墅。特别值得关注的是画家对五种动物形态和细节的精心渲染，并赋予了它们有趣的色调

569
乔万·多梅尼科·费雷迪
劫掠欧罗巴
布面油画
147cm×205cm
这幅作品创作于1728—1737年间，可能是受阿拉泽利亚·美第奇的委托而创作的，是《四元素》系列作品中的一幅。这幅作品还有一幅尺寸更大的版本收藏在罗马蒙特奇多里奥宫中

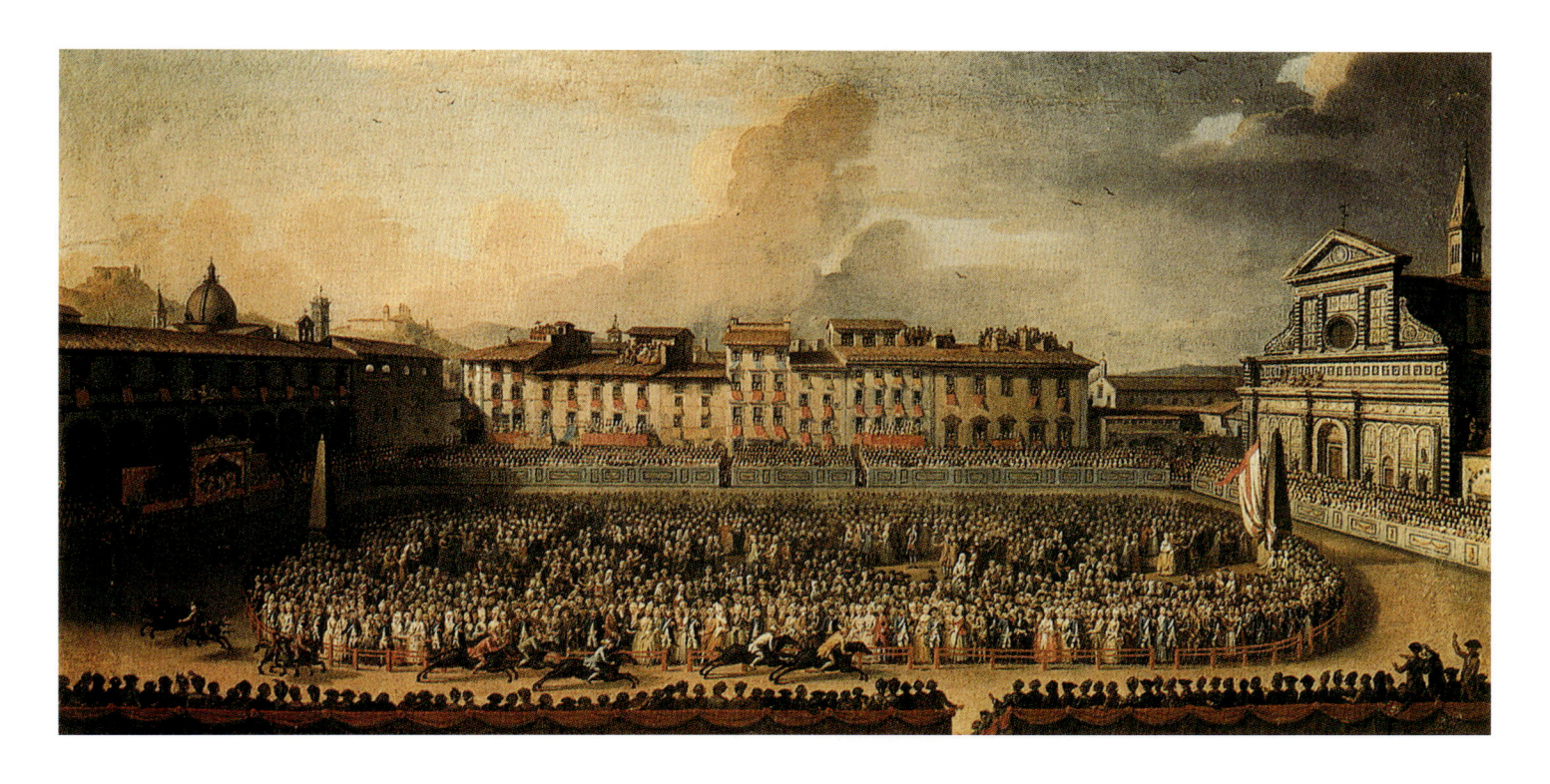

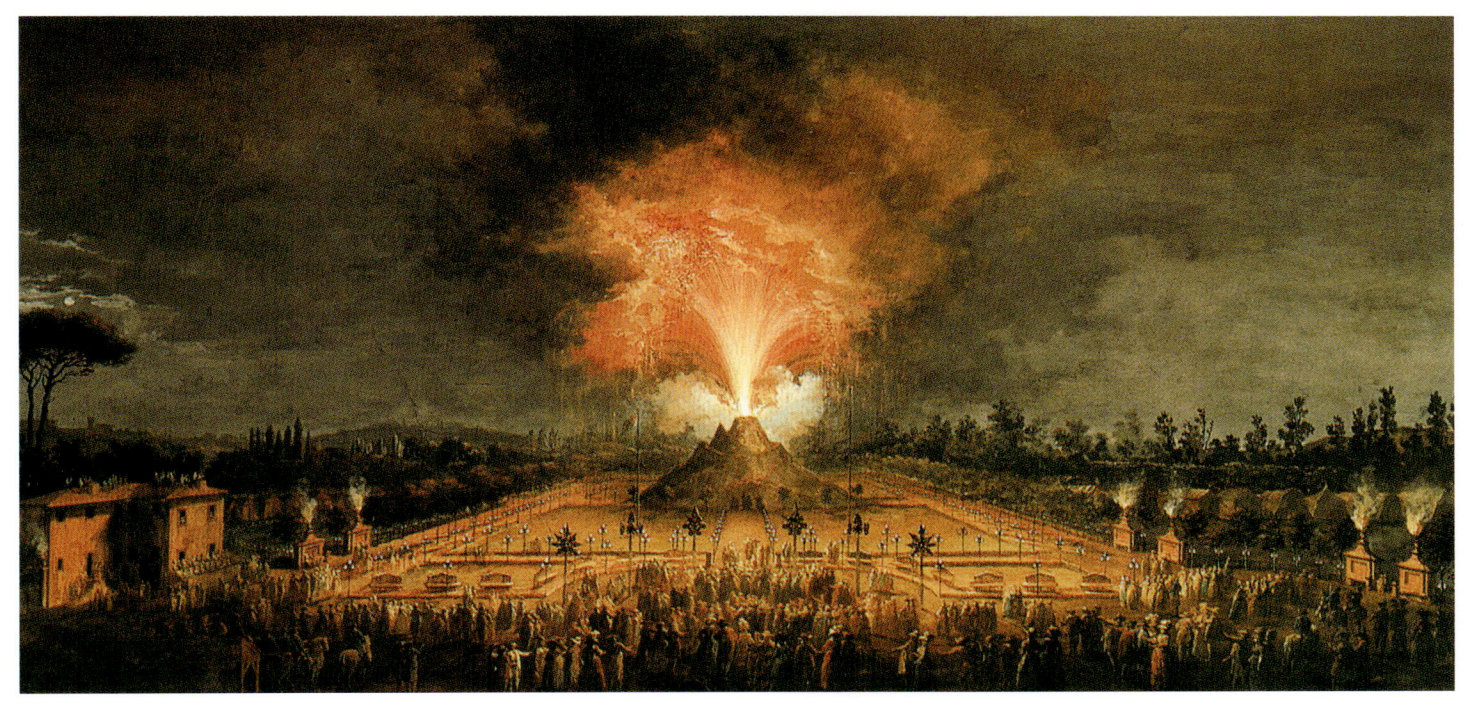

570
安东尼奥·乔奇
古圣玛利亚诺维拉广场的骑士比赛
布面油画
57cm×116.5cm
这幅作品是为一系列节日和城市赛马日主题所画的作品中不可或缺的一件，创作时间可以追溯至画家最后的活动时期

571
朱塞佩·玛利亚·泰里尼
斐迪南三世的纪念日（火神之夜）
纸上蛋彩油画
67cm×123cm
这幅作品是为描绘1791年7月在卡西内举办的一个节日所作的，是整个系列六件作品中的一件，当时正值洛林大公斐迪南掌权

伦巴第和利古里亚绘画

弗朗切斯科·弗朗奇

为16世纪后期不同类型的伦巴第绘画带来根本改变的，是新一代具有鲜明性格特点的杰出艺术家们。他们创造和运用了一种戏剧性的色彩语言和强烈的情感表达相结合的绘画语言。伦巴第17世纪早期新浪潮中的主角，从文化意义上讲最具魅力的人物，是卡洛和费德里克·博洛梅奥，还有乔万·巴蒂斯塔·克雷斯皮，也被称为切拉诺，以及皮尔·弗朗切斯科·马祖克里尼，也被称为莫拉佐内。这两位艺术家的作品都在佛罗伦萨美术馆展出过，莫拉佐内在乌菲齐美术馆最耀眼的作品就是《珀尔修斯和安德洛墨达（埃塞俄比亚公主）》，创作时间很有可能是17世纪的第一个十年或第二个十年，同时期他还创作了瓦雷斯的圣维托利教堂内最著名的《去了天堂的抹大拉的玛利亚》和瓦拉洛圣山上的艾切和墨教堂内的湿壁画。乌菲齐馆藏的莫拉佐内的绘画作品揭示了他绘画的本质特点，即从来不是以对后风格主义模式的重新诠释作为标志，而是完全成为17世纪新的发现——转变成为一种自由和辉煌的绘画类型。切拉诺于1620年前后为诺瓦雷斯艺术家活动的最后阶段所创作的一件极为庄重的作品《圣母子》，使得巴托洛米奥时期的宗教氛围得以恢复。创作过程中的一些不确定因素证实了这幅作品的确归属于这一时期，很明确的原因是工作室的介入，就像其他的切拉诺晚期作品一样。

在16世纪前几十年伦巴第和皮埃蒙特地区绘画的另一位杰出代表是朱塞佩·维米利奥。最近有研究说明，在卡拉瓦乔占主导地位的年代，维米利奥和莫拉佐内、切拉诺一样，同在罗马进修。维米利奥在教皇之城逗留的时候，忠诚地诠释了卡拉瓦乔的自然主义。他在16世纪20年代初回到北方后，采取了一种文学化的艺术语言去诠释《祈祷的圣彼得》的虔诚和瑞内斯克古典主义的特征。《祈祷的圣彼得》最近才在皮埃蒙特地区被找到。我们可以看到斐迪南·德·美第奇在17世纪晚期的收藏，乔瓦尼·格里索夫的作品《祭祀场景的遗迹》直到最近才在皮蒂宫内被找到。这幅作品证明了这位米兰艺术家早期作为风景画家，可能于1650年在罗马游历后专门从事这一类创作。他的作品中明显流露出他和罗马风景画的联系。这种对景色的表现技法是由诺科达奇创作，在17世纪中叶的罗马尤为流行。

最近对皮蒂宫帕拉蒂娜画廊的收藏画作进行了研究，在18世纪的伦巴第绘画中，发现了一件贾科莫·切鲁迪与福拉·加里奥一起创作的著名作品，这是一件极具象征意义的，由16世纪莫洛尼开创的梅尔加梅斯——布雷西亚风格的现实主义绘画。切鲁迪画作中所有特别的元素都能在《手提一篮鱼的男孩》中找到，这既证明了他对贫民绘画主题的兴趣，也证明了他绘画作品中严格的自然主义原则。后一种态度尤为凸显在静物画的部分，因此在这幅画中，前景占主导地位，并以一种非凡的光影效果去表现。

尽管曼托瓦人朱塞佩·巴扎尼所作的两件《罗塞丽的秘密》是同时代的作品（于18世纪第四个十年所作），却代表了完全不同的文化内涵。巴扎尼是18世纪伦巴第另一位杰出的艺术家，尽管如此，他认为威尼斯人和奥地利人洛可可式异想天开的理念是合理的。它们曾经和别的作品是同一系列的，现在分散在不同的私人收藏中，这两件绘画作品来自曼托瓦附近的伯格福特教区，展现了画家充满活力的绘画形式。他能够在小构图的作品中展现一种绘画过程中的自由与形式上的脆弱感，就像吉安·安东尼奥·瓜尔第的宗教作品那样。

这些年洛可可风格逐渐消失，古典主义更加强势，在18世纪中叶之后，朱塞佩·波塔尼的作品《阿米达试图自杀》就是这种情况的一个最好例证。波塔尼是另一位曼托瓦的艺术家，曾在罗马接受过原始古典主义的熏陶和训练，他于1767年将这幅作品从罗马送到佛罗伦萨，在圣母领报大殿展出。如果说艺术家对这一场景戏剧色彩的控制表明了对吉多·雷尼作品的研究，那么这幅作品冷静的用色、学术严谨的起稿技巧，以及流畅的线条足以证明他对新古典主义的理解。

安吉拉·奥科登（Angela Acordon）

由乌菲齐美术馆收藏的17世纪和18世纪热那亚的绘画作品，主要是由那些在托斯卡纳工作的艺术家所作。他们的存在主要归功于斐迪南·德·美第奇对一批利古里亚画家绘画质量和新颖作画主题的欣赏。

在15世纪和16世纪的大部分时间里，热那亚的绘画都是严格按照普罗旺斯、托斯卡纳、佛兰芒和伦巴第的艺术来界定的。随着卢卡·冈比亚索的出现，它开始转变为一个独立又重要的流派。然而直到1620年，热那亚绘画才呈现出自己独立的艺术形态。乔瓦尼·巴蒂斯塔·帕吉（Giovanni Battista Paggi，1579—1599年）曾在佛罗伦萨待了很长一段时间，他在这种风格的形成中起到了决定性的作用，这种风格是在不同文化的融合和细化后形成的。

这段时间里，他在弗朗切斯科·德·美第奇的私人秘书尼可罗·加迪的护佑下。尼可罗·加迪将几个重要的项目委托给他，其中包括为圣玛利亚诺维拉大修道院所作的湿壁画作品《圣凯瑟琳的奇迹》。他还号召热那亚的画家们参与1589年斐迪南·德·美第奇与洛林的克莉丝汀的婚礼安排，也许是尼可罗委托帕吉创作一件自己的自画像，悬挂于瓦萨里长廊中。在佛罗伦萨，帕吉也创作了很多祭坛画，其中包括为圣卢西亚三圣方济各修道院所创作的《圣母子和帕多瓦的圣安东尼》《托比亚斯以及大天使圣拉斐尔》，还有为圣母领报教堂的吉安博洛尼礼拜堂所创作的《基督的诞生》。

当地所有重要的画家基本都曾在帕吉的热那亚学校接受过训练。博纳多·斯特罗齐最初就是受到了帕吉的影响，但同时又倾向于保留他人生中第一个导师——锡耶纳人佩德罗·索里的色域和后风格派的作品构图，以及伦巴第画家复杂而富有激情的典雅和色调，尤其是像朱里奥·切萨尔·普鲁恰尼的作品中那样。斯特罗齐通过对卡拉瓦乔作品的关注，并在他的追随者们给他带去的鼓励下（包括巴迪斯特罗、欧拉齐奥·根迪莱斯基和他的女儿阿特米西亚，还有萨扎那人多梅尼科·费亚赛拉）创造了笔触更自由的绘画风格，以生动的色彩体系以及对现实生活的不断关注为特点。1607—1616年短暂地在罗马停留之后，这位艺术家又重新回到了热那亚，他的风格很快为热那亚绘画的发展起到了指导性的作用，他在作品中结合了托斯卡纳和热那亚的元素，这些元素来自他在帕吉那里的学徒生涯，与当时罗马艺术的两种流行趋势相结合，即卡拉奇风格和卡拉瓦乔风格。

热那亚绘画的基本风格是由彼得·保罗·鲁本斯的作品带来的，利古里亚贵族收藏了他的作品，甚至1606—1607年艺术家在热那亚逗留期间，也曾被很好地拿出展示。鲁本斯对于当地绘画风格的影响体现在乌菲齐美术馆藏的斯特罗齐的两件绘画作品中：于1666年创作，归属于卡洛·德·美第奇财产的作品《献金》，以及油画速写作品《婚礼宾客的寓言》。然而，巴洛克意义上的鲁本斯风格具有强烈的创新性，这一特点直到17世纪30年代才真正地被热那亚画家们所理解，这要归功于在热那亚工作的许多佛兰芒艺术家们的解释和帮助，其中包括德瓦尔兄弟、简·罗斯，还有文琴佐·马洛。但其中最重要的还是安东尼·凡·戴克。这位重要的贵族家庭肖像画家，提出了一种高贵典雅而又世俗化的佛兰芒风格，并使鲁本斯风格适应于热那亚主顾想要具有纪念意义的要求。

乔瓦尼·贝内代多·卡斯蒂里欧最初也是受到了鲁本斯和佛兰芒静物画家的影响，他将这些画家的风格与更为复杂的绘画主题联系到了一起。频繁的罗马之旅使他能够把贝尔尼尼和皮耶德罗·达·科多纳的创新技法深化到他的绘画语言中去，并且将尼古拉斯·普桑（Nicolas Poussin）、皮埃特罗·泰斯塔（Pietro Testa）和皮埃尔·弗朗切斯科·莫拉（Pier Francesco Mola）等富有灵感的历史画家所提出的深刻道德含义运用到他的作品之中。

作为17世纪30年代新威尼斯潮流的早期追随者，格里切洛深受卡洛·德·美第奇的崇敬，他从1647年一封法布里奇奥·皮尔马蒂伊的信件中得知了格里切洛的存在。这就表现了17世纪中叶格里切洛在佛罗伦萨所受到的敬仰与尊重，不仅受到画家们，如里维奥·迈赫斯的尊重，他们将格里切洛的作品视为科顿风格的另一种选择；而且也受到了收藏家的肯定，他们被格里切洛的素描技法和作品中所表达的象征性和哲理性内容吸引，比如藏在乌菲齐美术馆的那件名为《喀耳刻（希腊神话中的女巫）》的作品。

由于斐迪南·德·美第奇的品位，瓦莱利奥的作品《对萨宾妇女们的强暴》在美第奇家族的收藏里。瓦莱利奥和格里切洛一起，对利古里亚绘画作品里的巴洛克风格起到了革新的作用。如果说卡斯蒂里奥的作品对架上绘画特别重要，那么在热那亚，瓦莱利奥的作品极大地影响了17世纪湿壁画的艺术风格。

为了避免上述的艺术倾向，亚历山德多·马格纳斯科很早就离开了热那亚去往米兰工作，尽管他一直很珍惜从瓦莱利奥和格里切洛那里学习到的素描技法经验。马格纳斯科与他家乡城市商业贵族们的装饰和纪念意义要求相去甚远，于是在开明的米兰贵族中找到自己的出路和财富。在托斯卡纳，他专门受斐迪南大公和他圈子内的藏家委托而创作了很多不同的作品。这其中最具代表性的就是《修士之旅》这幅作品，现在存放于都灵的萨博达美术馆，这幅作品上不仅有美第奇家族的纹章，还有一些身份不明的贵族纹章。在佛罗伦萨，他由安东尼奥·弗朗切斯科·佩鲁齐尼引荐，从1703—1710年在宫廷里工作和生活，薪水由斐迪南大公提供，马格纳斯科通过研究卡洛特的木板油画作品，以及萨拉瓦多·罗萨（Salvator Rosa）和里维奥·迈赫斯（Livio Mehus）的艺术作品，定义了自己的风格。得益于斐迪南大公开明的喜好和托斯卡纳人的机智，马格纳斯科对苦痛而怪诞故事的偏爱在佛罗伦萨找到了一种和谐的氛围。在一个有利于小型绘画作品发展的佛罗伦萨文化环境中，马格纳斯科成为了一个可以与不同类型风景专家合作的具象造型艺术家。

572
莫拉佐内（皮尔·弗朗切斯科·马祖克里尼）
珀尔修斯和安德洛墨达
布面油画
119cm×92.5cm
这幅作品很有可能创作于17世纪第一个十年或第二个十年之间，作者同年还为瓦拉洛圣山上的艾切合墨礼拜堂创作了一件湿壁画作品，此作于1711年来到了乌菲齐美术馆

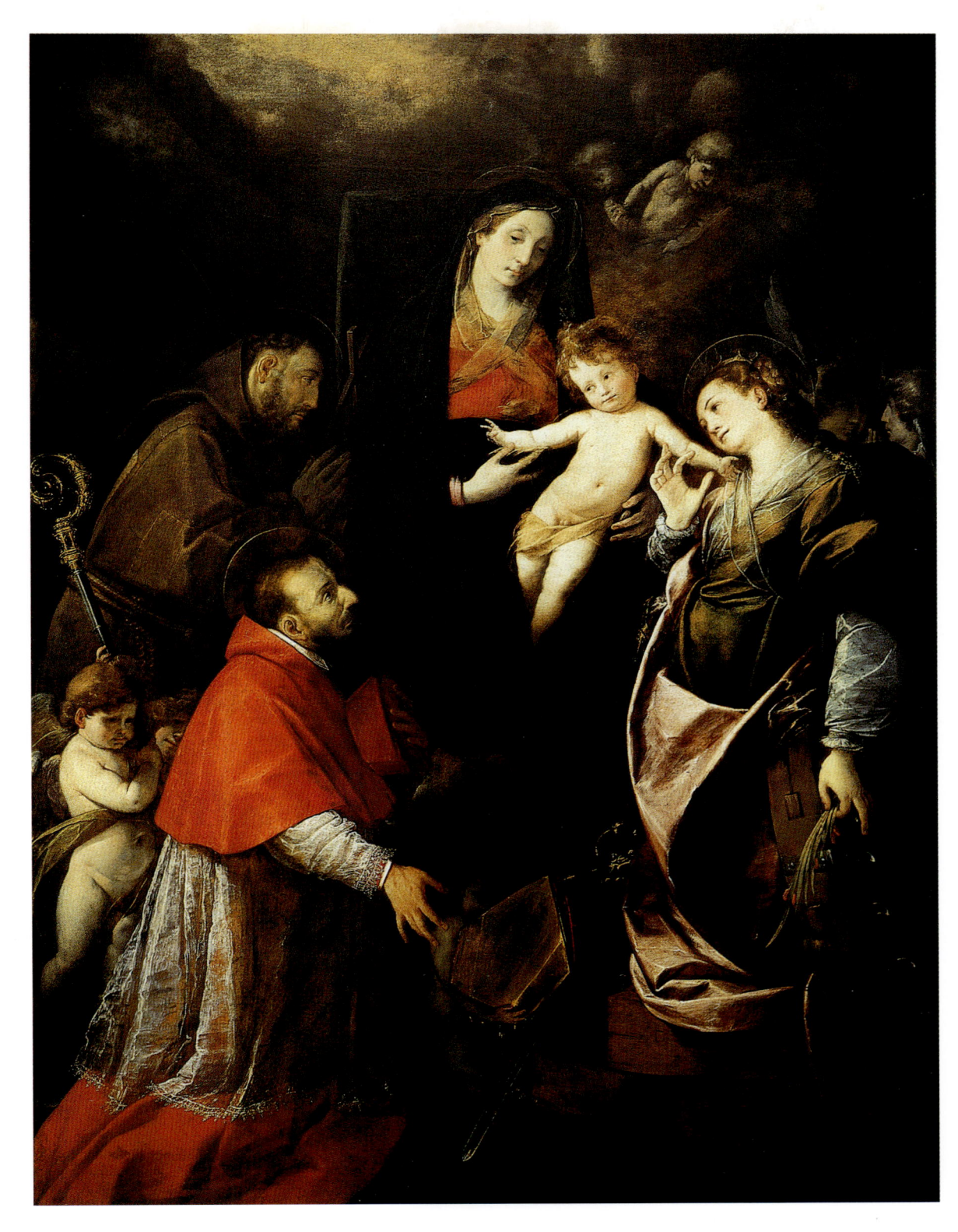

573
切拉诺（乔万·巴蒂斯塔·克雷斯皮）
圣母子与圣方济各，查尔斯和亚历山大的加大肋纳
布面油画
267.5cm×201cm
这幅属于作者晚年的经典作品。这幅作品于1864年在卢卡的曼西宫内被发现，1913年由乌菲齐美术馆从布拉马奇的收藏品中购得

574
乔瓦尼·格里索夫
祭祀场景的遗迹
布面油画
81cm×115cm
这幅作品是作者于1650年在罗马停留之后创作的。18世纪初，它属于斐迪南·德·美第奇。在他的藏品清单中，这幅画被列为米兰画家的作品；此作于19世纪入藏乌菲齐美术馆

575
朱塞佩·巴扎尼
橄榄园内的耶稣
布面油画
42cm×36cm（椭圆形）
这幅作品是为了曼托瓦附近的波哥弗尔特教区教堂所作的《罗塞丽的秘密》系列作品中的一件。它可能早于1739年巴扎尼给格托教区教堂创作的第一件可以确认创作时间的作品《钥匙的移交》

576
贾科莫·切鲁迪
手提一篮鱼的男孩
布面油画
56cm×73cm
这幅作品曾经是帕尔马王室的收藏，于1861年来到皮蒂宫。在很长一段时间内，都没有找到关于该作品的任何信息，直到最近才被确认为是伦巴第画家贾科莫·切鲁迪的作品，创作时间可以追溯至1730年中期

577
朱塞佩·波塔尼
阿米达试图自杀
布面油画
205cm×147cm
这幅作品于1767年由艺术家送至在圣母领报广场上举办的展览，之后，这幅画成为托斯卡纳大公莱奥波尔多二世的收藏

583
亚历山德罗·马格纳斯科
驯养喜鹊
布面油画
47cm×61cm
这幅作品在斐迪南·德·美第奇去世时的遗产清单中,与另一件作品《吉卜赛家族》一起被提及,作品的创作时间可从1703年追溯至1710年。根据浛乌斯塔·弗兰奇尼·古尔菲所提到的,它的灵感来自拉斐尔·夫里阿诺罗的书《流浪者》(1621年)中的一些场景,这本书为17世纪和18世纪初提供了一个重要的主题来源

威尼斯绘画

提奇亚娜·泽纳罗（Tiziana Zennaro）

在17世纪第一个十年，美第奇家族对当时威尼斯画家的作品并不是很有兴趣。由于1625—1670年在位的斐迪南二世大公和他的弟弟莱奥波尔多（1667年的红衣主教，1634年前后成为一个活跃的艺术家）的收购，16世纪威尼斯大师们的绘画作品直到1630年中期才逐渐被重视起来。

威尼斯和它的领地至少在16世纪前二十年的时间里，在艺术方面没有什么创新可言。从16世纪下半叶开始，画家们开始更多地模仿丁托列托的造型形式。威尼斯晚期矫饰主义的危机一直延续到17世纪，当16世纪的绘画作品已经无法满足人们的需求，但必须同时创作大量绘画作品的时候，危机进一步加剧了。一方面，教堂和修道院为应对反宗教改革的限制，对绘画作品提出了很多要求；另一方面，更多宏伟壮丽的大型纪念作品被委托给艺术家，旨在替换那些在1574—1577年间公爵宫失火后损失的名作。

安德里亚·文钦蒂诺与很多布料商一起参与了公爵宫的装潢，他作为一位优秀的叙事艺术家，擅长于纪录题材和具有纪念意义的绘画，他的灵感来自维罗纳人和帕尔马·乔瓦尼——后矫饰主义文化的领导者主宰着那个时期的威尼斯艺术。在文钦蒂诺的调色板上，你可以注意到作为一个威尼斯人的优势，尽管他的色调比其他画家，或者比帕尔马还要冷，就像他在皮蒂宫的那件作品《所罗门的宴会》一样。

威尼斯艺术家与博洛尼亚、罗马和那不勒斯更活跃的艺术家同行们相比，更倾向保守和谨慎。1605—1607年萨伦尼西亚和保罗五世之间的冲突无疑地加剧了这种现象，最终导致威尼斯和教皇国之间关系的中断。但是如果威尼斯艺术家没有建立属于自己的绘画风格，威尼斯艺术就不会为整个欧洲提供这样的色彩主义，并成为一种主要的艺术表达形式。

1600—1620年间，罗马发生了一些对威尼斯艺术文化的发展产生重大影响的事件。1600年，在威尼斯短暂停留后归来的德国画家亚当·埃尔希默尔，与在他周围工作的几位北方画家和威尼斯人卡洛·萨拉切尼（自1588年起就居住在罗马）创作了可以用人造灯光照亮的小型绘画作品和夜景作品。多梅尼科·费蒂曾经是佛罗伦萨科莫第和奇戈利的学生，也十分关注这群艺术家和风景画的复兴。

费蒂的作品《试观此人》既带有奇戈利风格的影子，又与卡拉瓦乔风格相呼应，大约创作于1613年画家跟着他的庇护者所安排的随行人员离开罗马之前，他的庇护者是1616年成为曼托瓦公爵的红衣主教斐迪南·贡萨加。几乎可以肯定的是，这幅作品是斐迪南公爵在1618年访问佛罗伦萨宫时送给科西莫二世的礼物。从一封他的顾问于1618年11月在佛罗伦萨寄出的信件中可知，公爵表达了为科西莫展示费蒂作品的渴望，于是由画家本人（当时任职于曼托瓦）从公爵宫或他的工作室挑选了一件最好的作品。有趣的是，费蒂为美第奇的收藏选择了一件佛罗伦萨风格的绘画作品，几乎是在向他的导师奇戈利致敬，灵感来自奇戈利在皮蒂宫的作品《试观此人》，所挑选的这幅作品还考虑到斐迪南·贡萨加公爵在1617年与凯瑟琳·德·美第奇结婚后与美第奇宫廷微妙的关系。1621年底，当修道士在曼托瓦宫廷消磨时间的时候，奇戈利创作完成了在维罗纳卡普契尼的作品《圣母怜子，圣加大肋纳和施洗约翰》。这幅作品强烈的光影关系，再一次以16世纪的典雅元素展现出来，可以与亚历山德罗·图尔奇的维罗纳作品相提并论，似乎与修道士完全是心有灵犀（帕鲁奇尼）的合作。

1616年初期，亚历山德罗·图尔奇和他的同胞坎托尼奥·巴塞蒂、帕斯夸里·奥蒂诺去了罗马，他们被认为是17世纪上半叶维罗纳绘画的主要改革者。毫无疑问，图尔奇是三人之中最有学问的人，他选择了一种强烈的自然主义绘画方式——采用了介于卡拉瓦乔主义和古典主义之间的柔和风格。他的绘画大多是世俗题材的作品，描绘的是像多梅尼契诺一样风格的，具有强烈威尼斯色彩的田园风格女性裸体。这些作品很可能与他为维罗纳委员会所创作的石板画《维罗纳市的寓言》有关。布鲁萨索兹（图尔奇曾深入研究过的艺术家）推广了这类绘画作品，并十分欣赏作品构图突出的夜间昏暗色调。

罗马的博洛尼亚古典主义也是由帕多瓦尼诺发现的，他当时正试图恢复提香早期的风格。1619年，他和他的作品回到了威尼斯，它的作品比卡洛·萨拉西尼的作品早一些，意味着新的思想理论进入了威尼斯潟湖地区，比如罗马古典主义最新趋势的更新和卡拉瓦乔主义的采用。同时，上述提及的维罗纳画家将罗马主义经验带回这座城市。

1621—1622年间，费蒂在威尼斯绘制自己最后的画作。他快速清晰的笔触和灵活的双手，使他成为17世纪绘画艺术的创始人之一。凡·戴克也是于1622年到达威尼斯的，1624年里斯和沃厄特也跟随而来（后者在1612—1613年间曾去过一次威尼斯）。从此，这个城市为人不屑的曾经过去了。

从费蒂在威尼斯所作的作品可以看到，里斯开始创作一种更自由且大胆的巴洛克式绘画，他所作的三件在佛罗伦萨美术馆展出的绘画作品，很有可能就是他在威尼斯潟湖时所作的。《悔改的罪人》受到费蒂的寓言画《镜前的维纳斯》的启发，艺术家在他的神话题材绘画中引入了清晰明亮的威尼斯风格；在里斯的作品《以撒的献祭》中，力量得以在此戏剧化的主题中体现，主要强调了三个人物的一致性。这些作品和两件宗教作品（现在被认为是工作室的作品）和三幅费蒂的画，都曾属于红衣主教莱奥波尔多·德·美第奇的收藏。

得益于红衣主教莱奥波尔多不可思议的大量收购，他在佛罗伦萨收藏的威尼斯16世纪和17世纪早期的绘画作品得以大大丰富。他所收藏的威尼斯油画如此高的质量得归功于佛罗伦萨画家保罗·德尔·塞拉（Paolo del Sera）。多年来作为莱奥波尔多的通讯员和艺术顾问，保罗·德尔·塞拉将自己在威尼斯的家打造成这座城市最好的艺术收藏场所之一（他于1654年售出了自己收藏的第一批作品）。德尔·塞拉拥有迪贝里奥·迪内利于1630年前后创作的最好的绘画作品之一《诗人朱里奥·斯特洛奇的肖像》，让人想起凡·戴克的绘画风格。这幅作品是德尔·塞拉在1672年的遗嘱中留给红衣主教的，同年红衣主教将德尔·塞拉收集的，主要由威尼斯艺术家所创作的41件肖像作品收购了下来（德尔·塞拉收藏的剩余画作于1777年才来到佛罗伦萨美术馆）。

提内里与帕多瓦尼诺一起，在17世纪30—40年代的威尼斯绘画风格的形成中扮演了极为重要的角色。提内里的肖像作品显露出凡·戴克以及里斯和沃厄特（1631年后在威尼斯）的新式风格对他产生的影响，他们同时也对弗拉博斯克的艺术发展产生了巨大的影响，这点可以从乌菲齐美术馆收藏的帕多瓦尼诺创作的《女性肖像》中看出；与此同时，提内里的神话作品也被卡皮欧尼仔细地研究过。卡皮欧尼的绘画作品在帕多瓦尼诺看来，首先反映出对青年提香的重新评价，以及后者对世俗绘画题材的偏爱，这也是皮耶德罗·德拉·维奇亚和里贝里作品的共同特征。卡皮欧尼于1665年前后创作的作品《带翼的丘比特雕像》和《静物和鲜花》是他在1657年弗朗切斯科·马菲察开后，在文琴察作画时最幸福时刻所作的作品；提内里和卡皮欧尼这两位艺术家长期以来共同主导着这座城市的艺术趋向，可以用适合于私人艺术赞助的古典主义特征来区分他们的不同。

打算接受私人委托的还有皮埃特罗·里贝里（Pietro Liberi），他所作的世俗题材作品带有明显的情色特征和放荡不羁的精神。里贝里也在佛罗伦萨工作，他在那里创作了《美丽的狄安娜》和《卡利斯托》。

与此同时，在17世纪下半叶，有一股神秘的艺术潮流在威尼斯得到了肯定，"外国"画家如乔瓦尼·巴蒂斯塔·兰吉蒂（来自热那亚）、安东尼奥·赞奇（来自阿迪杰地区）和约翰·卡尔·罗斯（来自巴伐利亚）都在那里进行了创作。这些艺术家提出了一种起源于遥远的卡拉瓦乔风格，通过里贝里更加戏剧化和暗黑的色调，与卢卡·乔达诺（Luca Giordano）的当代化风格相结合的自然主义（卢卡·乔达诺在1650—1682年间活跃于威尼斯艺术界）。

这些画家充满活力的绘画风格，尤其令斐迪南·德·美第奇感到高兴。斐迪南·德·美第奇是一位以快速接触为特征的绘画崇拜者和收藏家。在1687年，斐迪南第一次访问威尼斯的时候（他在1696年又进行了第二次来访）遇到了罗斯，并从罗斯那里购买了大量作品，包括两件表达直接的绘画作品《牧羊人的朝拜》和《耶稣复活》的素描。罗斯还曾向大公送去他受乔尔达诺启发的作品《亚伯和阿波罗给马西亚斯剥皮的哀歌》，这幅作品色彩亮丽，绘画技巧娴熟。除此之外，他还赠送了一件在威尼斯圣扎尼波洛的、提香所作的《圣彼得殉难》的临摹作品（该临摹作品现在已经取代了在19世纪毁坏的那件原作）。

斐迪南当时对威尼斯绘画的兴趣很可能源于他对1682—1685年乔尔达诺在佛罗伦萨留下的少数几件作品的了解。他对这种风格艺术的欣赏，促使他收藏了很多素描作品，这些作品注定要放置于他在波焦帝国庄园内的"小作品柜"里。

1687年，斐迪南还会见了尼克洛·卡萨纳，几年前他曾将一幅自己创作的《自画像》送到了佛罗伦萨宫里，并且于1691—1709年间经常与斐迪南通信。之后，卡萨纳就成为美第奇家族的代理人，负责购买威尼斯绘画作品。随后，他多次前往佛罗伦萨，为斐迪南和他的妻子维奥拉特，以及各种经常出入宫廷，陪伴斐迪南参加狩猎派对的人作画。作品《猎人与狗》就属于后者，其中的人物性格被生动地凸显了出来。

正如1707年这幅作品从威尼斯运来后，斐迪南在给卡萨纳的信中所提到的一样，画家塞巴斯蒂亚诺·里奇（Sebastiano Ricci）对这些后期作品所带有的明确色调感到高兴，同时也对卡萨纳的作品《厨师》表达了自己由衷的钦佩之情。

斐迪南还负责在佛罗伦萨美术馆展出玛格丽达·卡菲（Margherita Caffi）的静物作品。虽然她可能是米兰人，但卡菲在1695年波焦帝国庄园的库存清单中被当作威尼斯人。同样，她也被阿伯特·兰奇于1789年列入威尼斯学派艺术家的行列之中。她的静物作品因其自由的构图和朦胧的色彩而与众不同，让人联想到文琴奇诺（Vicenzino）的作品，她曾与文琴奇诺一起在米兰接受绘画训练，当然她晚期创作的作品也让人不由得想到威尼斯静物画家伊丽莎白·马尔基奥尼（Elisabetta Marchioni）的作品。

然而，塞巴斯蒂亚诺·里奇（Sebastiano Ricci）比其他艺术家更能代表斐迪南时代宫廷优雅的贵族氛围，他还在音乐方面支持了很多作曲家的发展，比如斯卡拉第和亨德尔。1704年，斐迪南大公委托里奇为圣弗朗切斯科·德·马奇的佛罗伦萨教堂创作了一件作品《耶稣受难和圣母玛利亚、圣约翰以及圣嘉禄》。此时的塞巴斯蒂亚诺刚刚离开维也纳到托斯卡纳宫廷任职，为斐迪南做负责购买威尼斯绘画作品的代理人。在1706年5月的一封信中他告知斐迪南，将运送给他一箱自己收藏的绘画作品和卡瓦列尔·马鲁切利的绘画作品（包括里奇的侄子马可所画的两件风景作品）。不久之后，塞巴斯蒂亚诺在佛罗伦萨马鲁切利宫为一楼的公寓房间绘制了其中的壁画，并于1707年完工。《赫拉克勒斯和卡库斯》和《赫拉克勒斯的选择》两件素描作品由画家以一种特别干净的笔触刻画而成，描绘的是艾克勒大厅里两个工作场景，这是最后一个完成的大厅，从装饰性来讲，被认为是洛可可风格的典范。这幅作品与马鲁切利为美第奇别墅（齐亚里尼）中的一个私人教堂所作的壁画相呼应，壁画上是塞巴斯蒂亚诺的《逃往埃及途中休息》的场景。上面提到的两件素描作品最终被斐迪南收藏，作品《托斯卡纳的寓言》也被纳入收藏，它记录了一件正在计划中，但从未开始的壁画作品。之所以从未开始，是因为艺术家为了盖蒂家族的天顶预算了高昂费用，这点从人体的透视关系可以推断出来。

斐迪南将波焦帝国庄园作为威尼斯学院派绘画作品的展览馆，将拱顶的装饰工作交给了塞巴斯蒂亚诺·里奇，他于1706年绘制了一幅神话寓言作品，但可惜的是，这幅作品在19世纪遗失了。斐迪南的热情鼓励了里奇进行他所承诺的翻修工作，这些壁画（与他的侄子马可合作完成的）装饰了斐迪南在皮蒂宫的避暑公寓，这也是塞巴斯蒂亚诺在佛罗伦萨留下的最后的作品之一。在这幅作品中色调清晰通透的天顶部分，描绘了维纳斯和阿多尼斯的故事，运用了一种细腻而轻盈的表现手法，在当时的欧洲绘画里前所未有。

从风格上来讲，塞巴斯蒂亚诺的佛罗伦萨风格作品与他的《朱庇特和塞米勒》等作品之间存在着相当大的差距。作品《朱庇特和塞米勒》大约创作于17世纪最后一个十年，因为它与米兰圣贝纳迪诺·德尔·奥萨教堂壁画（根据帕鲁奇尼的说法，是在1695年之前完成的作品）类似，并在一篇明确提到16世纪晚期的概述中，对这些人物形象给予了完美的描绘。这是一件与美第奇喜爱收藏的作品完全不同的作品，而且也没有具体在哪里创作的痕迹；它作为一件有趣的作品范例被整合进佛罗伦萨的收藏中，根据它能更好地理解塞巴斯蒂亚诺·里奇所认为的基本参考点，尤其是保罗·维罗内塞（恰里尼）的艺术作品。

1713年，斐迪南·德·美第奇的病逝结束了威尼斯艺术作品和艺术家在佛罗伦萨的全盛时期。1711年，卡萨纳去到当时欧洲文化最令人激动的宫廷——杜塞尔多夫，这要归功于约翰·威廉·冯·德·普法尔兹。他是一位伟大的艺术赞助人，于1691年迎娶了安娜·玛利亚·路易莎·德·美第奇，也就是斐迪南的妹妹。这对夫妇逐渐培养了对威尼斯绘画作品的兴趣，这与佛罗伦萨宫廷相似，并且通过卡萨纳和塞巴斯蒂亚诺·里奇的介绍，购得很多威尼斯画派的绘画作品。多亏了这位美第奇家族的最后一位成员，几件威尼斯绘画作品都被纳入佛罗伦萨的收藏。安娜·玛利亚·路易莎·德·美第奇在她丈夫于1716年去世后，带着大量的艺术作品回到了佛罗伦萨。

有人猜测，卡萨纳为安娜·玛利亚·路易莎·德·美第奇所画的肖像作品可能是在1691年她动身前往杜塞尔多夫之前所作的，然而考虑到她在这幅作品中的年龄已经不再那么年轻，这幅作品更有可能是威尼斯艺术家在杜塞尔多夫时受委托而创作的。1711年罗莎巴·卡梅拉曾记录过它在德国宫廷里的出现。

在美第奇宫廷里，斐迪南的遗孀——来自巴伐利亚的维奥拉特，继续着她个人对威尼斯绘画的喜爱：从她在拉佩奇的别墅居所里可以找到三幅杜克·里纳尔多·德·伊斯特奇（Duke Rinaldo d'esteggi）的女儿们的肖像画——安娜·阿马里亚·朱塞帕（Anna Amalia Giuseppa）、贝尼代塔·厄内斯蒂娜·玛利亚（Benedetta Ernestina Maria）和恩里切塔·安娜·索菲亚（Enrichetta Anna sofia），这三件作品是色粉画家罗莎芭·卡里拉（Rosalba Carriera）在1723年前往摩德纳的途中所画的。

威尼斯绘画影响了整个欧洲的艺术风格，它的代表人物也为它在欧洲各国之间的传播做出了贡献。那些所谓的"神秘"风格的继承者，费德里科·本科维奇（Federico Bencovich）和乔瓦尼·巴蒂斯塔·皮亚泽塔（Giovanni Battista Piazzetta）仍然是与威尼斯风格联系在一起的艺术家，他们为教会赞助人创作了大量的宗教绘画作品。17世纪20年代，皮亚泽塔以一组强烈的自然主义风格作品（虽然不像卡拉瓦乔风格那样）名声大作，比如在威尼斯圣斯塔厄的《圣詹姆斯的殉道》（1722年所作），这幅作品的风格接近于他的另一件作品《苏珊娜和长者》：戏剧性的明暗对比强调了对角线的结构构图，重新让人想起"神秘"风格，而厚涂画法进一步证明了他与朱塞佩·玛利亚·克雷斯皮（Giuseppe Maria Crespi）之间严谨的关系，他在博洛尼亚的工作室里曾培养过皮亚泽塔。几年后，在1725—1727年，皮托尼（Pittoni）的作品《大卫之墓》问世。这幅作品传承了皮亚泽塔强烈的感伤力，皮托尼在年轻时就认识皮亚泽塔；尽管这幅作品笼罩在如此痛苦的阴影中，但是它似乎有了更加清晰的个人色彩。从17世纪第一个十年早期"清晰"的年轻阶段，到17世纪第二个十年中期的"神秘"阶段，再回到一种明确的绘画风格上，皮托尼的风格遵循了17世纪前几十年威尼斯绘画的普遍规律。

从新维罗纳艺术的作品构图和18世纪初期塞巴斯蒂亚诺·里奇作品或佩雷利尼作品中微妙的色彩关系来看，威尼斯画派随着博洛尼亚绘画的到来，特别是因为克雷斯皮的到来，在17世纪第二个十年里逐渐向更黑暗、更戏剧化的色调发展了。之后，在皮亚泽塔和本科维奇的提议下，威尼斯画派于17世纪30年代中期重新找回了明亮的色彩风格。

皮耶德罗·隆吉（Pietro Longh）（曾在博洛尼亚受到培训）善于以一种带有讽刺意味的方式来描述威尼斯生活的片段，用生动的现实主义基调来描述那些司空见惯的场景，比如《忏悔》，这是著名的系列作品《圣礼》中的一件作品，于1750—1755年构思完善，源自克雷斯皮一个类似的系列作品。隆吉的儿子亚历山大更喜欢将自己大部分的精力投入到当地赞助人的肖像绘画中去——无论是贵族、神职人员还是政府官员，其中一个例子就是1776年他为一位主教所作的肖像作品，是这位艺术家多产期的作品之一。

皮耶德罗·隆吉的室内绘画作品，不仅对重建那个时代的时尚和服装有着很大的用处，而且在装潢品位和对艺术作品的兴趣上也有很大的帮助：家里的墙壁上经常挂着当时艺术家的作品作为装饰，有时以四件或更多作品为一组。在这样的情况下，我们也许可以提到弗朗切斯科·瓜尔迪的《随想》系列作品，其描绘的室内场景同样有助于我们理解当时的艺术品位。

从这些作品中我们可以推断出，威尼斯的威杜特派风景绘画不仅流行于外国游客中，尤其是在英国游客中炙手可热，而且也流行于城市贵族和资产阶级（他们感兴趣的作品曾在库存清单中记载过）中。

风景绘画在18世纪的威尼斯绘画中是具有重要意义的一种独特的绘画类型，其著名的代表人物有卡纳莱托、弗朗切斯科·瓜尔迪和伯纳尔多·贝洛托，这一流派始于荷兰的加斯帕·凡·威特尔（1653—1736）和弗里兰·卢卡·卡勒瓦里亚斯（1663—1729）。卡纳莱托在英国取得了惊人的成功，但在那里他的许多观点注定要以失败告终。他的绘画作品通常通过使用"光学相机"的原理，应用复杂的透视原则，保持一种明亮的、"敏感"的表达方法。威尼斯公爵宫是最常被艺术家以透视画法呈现的风景，也是卡纳莱托在别的作品中反复呈现的风景。而瓜尔迪则使用一种极为重要的笔触，改变了卡纳莱托视角的稳定性，就像随想系列那样的作品曾经是更大型系列作品的一小部分。与此同时，贝洛托的风景画重新唤起卡纳莱托的视角兴趣。

与威杜特派风景绘画作品在整个欧洲的传播相呼应的，是乔瓦尼·巴蒂斯塔·蒂埃波罗（Giovanni Battista Tiepolo）同期在很大空间的装饰方面所做的工作。蒂埃波罗开始在皮亚泽塔"神秘"的环境下确立自己作为一名杰出壁画家和油画家的地位，他继承了叙事题材作品宏大的装饰风格，这种装饰风格通过塞巴斯蒂亚诺·里奇所作的作品在18世纪初的欧洲广为流传。

蒂埃波罗在意大利的第一件委托作品，也被认为是他的杰作，于1750—1753年完成，是为弗朗科尼亚王子在维尔茨堡的住所所作的纪念性装饰作品。在这段时间里，他还锻炼了自己对于世俗题材绘画的掌控能力，从《塔索解放耶路撒冷》的特定情节中找寻灵感，并于1757年用在瓦尔马拉纳别墅的大面积壁画中。

在作品《里纳尔多从乌巴尔多的盾牌看到自己》和《里纳尔多抛弃阿米达》这两幅同一时期的组画中可以看到维罗纳建筑的复兴，这是1750年蒂埃波罗作品的特点。乔瓦尼·巴蒂斯塔的儿子吉安·多梅尼科（Gian Domenico）与父亲一起在维尔茨堡的瓦尔马拉纳别墅工作。1762年，在与父亲去西班牙的旅行中，艺术家吉安·多梅尼科创作了一幅《男仆肖像》，这是一件穿着衣服的年轻人的半身像作品。

18世纪的威尼斯绘画以一种"有趣的人文"形式结束，吉安·多梅尼科为他家位于兹雅尼克（现威尼斯，卡雷泽尼克）的别墅所创作的壁画作品《新世界》，描绘了法国军队在此前几年进入威尼斯（1797年），并结束了威尼斯的独立的故事。

如果说威尼斯画派的绘画作品从18世纪20年代通过美第奇家族的收购得以进入佛罗伦萨美术馆，那么就更难界定之后时代从不同途径而来的作品的详细出处了。比如1777年的一组具有凝聚力和重要意义的作品，作为保罗·德尔·塞拉的遗产来到佛罗伦萨。

584
约翰·里斯
镜前的维纳斯
布面油画
88cm×69cm
这幅作品创作于1625年前后，可能是1663年红衣主教吉安·卡洛·德·美第奇在卡斯特罗别墅收藏清单中的一件绘画作品。这幅作品第一次到达皮蒂宫后，于1727年被转运至乌菲齐美术馆。这幅作品还有另一幅木板油画版本，被庞默斯费尔登48号城堡里的冯·申伯恩·维森提德（von Schonborn Wiesentheid）收藏

585
约翰·里斯
以撒的献祭
布面油画
88cm×69.5cm
这幅作品属于红衣主教莱奥波尔多·德·美第奇在皮蒂宫的收藏，1675年起一直被保存在那里。18世纪被转运至卡亚诺的波吉奥别墅，并于1836年被转送到乌菲齐美术馆。作品创作时间为1625—1626年间

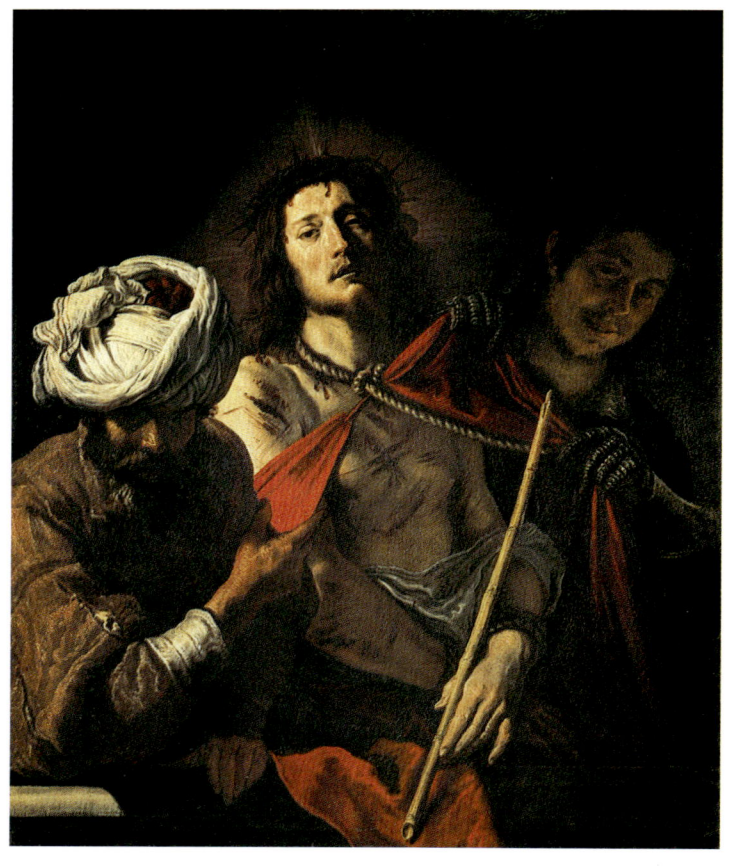

586
多梅尼科·费蒂
试观此人
布面油画
136cm×112cm
斐迪南·贡萨加于1618年将这幅作品交给科西莫二世，作品被列入1687年皮蒂宫的库存清单。这幅作品的创作时间大概是1613年这位艺术家在罗马生活的晚期

587
迪贝里奥·迪内利
诗人朱里奥·斯特洛奇的肖像
布面油画
83cm×64cm
这幅作品于1672年由保罗·德尔·塞拉（Paolo del Sera）献给红衣主教莱奥波尔多·德·美第奇，1675年，在红衣主教的库存清单中提到了这幅作品。作品可能绘制于1630年

588
朱里奥·卡皮欧尼
尼普顿追求科洛尼斯
布面油画
67cm×50cm
这幅作品曾在18世纪的皮蒂宫出现过，随后被转运到斐迪南·德·美第奇位于卡亚诺的波吉奥别墅中收藏。作品创作时间为1665—1670年间

589
吉罗拉莫·弗拉博斯克
女子肖像
布面油画
66.5cm×53cm
与乌菲齐另外两幅半身的女性肖像一样，有一种观点认为这是妓女的肖像；然而根据帕鲁奇尼的观点，画中女性华丽的衣着无法充分证明她的职业。这幅作品创作于1665年前后

451

590
约翰·卡尔·罗斯
基督复活
布面油画
75cm×98cm
这幅作品是为特伦特大教堂所作的两件相似主题配套作品中的一件。斐迪南·德·美第奇于1704年已经知道这两件作品在威尼斯阿伯特·巴里欧尼手中了。到1710年，它们出现在了斐迪南的皮蒂宫内。这幅作品创作于1685年前后

591
尼克洛·卡萨纳
安娜·玛利亚·路易莎·德·美第奇
布面油画
115cm×85cm
安娜·玛利亚·路易莎是科西莫三世和玛格丽特·路易斯的女儿,也是美第奇家族的最后一位成员,她在与洛林公爵的一份条约中规定,美第奇家族的藏品留在佛罗伦萨。这幅肖像作品在美第奇家族的作品清单中没有提及,可能是在她前往杜塞尔多夫(1691年)之前所画,在那里她嫁给了普法尔茨伯爵(基亚里尼)

592
尼克洛·卡萨纳
厨师
布面油画
154cm×110.5cm
这幅作品是在威尼斯创作的,艺术家将它送给了斐迪南·德·美第奇,他于1707年9月3日收到了这幅画。这幅作品被认为画的是斐迪南三世的妻子维奥拉特·巴伐利亚的一名矮小的随从人员。据推测,画上的这些铜壶和动物可能是由尼克洛的弟弟乔瓦尼·阿格斯蒂诺·卡萨纳所画

593
塞巴斯蒂亚诺·里奇
十字路口的赫拉克勒斯
布面油画
65cm×38.5cm
这幅作品和它的垂饰《赫拉克勒斯和卡库斯》来自波焦帝国庄园。这幅作品是1706—1707年在佛罗伦萨的马鲁切利宫的艾克勒房间里绘制的壁画的草图

594
塞巴斯蒂亚诺·里奇
托斯卡纳的寓言
布面油画
90cm×70.5cm
这幅作品大概是里奇于1706年在佛罗伦萨停留的时候创作的,是佛罗伦萨加迪宫天花板壁画的准备作品,但是止步于草稿。这幅作品是根据在马鲁塞利亚纳图书馆上的一幅画为蓝本。1713年,斐迪南·德·美第奇的藏品清单中记录有这幅作品

595
塞巴斯蒂亚诺·里奇
朱庇特和赛米勒
布面油画
191cm×151cm
这幅作品是亚历山大·莫兰多蒂在罗马的收藏,1948年在德国被发现。它与米兰圣贝纳迪诺·德拉·奥萨教堂的壁画是同一时间完成的,创作时间约在1695年之前

596
罗萨巴·卡列拉
弗洛拉
纸上色粉画
48.5cm×33.5cm
这幅作品属于维奥拉特·巴伐利亚,于1861年进入乌菲齐美术馆

597
罗萨巴·卡列拉
摩德纳的安里切塔·安娜·索菲亚
纸上色粉画
59.5cm×46.5cm
这幅作品和《坐着的两姐妹的肖像》一起,来自维奥拉特·巴伐利亚在拉佩奇别墅的收藏。1723年,受到三位公主的父亲雷纳尔多·德埃斯特的委托,艺术家在前往摩德纳的途中完成了这幅作品

598
罗萨巴·卡列拉
身着土耳其服饰的女子肖像
布面油画
70cm×55cm
据说这幅作品是费利西塔·萨托里的肖像,创作于1728—1741年间,当时这位罗萨巴最爱的学生正住在艺术家的房子里。这幅作品曾收藏于孔蒂尼·博纳科西手中,在德国曾被损毁,于1953年修复

457

599
乔瓦尼·巴蒂斯塔·皮亚泽塔
苏珊娜和长者
布面油画
100cm × 135cm
这幅作品出自博诺莫·阿尔加罗蒂的收藏；1920年进入乌菲齐美术馆。作品创作时间大概是18世纪20年代，作者同时代的作品还有英国伦敦芬威克·欧文所收藏的《亚伯拉罕的祭祀》

600
亚历山德罗·隆吉
主教肖像
布面油画
97cm×78cm
这幅作品曾于1953年在德国被找到，后进入乌菲齐美术馆收藏

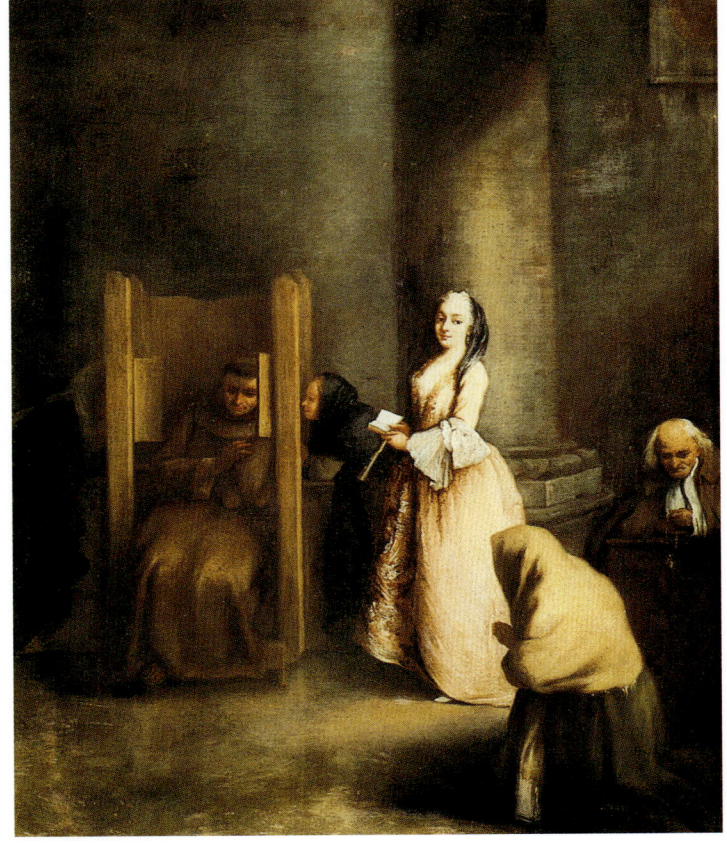

601
皮耶德罗·隆吉
忏悔
布面油画
61cm×49.5cm
这幅作品于1951年通过优先购买入藏乌菲齐美术馆，是隆吉在1755—1760年间所画的《七圣事》组画中的一件，他从朱塞佩·玛利亚·克雷斯皮的一个著名系列作品中得到灵感，并绘制出这幅作品。这幅作品的原型应该是存放在威尼斯曲里尼·斯坦帕利亚画廊里的一件绘画作品

602
乔瓦尼·巴蒂斯塔·蒂埃波罗
苏珊娜和长老们
布面油画
420cm × 175cm
这幅作品是于1735—1736年为乌迪内阿尔西维萨科维尔神学院所绘制的一系列作品中的主要作品。最后一次对这幅作品的修复考证了这幅画的铭文，并记录了这幅作品及围绕着它的四件椭圆作品的情况

603
吉安·多梅尼科·蒂埃波罗
男仆肖像
布面油画
64cm × 46cm
这幅作品于1893年捐赠给乌菲齐美术馆,应该是蒂埃波罗在西班牙时所作。这也是艺术家由《穿着服装的年轻男子》想象而创作的几件肖像画中的一件

604—605
吉安·多梅尼科·蒂埃波罗
里纳尔多从乌巴尔多的盾牌看到自己
布面油画
69cm × 132cm
里纳尔多抛弃阿米达(背面)
布面油画
70cm × 132cm
这两幅油画作品是希特勒为林茨博物馆收集的一套组画中的一部分,它们于1954年被归还乌菲齐美术馆。作品创作年代与维尔茨堡的壁画年代相同,创作于1750—1755年间

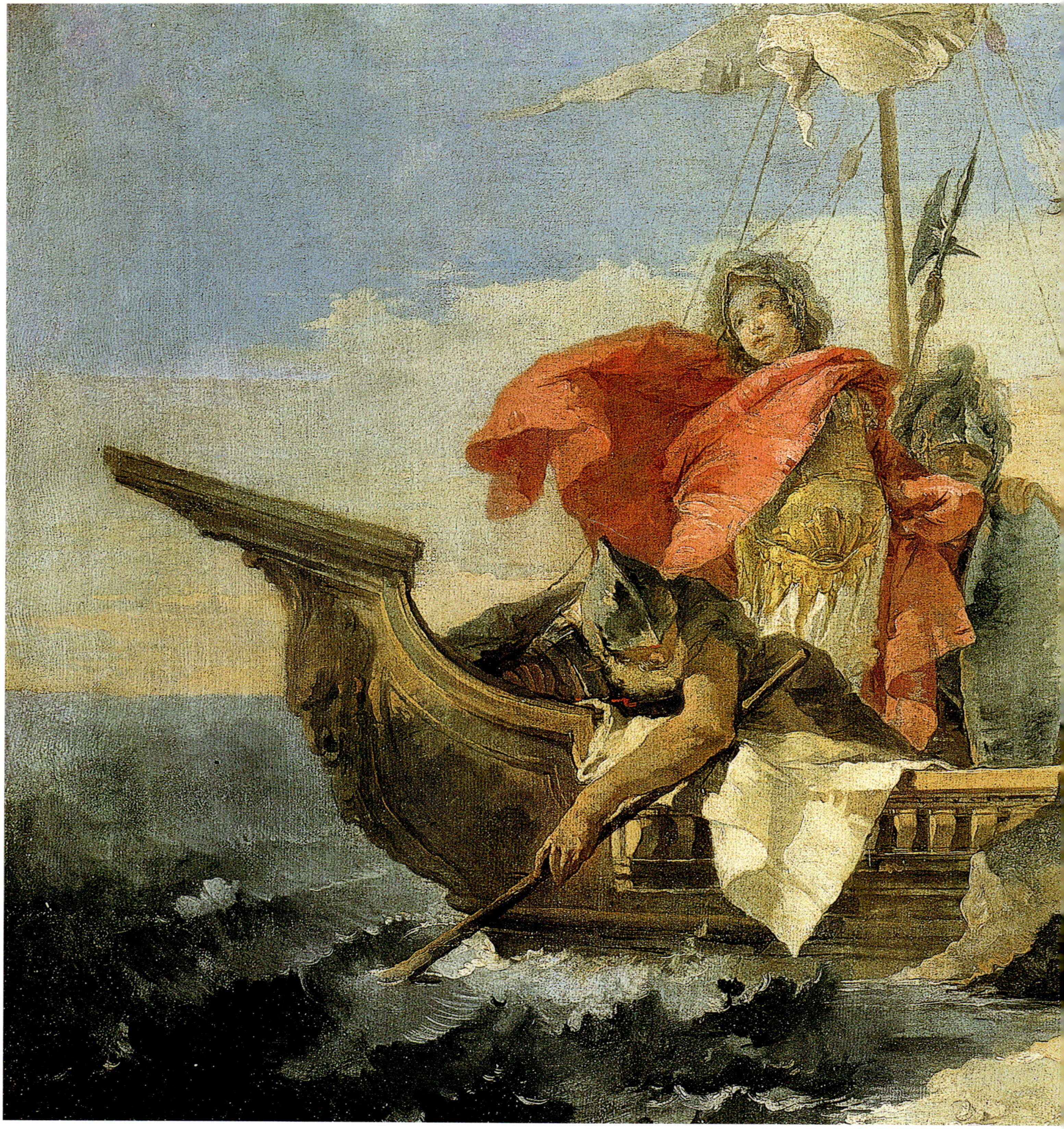

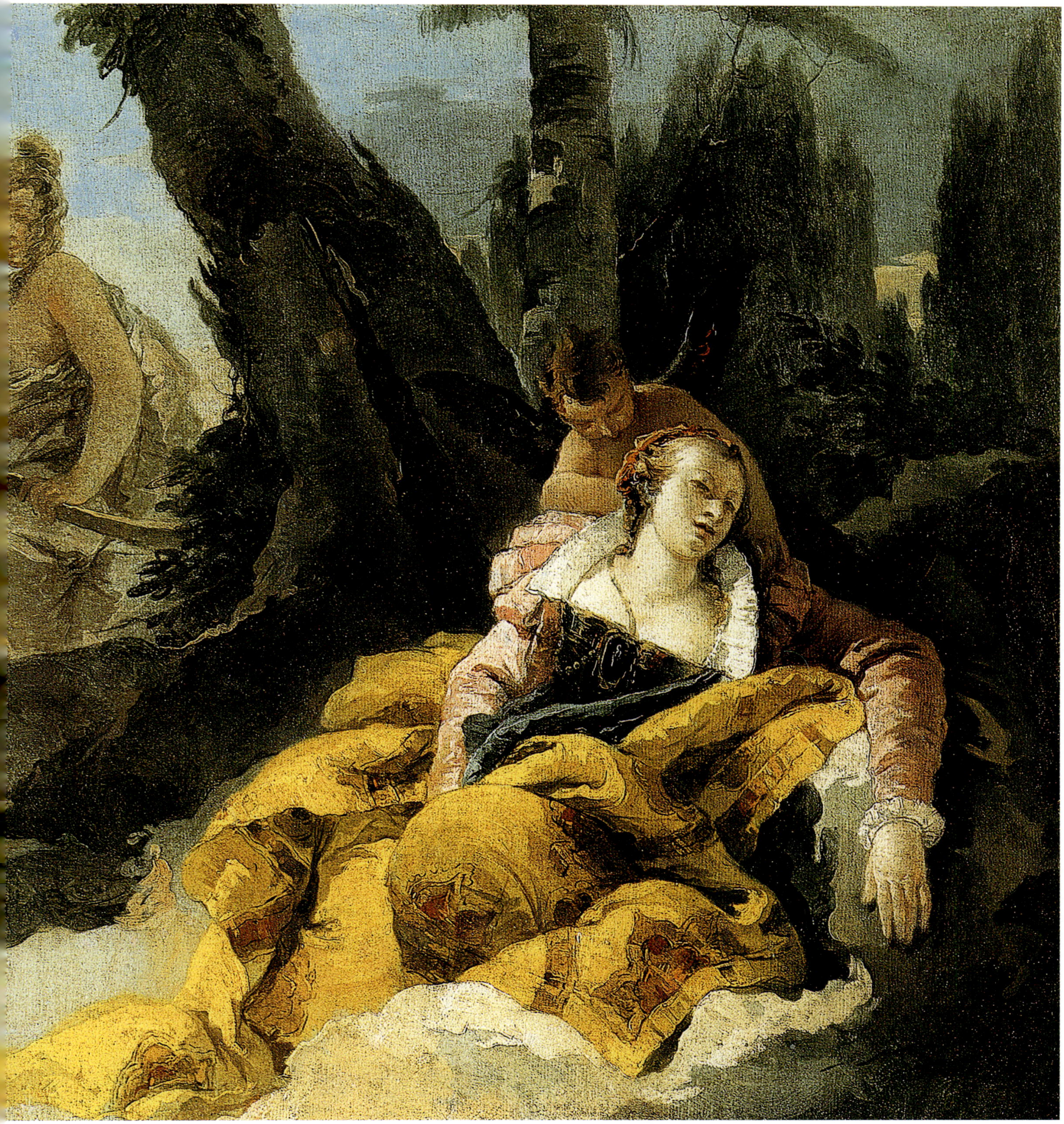

606—607
弗朗切斯科·瓜尔迪
阿尔赫和皮埃尔随想曲
布面油画
30cm×53cm
跨河之桥随想曲
布面油画
30cm×53cm
这两件不确定创作时间的配套作品，是于1906年获得的。它们可能曾经与佛罗伦萨赛里斯托利收藏中的
两件奇幻风景画属于同一系列的作品

608
卡纳莱托
威尼斯公爵宫的风景
布面油画
51cm×83cm
这幅作品出自波焦帝国庄园，根据钟楼的历史可以考证创作时间应该是在1755年之前。此画可能与英国温莎城堡里收藏的一件绘画作品有关

等杰出艺术家在罗马的出现促进了这一风格的进程。然而二十年过去了，从壁画创作到新古典主义运动得到了充分的肯定，在此期间，罗马出现了许多从巴洛克古典主义的传统根源中成长起来的艺术风格。从阿尔巴尼别墅到博尔盖斯别墅里装饰艺术冗长的创作周期中，各种艺术风格多样性的表达方式还有待观察。

609
吉安·洛伦佐·贝尼尼
年轻男子的头像
布面油画
63cm×62cm
这幅作品是一件更大的作品的局部，这幅肖像被剪下来斜插进一个18世纪的椭圆形画框里。在它的背面有一个古老的铭刻。这幅作品的创作时间应该在1625—1630年间

610
安德里亚·萨奇
三位抹大拉
布面蛋彩油画
287cm×197cm
这幅作品描绘的是圣玛丽·抹大拉，忏悔的抹大拉和德伊·帕奇的玛丽抹大拉，是受乌尔班八世巴伯里尼的委托，为圣玛丽·抹大拉·德伊·帕奇的佛罗伦萨修道院所创作的，教宗的两个姐妹从1628—1639年就住在那里

611
维维阿诺·柯达兹
两个拱门的风景
布面蛋彩油画
73cm×98cm
这幅作品没有注明出处,从17世纪末被记录在皮蒂宫的藏品清单中。作品的创作时间约在1647年

612
维维阿诺·柯达兹
旅馆风景
布面蛋彩油画
73cm×98cm
这幅作品和《两个拱门的风景》被视为风景画派和班博恰塔派融合的例子

613
米开朗基罗·切括兹
梳理亚麻的人
石板油画
21cm×23cm
这幅不知出处的作品和它的垂饰作品《人和狗》（帕拉蒂娜画廊）于1905年前后在乌菲齐美术馆第一次被载入收藏记录。此画创作时间约为1630年

614
西罗·费里
亚历桑德罗阅读荷马史诗
铜板油画
26cm×19cm
这幅作品可能是费里于1656—1659年间在佛罗伦萨创作的。这句铭文可以被看作对斐迪南二世大公政府的暗喻，政府由他的兄弟莱奥波尔多（Leopoldo）、乔凡卡洛（Giovancarlo）和马蒂亚斯（Mattias）帮助他管理

472

615
皮耶德罗·达·科尔托纳
圣玛蒂娜拒绝崇拜偶像
布面油画
100cm×78cm
布里甘蒂（Briganti）认为这幅作品的创作时间大概是1656年，他认为这幅为了锡耶纳圣方济各教堂的科尔托纳祭坛所创作的作品可能代表了作者一个早期的构想，后来在主题和构图上都有所改变。许多与此画相关的备份版本和不同的构思版本仍然留存在世

616
孟苏·博纳多
年轻的乡下少年
布面油画
97cm×73cm
这幅作品和它的垂饰作品《男孩和狗》都是费罗尼（Ferroni）的收藏。后一幅作品的背面有难以辨认的铭文

617
巴西西奥
莱奥波尔多·德·美第奇肖像
布面油画
73.2cm×59.6cm
这幅肖像作品被列在红衣主教莱奥波尔多·德·美第奇的财产清单中，创作时间在1672—1675年间。它被认为是艺术家最伟大的肖像作品之一

618
卡洛·马拉塔
圣母出现在圣飞利浦奈里
布面油画
343cm×197cm
这幅作品是1672年艺术家为罗马圣乔瓦尼·德·佛罗伦蒂尼教堂的瑟纳多·皮耶德罗·奈里小教堂所创作的。1691年，由斐迪南·德·美第奇购得。它代表了古典巴洛克风格，再现了这一绘画主题雷尼斯式肖像的传统

619
乔瓦纳·加佐尼
中国茶杯、无花果、樱桃和金翅雀
纸上蛋彩油画
26cm×37.5cm
这幅作品来自波焦帝国庄园

620
乔瓦纳·加佐尼
梅子树、茉莉花和坚果
羊皮纸上蛋彩油画
23.5cm×38.5cm
这幅微型作品是波焦帝国庄园1691年清单中出现的20幅小型作品中的一件，这些作品都是为斐迪南二世·德·美第奇在17世纪50—60年代所作的

476

621
马里奥·德伊·菲奥里
刺山柑花、康乃馨、旋花和郁金香
布面油画
41cm×33cm
这幅作品于1988年归还给马里奥·德伊·菲奥里，很可能曾经属于大公科西莫三世

622
乔瓦尼·斯坦奇
花环和蝴蝶
布面油画
127cm×98cm
这幅作品创作于1670年前后，与罗马科隆纳美术馆镜子上画的花环相似，这幅作品被记录在1691年维多利亚·德拉·罗维雷的收藏品中，同时还另有一件被认为是卡菲所创作的《花环》

477

623—624
弗朗切斯科·特莱维萨尼
约瑟夫的梦
铜板油画
39cm×30cm
做针线活的圣母与圣婴
铜板油画
38cm×30cm
这两件作品还有其他的版本，都属于斐迪南·德·美第奇的收藏。它们都是特莱维萨尼从17世纪最后十年开始创作的典型小型绘画作品

625
孟苏·雷安德罗
战斗之后
布面油画
56cm×165cm
这幅作品曾经一度被认为是布尔格诺内学派的作品，由于风格的原因，这幅作品被重新认为是孟苏·雷安德罗的作品，因为在它的垂饰作品（《基督教徒和土耳其人之间的战争》）上出现了18世纪铭文。它是在1710年之后创作的，后来是从费欧尼的收藏转入佛罗伦萨美术馆

626
弗朗切斯科·特莱维萨尼
马克·安东尼和克利奥帕特拉的宴会
布面油画
65cm × 63cm
这幅作品是特莱维萨尼另一幅收藏于罗马的斯帕达美术馆的经典名作的草图。作品可能是在18世纪前十年末受红衣主教法布里齐奥·斯帕达·维拉利（Fabrizio Spada Veralli）的委托所创作的。这幅画由画家送给了斐迪南·德·美第奇

627
塞巴斯蒂亚诺·孔卡
圣塞西莉亚的赞颂
布面油画
100cm × 50cm
这幅作品是1724年为圣塞西莉亚罗马教堂的拱顶所创作的草图。它被送给了帕尔马公爵，于1868年来到皮蒂宫

628
路易吉·加尔齐
发现摩西
布面油画
228cm×253cm
这幅作品是为托斯卡纳大公夫人维多利亚·德拉·罗维雷所创作的，它来自波焦帝国庄园的别墅，在1692年此处的库存清单中被提及。这是画家特别喜欢的主题，他画了很多个版本

629
贝内代托·卢迪
年轻女孩的肖像
纸上色粉画
33cm×26cm
这幅作品是于1928年才从乌菲齐美术馆来到皮蒂宫的

630
庞贝欧·奇罗拉莫·巴托尼
十字路口的赫拉克勒斯
布面油画
95.5cm×73.5cm
这幅作品是由巴托尼为马尔凯塞·格里尼所创作的，于1818年由托斯卡纳大公（洛林）斐迪南三世和同一系列的其他作品一起购得。画家特别突出了这幅作品的构图，相当独立

631
庞贝欧·奇罗拉莫·巴托尼
阿基里斯与半人马凯龙
布面油画
158.5cm×126.5cm
这幅作品是为卢卡的弗朗斯科·布恩维斯基侯爵（Francesco Buonvisi）所绘制的，他是巴托尼的第一批客户之一。1838年，布恩维斯基的一个后人将它卖给了大公的画廊

632
庞贝欧·奇罗拉莫·巴托尼
阿基里斯在莱科米德法庭
布面油画
158.5cm × 126.5cm
这幅作品和它的配套作品（见图631）显露出巴托尼对当时在罗马艺术界流行的古典洛可可风格的倾向

633
马切罗·巴奇阿勒里
波兰皇帝斯坦尼斯劳斯·奥古斯塔乌斯·波尼亚托斯基的肖像
布面油画
148.5cm × 107cm
1890年这幅作品被佛罗伦萨美术馆买下，原来认为作者是安吉莉卡·考夫曼，后来被认定为巴奇阿勒里的作品。根据画面人物年龄考证作品大概创作于1768年

那不勒斯绘画

玛丽娜·卡萨·皮柯尼（Marina Causa Picone）

在17世纪的那不勒斯，由于西班牙总督府和教会的支持，对艺术的赞助行为得到了很大的鼓励，本土画家和外国画家都得到了极大的发展。16世纪，那不勒斯向最伟大的国家艺术倡导者们和托斯卡纳—罗马文化之外的人敞开了大门，从瓦萨里到马可·皮诺（Marco Pino），从佩德罗·罗维尔（Pedro Roviale）到波利多罗·达·卡拉瓦乔（Polidoro da Caravaggio），从特奥多罗·德雷科（Teodoro d'Errico）到文思劳·科伯格（Venceslao Cobergher），他们都精通各种精致的欧洲文化，这阻止了本地艺术家的发展，或者说"晚期那不勒斯风格主义的智慧"开始进入了一个越来越不合时宜的地方环境。

弗朗切西科·库利亚（Francesco Curia）、杰罗拉莫·因帕拉托（Gerolamo Imparato）、伊波利多·波尔吉斯（Ippolito Borghese）和法布里奇奥·桑塔费德（Fabrizio Santafede）创立了属于他们自己的风格，这些风格受到帕西尼亚诺（Passignano）和奇戈利（Cigoli）佛罗伦萨风格的影响，也受到卡瓦利尔·达·阿尔皮诺（Cavalier d'Arpino）所代表的罗马风格的影响。贝利萨里奥·科伦齐奥（Belisario Corenzio）从各种角度上来说，都被认为是一个时代迟到的象征，他在他的作品中加入了无穷尽的叙事化艺术，他是新自然主义的演员，也是某种程度上的观众。他的职业生涯在其他艺术家去世后结束于1646年；他接到了很多极负盛名的皇家和教会的委托，在他的指导下，那不勒斯画派的许多代表艺术家出现了。甚至在卡拉瓦乔到来之前，那不勒斯艺术就已经活跃且多样了，许多艺术家是通过卡拉瓦乔在圣路易吉·德·弗朗西（San Luigi dei Francesi）和圣玛利亚·德尔·波波洛（Santa Maria del Popolo）的著名画作认识他的。如今我们已经知道，是科伦齐奥（Corenzio）为罗马卡拉瓦乔派和托斯卡纳的格雷戈里·奥帕格尼（Gregorio Pagani）作画。

17世纪初，卡拉瓦乔的艺术有了革命性的变化，他也改变了那不勒斯绘画的命运。在他1606—1607年间和1609—1610年间两次访问那不勒斯的时间里，这个伟大的伦巴第画家在那不勒斯城里留下了不可磨灭的痕迹，仅存的遗迹是皮奥·蒙特教堂的作品《怜悯》和圣·多梅尼科·马焦雷教堂的作品《鞭笞》。尽管当地的艺术氛围里充满了天赋和派别，卡拉瓦乔和他的作品的存在构建了使年轻、更有活力的艺术家学习艺术的核心思想，从而形成了以连贯统一的自然主义理想为特征的画派，通过可塑性解释艺术，通过光影关系表现艺术。事实上，这个环境的本土文化长期以来习惯吸收各种各样的影响，并与它们交融在一起，这使卡拉瓦乔主义不是被动地顺从，而是主动成为一个积极的参与者，通过采取当地的颜色色调，使自己与新卡拉瓦乔主义有了更多的可能性。

如果说那不勒斯没有艺术家是完全的卡拉瓦乔主义的一员的话，那么也没有人完全拒绝卡拉瓦乔风格；还有一些人被卡拉瓦乔的作品"震撼"了，他们通常以最直接的方式模仿他的经典作品。

巴蒂斯特罗·卡拉乔洛（Battistello Caracciolo）是最热情和严谨的具有卡拉瓦乔风格的画家，最重要的是，他对这种风格的坚持是直接的，可以从他为那不勒斯圣·玛丽亚·德拉·斯特拉教堂创作的《圣母无染受孕》的完美构思中看出，这与卡拉瓦乔在1607年创作的作品《怜悯》属于同一个创作时期。八年后，他为皮奥·蒙特教堂所创作的《圣彼得的解脱》，展示了一种温和而优雅的卡拉瓦乔主义。通过在圣马力诺教堂唱经楼里的作品《洗脚礼》他进一步完善了这种风格，这是一种有教养的古代自然主义的表现。因此很难将这幅作品与圭多·雷尼（Guido Reni）在同一年所作的作品《三博士朝圣》，或者与三十年后的里贝拉所作的《使徒的圣餐》联系到一起。卡拉瓦乔的风格主义与后来的托斯卡纳—罗马风格的结合，加上素描和壁画的作画经验，构成了巴蒂斯特罗和他导师间的根本区别，巴蒂斯特罗更倾向于缓慢平和且深入地发展他自己选择的作画主题。巴蒂斯特罗·卡拉乔洛、卡洛·塞利特罗（Carlo Sellitto）（1614年早逝）和菲利波·维塔莱（Filippo Vitale）都坚持卡拉瓦乔风格最古老的传统；那不勒斯绘画逐渐失去了对造型的强调，从而开始着重对对话的表现。尤塞佩·德·里贝拉（Jusepe de Ribera）从1616年开始接管了那不勒斯，在摒弃了卡拉瓦乔式的自然主义之后，他提出了一种更少有且颜色更鲜艳的版本：石榴裂开了，石榴籽撒了出来，用"衰败的微小"生动地填满整个画面，用隆吉（Longhi）的话来说，就是前后夸张的画法。在里贝拉那不勒斯的工作室中也有多梅尼科·加焦洛（Domenico Gargiuolo）、阿尼厄罗·法尔科内（Aniello Falcone）和安德里亚·德·里欧内（Andrea De Lione）；卢卡·乔达诺（Luca Giordano）也在那里短暂停留。当巴蒂斯特罗和他的学生们安德里亚·瓦卡洛（Andrea Vaccaro）、弗朗切斯科·弗拉卡扎诺（Francesco Fracanzano）、保罗·菲尼利亚（Paolo Finiglia）和马西莫·斯坦奇欧尼（Massino Stanzione）来到圣马蒂诺教堂作壁画的时候，里贝拉在那不勒斯大教堂的作品《基督被解下十字架》有助于指导斯坦奇欧尼（Stanzione）在教堂的横梁装饰板上作画。斯坦奇欧尼注定要成为里贝拉学派中的新声音。他善于宣泄出巨大的悲怆感，但是他的精神是善良的。斯坦奇欧尼是一位优雅严谨的画家，他的作品既有小型的，也有大型的，从来自革新的罗马卡拉瓦乔主义环境的艺术家西蒙·武埃（Simon Vouet）到阿特米西亚·真蒂利斯基（Artemisia Gentileschi），他成为与这些艺术家紧密联系在一起的主角。接到宗教委托来到那不勒斯工作的艺术家则数不胜数：安蒂韦杜托·格拉玛蒂卡（Antiveduto Gramatica）和芬索尼亚斯（Finsonius）、多米尼奇诺（Domenichino）和圭多·雷尼（Guido Reni）、兰弗朗科（Lanfranco）和西蒙·武埃、阿特米西亚（Artemisia）和斯托蒙（Stomer）、亨德里克·范·索蒙（Hendrick van Somer）和蒙瑞雷塞（Monrealese）、卡斯蒂里奥尼（Castiglione）以及其他一些在那不勒斯停留时间长短不一的艺术家。他们都强烈地将自己强加于那不勒斯的环境中，要么否认最初的卡拉瓦乔理论，要么就对这些理论进行发展变化。

自然主义绘画另一个相当扭曲和勉强的分支与贝加风格画家乔万·巴蒂斯塔·斯皮内利（Giovan Battista Spinelli）有关，他于1651—1652年间住在那不勒斯，但还有一些其他突出的人物扩大了当地艺术形势，并记录了它的复兴：乔瓦尼·多（Giovanni Do）、弗朗切斯科·瓜里诺（Francesco Guarino）、巴托洛米奥·巴斯桑特（Bartolomeo Bassante）、绘制《天使传报》的大师弗朗切斯科·弗拉康扎诺（Francesco Fracanzano）和努齐奥·罗西（Nunzio Rossi）。也许是受到了委拉斯凯兹（Velazquez）的直接影响，他们现在坚定地支持着日常生活诗歌化的肖像主题。欧诺费力欧·帕鲁波（Onofrio Palumbo）、阿戈斯蒂诺·贝特拉诺（Agostino Beltrano）、帕切科·德·罗塞（Pacecco de Rosa）、达妮拉·德·罗塞（Dianella de Rosa）、朱塞佩·毛乌罗（Giuseppe Marullo）、卡洛·罗塞（Carlo Rosa）都是用有特色的色调变化来诠释这些现实需求的人。

安德里亚·瓦卡洛（Andrea Vaccaro）是一个有趣、矛盾且很少被人研究过的人，他在弗朗切斯科·德·玛利亚的纯粹主义与在圣·马蒂诺教堂中有明显体现的优雅和古典自然主义之间占有一席之地，这种自然主义更明显的或者是体现在皇家宫殿的两件神话组合作品里。与此同时，普里亚的乔瓦尼·安德里亚·科波拉（Giovanni Andrea Coppola）在加利波利和卢卡的大教堂创作的传统祭坛画作品里，展示出了一种精彩生动的动态之感。1633—1646年间，乔瓦尼·兰弗朗科（Giovanni Lanfranco）通过在众多教堂的工作，创造了宏伟的巴洛克式装饰作品，包括大教堂（Duomo）的圆顶、圣使徒教堂（Santi Apostoli）的圆顶，以及卡尔特会（Certosa）的天花板上的作品。他还通过缓慢而果断的动作，使当地的人物现代化。他一直就习惯与外国画家分享佣金，因为这些外国画家为了跟上时代，很快地吸收了他们的文化。

博纳多·卡瓦利诺（Bernardo Cavallino）完全是另外一种人，有教养、爱学习，偏爱塔索（Tasso）（意大利诗人，文艺复兴晚期的代表）的故事和带有宗教信仰的主题。这些故事带有一种神秘感和近乎悲哀的优雅情感（就像安东尼奥·德·贝里斯一样），它们的自然起源被完美地创新，变得更加流畅。如果说斯坦奇欧尼展示出了一种无拘无束且技艺精湛的色彩主义，那么卡瓦利诺温柔的厚涂技术是在慢慢精进，就像弗朗切斯科·弗拉康扎诺（Francesco Fracanzano）那样，他更倾向于里贝拉（Ribera）的风格，通过面纱和锦缎逐渐地将形象淡化。

1656年瘟疫席卷而来，许多17世纪伟大的艺术家都死于这场瘟疫，但是这也对当时新的艺术需求提供了有参考意义的认识。

从卡瓦利诺的作品《歌手》来看，也许十年前他早已着手于现代绘画了，但事实上，它也是一种极端抒情的结果，从中试图找到与那些已经过时的解决方案不同的独创方案来。做出这个新方案的人就是卢卡·乔达诺（Luca Giordano），他于17世纪50年代中期独立工作，在里贝拉的圈子里接受教育；他还从威尼斯古典主义和安德里亚·波佐（Andrea Pozzo）及彼得罗·达·科尔托纳（Pietro da Cortona）的罗马天花板作品中汲取了很多灵感。与此同时，弗朗切斯科的父亲安杰洛·索利曼纳（Angelo Solimena）则试图在自己的祭坛画作品中再现卡拉瓦乔主义。马迪亚·普雷蒂（Mattia Preti）在1653年就从那不勒斯启程去了罗马。1660年，他在为圣彼得玛耶拉教堂（church of San Pietro a Maiella）留下一幅美丽的天花板绘画作品之后，就离开罗马，去了马耳他，该作品取材于圣彼得·塞莱斯蒂诺和凯瑟琳（SS·Peter Celestino and Catherine）的故事，充分借鉴了格尔奇诺（Guercino）和兰弗朗科的作品。

这些都是大师们曾走过的主要道路，但通常情况下，旁路也能提供很多东西。例如菲利波·德·安吉利（Filippo d'Angeli），他是一位具有罕见创造力的风景画家，喜欢小而奇特的构图，是一群当地艺术家的领袖，他影响了保罗·布里尔（Paul Brill）的艺术观，并于1602年从罗马来到了那不勒斯。在这群艺术家中，最著名和伟大的就是萨拉瓦多·罗萨（Salvator Rosa），这位17世纪40年代后逃离那不勒斯的人，在罗马和佛罗伦萨间专注于创作富有想象力和浪漫主义色彩的风景作品。同时期，多梅尼科·加焦洛（Domenico Gargiuolo）为卡都新会（the Carthusians）在圣马蒂诺（San Martino）的生活绘制了一件名为《户外》的壁画作品。或如阿尼厄罗·法尔科内（Aniello Falcone）那样，以其强烈的诗意在布面油画上绘制了神圣的场景和属于他自己的年代景色。在他的作品《报告》中，三个重复的人物都具有一种忧心忡忡的特质，这种特质不是神性的或附带的，而是人性的和悲忧的。同样的拥挤感和清晰的几何封闭感也可以在维维诺·柯达兹（Viviano Codazzi）的作品中看到，他是另一位于1634—1649年间在那不勒斯生活的贝加莫艺术家。施皮欧尼·孔帕尼诺（Scipione Compagno）和约翰·亨利奇·斯孔费德（Johann Heinrich Schonfeld）都是加焦洛的追随者，但是这个风格是由弗兰高斯·德·弄美（Frangois de Nome）、迪迪厄·巴拉（Didier Barra）、托马斯·怀科（Thomas Wyck）、约翰奈斯·冷格巴赫（Johannes Lingelbach）和扬·阿瑟兰（Jan Asselijn）来维系的。

那不勒斯的风景绘画得以奇迹般地复苏，过去和现在的外国艺术家一直是最专心和最受影响的实践者。这种现象一直持续到19世纪。

另一个绘画流派注定会在17世纪给那不勒斯带来荣耀和特色，符合现代静物绘画类似研究。这一流派的主要画家是保罗·波尔波拉（Paolo Porpora），他描绘花卉、水果和动物的技巧和卡拉瓦乔风格的技巧如出一辙。1620—1620年间，贾科莫·莱科（Giacomo Recco）和卢卡·福特（Luca Forte）是"那不勒斯早期静物画"的代表人物。这一流派一开始很流行，但后来变得传统、乏味和机械化，比如会研究光线是如何落在鱼的彩色鳞片上的，或者如何漂亮地落在桌子上发光的铜罐上的。朱塞佩·莱科（Giuseppe Recco）和乔凡·巴蒂斯塔·鲁普波罗（Giovan Battista Ruoppolo）是这类绘画的佼佼者。与风景绘画一样，静物绘画也有质变和漫长的历史；这种交织不仅在画家和追随者之间摇摆不定，而且还在外国艺术家（尤其是佛兰芒人）和当地艺术家之间摇摆不定，他们一度喜欢以自然主义和装饰性艺术作为他们主要的表现形式。尽管这种形式的流行度和贵族们的喜好不一致，但这一流派的发展从未如此丰富，它打开了通往新世纪的大门。

事实上，18世纪以一个辉煌的结局为开始，卢卡·乔达诺（Luca Giordano）从西班牙回来后，完成了一件位于圣马蒂诺泰索洛教堂地下室的壁画作品。乔达诺于1704年去世，但这些壁画作品指明了通向18世纪的艺术道路，预示着直到18世纪中叶以后，这些主题会逐渐出现在当地艺术家的作品中。如果说乔达诺的追随者是一派，那么站在另一派的就是弗朗切斯科·索利曼纳（Francesco Solimena）的追随者，直到1757年去世之前，索利曼纳一直是那不勒斯绘画绝对的主角。与乔达诺不同的是，索利曼纳在经历了一段清新欢快的、乔达诺式早期的华丽风格之后，又重新退回到新卡拉瓦乔风格的阴影下，作为对卡拉奇（Carracci）和兰弗朗科（Lanfranco）风格的一种致敬，他创作了一幅庄严而沉重的画作，让人想起了有存在感的普雷蒂（Preti）的作品。1738年，他的学生弗朗切斯科·德·穆拉（Francesco De Mura）在那不勒斯皇宫的天花板上画下了查尔斯和萨克森的玛利亚·阿玛丽娅（Maria Amalia）结婚时的场景。二十年后，波旁王朝的查尔斯离开了那不勒斯，登上了西班牙的王位。

1652—1662年间，大主顾让德·马特斯（De Matteis）去了巴黎，德·穆拉（De Mura）去了都灵，贾科莫·德尔·波（Giacomo del Po）、尼克拉·玛利亚·罗斯（Nicola Maria Rossi）和索利曼纳（Solimena）去了维也纳，克拉多·贾琴多（Corrado Giaquinto）（追随着乔达诺十年的脚步）去了西班牙，并成为圣费尔南多美术学院的院长。18世纪的那不勒斯绘画在欧洲获得了成功，这得益于"乔达诺和索利曼纳的子孙们"（德·多米尼奇）创作的精美而多产的作品。有时候很难分辨哪种元素是他们从大师们那里模仿来的，因为大家都知道这是一种愉悦高雅的装饰艺术。神话和象征式艺术装饰了那不勒斯、卡波迪蒙特、卡塞塔和波蒂奇的皇家住宅及贵族的家，维苏威的别墅，圣卢伊西奥和卡迪特罗的乡村院落。路易吉·万威特利（Luigi Vanvitelli）提出的只用外国艺术家来装饰卡塞塔宫的想法被打消了。卡尔特会和其他别的地方的教堂都依照自己的喜好购买或大或小的绘画作品。每一位当地艺术家都有自己的位置，包括多梅尼科·安东尼奥·瓦卡洛（Domenico Antonio Vaccaro）、朱塞佩·博尼托（Giuseppe Bonito）、雅各布·塞斯塔罗（Jacopo Cestaro）、弗朗切斯科·切拉布莱诺（Francesco Celebrano）、费利切·菲斯切蒂（Felice Fischetti）、吉安托·迪亚诺（Giancinto Diano）、盖塔诺·斯塔斯（Gaetano Starace）、皮耶得罗·巴尔代利诺（Pietro Bardellino）、菲利波·法尔恰托（Filippo Falciatore）、莫泽洛（Mozzillo）和洛伦佐·德卡洛（Lorenzo De Caro）。皇室神圣的使命将斯突迪宫分配给了皮耶得罗·巴尔代利诺（Pietro Bardellino），将卡塞塔宫分配给了多梅尼科·蒙多（Domenico Mondo）：他们在花环、丘比特和云朵之间刻画出了人物，在没有时间的空间中自由穿梭，色彩逐渐变得柔和。

与此同时风景绘画被加斯帕德·凡·维特尔（Gaspard van Wittel）的视觉观点和抒情观点主导，他于1700年被梅迪纳科利公爵召到那不勒斯；那时，凡·维特尔已经在意大利待了将近四十年，他是路易吉（Luigi）的父亲，路易吉在同一年接受了洗礼，公爵成了他的教父。他的形式绘画风格将被其最杰出的追随者安东·斯敏克·皮特鲁（Anton Sminck Pitloo）见证。盖塔诺·马托里罗（Gaetano Martoriello）和米歇尔·帕加诺（Michele Pagano），列奥纳多·科克兰特（Leonardo Coccorante）和卡洛·博纳维亚（Carlo Bonavia）都曾在那充满了前浪漫主义风格的废墟里工作过。凡·维特尔最直接、最著名的弟子是安东尼奥·乔利（Antonio Joli），他也为西班牙国王作画，1772—1777年间他为那不勒斯的圣卡洛剧院制作了布景。的确，风景和服装，加上一些被添加进记录的元素——乔利记录了波旁王朝的查尔斯（Charles）从那不勒斯到西班牙的过程，即使静物绘画依旧盛行，也使其完全融入了风景绘画中。然而后者现在被赋予了象征意义，并被重新塑造成一个具有装饰意义的钥匙；它不再是贾科莫·纳尼（Giacomo Nani）和巴尔达萨雷·德·卡洛（Baldassare de Caro）所提出的对真理的纯粹表现，也不再是安德里亚·贝尔维迪尔（Andrea Belvedere）那种单调而近乎颓废的雅致的景色。尽管如此，在宗教和世俗领域，还是可以在加斯帕里·特拉维斯（Gaspare Traversi）的作品中找到自然主义复兴的个别案例，这在罗马和皮亚琴察都很活跃，他在作品中加入了更亲切的方面，在朱塞佩·博尼托（Giuseppe Bonito）和卡洛·阿马尔菲（Carlo Amalfi）的肖像画中也可以找到这样的痕迹。在那不勒斯，瓷器和挂毯的生产也鼓励了其他装饰艺术的发展。

"大迁徙"的现象使风景绘画升华到了极致，艺术家们绘制了维苏威火山爆发、裂隙和洞穴、喷气孔等自然现象，创作出了如舞蹈般崇高的幻觉景象。其中外国艺术的涌入是极其必要的条件，从凡·维特尔（van Wittel）到怀特·德比（Wright of Derby），从托马斯·琼斯（Thomas Jones）到理查德·威尔逊（Richard Wilson），从霍勒斯·韦尔内（Horace Vernet）到沃莱尔（Volaire），他们在水彩画领域里各有所成。歌德（Goethe）的到来使德国绘画艺术在那不勒斯重新活跃了起来：他在那不勒斯宫廷挖掘了菲利波·哈克特（Philipp Hackert），并带来了蒂施拜因（Tischbein）和克尼普（Kniep），但在那之前，福格（Füger）、索尔沃德森（Thorwaldsen）、孟斯（Mengs）和考夫曼（Kauffmann）就一直在汉密尔顿夫人的圈子里工作了。歌德的朋友蒂施拜因（Tischbein）仍留在那不勒斯，并于1798年与多梅尼科·蒙多（Domenico Mondo）一同担任了美术学院院长的职位。这个世纪以对秩序的法定而严格的呼唤和对古典世界的形式和主题的回归而结束。看到在18世纪的最后几十年当地对艺术界付出的努力，诸如朱塞佩·卡马拉诺（Giuseppe Cammarano）和萨拉瓦多·朱斯蒂（Salvatore Giusti）这样的艺术家，我们必须强调"18世纪在那不勒斯"，而不是"18世纪的那不勒斯"。康德（Kant）1790年的评论在这样的情况下是正确的："绘画，即使只有轮廓没有任何阴影，也足以表现一个物体。颜色是多余的。"

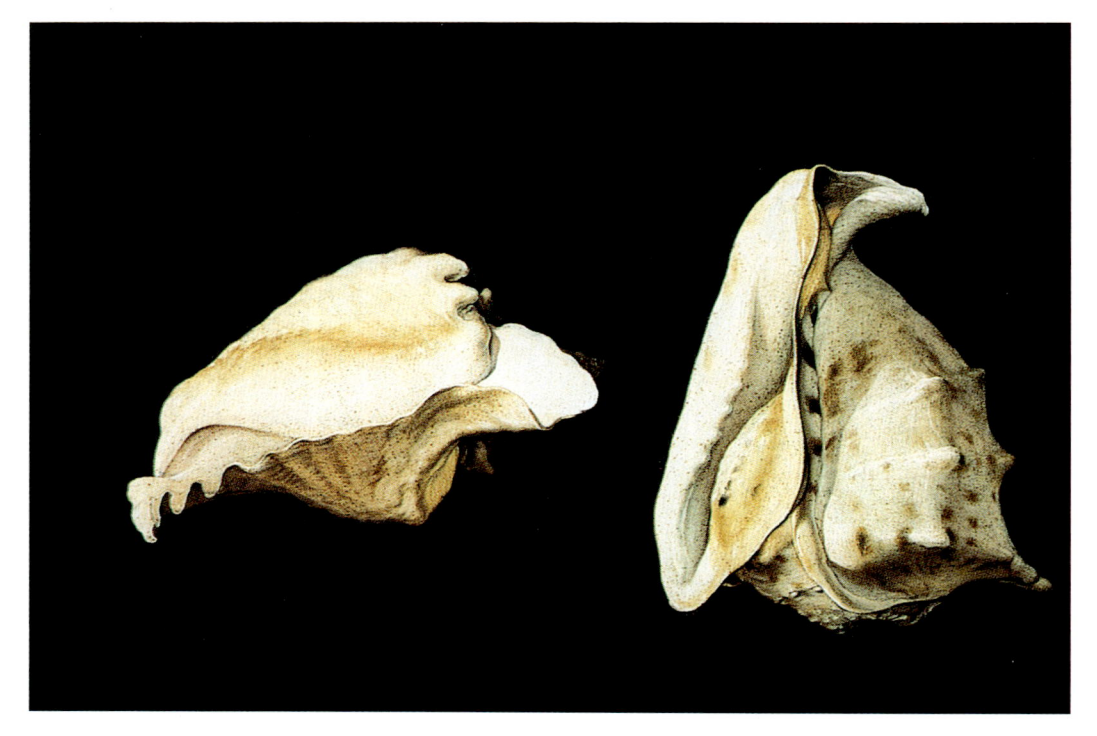

634

菲利波·纳波利达诺
两个贝壳
布面油画
39cm×56cm
这幅油画于1618年7月16日交与美第奇家族的衣帽间。这是画家对自然表达兴趣的一个例子。这幅作品实际上参考了荷兰静物画

635

菲利波·纳波利达诺
圣安东尼的引诱
帕耶西纳石板油画
32cm×31cm
这幅作品是作者在佛罗伦萨受科西莫二世·德·美第奇委托所创作的一组作品中的一件

636
菲利波·纳波利达诺
冰桶
布面油画
37cm×46cm
这幅作品被记录于美第奇衣帽间的物品清单中,是画家在佛罗伦萨宫廷居住时于1617—1621年间创作的

637
菲利波·纳波利达诺
炼金术士
布面油画
92cm×135cm
这幅作品是画家在佛罗伦萨逗留期间为科西莫二世·德·美第奇所作

638
乔瓦尼·巴蒂斯塔·卡拉乔洛
萨洛米和施洗约翰的头颅
布面油画
132cm×156cm
这幅作品是画家于1618年前后在佛罗伦萨逗留期间所作的。这幅作品背离了主流观点对乔瓦尼·比利弗特和阿特米西亚·真蒂利斯基的认知,并包含了奥拉齐奥·真蒂利斯基(Orazio Gentileschi)对罗马风格的回应

639
乔瓦尼·巴蒂斯塔·卡拉乔洛
逃往埃及途中休息
布面油画
205cm×186cm
这幅作品是画家于1618年为大公的公寓所作的,在皮蒂宫的收藏品记录中多次被提及。作品直到最近才被确认为卡拉乔洛的作品。此作是这位那不勒斯艺术家在佛罗伦萨逗留期间唯一的传世作品

640
博纳多·卡瓦利诺
亚哈随鲁前的以斯帖
布面油画
76cm×102cm
这幅作品来自那不勒斯的奥古斯蒂诺·孔特（Agostino Conte）的收藏；它在1917年被埃托雷·塞斯蒂耶里（Ettore Sestieri）所收购，然后进入乌菲齐美术馆收藏。从风格上看，它的创作时间应该是在1645年以后，也就是被固定在卡波迪蒙蒂圣塞西莉亚教堂里的时间

641
乔瓦尼·巴蒂斯塔·斯皮奈里
大卫借竖琴抚慰索尔的痛苦
布面油画
253cm × 309cm
这幅作品来自佛罗萨附近的一座别墅，它于1970年被乌菲齐美术馆购得。作品里对服装的品位和模糊不清的亵渎意味让人想起了马西莫·斯坦奇欧尼（Massimo Stanzione）在17世纪30年代的作品风格

642
萨拉瓦多·罗萨
海景与塔
布面油画
102cm × 127cm
这幅作品曾经属于里恰尔迪家族（Ricciardi），1820年由画家阿恰伊（Acciai）从托斯卡纳大公（洛林）斐迪南三世那里购得。作品是1640年前后罗萨在佛罗伦萨旅居初期为吉安卡洛·德·美第奇所创作的

643
萨拉瓦多·罗萨
日落海景
布面油画
233cm × 399cm
巴迪努奇认为这幅作品是为红衣主教吉安卡洛·德·美第奇所作的作品之一。克劳德·洛兰的影响在这幅作品里是显而易见的

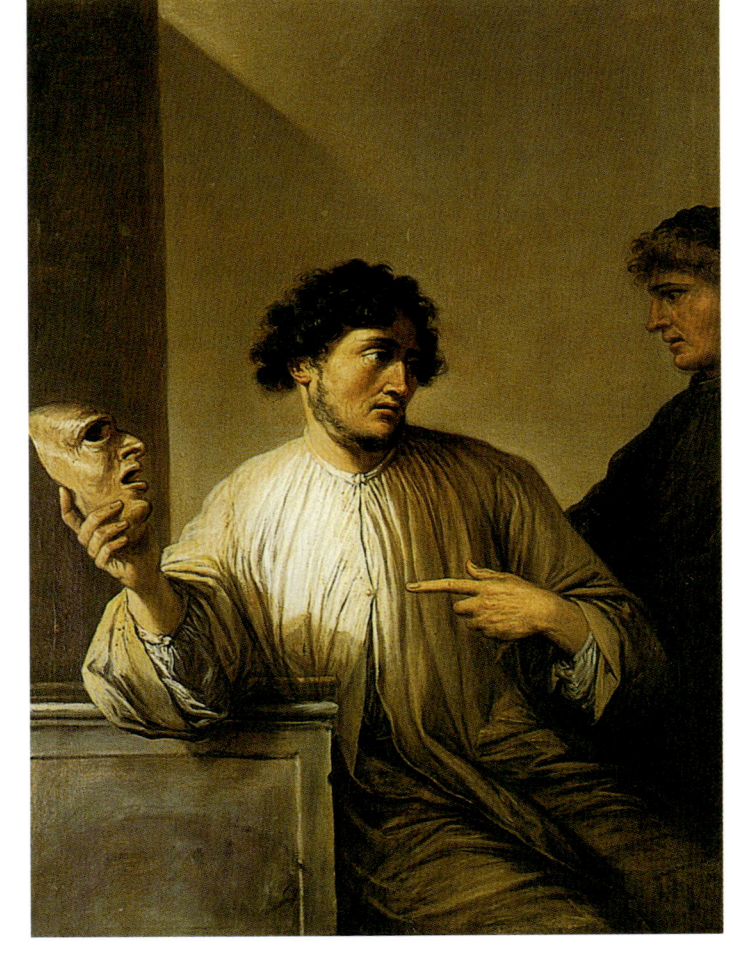

644
萨拉瓦多·罗萨
谎言
布面油画
136cm × 96cm
罗萨的这幅作品具有更清晰的古典风格，创作于1650年或者更早一些，为红衣主教吉安卡洛·德·美第奇所作

645
萨拉瓦多·罗萨
被摧毁的桥
布面油画
106cm×127cm
正如桥上的纹章所示，这幅作品是为红衣主教吉安卡洛·德·美第奇所作。它的创作时间应该是在1640年前后，画家访问佛罗伦萨的前几个月

646
萨拉瓦多·罗萨
哲学家的木头
布面油画
149cm×223cm
这幅作品是侯爵格里尼（Gerini）的收藏之一，他的后代于1818年将它卖给了托斯卡纳大公（洛林）斐迪南三世。它的创作时间大概在1645年

647
萨拉瓦多·罗萨
基督教徒和土耳其人的战斗
布面油画
234cm×350cm
这幅作品创作于罗萨在佛罗伦萨生活的初期，是两个多世纪以来最著名的，大家争相模仿的著名战斗题材作品之一。它于1799年被带到巴黎

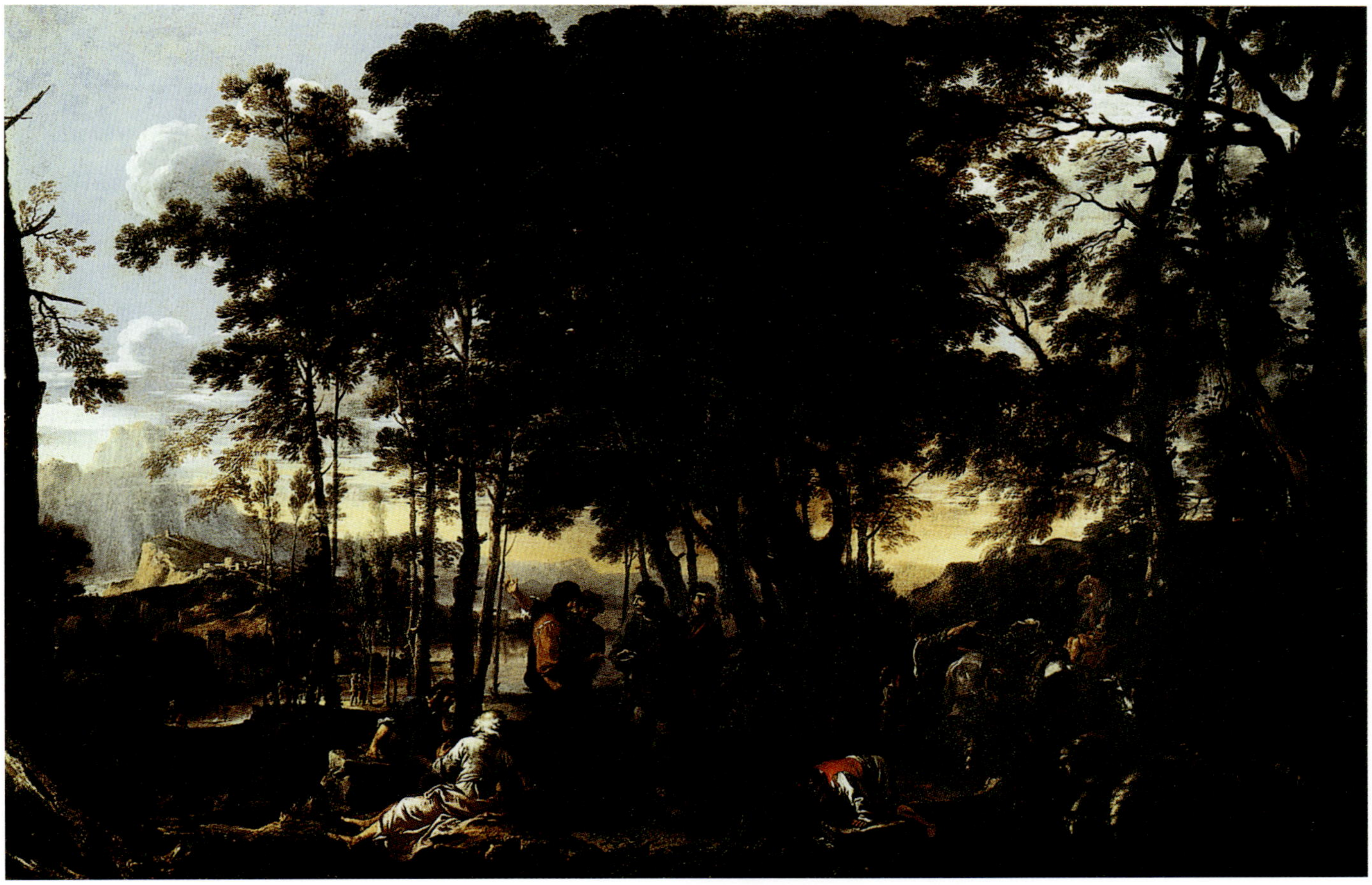

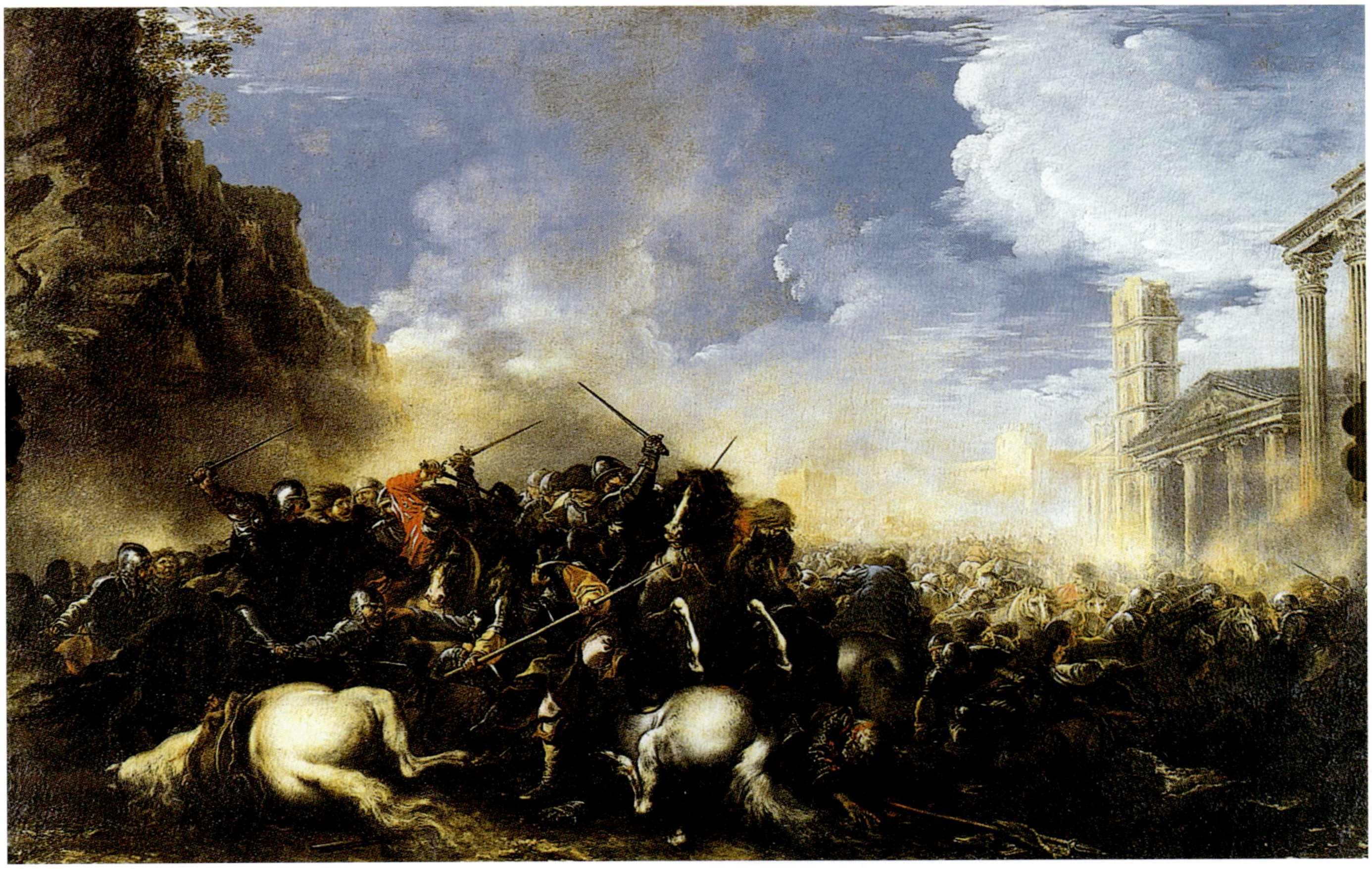

648
贾科莫·莱科
镶有皇冠花、郁金香和海葵的花瓶
布面油画
68cm×51cm
就像朱塞佩·莱科（Giuseppe Recco）的画作一样，这幅作品很可能曾经属于斐迪南·德·美第奇。它的创作时间应该是1626年

649
马蒂亚·普雷蒂
浮华
布面油画
93.5cm×65cm
这幅作品于1951年从私人收藏中来到乌菲齐美术馆。它创作于1650—1670年间，是艺术家在那不勒斯艺术创作最活跃的时期

650
卢卡·乔达诺
盖拉提亚与阿吉斯的胜利变成了春天
布面油画
262cm×305cm
这幅作品来自萨米尼亚迪（Sanminiati）1677年的收藏，他同时还收藏了作者另外两件作品。18世纪，它被交给了帕奇（Pazzi）家族。1865年，侯爵夫人伊莲诺拉·托里贾尼·帕奇将它存放在乌菲齐美术馆。1897年，该作品被佛罗伦萨美术馆收购

651
卢卡·乔达诺
抢劫德伊阿尼拉
布面油画
51cm×66cm
这幅作品创作于1682年前后，曾属于斐迪南·德·美第奇的收藏。在英国伯利庄园里有一幅此作的复制品

652
克拉多·贾琴多
圣母的诞生
布面油画
72cm×103cm
这幅作品被认为是作者于1753年为比萨大教堂所画的一幅祭坛画的预备草图，是这位艺术家前往西班牙宫廷之前所创作的。作品于1930年入藏乌菲齐美术馆

501

654
安德里亚·贝维德尔
鸭子、水面上的花以及雕刻有花的花瓶和蓟叶
布面油画
126cm×155cm
这幅作品一度属于斐迪南·德·美第奇；这幅作品创作于1694年艺术家离开西班牙之前

653
朱塞佩·莱科
鱼
布面油画
51cm×63.5cm
这幅作品曾被斐迪南·德·美第奇收藏于卡伊亚诺波吉奥别墅中，是艺术家晚年的作品，创作于1670—1680年

655
盖斯帕里·洛佩兹
郁金香
布面油画
56cm×70.2cm
这幅作品来自安娜·玛利亚·路易莎·德·美第奇的收藏

Questi tre Tulipani doppi fioriti insieme
sopra il medesimo gambo nel Giardino di Boboli, da
Bastino Rapi il dì 24. Aple. 30. furono portati alla
Ser.ma Elettrice Palatina, che gli fece ritrarre al naturale
in queste due vedute da Gaspero Lopes Napoletā

503

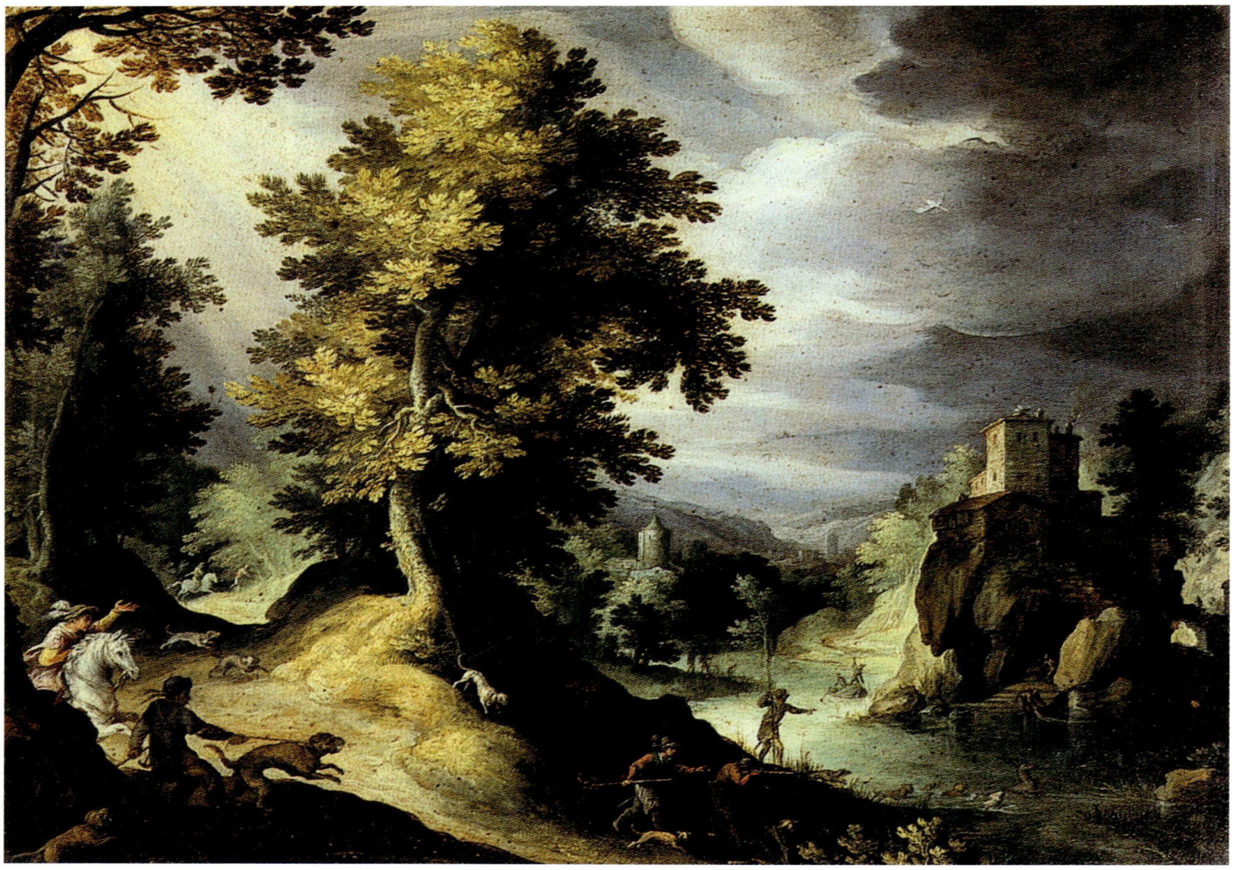

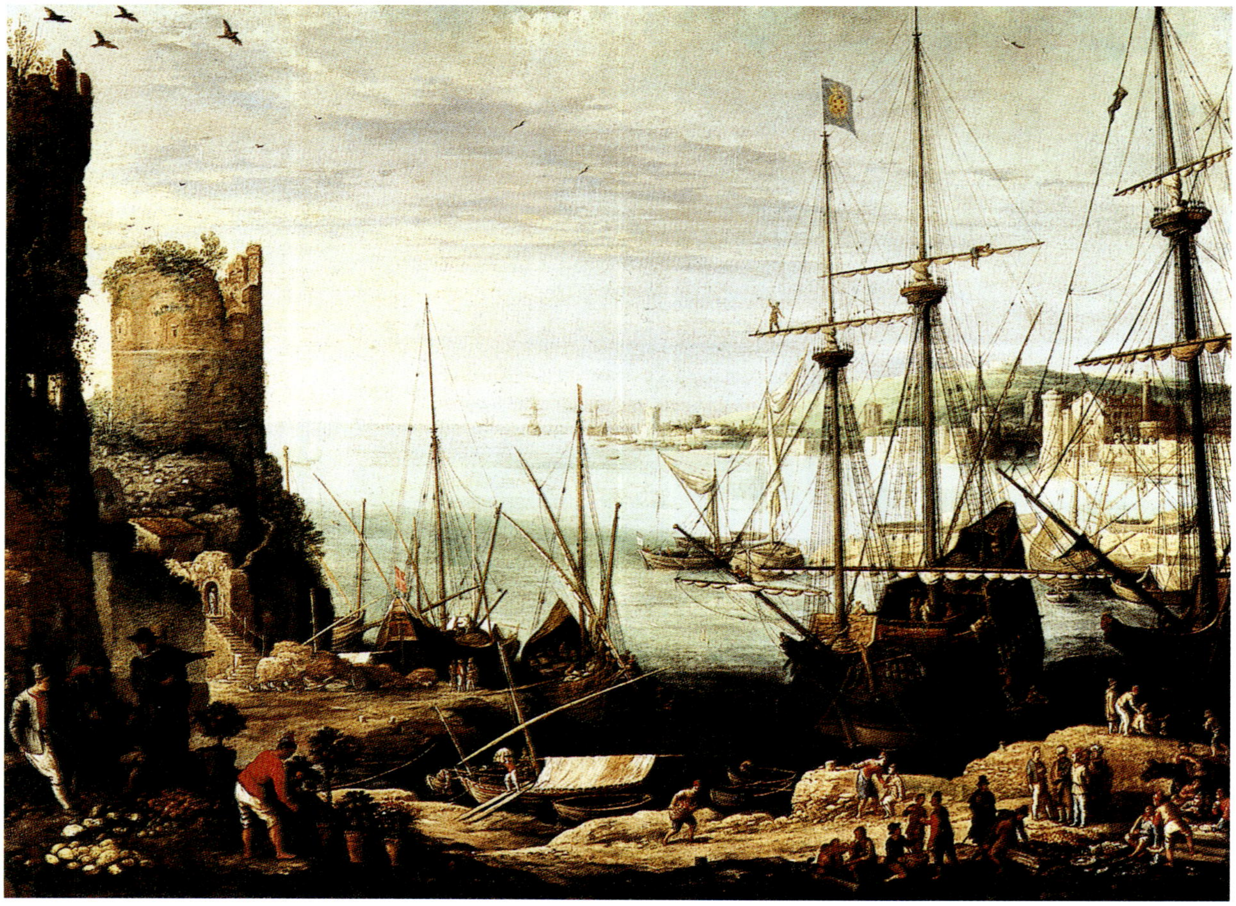

656
保罗·布里尔
狩猎雄鹿
铜板油画
21cm×28cm
这幅画1635年保存于特里比恩

657
保罗·布里尔
海景
布面油画
86cm×116cm
这幅画于1617年在罗马为红衣主教卡洛·德·美第奇绘制；同年被送往圣马可别墅

658
"天鹅绒"勃鲁盖尔
伟大的命运
木板油画
62cm×42cm
这幅木板油画首次被记录是在1784年的乌菲齐库存清单上，是艺术家为丢勒的《伟大的骷髅地》（记载于1604年，布拉格）所绘的保护框架的一部分，曾由鲁道夫二世收藏

507

508

659
"天鹅绒"勃鲁盖尔
冥界的俄耳浦斯
铜板油画
27cm×36cm
铜板底上的日期说明这幅作品是艺术家在意大利期间完成的。乌菲齐美术馆收藏于1704年,并于1928年被转移到皮蒂宫

660
"天鹅绒"勃鲁盖尔
沿途风景
铜板油画
24cm×35cm
在1704年被收入乌菲齐美术馆,当时认为作者是保罗·布里尔。1769年被证明是勃鲁盖尔的作品

661
"天鹅绒"勃鲁盖尔
鸢尾花瓶
木板油画
63cm×45cm
在1773年,这幅作品从公爵储衣柜转移到帕拉蒂娜画廊,现在位于波焦帝国庄园别墅里。画作的艺术价值很高,而且体现了画家对植物学的兴趣

662
小弗朗斯·普布斯
法国路易十三10岁时的肖像
布面油画
165cm × 100cm
作品可能是1611年文献记载中由画家绘制的肖像,同年,该作品被送往西班牙。在1860年后,它作为法国王室家族的一组肖像画被从帕尔马转移到乌菲齐美术馆。1928年又转移到皮蒂宫

663
小弗朗斯·普布斯
法国王后玛利亚·德·美第奇
布面油画
142cm×127cm
这幅肖像画由托斯卡纳驻巴黎大使马尔切斯·博蒂（Marchese Botti）委托绘制

664
彼得·保罗·鲁本斯
圣家族与圣伊丽莎白（提篮子的圣母）
布面油画
114cm × 88cm
这幅作品绘制于1615年前后，据记载，它于1654—1655年间在位于波焦帝国庄园的美第奇别墅的陈设中。1799年被拿破仑征收，并于1816年被修复

665
彼得·保罗·鲁本斯
四位哲学家
木板油画
164cm × 139cm
这幅作品中描绘的人物从左至右分别为艺术家本人、他的兄弟菲利波、哲学家和人文主义者贾斯特斯·利普修斯（Justus Lipsius）和简·韦乌乌斯（Jan Woverius）。这幅画的创作日期不明，可追溯至1611—1612年。它于1799年被法国征收，并于1815年归还

666
彼得·保罗·鲁本斯
基督复活
布面油画
188cm×155cm
这幅画很有可能是17世纪末由杜塞尔多夫的选帝侯赠送给他的连襟斐迪南·德·美第奇的。
绘制于1616年，据记载由美第奇家族从1713年开始收藏

667
彼得·保罗·鲁本斯
伊莎贝拉·布兰特的肖像
木板油画
86cm×62cm
这幅肖像画绘制于1625—1626年间,也就是在画像模特即鲁本斯的第一任妻子去世前不久。1705年,由杜塞尔多夫的选帝侯赠送给他的连襟斐迪南·德·美第奇。斐迪南一直将这幅画保存在位于波焦帝国庄园的美第奇别墅中。直到1773年,作品被转移到乌菲齐美术馆

668
彼得·保罗·鲁本斯
伊夫里战役中的亨利四世
布面油画
367cm×693cm
这幅作品曾属于一组描述亨利四世一生的系列作品。受玛利亚·德·美第奇委托，于1627—1630年由鲁本斯绘制

669
彼得·保罗·鲁本斯
朱迪斯和霍洛芬斯
布面油画
113cm×89cm
这幅作品的创作时间可追溯至1620—1622年间，最初来自博洛尼亚的玛利亚·博格沙尼收藏系列。1924年在伦敦出售后，归属到佛罗伦萨的孔蒂尼·博纳科西（Contini Bonacossi）收藏系列。1942年后被意大利政府收回

670
彼得·保罗·鲁本斯
亨利四世进入巴黎的凯旋门
布面油画
380cm×692cm
这幅画及其组画中的《伊夫里战役中的亨利四世》（见图668）于1686年被大公科西莫三世收购，挂在皮蒂宫中。1773年，被转移到乌菲齐美术馆

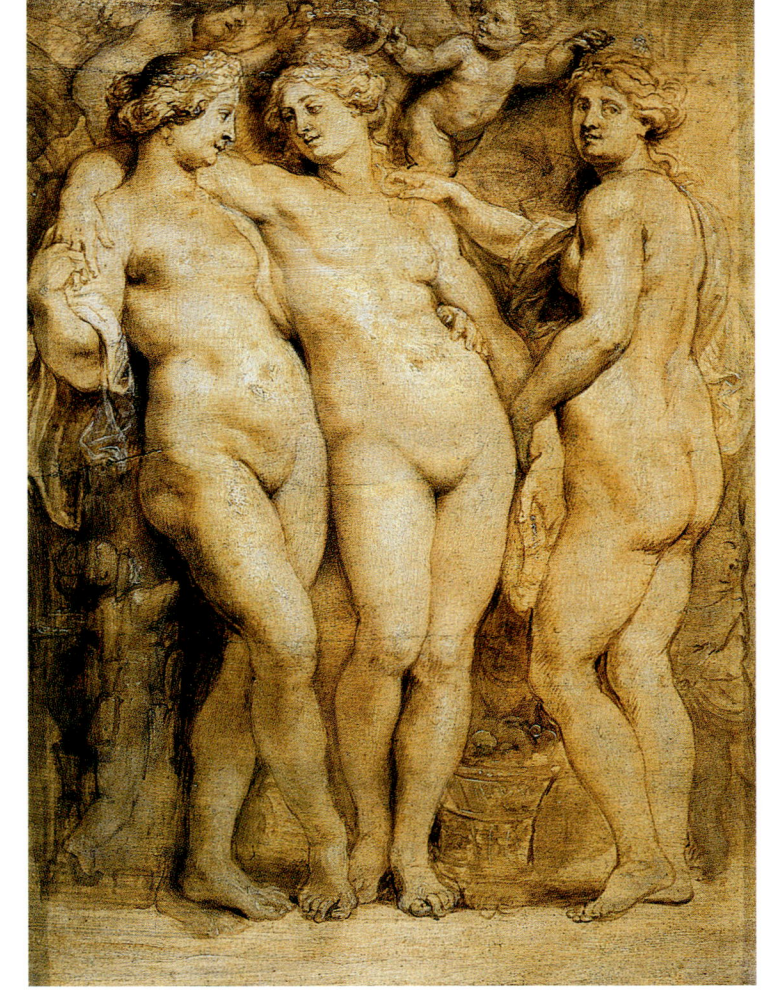

671
彼得·保罗·鲁本斯
三美神
布面油画
47.5cm×35cm
这幅画创作时间在1628年之前。这幅单色绘画是一个象牙罐摆件的设计草图。弗朗切斯科·艾略迪勋爵在1671年将它赠送给红衣主教莱奥波尔多·德·美第奇，后者将其收藏到皮蒂宫

672
彼得·保罗·鲁本斯
在费哈依斯岛上的尤利西斯
木板油画
128cm×207cm
这幅木板油画创作于1630—1635年间，编录在1677年黎塞留公爵巴黎收藏品的库存清单中。它很有可能是在18世纪由洛林公爵带到佛罗伦萨的。1799年被法国征收，并于1815年归还皮蒂宫

673
彼得·保罗·鲁本斯
从田里回来的农民
木板油画
121cm×194cm
鲁本斯在1632—1634年绘制了这幅作品，可能是与卢卡斯·范·乌登合作完成的。1799年被拿破仑征收，并于1815年归还

674
彼得·保罗·鲁本斯
战争之后
布面油画
206cm×345cm
鲁本斯在1638年将这幅作品送往佛罗伦萨。这幅画由赞助人的继承人贾斯特斯·沙特曼斯（Justus Suttermans）出售给斐迪南·德·美第奇。斐迪南在1691年将这幅作品收录在他的皮蒂宫收藏系列中。1799年被法国征收，并于1815年归还

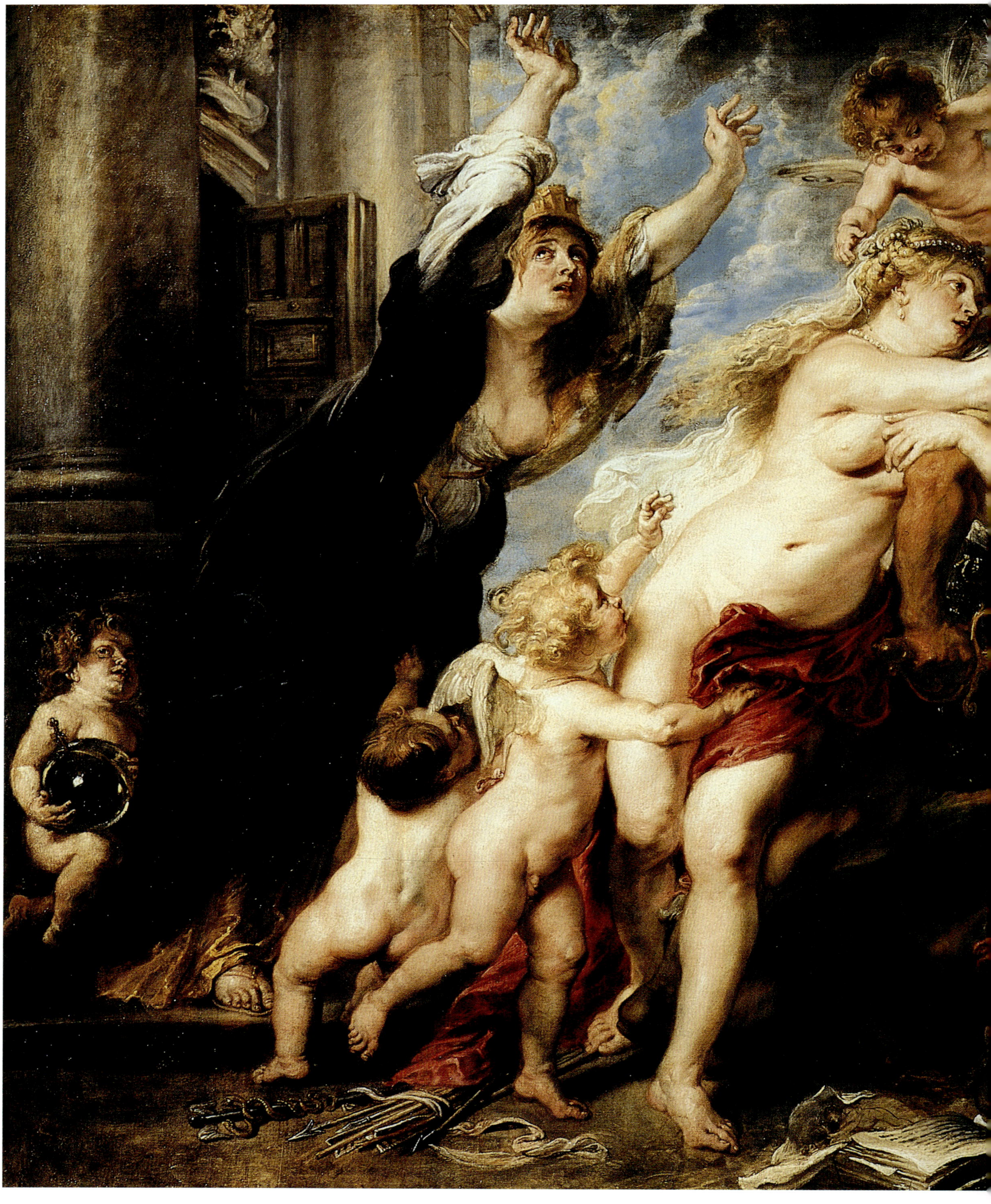

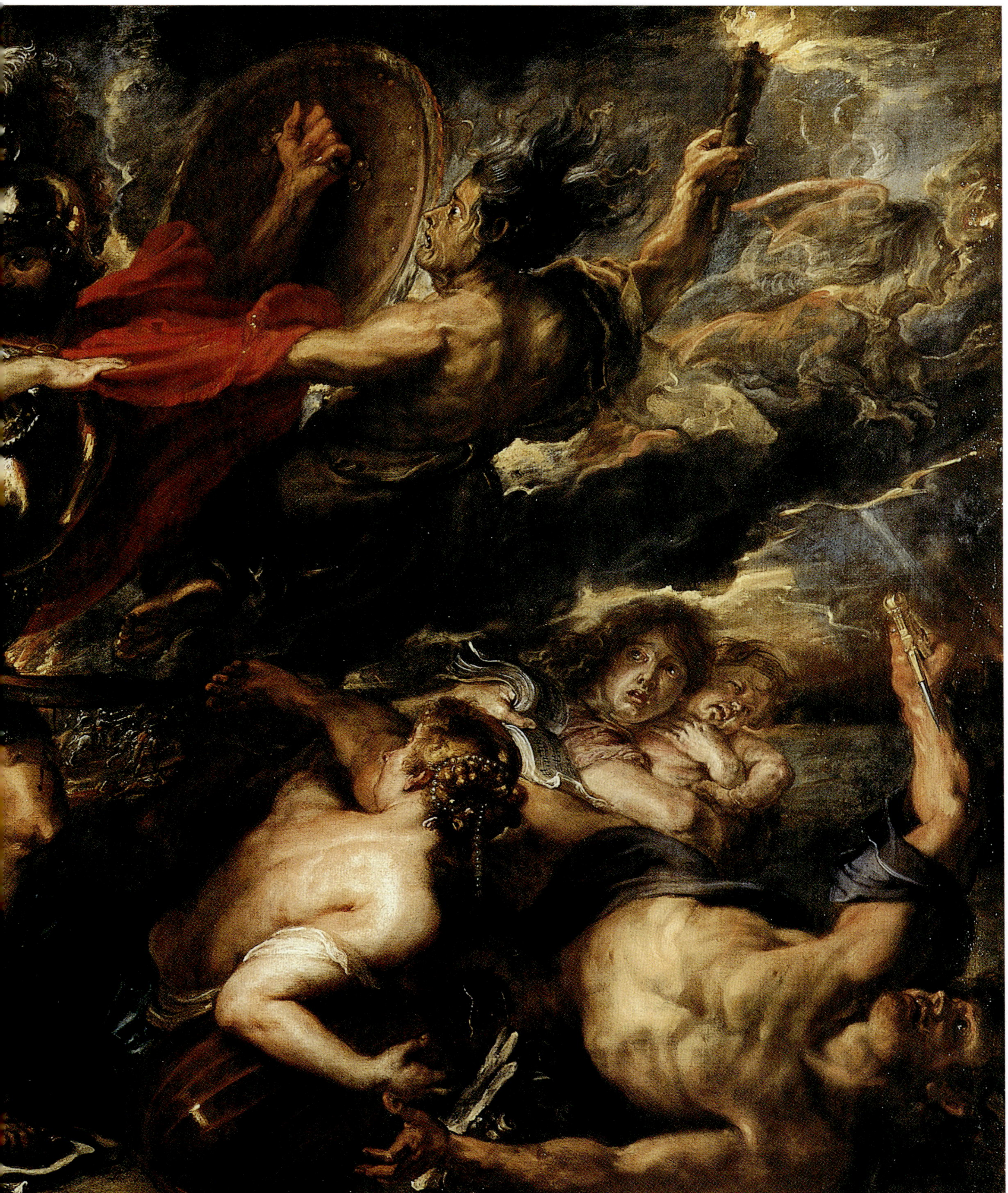

675
安东尼·凡·戴克
马背上的查理五世
布面油画
191cm×123cm
这幅肖像画（也许是凡·戴克最早绘制的马术画之一）大约创作于1620年。它如何来到佛罗伦萨无可追溯，首次记载是在1713年斐迪南·德·美第奇的皮蒂宫收藏系列中。于1753年被转移到乌菲齐美术馆

676
安东尼·凡·戴克
贵妇肖像
画纸油画，后粘贴到布面
34cm×27cm
53cm×43cm
这幅肖像画是创作于1621—1622年的，被称为"黄金女郎"的《卡特里纳·杜拉佐·阿多诺的肖像》（热那亚，都拉斯帕拉维奇尼画廊）的小型草图。属于斐迪南·德·美第奇的收藏系列。1799年被法国征收，并于1815年归还

677
安东尼·凡·戴克
英国绅士的肖像
布面油画
133cm×105cm
凡·戴克于1635年前后在英格兰逗留期间画了这幅肖像画。1704年，收存于乌菲齐美术馆，并在此展出。1780年，被转移到皮蒂宫

523

678
安东尼·凡·戴克
逃往埃及途中休息
布面油画
134cm×195cm
这幅作品来自佛罗伦萨的杰里尼画廊,据记载1786年之前一直收存在这座画廊中。它还有一幅尺寸更大,但画面细节稍有不同的版本收藏在俄罗斯冬宫博物馆。1818年,它被帕拉蒂娜画廊收购。作品创作时间大约在1630年

679
安东尼·凡·戴克
红衣主教吉多·本蒂沃利奥的肖像
布面油画
195cm×147cm
这幅画由红衣主教本人委托,约创作于1622年。这幅肖像画由另一位本蒂沃利奥于1653年赠送给斐迪南二世·德·美第奇。1687年展出在乌菲齐的特里比恩,然后转移到了斐迪南·德·美第奇位于皮蒂宫的住所内。1799年被法国征收,并于1815年归还意大利

680
安东尼·凡·戴克
洛林的玛格丽特（奥尔良公爵夫人）的肖像
布面油画
204cm×117cm
这幅作品极有可能是由凡·戴克在1634年前后完成的，当时是他最后一次逗留佛兰德斯。首次被记载是在1753年的乌菲齐美术馆的库存清单中

681
科内利斯·德·沃斯
持扇女子的肖像
布面油画
98cm×72.5cm
这幅肖像画被认为是由凡·戴克画派画家创作，在1977年修复中作者被确定是科内利斯·德·沃斯。根据这些风格特征，此画可能创作于17世纪20年代末期

682
扬·凡·登·霍克
恶与德之间的赫拉克勒斯
布面油画
145.5cm×194cm
这幅布面油画在托斯卡纳王子斐迪南1713年逝世时收录在库存清单中，并记录了画作的作者

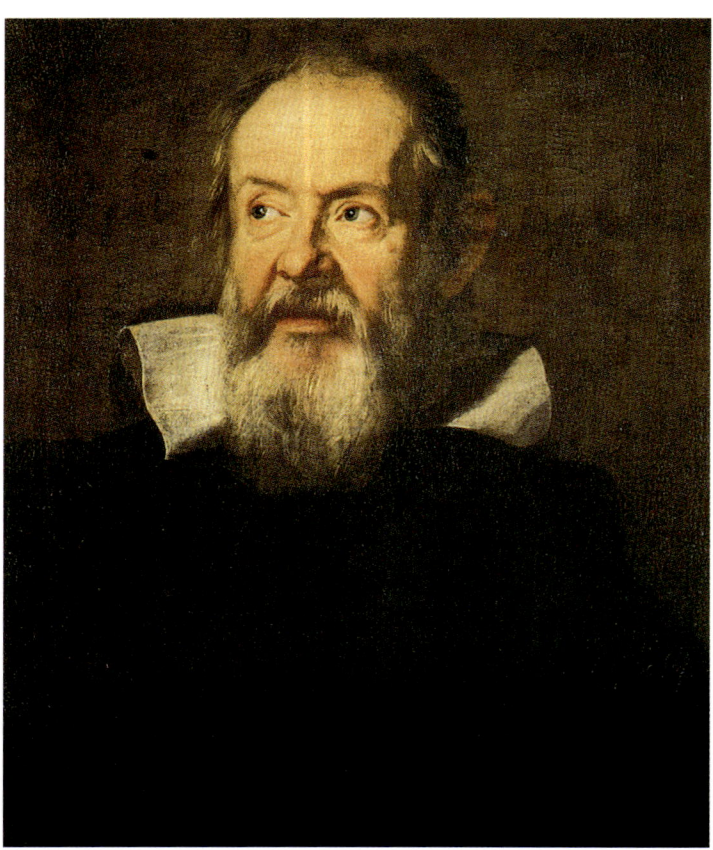

683
贾斯特斯·沙特曼斯
咏礼司铎潘多尔福·里卡索利的肖像
布面油画
116cm × 86cm
这幅作品是耶稣会典咏礼司铎潘多尔福·里卡索利（1581—1657年）的肖像，是由沙特曼斯在1630年前后完成的。1641年，这位咏礼司铎被责罚，作品的右侧便增加了卷轴和小恶魔。这幅作品曾属于托斯卡纳大公斐迪南二世

684
贾斯特斯·沙特曼斯
伽利略·伽利莱的肖像
布面油画
66cm × 56cm
这幅肖像画创作于1636年，由伽利略本人送给他的一位法国崇拜者，后来被托斯卡纳大公斐迪南二世收购

685
贾斯特斯·沙特曼斯
丹麦王子沃尔德马的肖像
布面油画
71cm × 54.5cm
这幅肖像画的主人公是丹麦国王克里斯蒂安四世的儿子沃尔德马（1603—1647年），创作时间和情况不明。根据画面人物的大约年龄，这幅画的历史最早可以追溯到17世纪20年代早期

686
贾斯特斯·沙特曼斯
猎人的聚会
布面油画
147cm×202cm
1663年,在美第奇家族收藏中记录了这幅作品,在此之前作者被认为是乔瓦尼·达·圣·乔瓦尼

687
贾斯特斯·沙特曼斯
马蒂亚斯·德·美第奇的肖像
布面油画
201cm×117cm
这幅肖像画的主人公是科西莫二世·德·美第奇的第三个儿子，由沙特曼斯于1632年前后绘制

688
弗兰斯·弗兰肯二世
海神尼普顿和安菲特律特的胜利
木板油画
51cm×70cm
这幅画的确切创作时间目前尚不清楚，可能是在1610—1616年间。据记载，这幅作品于1796年从皮蒂宫的贮藏室转移到乌菲齐美术馆，1928年又被转移回皮蒂宫

689
弗兰斯·斯尼德斯
狩猎野猪
布面油画
214cm×311cm
这幅作品于1821年在与维也纳博物馆交流时来到乌菲齐美术馆。这幅画是弗兰斯·斯尼德斯的代表作，他是静物画和动物场景的绘画专家

690
大卫·里卡三世
圣安东尼的诱惑
木板油画
58cm×83cm
根据这幅木板油画的主题,它的创作时间在1650—1660年间。因为在此期间,画家反复采用这个主题进行创作。这幅作品如何来到皮蒂宫不得而知,但它很可能是18世纪初期的收藏品

691
雅各布·乔达恩斯
海神尼普顿创造马
布面油画
67cm×131cm
这幅画作由乔达恩斯于1640—1650年间完成,是一个名为"马术教育"系列挂毯的设计稿。首次记载皮蒂宫在1728年的收藏清单中

692
小大卫·特尼尔斯
炼金术士
布面油画
44cm×58.5cm
这幅作品最初收藏在皮蒂宫，于1796年转移到乌菲齐美术馆，但在1928年又被送还皮蒂宫

693
大彼得·奈福斯
安特卫普大教堂内部
木板油画
29.5cm×43.5cm
通常来说这幅作品的作者被认为是大彼得·奈福斯，但某些学者也认为这幅作品应该是他的儿子小彼得·奈福斯创作的

694
扬·凡·凯塞尔
海滩上的鱼
铜板油画
18cm×28cm
这幅作品可能是1668年科西莫三世·德·美第奇在安特卫普收购的

695
扬·凡·凯塞尔
静物：水果和贝壳
布面油画
31cm×44cm
这幅作品收购于1818年

696
扬·达维茨德·德·海姆
静物：鲜花和水果
布面油画
60cm×73cm
这幅画中绘制的物体是艺术家作品的主题。德·海姆创作的两幅画（见图696和图697）很可能是由科西莫三世大公在1667—1669年的一次低地国家旅行中收购的

697
扬·达维茨德·德·海姆
鲜花和水果花彩
布面油画
57cm×81cm
这幅画的创作时间可以追溯到1660年前后，来自斐迪南·德·美第奇的收藏品。这幅画是这位荷兰派大师的典型作品，现在在安特卫普、海牙和卡尔斯鲁厄的博物馆中也收藏有这位大师类似风格的花卉作品

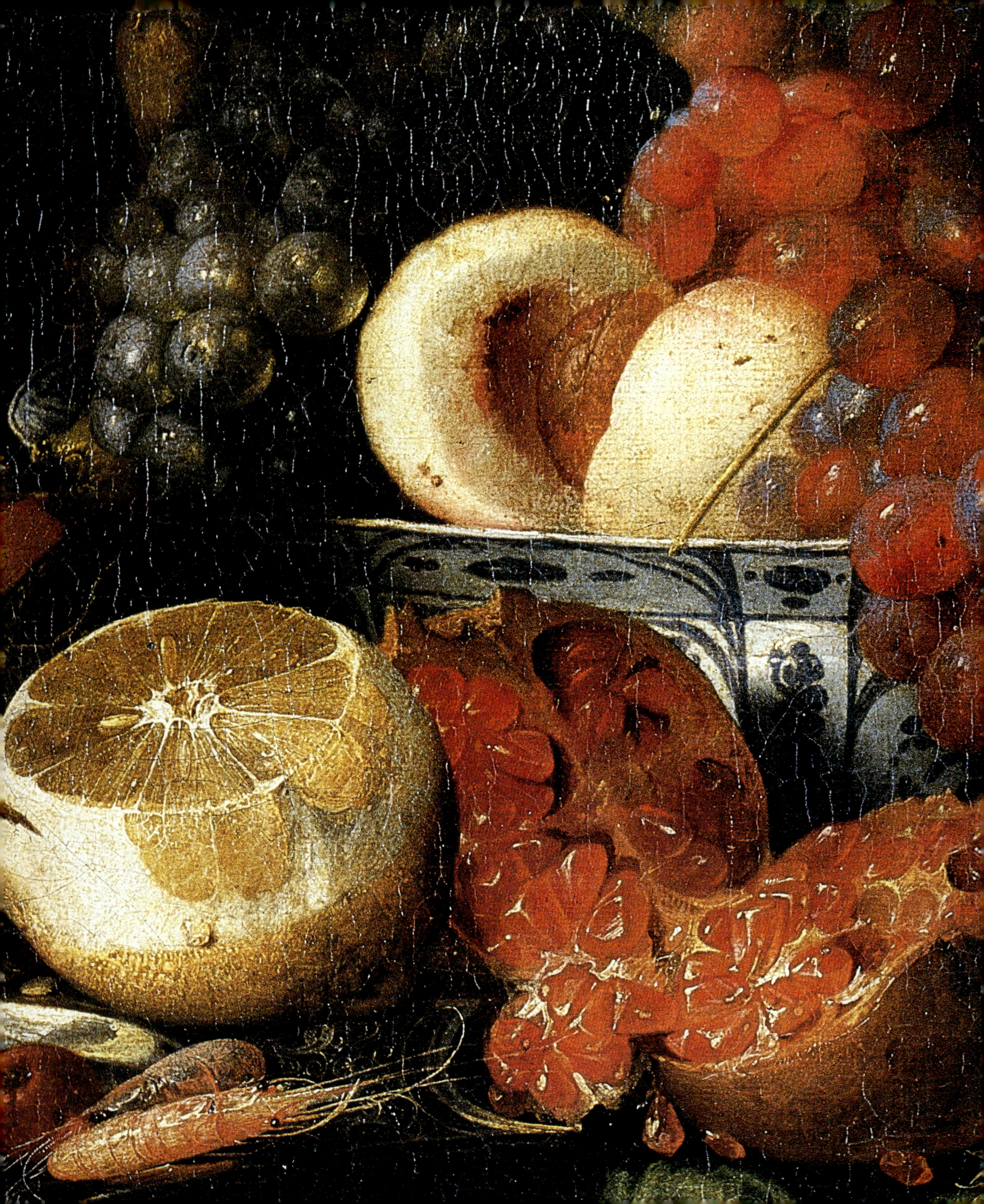

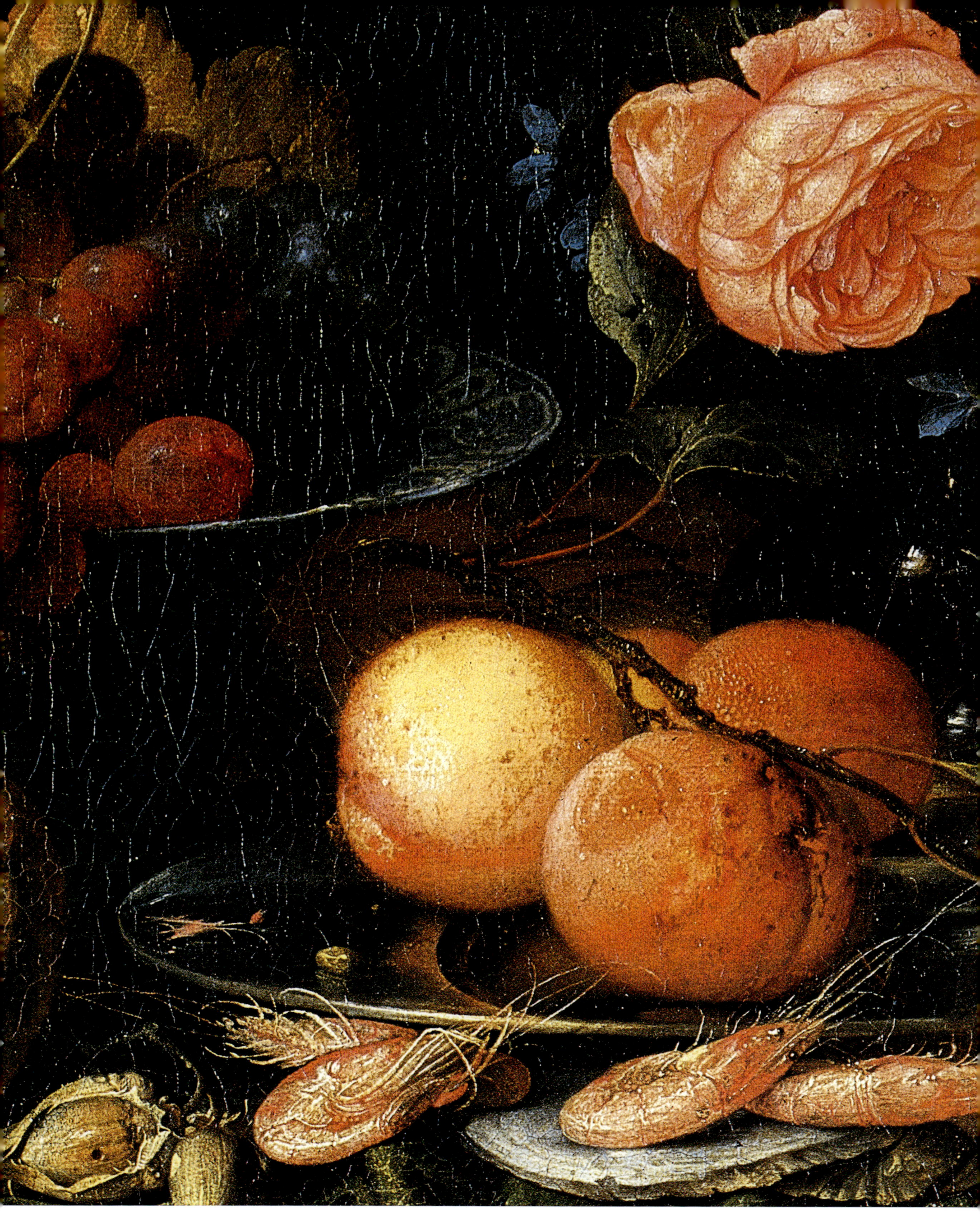

698
海格力·斯格斯
山地风景
布面油画
55cm × 100cm
在风格上，这个作品似乎可以追溯到17世纪20年代；它可能对应于1656年在伦勃朗收藏品中列出的斯格斯画作。它于1839年作为男爵夫人玛利亚·哈德菲尔德·科士威的礼物被收入乌菲齐美术馆

699
列奥纳德·布雷默
牧羊人的崇拜
木板油画
95cm × 83.5cm
根据这幅画的风格，创作时间可以追溯到1640年前后，作品于1968年在古董市场被佛罗伦萨画廊以优先购买权购入，入藏乌菲齐美术馆

700
伦勃朗·凡·莱因
老人肖像（拉比）
布面油画
104cm × 86cm
这幅画背面的日期似乎与它的风格相符。17世纪末，这幅画作为斐迪南·德·美第奇收藏品的一部分进入皮蒂宫

701
班波丘（彼得·凡·拉尔）
沐浴
布面油画
61.5cm×49cm
从风格上看，这幅布面油画大约创作于1636年。它可能是红衣主教莱奥波尔多·德·美第奇在罗马购买的。1675年，德·美第奇将它放在自己皮蒂宫的收藏中。18世纪，波焦帝国庄园的别墅里也收藏过它

702
科内利斯·凡·普伦堡
萨特之舞
铜板油画
45cm×63cm
这是1620—1622年间为科西莫二世·德·美第奇创作的四幅铜板油画之一

703
科内利斯·贝加
鲁特琴演奏者
布面油画
36cm × 32cm
这幅作品于1664—1704年完成。目前还不清楚它是科西莫三世在1667年和1669年前往低地国家的旅途中获得的，还是选帝侯或他的配偶安娜·玛利亚·路易莎·德·美第奇（Anna Maria Luisa de ' Medici）送给他的

704
扬·阿瑟兰
风景：瀑布
布面油画
47cm × 54cm
从画作风格判断，这幅画的创作时间在1640—1653年间

545

705
扬·米恩瑟·莫勒纳尔
旅馆
木板油画
69cm×112cm
根据这幅画作的风格，创作时间大约在1640年。它可能是随维也纳收藏品来到佛罗伦萨的

706
扬·斯提恩
一餐
木板油画
40cm×49.3cm
这幅木板油画创作于1650—1660年间，于18世纪初收藏在皮蒂宫

707
格里特·杜
卖馅饼的人
木板油画
44.2cm×34cm
这幅画创作时间在1650—1655年间，可能是科西莫三世·德·美第奇在低地国家旅行时（1667年和1669年）收购的

708
弗兰斯·凡·米里斯
画家和他的家人
木板油画
52cm×40cm
这幅作品是科西莫三世·德·美第奇在前往低地国家旅行期间收购的

709
安德里亚·凡·德尔·沃夫
牧羊人的崇拜
木板油画
53cm×36cm
在艺术家的回忆录中提到，这幅画被帕拉廷选帝侯的妻子玛利亚·路易莎·德·美第奇于1716年带到了佛罗伦萨

548

710
加布里埃尔·梅特苏
女士和骑士
木板油画
58cm×42.3cm
这幅画的历史可追溯至1660年前后,它在18世纪初被收藏于皮蒂宫

711
雅各布·凡·雷斯达尔
风景：瀑布
布面油画
52.5cm×62.5cm
这幅画的创作时间在1670年前后，于1827年由佛罗伦萨画廊在古董市场上收购

712
雅各布·凡·雷斯达尔
风景：牧羊人和农民
布面油画
52cm × 60cm
这幅布面油画创作于1797年，并被收购，于次年在画廊展出

713
大威廉·凡·德·维尔德
桑特之战
布面油画
143.5cm×295.5cm
这幅布面油画可能是由科西莫三世·德·美第奇在1667年首次访问低地国家时收购的

714
大威廉·凡·德·维尔德
荷兰海军航行
布面油画
112cm×203cm
这幅画于1674年7月由彼得·布莱奥代表莱奥波尔多·德·美第奇收购。1675年，这幅画归红衣主教所有

715
卢多尔夫·巴克赫伊森
海景，船
布面油画
65cm×79cm
19世纪早期，这幅画被列入法兰克福的施韦策系列收藏中，它是在1823年被佛罗伦萨画廊收购的

716
格里特·贝克海德
哈勒姆的市场和大教堂
布面油画
54cm×64cm
这幅画的题材在当时非常受欢迎。这幅作品以及伦敦国家美术馆收藏的另一幅类似作品都是这类场景画的经典范例

717
加斯帕德·凡·维特尔
罗马的美第奇别墅
羊皮纸蛋彩油画
29cm×41cm
这幅作品的创作时间可以追溯到1685年,展示了为斐迪南一世在罗马打造的美第奇别墅的花园一角

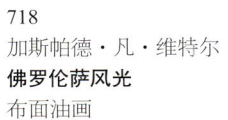

718
加斯帕德·凡·维特尔
佛罗伦萨风光
布面油画
103.5cm×133cm
这幅画可以被认定是1694年由斐迪南·德·美第奇带回的,记录在1713年的库存清单中

719
奥托·马苏斯·凡·瑞克
树上的爬行动物、蝴蝶和植物
布面油画
60cm×47cm
这幅作品的历史可以追溯到1668年,科西莫三世大公于这一年在阿姆斯特丹收购了该作品

720
奥托·马苏斯·凡·瑞克
蘑菇和蝴蝶
布面油画
38cm×48cm
这幅画在1699年被送往在佩特亚的别墅,科西莫三世·德·美第奇将它归入描绘各种动物和植物物种的系列画之中

721
雅各布·凡·赫斯东科
静物：水果
木板油画
61cm×93cm
这幅画由阿图罗·迪诺·瓦尔克于1896年赠送给帕拉蒂娜画廊

722
威廉·凡·埃尔斯特
静物：水果和银器
布面油画
77.5cm×101.5cm
这幅布面油画是作者在佛罗伦萨为斐迪南二世·德·美第奇所绘制的

723
瑞秋·鲁伊施
水果和昆虫
布面油画
44cm×60cm
这幅作品很可能是在1711年由科西莫三世·德·美第奇的女婿、帕拉廷选帝侯送给科西莫三世·德·美第奇的

724
瑞秋·鲁伊施
水果、鲜花和昆虫
布面油画
89cm×68.5cm
这幅画和《花瓶里的花束》（帕拉蒂娜画廊）在1823年被皮蒂宫收购，当时洛林的莱奥波尔多二世大公很欣赏荷兰静物画和风俗画

德国绘画

可能是命运的捉弄,在佛罗伦萨艺术馆丢失的作品正是被人们认为是17世纪德国最伟大的画家亚当·埃尔斯海默(Adam Elsheimer)的杰作。这幅作品备受争议的部分,就是现在位于法兰克福施泰德艺术馆的祭坛画《荣耀的十字架》。1619年,此画由科西莫二世·德·美第奇收购,随后失传,直到近几十年才又出现。这幅画作为藏品的出现填补了这一学派的重要空白,埃尔斯海默的职业生涯虽然短暂,却对德国艺术、对低地国家的艺术,以及对后来的意大利绘画都产生了决定性的影响。如今埃尔斯海默的影响仍然可以在佛罗伦萨现存的作品中看到,如科内利斯·凡·普伦堡(Cornelis van Poelenburgh)所作的《十圣人》的复制品(收藏于皮蒂宫)和阿纳斯塔西奥·冯特布欧尼(Anastasio Fontebuoni)所作的《施洗者布道》的复制品(收藏于皮蒂宫)。

在佛罗伦萨艺术馆中,约翰·里斯凭借他的几件堪称典范的代表作,成为17世纪非常重要的德国艺术家。约阿希姆·冯·山德拉特也是一位很引人注意的画家。山德拉特是肖像画家、艺术史学家和静物画家,他的这种带有"国际化"基调的画作主要受他的老师洪特霍斯特的画派和佛兰德斯画派鲁本斯的影响,其成就不亚于埃尔斯海默。但是,他最为人知的身份是纽伦堡德国学院的创始人,同时也是《德国艺术家生活史》的作者。

卡尔·鲁斯阿尔特是一个不太出名的小画家,主攻动物绘画。他在皮蒂宫中的两幅画大概是他在意大利期间(1672年后)所作,这两幅画展示了他描绘野生动物自然狩猎的作画能力,而且表现出他明显受到弗兰斯·斯奈德作品的影响。同样属于这一流派的还有约翰·海因里希·卢斯(Johann Heinrich Roos),他曾在荷兰学过田园风景画,这在画中也很明显地被体现出来——整个罗马乡村笼罩在金色光芒之下,而这种光线的画法被许多意大利化的荷兰画家效仿。荷兰文化同样影响了汉堡艺术家弗兰斯·维尔纳·塔姆(1658—1724年),他在画廊展出了一幅描绘由美第奇家族种出的美丽花束的作品。

726
约阿希姆·冯·山德拉特
阿波罗与派森
布面油画
80cm × 109cm
这幅画在19世纪就被收入乌菲齐美术馆，但出处直到现在还不得而知。创作时间可以追溯到17世纪50年代或60年代

725
卡尔·安德里亚斯·斯吕特
雄鹿和野兽
布面油画
103cm × 143cm
正如背面的铭文所示，这幅画保存在卡斯特洛的美第奇别墅内。这幅画是1676年由科西莫三世·德·美第奇大公的经纪人在那不勒斯购得的

727
约翰·海因里希·卢斯
风景：牧羊人与动物
布面油画
85.5cm×109.5cm
这幅作品与另外一幅田园风作品（有同样的铭文，但日期是1683年）都属于卢斯画作的后期阶段。这两幅画都是从维也纳帝国美术馆于1793年交换到佛罗伦萨的

728
小马丁·凡·梅特斯·雅格
奥地利皇室
布面油画
203cm×179cm
这幅奥地利皇室的官方肖像画是在1756年前后创作的。画中的主人公是玛丽娅·特蕾莎皇后和她的丈夫，弗朗切斯科·斯特凡诺·洛林以及他们的13个孩子，背景是美泉宫花园

西班牙绘画

17世纪,至少有四位画家主导着整个西班牙的艺术领域——里贝拉、苏巴朗、委拉斯凯兹和穆里罗,每一位画家在佛罗伦萨的艺术收藏里都至少有一幅藏品。如果这些作品不能全面体现出17世纪西班牙绘画的特点,那些来自巴伦西亚、托莱多、马德里和安达卢西亚等不同流派的作品,也至少可以展现西班牙绘画的特征。来自巴伦西亚的朱塞佩·德·里贝拉(Jusepe de Ribera)是一位伟大的现实主义画家,因其画作高度戏剧性的特点脱颖而出,特别是在他的职业生涯初期,他受卡拉瓦乔式的强烈明暗对照法所影响。《圣巴塞洛缪的殉难》就是他作品中一个很好的例作。在这幅作品中,信徒那伤痕累累的形象使得整幅画都充斥着忧伤之感。他的晚期作品《圣方济各》也同样充满了宗教的情怀。

1623年,迭戈·委拉斯凯兹(Diego Velázquez)在马德里站稳了脚跟,成为腓力四世的宫廷画家。他将肖像画发展成研究当代社会的方式,这一行为使他声名鹊起,对其他画家也产生了影响,直至近代。当他还在塞维利亚时,第一次接触到卡拉瓦乔的"神秘现象",继而创作了一系列作品——皮蒂宫的《塞维利亚的卖水老人》就在这一系列当中——他的画作呈现出明亮的银色调和流畅的笔法,他那坚实逼真的肖像画十分凸显画的品质,如《马背上的腓力四世》在他经典的油画作品中已经达到巅峰,还有在普拉多的《拉斯·梅尼纳斯》。

然而,委拉斯凯兹的艺术并没有影响到马德里当时的绘画,塞维利亚的绘画也与弗朗切斯科·德·苏巴朗(Francisco de Zurbarán)和巴托洛梅·埃斯特班·穆里罗(Bartolomé Esteban Murillo)的作品截然不同。前者尤其致力于宗教题材,并将光表现为一种神秘的元素。委拉斯凯兹晚年时,他的布面油画就变成了明亮的色调(就如他的作品《圣安东尼修道院》一样),同时还创作了令人赞叹的静物画。这就证实了他的创新风格是从简化技巧和基础色彩中发展出来的。穆里罗无疑是塞维利亚学派中最受欢迎的人物,众所周知,他几乎被视为一个新的拉斐尔,这是由于他那极为美丽的《圣母子》,其中有两幅画就在皮蒂宫。其中一幅画是年轻的圣母和站在她腿上的圣婴,这也许是为艺术家赢得美誉的完美典范了。但是,除了他们的魅力之外,穆里罗的肖像画融合了新的技术,由于画作柔和的轮廓和看起来像蜡笔的透明油彩,使其在18世纪的欧洲绘画中吸引了一大批追随者。

在马德里的画家中,安东尼奥·德·佩雷达的代表作也被收藏在佛罗伦萨艺术馆内。他平时致力于宗教题材创作,在17世纪40年代,他还创作了道德主题的静物画,比如乌菲齐美术馆的《虚荣的寓言》,其中带有戏剧性的死亡象征意义经常出现在西班牙绘画中,这也让人几近惶恐。

巴洛克风格的鼎盛时期过后,西班牙绘画失去了它的地位。18世纪初,科拉多·贾昆托(Corrado Giaquinto)、乔瓦尼·巴蒂斯塔·蒂埃波罗(Giovan Battista Tiepolo)和安东·拉斐尔·孟斯(Anton Raphael Mengs)等外国画家来到西班牙。正是这种情况成就了艺术家弗朗切斯科·戈雅(Francisco Goya)的风格,使得他在18世纪的最后三十年乃至19世纪主宰了西班牙画坛。在成为西班牙宫廷和马德里贵族的肖像画家之后,戈雅似乎接替了委拉斯凯兹的工作。在他最重要的作品中,他将曾经用于多幅肖像画的洛可可风格演变成浪漫悲情色调,而这些肖像画还曾用来评论当时的社会。这位艺术家内省的心理力量是最强烈、最和谐的,画技也是最好的——在他的肖像画中,他以色彩精湛的技巧和透明的质感为19世纪的欧洲绘画提供了一个基本范例。

729
朱塞佩·德·里贝拉
圣方济各
布面油画
103cm×77cm
这个宗教人物形象具有特别强烈的表现力,属于里贝拉成熟时期的作品。这幅画出现在1659年马提亚斯·德·美第奇的财产清单中。1669年,由科西莫三世收藏在皮蒂宫

730
朱塞佩·德·里贝拉
圣巴塞洛缪的殉难
布面油画
145cm×216cm
这幅画创作于1628—1630年，与里贝拉1624年创作的一幅作品有关。此作来自圣弗里亚诺的卡波尼的收藏，于1677年进行文字记载。这幅画可能是在洛林时代由皮蒂宫收藏的

731
弗朗切斯科·德·苏巴朗
圣安东尼艾博特
布面油画
177cm×117cm
这幅画与毕尔巴鄂的瓦尔德斯收藏品中的一幅同主题绘画有密切的联系，这幅有铭文的画标注的日期为1636年，出处是塞维利亚圣何塞修道院的教堂。此作呈现出一种更柔和的效果，表明作品完成的日期要比另一幅的创作时间晚一点

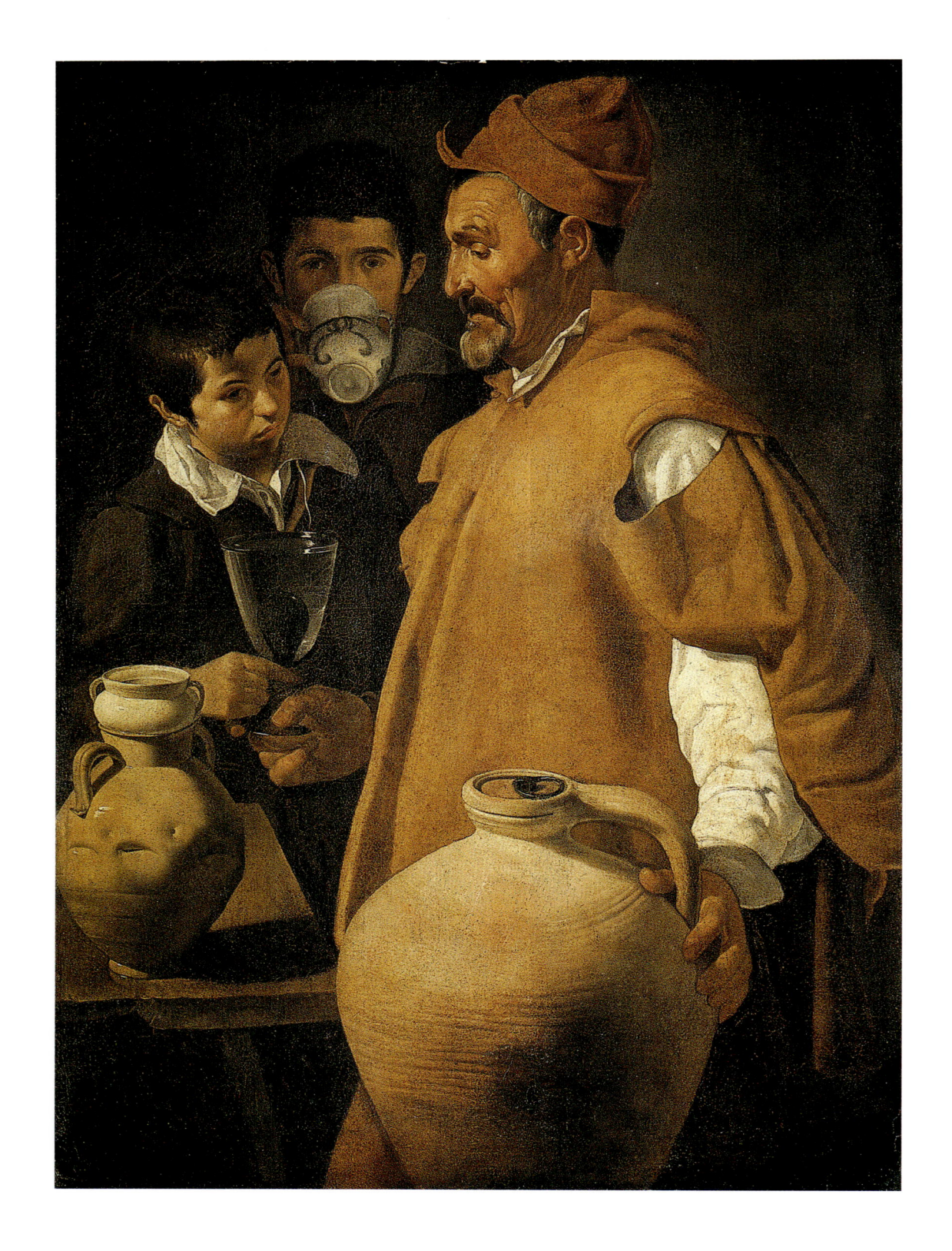

732
迭戈·委拉斯凯兹
塞维利亚的卖水老人
布面油画
104cm×75cm
这幅画被认为是英国伦敦惠灵顿博物馆中另一幅著名画作的早期版本，这幅作品可以追溯到艺术家所在的塞维利亚时期，也就是1619—1622年间。皮蒂宫的画作可以通过"卖水老人"头上的帽子进行区分，据此判断此画创作早于1618年，因此早于伦敦版本

733
迭戈·委拉斯凯兹
马背上的腓力四世
布面油画
126cm×91cm
这幅画由雕刻家彼得罗·塔卡（Pietro Tacca）送到佛罗伦萨，彼得罗·塔卡曾把这幅画作为现在马德里东方广场铜像的灵感来源

734
安东尼奥·德·佩雷达
虚荣的寓言
布面油画
163cm×205cm
这幅画是画家晚期的重要作品，是在1668年前后完成的，与维也纳艺术史博物馆一幅稍早的同一主题的画作有关。在这两幅画中都可以看到在地球仪旁查理五世的肖像

735
巴托洛梅·埃斯特班·穆里罗
玫瑰园中的圣母
布面油画
165cm×109cm
这幅画创作时间可以追溯到1650年前后，是艺术家成熟期的作品。1822年由托斯卡纳大公（洛林）斐迪南三世收购

736
巴托洛梅·埃斯特班·穆里罗
圣母子
布面油画
155cm×107cm
这幅作品来自伊普尔的一所修道院。后来这幅画由托斯卡纳大公（洛林）斐迪南三世购得，它的创作年代晚于《玫瑰园中的圣母》（见图735）

737
弗朗切斯科·戈雅
马背上的玛利亚·特蕾莎·德·瓦拉布里佳
布面油画
82.5cm×61.7cm
这幅画在戈雅的一封信中被提到过，是他在1783年访问波迪亚德尔蒙特时所画。波迪亚德尔蒙特是国王查理三世的兄弟唐·路易斯·德·波旁的住所。画面中的人物是唐·路易斯·德·波旁的妻子。这幅画通过罗斯波利家族的遗产来到佛罗伦萨，同它一起来的还有《伯爵夫人的肖像》（见图738）

738
弗朗切斯科·戈雅
伯爵夫人的肖像
布面油画
220cm×140cm
这幅作品大约是18世纪末悬挂在圣佩德罗竞技场的波迪亚德尔蒙特宫殿里的。画中的主人公是玛利亚·特蕾莎·德·瓦拉布里佳和路易斯·德·波旁的女儿。这幅画大概是在1797年，也就是她结婚的那一年，和上一幅画（见图737）一起经由罗斯波利家族来到乌菲齐美术馆的

739
弗朗切斯科·戈雅
斗牛士佩德罗·罗梅罗的肖像
布面油画
53cm × 42cm
画中这位著名的斗牛士彼时大概42岁，这也是艺术家画作中尤为值得注意的一类题材。这幅画与戈雅的朋友、传记作家弗朗切斯科·萨巴特（Francisco Zapater）画廊里的另一幅肖像画有相似之处，说明这幅画的创作时间可能在1797年前后

法国绘画

收藏在佛罗伦萨美术馆的17世纪到18世纪的法国画作并不全面，可能是由于美第奇对此缺乏兴趣而随机偶然收藏。其中尤为著名的藏品是从小佛兰斯·普布斯（Pourbus the Younger）（大家经常把他看作是佛兰德斯人）到纳蒂埃这些艺术家所作的"皇家"肖像画，由于某些历史原因来到佛罗伦萨。凯瑟琳·德·美第奇和法国国王亨利二世的婚姻是家族关系的开始，之后这个家族慢慢开枝散叶，特别是后来玛利亚·德·美第奇嫁给了亨利四世。尽管普布斯的风格受到佛兰德斯画派的影响，他的一系列肖像作品仍然是非常重要的画作。粉彩画家南特尔（Nanteuil）是路易十四的宫廷肖像画家。无论是从王室的角度，还是从艺术的角度来说，南特尔的画作都是佛罗伦萨藏品的代表。他的《太阳王》和《图伦内将军》肖像，包括他绝妙的自画像，都是经由玛格丽特·路易丝·德·奥尔良与科西莫三世·德·美第奇的婚姻来到佛罗伦萨，而且佛罗伦萨的多梅尼科·滕佩斯蒂还是南特尔最喜欢的学生。

1793年，托斯卡纳大公（洛林）斐迪南三世买下了一批数量可观的17世纪法国画作，此举是希望填补佛罗伦萨藏品中的空白。红衣主教吉安卡洛·德·美第奇曾收藏有尼古拉斯·普桑（Nicolas Poussin）的传世画作《三博士朝圣》，但在他去世后，他的哥哥斐迪南二世将这幅画以低价售出。该作品现今收藏于英国伦敦国家美术馆中。现在，这位17世纪伟大的法国画家唯一留在佛罗伦萨的作品就是《忒修斯发现他父亲的剑》的复制品。从这幅画作中多少可以看出这位艺术家里程碑式的伟大贡献。他虽然一直生活在罗马，可他对法国绘画的历史产生了决定性的影响。

说到第二位伟大的法国大师克洛德·格雷（也称勒·洛林）——17世纪欧洲最著名的风景画画家，也选择了罗马作为其第二故乡。多亏红衣主教吉安卡洛·德·美第奇出手，佛罗伦萨收藏了这位画家早期的杰作《海港的美第奇别墅》（约1637年）。这幅作品包含了成熟的表现元素，呈现画家与罗马的风景和古建筑的交流。画家从一天当中的不同阶段提取出光线变化的特点，并在画作中前所未有地完美诠释。莱奥波尔多·德·美第奇买下的第二幅画作《有舞者的风景》则展现出这位画家作品的另一面，是田园景致的代表作。

虽然加斯帕德·杜盖自打出生以来就一直住在罗马，但人们还是把他看作法国艺术家，叫他普桑。因为他是那个著名画家尼古拉斯·普桑的姐夫。佛罗伦萨美术馆收藏了他的几幅画作，都是他后期的作品。这些画作展现出他十足的浪漫情怀，以及他对19世纪的艺术作品能够客观地刻画罗马乡村风景的期待。

由于马蒂亚斯·德·美第奇对军事的兴趣，美第奇收藏中便有了18世纪著名的战争画家贾可·库尔图斯（也称作布尔格诺内）的几幅作品。《攻占拉迪科法尼》描绘了马蒂亚斯·德·美第奇实际参与的四场战争之一。这幅画巧妙地展示了画家的能力，他可以再现逼真的战争场面，同时在这种场景下，人们可以客观地见证战争。

这些藏品中只有少数几幅作品出自更为典型的法国画家之手，其中包括西蒙·武埃（Simon Vouet）在罗马时代晚期的作品《提篮子的圣母》，这幅美丽的作品受鲁本斯的影响，充分地运用了厚涂颜料的绘画技法；塞巴斯蒂亚诺·波登（Sébastien Bourdon）的《占卜师》；雅克·斯特拉（Jacques Stella）的《天使侍候基督》；迪弗雷斯努瓦（Dufresnoy）的《喝毒酒的苏格拉底》；还有路易十四时期最著名的宫廷画家夏尔·勒·布伦（Charles Le Brun）的《耶夫他的牺牲》。这些画家都受到普桑的影响而走上了古典艺术的道路。

虽然斐迪南1792年购买的藏品没有给佛罗伦萨带来18世纪法国的伟大画作，不过他带来了布歇（Boucher）的《婴儿耶稣与婴儿圣约翰》、帕罗瑟利（Parrocels）的《骑兵战》与《猎人》、格里米斯（Grimoux）的两幅《清教徒》、里戈的《雅克·贝尼涅·博须埃的肖像》、拉尔基里尔的《让·巴普蒂斯特·卢梭的肖像》，还有一幅小作品《长笛演奏家》，这幅精彩的作品展示了安东尼·华多（Antoine Watteau）画作中的韵律美（最后一幅画现在被重新认定为是华托的追随者皮埃尔·安东尼·基亚尔所作，并非大师本人）。

在佛罗伦萨现有的收藏品中，几幅18世纪高品质画作的再次出现纯属偶然。同样由于历史原因，法国王室的肖像画从帕尔马传到佛罗伦萨。其中包括让·弗朗索瓦·德·特洛伊（Jean-François de Troy）的精美画作《西班牙公主的孩子路易十五》、卡尔勒·凡·鲁（Carle van Loo）的《玛利亚·雷兹斯卡的肖像》、优雅的粉彩画家让·艾蒂安·利奥塔尔（Jean-Étienne Liotard）的《穿土耳其服装的玛丽·阿德莱德》，还有一幅给年幼的玛丽·泽菲润妮（路易十五的侄女）画的小肖像画，生机勃勃，出自画家让·马克·纳蒂埃。纳蒂埃还为路易十五的女儿们画过两幅经典肖像画《称为弗洛拉的法国人亨丽埃塔》与《称为狄安娜的法国人玛丽·阿德莱德》，这两幅画作高贵典雅，代表着大革命前夕宫廷肖像画的精髓。而在另一个不同的创作世界中，让·巴蒂斯特·西梅翁·夏尔丹（Jean-Baptiste-Siméon Chardin）为孩子们创作了两幅大头肖像《打羽毛球的小女孩》与《玩纸牌屋的小男孩》，其中对光线的处理更加真实和具体。画家在多种场景下反复使用这种题材的变体，对如何表现童年的精神有着深刻的见解。最后，还有克劳德·约瑟夫·韦尔内（Claude-Joseph Vernet）的作品，让·皮雷蒙特（Jean Pillement）创作的两幅华丽的粉彩画，另外休伯特·罗伯特（Hubert Robert）创作的《提图斯凯旋门》将我们带向即将来临的浪漫主义氛围中。

740
加斯帕德·杜盖
风景：跳舞的精灵
布面油画
52cm×87cm
这幅画是美第奇家族18世纪初的藏品之一

741
雅克·斯特拉
天使侍候基督
布面油画
111cm×158cm
1693年在画家的侄女克劳丁·布奈特·斯特拉的财产清单中提到了这幅画作。1793年，托斯卡纳大公（洛林）斐迪南三世在巴黎从弗朗切斯科·法维手中买下了这幅画。这幅画创作时间可以追溯到1650年

742
西蒙·武埃
提篮子的圣母
木板油画
132cm × 98cm
这幅画作多次往返于皮蒂宫和乌菲齐美术馆之间，还曾经一度以德·拉·海尔的名义展出，不过现在这幅画被认定为武埃的作品。他在罗马（1625—1626年）的最后几年里创作了这幅画，那时他正为红衣主教弗朗切斯科·巴尔贝里尼作画

745
罗伯特·南特尔
法国国王路易十四的肖像
纸面油画
53.5cm×43.5cm
这幅画背面有铭文,标有日期1670年。这幅画作到底是大公科西莫三世在1669—1670年访问法国时买下的,还是通过南特尔的学生多梅尼科·滕佩斯蒂带到佛罗伦萨的,目前尚不清楚

746
塞巴斯蒂亚诺·波登
占卜师
铜板油画
48cm×39cm
18世纪这幅画收藏于皮蒂宫。最近才认定为是波登所作。这幅画是风俗画的典型主题,是这位法国画家在意大利居住期间创作的,时间为1636—1638年

747
夏尔·勒·布伦
耶夫他的牺牲
布面油画
直径132cm
这幅画作可能创作于1656年,是斐迪南三世于1793年在巴黎买下的,同时买下的还有其他法国画作。勒·布伦曾为庞塞特先生和布里耶纳伯爵路易斯·亨利·德·布里纳都画过这幅画(其中一幅复制品藏在莫斯科)

748
贾可·库尔图斯
吕岑之战
布面油画
140cm×275cm
这部作品描绘的是在欧洲三十年战争期间1632年11月的吕岑之战。这场战役以瑞典的胜利告终,但瑞典国王古斯塔夫·阿道夫二世却在这场战役中阵亡

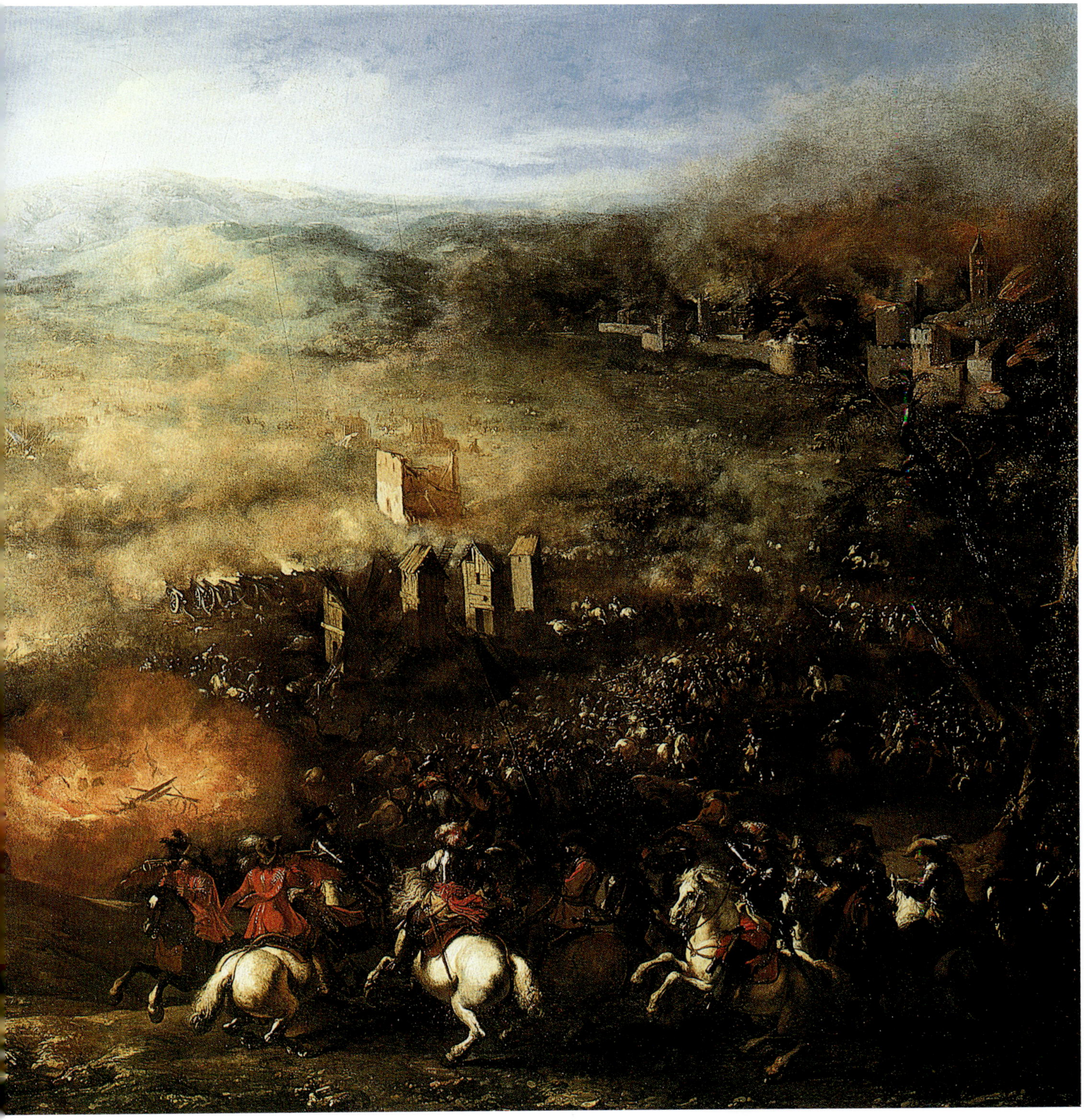

749
贾可·库尔图斯
攻占拉迪科法尼
布面油画
141cm×275cm
这幅作品是为马蒂亚斯·德·美第奇在拉佩吉的别墅而创作的，为了庆祝马蒂亚斯在1641—1643年的卡斯特罗战争中对抗教皇国的胜利。这幅画大约创作于1652年，是画家居住在托斯卡纳为王子作画时创作的

750
约瑟夫·帕罗塞尔
骑兵战争
布面油画
50cm×67cm
1793年，托斯卡纳大公（洛林）斐迪南三世经由代理人弗朗切斯科·法维在巴黎购得一批法国画作，这幅画当时是从帕罗塞尔手中低价买下的。创作时间可以追溯到17世纪末

751
让·纳蒂埃
圣母的教育
布面油画
102cm×71cm
这幅画大约创作于1700年，因为其创作风格的出现时间晚于法国埃纳省的哈尔蒙克教堂里的版本，该版本铭文上的日期为1699年。这幅画作于1793年由斐迪南三世经由弗朗切斯科·法维在巴黎购得

752
亚森特·里戈
雅克·贝尼涅·博须埃的肖像
布面油画
72cm×58.5cm
这幅著名的肖像曾以版画形式被多次复制,画中人物是莫城主教、著名的演说家雅克·贝尼涅·博须埃(1627—1704年)。这幅画创作于1698年,背面的铭文表明这幅画是为大公科西莫三世·德·美第奇创作的

753
尼古拉斯·德·拉尔基里尔
让·巴普蒂斯特·卢梭的肖像
布面油画
90cm×72.5cm
背面的标签表明这幅画创作于1710年,这幅肖像曾经在画家伊格纳齐奥·胡格福特手中,于1779年被买下

754
让·马克·纳蒂埃
称为弗洛拉的法国人亨丽埃塔
布面油画
94.5cm×128.5cm
这幅画创作于1742年,以寓言的形式表达主题。安妮·亨丽埃塔·德·波旁是玛丽·路易莎·伊丽莎白·德·波旁的孪生妹妹,其姐姐是西班牙王子唐·菲利波的新娘。1865年佛罗伦萨成为首都时,这幅画来到皮蒂宫

755
让·马克·纳蒂埃
称为狄安娜的法国人玛丽·阿德莱德
布面油画
95cm×128cm
这幅画创作于1745年,与《称为弗洛拉的法国人亨丽埃塔》是一组作品。这幅肖像画的主人公是玛丽·阿德莱德,她是法国国王路易十五的女儿。这幅画作于1865年来到皮蒂宫

756
让·马克·纳蒂埃
法国人玛丽·瑟芬（幼儿时期）
布面油画
70cm×82cm
这幅画创作于1751年，画的是路易十五的孙女玛丽·瑟芬一岁的时候。1865年，这幅画与两幅同属这位画家的作品（见图754和图755）一起来到皮蒂宫

757
让·安东尼·华托
长笛演奏家
布面油画
37cm×48cm
这幅画的出处不详。可能是从彼提·瓜达罗巴来到乌菲齐的。曾经被认为是让·安东尼·华托的作品，最近又归到画家皮埃尔·安东尼·奎亚德的名下（1701—1733年），他创作的《豪华的盛宴》模仿了华托的风格

758
弗朗索瓦·布歇
婴儿耶稣和婴儿圣约翰
布面油画
50cm×44cm
确认铭文和日期是1758年后，这幅画是布歇的一幅亲笔画作，曾收藏于蓬巴杜侯爵夫人处。1793年，它与其他法国画作一起由弗朗切斯科·法维代表托斯卡纳大公斐迪南三世买下

759
让·巴蒂斯特·西梅翁·夏尔丹
打羽毛球的小女孩
布面油画
82cm×66cm
这幅画作有铭文,并且创作时间可确定在1740年前后,来自帕拉维契诺收藏馆

760
让·巴蒂斯特·西梅翁·夏尔丹
玩纸牌屋的小男孩
布面油画
82cm×66cm
这幅画和上一幅作品（图759）是一组作品，1951年以购买的方式来到乌菲齐美术馆

761
卡尔勒·凡·鲁
玛利亚·雷兹斯卡的肖像
布面油画
224cm×152cm
19世纪60年代，这幅画从帕尔马公爵宫殿来到佛罗伦萨

762
让·艾蒂安·利奥塔尔
穿土耳其服装的玛丽·阿德莱德
布面油画
50cm×56cm
这幅画背面的铭文表明其创作于1753年,画中的主人是法国公主玛丽·阿德莱德,路易十五的女儿。乌菲齐美术馆收藏有一幅她的肖像(见图755),画中她穿着整洁的服装

763
让·皮雷蒙特
沉船的海景
油画
57cm×89cm

764
让·皮雷蒙特
沉船的海景
油画
51cm×40cm
受克劳德·劳兰和韦尔内创作题材的启发，皮雷蒙特创作了这两幅作品，并和其他描绘平静大海的作品挂在一起。根据1791年乌菲齐美术馆的记录，这幅画很可能创作于该记录不久前

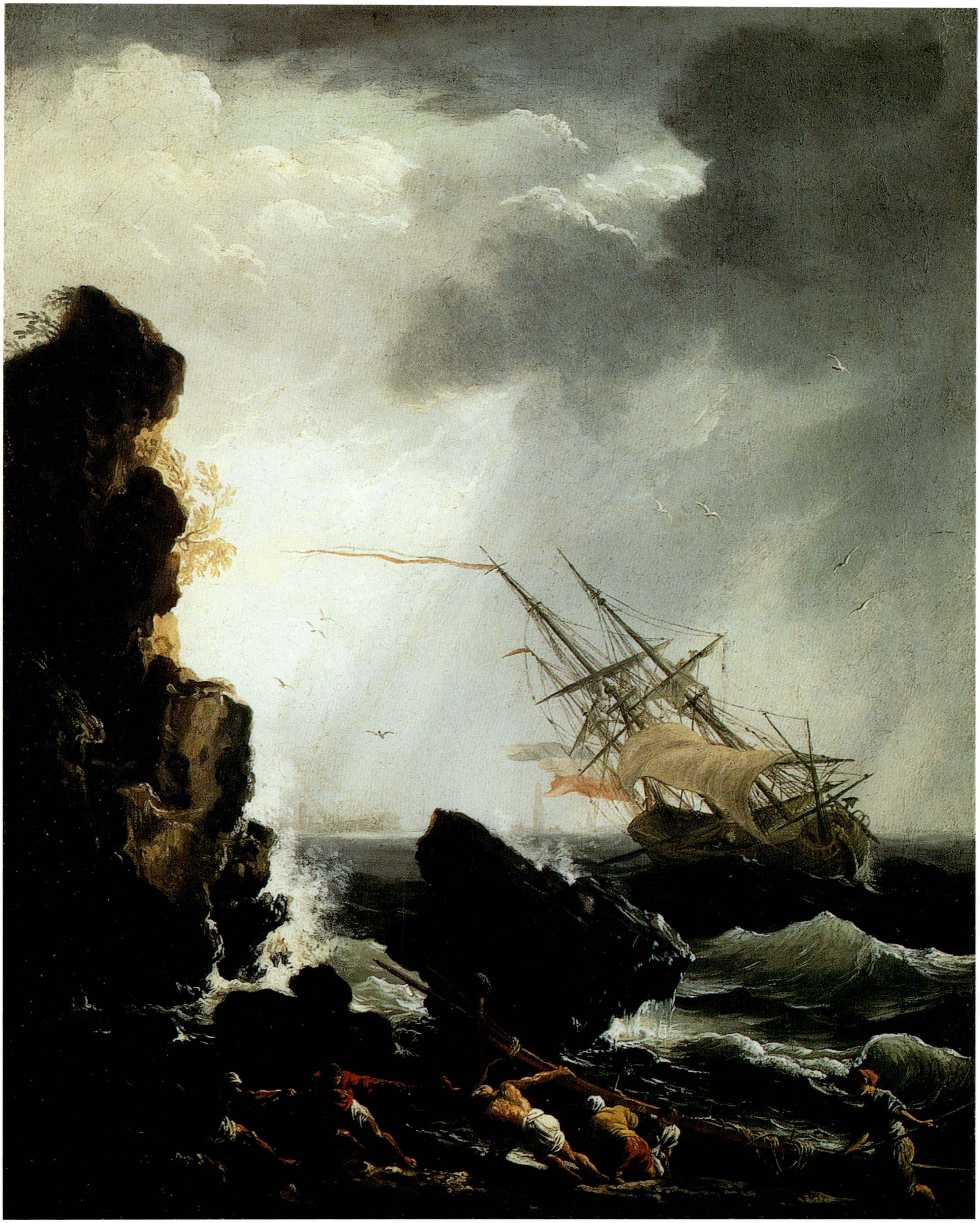

画家自画像

西尔维亚·梅洛尼（Silvia Meloni）

中世纪，一些艺术家在绘画和雕塑创作中描绘自己的形象，这些形象都很好辨认，因为他们都会"望向画外"。（例如画家安德里亚·奥尔卡尼亚为佛罗伦萨圣弥额尔教堂祭坛画的组图《圣母之死和圣母升天》）。但到了文艺复兴时期，画家才开始关注艺术家个人形象的社会地位和文化意义，并追求其图像价值。不仅如此，艺术家通过对作品进行文字题写，用自己的肖像画作品来展现个性。这些方式的演变是受希腊作家普鲁塔克的传记作品《希腊罗马名人传》影响，后来的传记作者沿习了他的这一习惯。传记世家巴勒迪努齐父子如是描述意大利画家乔瓦尼·曼诺齐，"他过去的穿着总是令人想要将他扔出窗外"，并称格拉迪尼"矮小壮实，圆瞪瞪的双眼，薄嘴唇，经常面红耳赤"。15世纪，意大利艺术家、哲学家莱昂·巴蒂斯塔率先创作了一幅自画像，随后出现了许多有名画家的自画像作品乃至自画群像，典型的例子如现收藏于卢浮宫内的五位艺术家群像，包括布鲁内莱斯基、马内蒂、乔托、保罗·威尼兹亚诺和多纳泰罗；以及收藏于乌菲齐美术馆内的阿尼奥洛·加迪三个角度的自画像（包括正面像、侧面像和四分之三侧面像）。写实肖像类型的出现和收藏为16世纪佛罗伦萨的绘画史添上了浓墨重彩的一笔。这要归功于科西莫一世·德·美第奇和瓦萨里率先将一批身份显赫的人物和杰出艺术家的肖像陈列于旧宫（原本也藏有一些画家的自画像，现如今仅存有阿尔布雷特·丢勒和提香两人的）。1562年瓦萨里创立了迪亚诺学院（今意大利佛罗伦萨美术学院），后决定将佛罗伦萨一些具有代表性的学院派画家的自画像展示在学校中（大概有三十幅，多数是这些画家年轻时作为职业名片的作品）。在瓦萨里的著作《艺苑名人传》中，也收录了许多艺术家的肖像。毋庸置疑，这本传记的成功问世也要归功于自画像这一绘画门类的形成。16世纪之后，自画像逐渐成为画家艺术创作生涯必要的内容之一。如今留存在世的自画像形式、风格各异，使之成为研究佛罗伦萨绘画史的一项历史性的关键课题。

不得不说，自画像是将艺术家个人印记和绘画主题充分融合的产物，是主体和客体的集体展示。一笔一画均可以层层推进，揭露画家的用意，精准地建构画家的身份背景和内心世界。越是载誉的画家，越是会用极尽朴素的技巧描绘自己，如同清心寡欲、宁静端详的智者，没有过度对瑕疵的掩饰，也不再过分追求做符号标记；刚刚出师的年轻画家画自画像，往往会穿能够显示优雅气质的服装，展示自己已有的职业收益；宫廷画家会尽可能地在画中展现自己从赞助人那里获得的荣耀和财富（例如金链、支票和勋章等）；专精于画一些特定类型和物品的画家，通常也会在自画像中表现出来（例如画一束花或是其擅长画的某种动物）；多愁善感、重情重义的画家会顺带着画自己的亲属和好友（例如自己精神导师般的父亲，相濡以沫的妻子等）；文艺复兴时期的画家，会在画中展现他的其他才能和身份（例如画上乐器以代表音乐家，画上指南针以代表建筑师），又或是画出对自己影响深刻的著作或名人雕像；还有一些画家会在自画像中画一些驱鬼辟邪的物件，具有时代象征意义的段落文章，或一些代表善恶生死的符号性物品（例如头骨、狗、猫等），更有甚者会为自己画上刻有讣告的墓碑。

乌菲齐美术馆拥有目前世界上最多的自画像收藏，多达2300件。许多艺术学院、研究机构和美术馆都曾经试图在这一类别收藏的数量和质量上效仿和超越乌菲齐，如意大利罗马的圣路加学院、美国纽约的国家设计学院等。美国国家设计学院曾经举办过相关展览，通过申请交换一些自画像原作来提高其机构在这一方面藏品的影响力，但依然不比乌菲齐。佛罗伦萨的美术馆依旧是如今唯一能够多维度、多层次、完整展现自画像绘画史的收藏体系。如此精明、富有远见的收藏概念是由科西莫二世的儿子美第奇王子莱奥波尔多提出来的。1664年，由他主导对这一类别的作品进行系统性的收集和保存。一些对美第奇家族声望有所了解的画家，会主动赠予或请求乌菲齐美术馆收录自己的作品，其中包括（彼得罗·达·科尔托纳、格尔奇诺、西罗·费里、巴尔达萨雷·弗朗西斯奇尼）；还有一些游历在外的艺术家，他们的作品会由代理人或朋友代为与欧洲统治者或是艺术品收购商交易，并运送到各地。短短11年，美第奇家族的自画像收藏已经达80多件，科西莫三世时期的收藏数量更是翻倍。科西莫三世见证了乌菲齐美术馆内肖像画的陈列，1682年，他在乌菲齐美术馆中为叔叔立像。之后的几位家族成员，科西莫三世的儿子斐迪南、吉安·加斯托内·德·美第奇和安娜·玛利亚·路易莎·德·美第奇也在源源不断扩充自画像的收藏，直到家族的消亡。在此后洛林王朝大公弗朗西斯一世和大公夫人玛利亚·特蕾莎30年统治中，他们获得了一些来自维也纳的肖像赠礼。1765年，他们的儿子彼得罗·莱奥波尔多更是接手了已故大公医生托马索·普契尼的共计120余件作品，这批肖像画原本是安东尼奥·波齐为普契尼收集购置的。许多慕名而来参观乌菲齐美术馆的外国游客都渴望能够得到这些精致画像的复制品，来纪念他们在佛罗伦萨的所见所闻。这也正是后来一些英国画家，甚至是获得"罗马大奖"的法国画家的作品陆续被收入乌菲齐美术馆的原因。19世纪馆内更是迎来了第一件俄国自画像作品。托斯卡纳大区归入意大利之后，不仅当时的乌菲齐美术馆馆长、相关的部长、大使和负责国际展览的策展人也会时不时收到美术馆、艺术机构的邀请，希望能够外借馆内的部分画像。乌菲齐美术馆十分重视关于这一类收藏的研究项目，包括由卢西亚诺·贝蒂负责编辑的《乌菲齐美术馆藏品总览》（1979年），收录了馆藏的所有肖像作品，获得巨大的成功。20世纪80年代，在多方的支持资助下，来自意大利和外国画家多达200余件的自画像作品在1981年和1983年两次重要的主题展览中展出。后来，乌菲齐美术馆通过收藏机构又购得了部分珍贵的作品，同时也收到了来自各方人士的捐赠多达24件，这些举动展示了肖像画馆藏的持久活力。

这些自画像是迄今为止博物馆中被复制多次的作品，并在全世界的专题展览中展出。通常自画像是画家留下的唯一记录，有时候也是唯一可以确定作者的作品，因为很有可能他的其他作品都已经被传播出去。尽管如今的收藏品可以按时间顺序排列，不只按年，甚至会按天，但仍然有约20幅这样的画作未被识别。历史资料能够证明这些作品以及其他一些作品存在过，但却不得其踪，这激发了研究者进一步调查的欲望。

765
拉斐尔
自画像
木板油画
47.3cm×34.8cm
这幅作品创作于1506年前后。1631年作为维多利亚·德拉·罗维雷私有财产从乌尔比诺运送至佛罗伦萨。维多利亚将这幅画赠予自己的小叔子莱奥波尔多·德·美第奇，以扩充他自画像类别的收藏。这幅创作于1682年进入乌菲齐美术馆

766
安德里亚·德尔·萨托
自画像
51.5cm×37.5cm
创作时间为1528年或1529年。根据瓦萨里的推算和描述，萨托的妻子在萨托去世后曾保留这幅画40年之久。1635年，这幅画进入乌菲齐美术馆，收藏至今

767
卢卡·坎比亚索
正在画父亲肖像的画家自画像
布面油画
86.5cm×71cm
这幅肖像画是1675年3月由博洛内蒂代表莱奥波尔多·德·美第奇从热那亚的米科内宅邸收购的，1682年进入乌菲齐美术馆。这幅作品可能是斯皮诺拉家族的一幅自画像的复制品，创作时间可以追溯到1570年前后

768
费德里科·巴罗奇
自画像
布面油画
42.2cm × 33.1cm
这幅作品原先属于乌尔比诺的一位收藏者，于1631年运送至佛罗伦萨。随后于1667年由红衣主教莱奥波尔多·德·美第奇通过军队获得这幅画。素描底稿目前存放在德国维尔茨堡的博物馆

769
安尼贝利·卡拉奇
画架上的自画像
布面油画
36.5cm × 29.8cm
1675年这幅作品曾是红衣主教莱奥波尔多·德·美第奇的私人收藏，18世纪末被起先录入乌菲齐美术馆另一肖像画分类中。这幅画创作于1595年前后。作者另一个版本的自画像目前陈列在俄罗斯圣彼得堡的冬宫内

770
鲁多维科·奇戈利
自画像
布面油画
58.5cm×44cm
这幅画曾一度是红衣主教卡洛·德·美第奇的私有财产，后卡洛将这幅画转给自己的侄子莱奥波尔多。创作于1606年，人物手中的笔刷和指南针显示了人物具有画家和建筑师的双重身份

771
文图拉·萨利姆贝尼或弗朗切斯科·范尼
父母及同母异父的两兄弟画像
布面油画
85.5cm×104cm
这幅画被编注在乌菲齐美术馆1695年的目录中。画中是同母异父的两兄弟，他们的母亲巴蒂斯塔·佛卡尔迪和她的第二任丈夫爱康盖洛·萨林贝尼。目前认为这幅作品很有可能是画中两兄弟共同完成，创作于1600—1610年间

772
卡洛·多尔斯
自画像
布面油画
74.5cm×60.5cm
多尔斯的这幅自画像和素描草稿的委托人均是莱奥波尔多·德·美第奇。画家描绘了自己穿着乡间服饰的正面像，他手中拿着自己的侧面肖像画

773
乔瓦尼·多梅尼科·费雷迪
自画像
布面油画
72.5cm×57.7cm
这幅作品最初属于大公的医生托马索·普契尼，普契尼家中的壁画也是费雷提所作。随后到了雕刻家阿博特·安东尼奥·帕齐手中，帕齐于1768年将这幅画转卖给乌菲齐美术馆

774
圭多·雷尼
自画像
布面油画
45.4cm×34cm
这幅画创作于1632年。1690年，乌菲齐美术馆通过科西莫三世·德·美第奇的外交斡旋收藏了这幅画

775
阿尔坎杰罗·雷萨尼
自画像
布面油画
100.5cm×87.3cm
托斯卡纳大公科西莫三世于1713年将这幅画送至乌菲齐美术馆。这幅肖像作品很好地说明了画家本人在静物画创作上的造诣

776
弗朗切斯科·开罗
自画像
布面油画
60cm × 48.5cm
科西莫三世·德·美第奇收藏了这幅画，具体来源未知，1693年被录入馆内。创作于1630年前后

777
罗萨尔巴·卡列拉
自画像
纸面粉彩
71cm × 57cm
这幅作品一度是托斯卡纳大公斐迪南·德·美第奇的收藏，1714年，同他的其他遗产一起进入乌菲齐美术馆。据记载，这幅画创作于1709年。画中是画家本人和她的妹妹——她的合作者乔凡娜

778
皮埃尔·弗朗切斯科·莫拉
自画像
纸面粉彩
34.7cm×24.9cm
1692年，科西莫三世·德·美第奇将这幅画收藏入乌菲齐美术馆。18世纪，这幅作品同馆内其他自画像经历了画面的维护和装裱

779
卡洛·马拉塔
自画像
布面油画
72.5cm×58.5cm
1681年，托斯卡纳大公科西莫三世·德·美第奇委托画家创作一件自画像，次年马拉塔完成这幅画。大公赠予他一块金牌和一些药酒作为报酬

780
巴西西奥
自画像
布面油画
67cm×51cm
这幅自画像作为科西莫三世的收藏于1723年收入乌菲齐美术馆。创作于17世纪中期，创作年代在1667—1668年间，当时巴西西奥正准备在罗马发展自己的事业

781
尼克洛·卡萨纳
一位画家的肖像
布面油画
74.5cm×59cm
这幅画的作者曾一度被误认为是意大利画家萨拉瓦多·罗萨，1975年，马克·基亚里尼（Marco Chiarini）基于一些文件记载改正了这一说法

605

782
庞贝欧·奇罗拉莫·巴托尼
自画像
布面油画
75.5cm×61cm
1773年,乌菲齐美术馆请求收藏巴托尼的自画像,然而该作在画家去世前一直未完成。1787年,美术馆从巴托尼的夫人手中获得这幅画。画中呈现的只是画家完成的部分,可构想巴托尼本意创作的画幅更大

783
马里奥·德伊·菲奥里
自画像
布面油画
136cm×208.5cm
这幅作品是从卡皮奥侯爵手中购得的,于1697年运送至佛罗伦萨。由于尺寸过大,这幅画在长达一个世纪的时间内未能展出,历史上这幅画被分割成三部分

784
卢卡·乔达诺
自画像
布面油画
72.5cm×57.5cm
1665年，红衣主教莱奥波尔多·德·美第奇赞助乔达诺创作他的自画像，随后于1682年作为莱奥波尔多的收藏收入乌菲齐美术馆。馆内还藏有画家的另一幅炭笔素描自画像，描绘的是他的老年状态

785
弗朗切斯科·索利曼纳
自画像
布面油画
130cm×114cm
1729年，孟德斯鸠提到这幅画，因此很可能是帕拉廷选帝侯委托画家创作了这幅画。这幅作品于1731年来到佛罗伦萨，并于1732年收藏到乌菲齐美术馆画廊

607

786
小卢卡斯·克拉纳赫
老卢卡斯·克拉纳赫肖像
木板油画
64cm × 49cm
这幅作品一度被认为是老卢卡斯·克拉纳赫的自画像,这种说法目前已经得到修正。它事实上是小卢卡斯·克拉纳赫所画的父亲的肖像,创作于1550年

787
小汉斯·荷尔拜因
自画像
纸面彩绘
32cm × 26cm
这幅作品是1681年在英国伦敦由科西莫三世·德·美第奇购入的。这可能是另一幅荷尔拜因自画像（现存于美国印第安纳波利斯的克劳斯基金会）的草图，也许是后来上色的

788
彼得·保罗·鲁本斯
不戴帽子的自画像
布面油画
78cm×61cm
1713年,科西莫三世的妹夫约翰·威廉·冯·德·法尔兹把这幅画像送给科西莫三世·美第奇。画的右侧和下部都被放大了。连同画上"不戴帽子"的一部分(1884年,无标记),这是在乌菲齐美术馆很有复制性价值的画作之一

789
伦勃朗·哈尔曼松·凡·莱因
自画像
木板油画
62.5cm×54cm
这幅画像是帕拉廷选帝侯送给吉里尼斯的礼物，吉里尼斯在1818年将它卖给托斯卡纳大公（洛林）斐迪南三世。这幅画的创作时间可追溯到1634年前后，画的下半部分是在18世纪中期之前添加的

790
安东尼斯·莫尔
自画像
木板油画
113cm×84cm
这幅画曾经归彼得·莱利所有，1682年为科西莫三世·德·美第奇购于英国伦敦。画架上的希腊文寓意画家的高尚品德

791
迭戈·罗德里格斯·德·席尔瓦·委拉斯凯兹
自画像
布面油画
103.5cm × 82.5cm
这幅画于1690年收入乌菲齐美术馆，但可能是前一年从西班牙买回来的。这幅画的创作年份要追溯到1643年之后，因为画家腰带上别有国王的寝宫侍从的徽章

792
布尔格诺内
自画像
布面油画
83cm×66cm
这幅肖像画是由科西莫三世·德·美第奇于1675年委托创作的。布尔格诺内在卡洛斯科的别墅里完成了这幅画。这幅画的背景描绘的是一场战斗，布尔格诺内是创作这方面题材的专家

793
夏尔·勒·布伦
自画像
布面油画
80cm×65cm
1681年，科西莫三世·德·美第奇大公要求创作这幅画；画家将这幅肖像画于1684年送至佛罗伦萨。从画中可以看到，勒·布伦手持一幅用钻石装饰的国王肖像，这是路易十四送给他的礼物

794
弗朗索瓦·德·特洛伊
自画像
布面油画
72cm×56cm
这幅作品是1696年由特洛伊的儿子献给科西莫三世·德·美第奇的

795
让·艾蒂安·利奥塔尔
自画像
纸面粉彩
61cm×49cm
这幅画是画家从君士坦丁堡归来时，洛林的大公弗朗西斯·斯蒂芬委托他画的，并由他送到佛罗伦萨收藏

615

796
乔舒亚·雷诺兹
自画像
布面油画
71.5cm×58cm
1774年，根据佐法尼的提议，大公授予这位艺术家一枚金质奖章。雷诺兹头戴牛津医生的帽子，身穿牛津医生的长袍；手册上的铭文写道："由神圣的米开朗基罗所画……"背面有铭文和1775年的日期

797
雅各布·摩罗
自画像
布面油画
198cm×147.5cm
这幅画是苏格兰艺术家在1784年5月访问佛罗伦萨时赠送给乌菲齐美术馆的,它以独特的作画风格展现了摩罗的风景艺术

798
克里斯蒂安·西博尔德
自画像
铜板油画
38cm×29.5cm
这幅画在1753年的画廊库存清单中曾记载过。这幅肖像画来自维也纳，1749年，这位画家还是一位宫廷画家。这是德国"完美画作"极好的范例

799
安东·拉斐尔·孟斯
自画像
木板油画
97cm×72.6cm
这幅画是艺术家本人于1773年10月带来并送给美术馆的。当代人还在画的底部加了一段对孟斯手指的描述

800
安吉莉卡·考夫曼
自画像
布面油画
128cm × 93.5cm
画家在1788年亲自把这幅画像送给乌菲齐美术馆。在另一幅画中,她还是一个穿着地方服装的年轻女孩(由科西莫戴维斯赠送)。这幅画是为了纪念她在1762年参观佛罗伦萨的情景而创作的

801
玛丽·路易斯·伊丽莎白·维姬·勒布伦
自画像
布面油画
100cm × 81cm
1789年,这幅画跟着艺术家经过佛罗伦萨,又在1790年来到罗马。1791年,这幅画被安置到乌菲齐的收藏中。与安吉莉卡·考夫曼的自画像一起,是该系列中最受赞赏、最具借鉴性的作品之一。从画中可以看到,维姬·勒布伦正在画法国王后玛丽·安托瓦内特

619

802
让·巴蒂斯特·卡米耶·柯罗
自画像
布面油画
34cm×25cm
1872年，画廊馆长向柯罗要一幅自画像，在柯罗去世后，他的家人便捐赠了这幅自画像。据说这幅画是在1834年柯罗第二次去意大利时画的，他在比萨、沃尔泰拉和佛罗伦萨待了很长一段时间。这幅画是他在卢浮宫创作的唯一一幅自画像

803
让·奥古斯特·多梅尼科·安格尔
自画像
布面油画
62cm×51cm
1839年，乌菲齐美术馆的负责人向安格尔要一幅自画像，当时这位画家还是罗马法兰西学院的院长；尽管安格尔欣然同意赠画，但他完成这幅画像后直到1858年才寄出。这幅画为他赢得了大公授予的圣约瑟夫勋章，七年后在安特卫普的自画像中，能看到他戴着这枚勋章，这是他在1855年获得的荣誉军团勋章。这是在意大利统一之前最后一幅进入乌菲齐美术馆的自画像

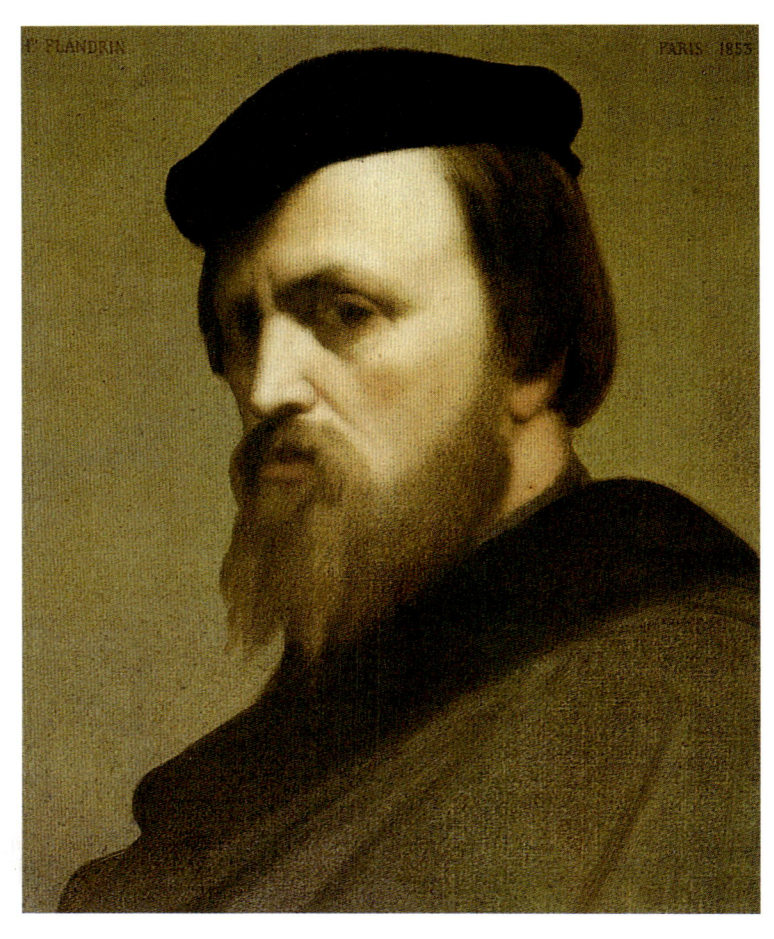

804
让·伊波利特·弗朗德兰
自画像
布面油画
44cm×36cm
应路易吉·穆西尼的要求，这幅画由画家的遗孀于1865年送到画廊（这幅画保留为油画的草图）。绿色背景占画像的四分之三。这种样式的灵感来源于安德里亚·德尔·萨托

805
弗雷德里克·莱顿
自画像
布面油画
76.5cm×64cm
莱顿从小就是佛罗伦萨的常客，乌菲齐美术馆的负责人让他"更新"乌菲齐美术馆中所收藏的英国作品。1880年，他成功地向米莱斯和瓦茨请愿，并送出自己提香式的肖像画。由于完成帕特农雕塑时间紧迫，他一直把自己关在工作室里专心创作；他经常穿着牛津医生的长袍，戴着皇家艺术学院的总统勋章

806
劳伦斯·阿尔玛·塔德玛
自画像
布面油画
66.5cm×53.5cm
1895年，应画廊的要求，阿尔玛·塔德玛爵士将这幅画创作完成，并于次年寄出。那一串数字和画框后面的印章就能证明这一事实

807
亨利·方丹·拉图尔
自画像
布面油画
54cm×44cm
这是拉图尔创作的许多自画像中的最后一幅。1895年，应乌菲齐美术馆馆长恩里科·里多菲的要求，这幅画在沙龙展出后随即被送往乌菲齐美术馆

623

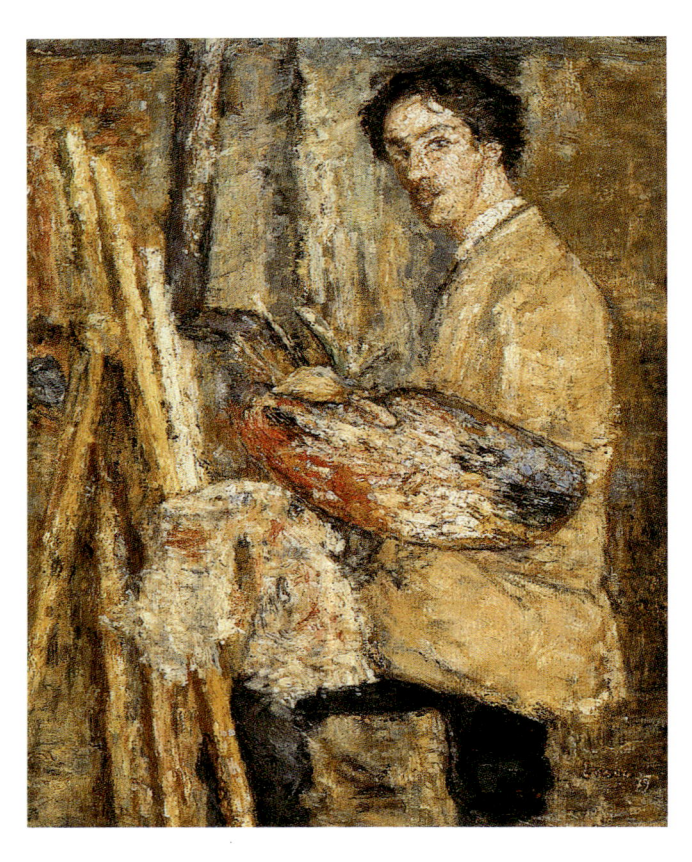

808
詹姆斯·恩索尔
自画像
布面油画
42cm×34cm
这幅画创作于1922年，一年后被赠予乌菲齐美术馆。这是恩索尔众多自画像中的一幅，虽然是他最后完成的一幅，却也是不具有象征意义的自画像之一。其他版本已经成为根特的私人藏品

809
莫里斯·丹尼
房子前的自画像
布面油画
68cm×80cm
这件作品于1916年被美术馆购得。画中的内容为丹尼正在圣杰曼—恩莱耶高等学府前工作，同时还有他的妻子和五个孩子

810

马克·夏加尔
自画像
布面油画
61.5cm×51cm
1976年，时年91岁的艺术家将这幅画亲自带到瓦萨里长廊。这幅画的创作时间在1959—1968年间，画中满是以夏加尔为潮流的艺术象征：他的画笔、新娘、公鸡、巴黎圣母院、埃菲尔铁塔和巴黎的桥梁

微型画和小型肖像画

西尔维亚·梅洛尼

目前乌菲齐美术馆内共藏有250件羊皮纸面微型画，上千件小型肖像画，创作时间集中在16世纪中期至18世纪中期，是历代美第奇家族成员的收藏结晶。这一类别的收藏条件和要求较为苛刻，放弃了一些晚于18世纪中期的作品，保证了藏品的针对性和代表性，对于印刷术发明后一个世纪内微型绘画术的历史重构和研究至关重要。这些藏品的内容、形式和功用不一，包括宗教题材场景画或是世俗内容的作品；也有造型精准的水粉画作为书本插图，或剪裁装裱后作为袖珍画供学习，或装饰悬挂在小房间内。还有一部分小型手稿将英雄肖像和其勋章设计画在一起，裱制成为便于携带的装饰物件，用于表彰功名显赫的历史人物。这些作品很快被用作易于传递的政治文件，用以熟悉远方的统治者，或了解未来可能成为自己配偶的人的容貌，或是给那些只有文学书信来往的人作为画像。16世纪下半叶最后建立的宫廷雇用了各种专业的艺术家，这些艺术家能够提供丰富奢华的礼物和纪念品——金匠、镶嵌装饰品和挂毯大师，尤其是微型画画家。例如，朱利奥·克洛维奥在科西莫一世·德·美第奇的宫廷短暂地露过面；之后是丹尼尔·弗洛什尔、雅各布和里戈兹家族的其他成员、塞尔维亚的兄弟乔万·巴蒂斯塔·斯特凡内什、来自三月会的乔万娜·加佐尼、卡布钦·伊波利托·加兰提尼，以及肖像画家乔瓦纳·弗拉特立尼，还有其他提供科学插图（植物学和动物学）、静物画、风景画、名画微缩复制品和大小肖像画的画家。这些作品中有许多都被留存了下来。

不久后的17世纪中叶，莱奥波尔多·德·美第奇出于好奇逐渐开始转向小型肖像画的收藏，在此之前，他还仍以自画像和主流的绘画作品收藏为重心。他在威尼斯的经纪人、佛罗伦萨商人保罗·德尔·塞拉，从大约40个小型作品开始，帮助莱奥波尔多收藏了近600件微型画作品。

在意大利，微型画并不常见，不像在法国和英国，意大利几乎没有拿得出手的这一领域的专家。但是许多艺术家，不管是出于一时兴起，还是出于需要，都曾尝试将他们的绘画技艺呈现在最小型的载体上，他们尝试过在金属、木材和石板等各种载体上作画。莱奥波尔多比较成熟的观点确保了这一类收藏品的高质量，今天的收藏品包括布朗齐诺、巴罗奇、拉维尼亚·丰塔纳、安圭索拉、古尔基诺和17世纪几乎所有的博洛尼亚画家，以及16世纪和17世纪最优秀的威尼斯艺术家（包括罗莎芭·卡里拉的两幅作品）的手稿，还有克里斯托法诺·阿洛里、奥拉齐奥·费达尼、卡洛·多奇和其他佛罗伦萨艺术家的手稿。同样，许多年轻有为的外国艺术家也在其列，如小汉斯·荷尔拜因、德国画家柯尼希和约翰·斯特劳奇、塞缪尔和亚历山大·库珀、让·马克·纳蒂埃，以及许多荷兰艺术家。莱奥波尔多和他的侄子科西莫三世还增加了用钢笔在羊皮纸上细微勾画的水墨模拟雕刻作品（16世纪末在法国和低地国家诞生的一种流派）——苏格兰艺术家（大卫·帕顿创作的小型肖像画）和荷兰艺术家（威廉·凡·德·维尔德的海战系列和利芬·克鲁尔创作的罗马景象）的作品。美第奇家族的女性也是伟大的微型画收藏家，尤其是维奥拉特·巴伐利亚。

在乌菲齐美术馆最新的微型画收藏品中增加了一组18世纪到20世纪创作的80幅优秀的英国剪影画，它们是在石膏上用灯烟熏出黑色轮廓，丰富了收藏。

811
拉维尼亚·丰塔纳
自画像
铜板油画
直径15.7cm
这幅作品曾赠予意大利摩德纳学者阿方索·切克尼，随后进入意大利波焦阿卡亚诺的托斯卡纳大公贮藏室，于1773年被移送至乌菲齐美术馆

乌菲齐美术馆馆藏的微型画和小型肖像画统一收藏在一间珍宝室内，这个房间专门用来放置从八角形厅内运送来的名贵物件和画作。根据惯例，能够有机会陈列于八角形厅的画作都可称为历代的镇馆之宝。图中呈现的正是一批挂在珍宝室墙上样式各异的小型画。由此，这类小型画的价值可见一斑

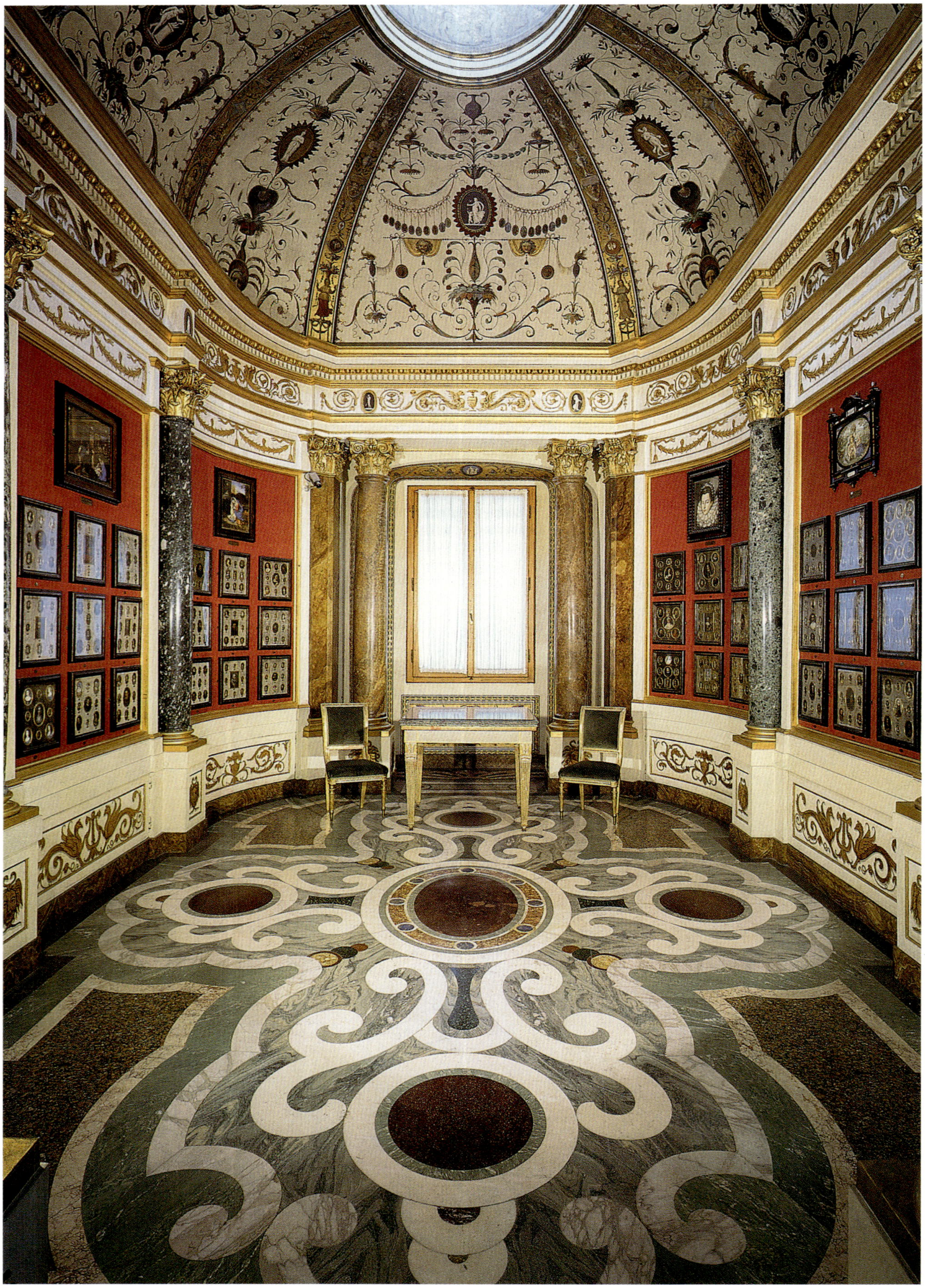